市场经济的逻辑

刘 益 著

中国财经出版传媒集团

经济科学出版社
Economic Science Press

图书在版编目（CIP）数据

市场经济的逻辑/刘益著 . —北京：经济科学
出版社，2017.3
ISBN 978 - 7 - 5141 - 7740 - 4

Ⅰ. ①市⋯　Ⅱ. ①刘⋯　Ⅲ. ①市场经济学
Ⅳ. ①F014. 3

中国版本图书馆 CIP 数据核字（2017）第 021176 号

责任编辑：周国强　杨　炘
责任校对：杨晓莹
版式设计：齐　杰
责任印制：邱　天

市场经济的逻辑

刘　益　著

经济科学出版社出版、发行　新华书店经销
社址：北京市海淀区阜成路甲 28 号　邮编：100142
总编部电话：010 - 88191217　发行部电话：010 - 88191522
网址：www. esp. com. cn
电子邮件：esp@ esp. com. cn
天猫网店：经济科学出版社旗舰店
网址：http: //jjkxcbs. tmall. com
北京汉德鼎印刷有限公司印刷
三河市华玉装订厂装订
787 × 1092　16 开　19. 5 印张　450000 字
2017 年 3 月第 1 版　2017 年 3 月第 1 次印刷
ISBN 978 - 7 - 5141 - 7740 - 4　定价：59. 00 元

开头的话

想给大众写一本经济学通俗读物，但又不可避免地要谈到专业理论，结果弄了个四不像：既不像通俗读物，也不像专业教材；既不像学术专著，也不像实务作品。但或许这本书本来就该这样写。

书如其名，本书要阐述的是现代市场经济的基本逻辑，用通俗的话讲，就是要叙述一个市场经济理论的框架。改革开放后，特别是1992年之后，从美国引进的西方经济学教科书被视为标准的市场经济理论，逐渐成为主流经济学，在高校经济院系和新闻媒体上大行其道。但在我看来，这种经济学并不是真正的经济学，而只是用经济学的术语、图形和数学公式包装起来的一种精致的意识形态。因此，对现代市场经济做出重新解释是必要的。

事实上，并非只有我一个人有此想法。随着西方经济学在中国成为显学，具有政治经济学功底的本土学者对它的批评就一直没有停息过。比如，南开大学英年早逝的柳欣对宏观经济学的批评就切中要害，他建立的宏观经济理论给了我极大的启发。复旦大学的陈平以普利高津的耗散结构理论为根据，对微观经济学一般均衡理论提出了强烈质疑，使得我对一般均衡理论有了新的认识。当然，对于西方经济学这个精致打磨了上百年的庞然大物来说，如果不建立一个相应的逻辑一致、全面系统的理论，就不可能真正驳倒它。

这并非说西方经济学一无是处。比如，西方经济学的供需分析图就是一个很好的东西，边际革命产生的消费选择理论也很不错。其他一些局部理论，如信息不对称、博弈论等，都非常棒。这些内容在本书中都有体现，或直接纳入本书的相关章节中。但西方经济学的根，即微观经济学的边际生产力论和宏观经济学的实际GDP概念，是错误的。

从根本上讲，西方经济学的错误在于不承认劳动价值论。不过，本书的目标是"立"，而不是"破"。尽管为了澄清理论思维，本书对微观经济学与宏观经济学的错误都有简要的评价，但系统地批判西方经济学，并不是我的目标。我的工作是"立"。不破不立反过来说，叫作不立不破。

要"立"，立在哪里？立在《资本论》上。这又涉及对《资本论》的解读。

熟悉《资本论》的读者会发现，本书的许多内容与《资本论》很相似，有些章句直接就是照搬。不过，本书没有加相应的引文出处注释，以免注释太密集，影响阅读。

或者说，如果有人说我抄袭《资本论》，那么我欣然接受这个指控。

《资本论》是真正的经济学，是真正的市场经济理论。但《资本论》不是教条，而首先是一门科学，首先是一个科学的理论。因此，我们在学习、解读《资本论》时，首先要掌握它的科学的整体思维的方法，而不能局限于某一个具体观点或具体理论。对于《资本论》的具体观点或具体理论，我们则要把它放到19世纪欧洲的具体历史环境和具体理论环境中去理解，而不能望文生义。比如，马克思提出了"两个必然"，有些人就认为这个预言失败了，资本主义不还活得好好的？须知，马克思所说的那个必然灭亡的"资本主义"其实是19世纪欧洲的自由放任资本主义，试问这个"资本主义"还存在吗？当然，对《资本论》进行全面解读或评价，仍然不是本书的任务。

与西方经济学不同，本书要解释的现代市场经济不是乌托邦市场经济。这个现代市场经济具体地说，就是有中国特色的社会主义市场经济。因此，这个理论是以当代中国的经济发展与变革为大背景的。当然，书中也要叙述经济学的若干基本原理，但是否具有普遍意义，是否适合于发达国家和其他发展中国家，则需要另外研究。

所有的研究及其结论都是初步的。由于涉及面太广，而我的知识、能力和时间确实有限，太多的问题没有展开，只能算是提出了问题。抛砖引玉，还望饱学之士不吝赐教。

刘　益

2016 年 8 月 24 日

目　　录

第 ① 章　等 价 交 换

1.1　分工与商品交换

亚当·斯密在《国民财富的性质和原因的研究》一书的开篇写道："劳动生产力上的最大增进，以及运用劳动时所表现的更大的熟练、技巧和判断力，似乎都是分工的结果。"[①] 我们的研究就从分工开始。

什么是分工？分工就是不同的人干不同的事。这是人们自古以来就有的集体行为。比如，在传统农业社会中，男耕女织就是一种最基本的分工。不仅是人类，甚至动物社会也有分工。看《动物世界》中的"昆虫世界"，蚂蚁社会的分工就让我们赞叹不已。

人们或动物们之所以要分工，是因为分工提高了劳动生产率。亚当·斯密说：第一，由于分工，每个劳动者专注于一项操作或一项工作，自然就能大大增进劳动的熟练程度。第二，由一种工作转换到另一种工作，一般要损失不少时间。有了分工，就可以免除这种损失。第三，分工使得劳动者专注于一项操作或一项工作，这就有可能改进操作方法，或发明简化劳动的工具与机械，从而进一步提高劳动生产率。

分工促进了生产力的进步，同时也意味着一个劳动者或一个生产集体只能专注于生产一种或数种产品。也就是说，分工导致专业化，生产是专业化生产。但另一方面，人们的需要是多方面的。为了解决专业化生产与多样化需要的矛盾，人们就有必要进行贸易，或者说，进行商品交换[②]。

一个没有贸易的社会是自然经济社会。在这个社会，个人和家庭所需要的物品全部由自己生产，称为男耕女织。但这样一个社会恐怕只存在于陶渊明的《桃花源记》中。人类进入文明时代后，贸易就已经产生了。即便在以自然经济为主体的古代农业社会，若干生活和生产的必需品，比如盐和铁器，也需通过贸易才能够获得。

一般认为，贸易产生于第一次社会大分工，即畜牧业与农业的分工。人类社会两个各自发展的分支即游牧社会与农业社会相互接触，互通有无，从而产生了贸易。比如，

---

① 参见亚当·斯密：《国民财富的性质和原因的研究》上册，郭大力、王亚南译，商务印书馆 2010 年版，第 5 页。

② 按照马克思的理论，分工分为工厂（工场）的内部分工与社会分工，社会分工产生商品交换。这里所说的分工自然是指社会分工。

历史上北方游牧社会与中原农业社会的交往与贸易就是影响中华文明的一个极为重要的因素。

在同一个社会里，人们之所以要进行贸易，是为了获得由分工带来的劳动生产率进步的好处和解决专业化生产与多样化需要的矛盾。我们可以用牛郎织女的故事新传来说明这一点。

设想一个牛郎织女的二人社会，他们只生产大米和棉布两种物品，也就是说，他们既要吃饭，也要穿衣。

如果牛郎只会种田，织女只会纺织，那么他俩互通有无，通过贸易互换产品的好处是不言而喻的。否则，牛郎只能裸着身子，而织女就要挨饿。这也是游牧社会与农业社会进行贸易的原因。

那么，如果牛郎不仅擅长种田，而且也能织布，而织女不仅擅长织布，也能种田，他俩还有交换的必要吗？

这个问题的答案是：如果他俩各人专司其长，再按一定比例交换产品，双方都可以获得更大收益。各人专司其长，就是分工，就是专业化。

我们可以用数值表来说明这个道理，如表1.1所示。

表1.1   自给自足的社会

（1）生产者	（2）大米的劳动生产率（公斤/天）	（3）棉布的劳动生产率（公尺/天）	（4）两天的生产所得
牛郎	8	2	8公斤米 + 2公尺布
织女	2	4	2公斤米 + 4公尺布

表1.1列出了牛郎和织女各自生产大米和棉布的劳动生产率。可以看到，牛郎生产大米的劳动生产率比织女高，即牛郎更擅长种田；织女生产棉布的劳动生产率比牛郎高，即织女更擅长织布。假设劳动时间为两天，一天用于种田，一天用于织布。两天之后，牛郎的收益是8公斤米 + 2公尺布，织女的收益是2公斤米 + 4公尺布，见表1.1第（4）列。

现在，他俩决定各自发挥其长，牛郎专事种田，织女专事织布，然后双方互换一天生产的产品，即交换比例为2公斤米:1公尺布，就得到表1.2。

表1.2   贸易社会

（1）生产者	（2）大米的劳动生产率（公斤/天）	（3）棉布的劳动生产率（公尺/天）	（4）交换比例	（5）交换后两天的生产所得
牛郎	8	2	2公斤米:1公尺布	8公斤米 + 4公尺布
织女	2	4		8公斤米 + 4公尺布

在表 1.2 中，牛郎和织女的收益都是 8 公斤米 + 4 公尺布（表 1.2 第（5）列）。与表 1.1 相比，牛郎纯多获得 2 公尺布，织女纯多获得 6 公斤米。由此可见，通过贸易，双方都获得了由分工和专业化所带来的更多收益。

西方经济学说，贸易有好处。这个说法没错，但更精准的说法是：分工有好处，这个好处通过贸易实现。

新概念

分工	专业化	多样化需要
自然经济	第一次社会大分工	贸易
商品交换		

拓展思维：亚当·斯密和他的《国民财富的性质和原因的研究》。
拓展思维：专业化社会。
拓展思维：北大夫妇隐居深山二十年。

1.2　比较优势原理

现在考虑一个问题：假设牛郎能力超强，不仅擅长种田，织布能力也比织女强，那么，他俩还能进行贸易、还能获得贸易的好处吗？

这个问题的答案是：牛郎和织女仍然可以进行贸易。通过贸易，双方都可以获得更多的收益。这一结论，就是由大卫·李嘉图阐释的比较优势原理，我称其为经济学第一定律。

什么是比较优势原理？一句话概括，就是造不如买。如果购买一件物品比自己生产这件物品更划算，那就选择购买，而不要去生产。

这就需要做出解释。要购买，先需要有钱。比如一个鞋匠，须先生产鞋，把鞋卖掉获得收入之后，才有钱购买衣服。他不愿意亲手缝制衣服，是因为贸易更划算。如果我们抽掉货币流通的因素，那就相当于鞋匠用他生产的鞋换回他所需要的衣服，而这样做是划算的。

这样做为什么划算？你可以说，这是因为鞋匠擅长做鞋，而拙于缝纫。但这个说法其实不对。一个人擅长什么，不擅长什么，不是与自己比较，而是与他人比较而言的。与裁缝相比，鞋匠可能更擅长做鞋，而拙于缝纫。不过，如果这个鞋匠是全能，不仅精通做鞋，同时也是一个缝纫高手，这个说法将不成立。

事实上，决定鞋匠生产决策的不是别的，而是鞋与衣服的交换比例。在这两种物品相应的交换比例下，如果鞋匠觉得生产鞋更划算，就愿意生产鞋，而用卖鞋收入购买衣服。如果鞋匠觉得这样做不划算，就宁愿亲手缝制衣服，或甚至不再生产鞋，转而专门缝制衣服，并用卖衣服的收入购买自己需要的鞋。因此，物品的交换比例是一个至关重要的因素。

为了把问题说清楚，我们要再回到牛郎织女的故事。

前面假设牛郎样样精通，表1.3反映了这种情形，注意，数据作了改动。

表1.3　　　　　　　　　　　　　　　　绝对优势

（1）生产者	（2）大米的劳动生产率（公斤/天）	（3）棉布的劳动生产率（公尺/天）	（4）两天的生产所得
牛郎	6	4	6公斤米+4公尺布
织女	2	3	2公斤米+3公尺布

从表1.3可以看到，无论是种田还是织布，牛郎都有更高的劳动生产率。在同一种物品的生产中，这种劳动生产率的优势叫作绝对优势。

假设大米与棉布的交换比例是1公斤米∶1公尺布。在这个交换比例下，织女专事织布，并用棉布换回所需的大米，则更划算；牛郎专事种田，并用大米换回所需的棉布，则更划算。不过，由于织女的生产能力小，用于交换的棉布数量不足，不足以满足牛郎对棉布的需要，因而牛郎还必须用一定时间来为自己生产棉布。

假设两人生产两天。牛郎用一天半时间种田，半天时间织布；织女则专事织布。然后，按照预定交换比例，牛郎用半天时间生产的大米与织女用一天时间生产的棉布相交换，即3公斤米换3公尺布。于是，我们得到表1.4的结果。

表1.4　　　　　　　　　　　　　　　　比较优势（一）

（1）生产者	（2）大米的劳动生产率（公斤/天）	（3）棉布的劳动生产率（公尺/天）	（4）交换比例	（5）交换后两天的生产所得
牛郎	6	4	1公斤米∶1公尺布	6公斤米+5公尺布
织女	2	3		3公斤米+3公尺布

把表1.4的结果与表1.3比较，显然通过交换，牛郎纯多获得1公尺布，而织女也纯多获得1公斤米。由此可见，即便牛郎在种田和织布两方面都具有绝对优势，他们仍然可以通过贸易，获得更大的收益。

在上述的例子中，我们假设大米与棉布的交换比例为1公斤米∶1公尺布。那么这个交换比例是如何确定的？这里就需要用机会成本概念来解释。

俗话说，天上不会掉馅饼，天下没有免费的午餐。你要获得需要的东西，就必须付出相应的代价。这个代价可以叫作成本。不过，你在付出代价时，可以有多样的选择。

比如，你有50元钱，可以去看一场价格相当的电影，也可以去吃一顿丰盛的晚餐。但你不能既看电影，又吃晚餐。如果你选择看电影，你就不得不放弃吃晚餐的机会；或者你选择吃晚餐，那就只能放弃看电影的机会。

所谓机会成本，就是你付出代价得到一件东西时，而不得不放弃用同样代价得到其他东西的机会。牛郎可以用一天时间生产 6 公斤大米，也可以用这一天时间纺织 4 公尺布。如果他选择生产 6 公斤大米，那么他放弃生产的那 4 公尺布就是这 6 公斤大米的机会成本。因此我们可以说，牛郎生产 6 公斤大米的机会成本是 4 公尺布。约算一下，他生产 1 公斤大米的机会成本是 $\frac{4}{6}$ 公尺布，即约 0.67 公尺布。

根据机会成本这个概念，我们就可以根据表 1.3 的数据得到表 1.5。

表 1.5　　　　　　　　　　　　　　　比较优势（二）

(1)	(2)	(3)	(4)
生产者	大米的劳动生产率（公斤/天）	棉布的劳动生产率（公尺/天）	用棉布衡量的大米的机会成本 (3)÷(2)
牛郎	6	4	0.67 公尺布∶1 公斤米
织女	2	3	1.5 公尺布∶1 公斤米

从表 1.5 可以看出，牛郎生产 1 公斤米的机会成本是 0.67 公尺布，而织女生产 1 公斤米的机会成本是 1.5 公尺布。从这个意义上讲，在大米生产上，牛郎具有更低的机会成本。从这个意义上讲，与织女相比，牛郎具有生产大米的比较优势。

但是，机会成本是两种物品之间的两两比对，因而互为倒数。如果牛郎具有生产大米的比较优势，他必然在生产棉布方面具有比较劣势，或者说，织女就具有生产棉布的比较优势。表 1.6 展示了这个结果。

表 1.6　　　　　　　　　　　　　　　比较优势（三）

(1)	(2)	(3)	(4)
生产者	大米的劳动生产率（公斤/天）	棉布的劳动生产率（公尺/天）	用大米衡量的棉布的机会成本 (2)÷(3)
牛郎	6	4	1.5 公斤米∶1 公尺布
织女	2	3	0.67 公斤米∶1 公尺布

从表 1.6 可以看出，牛郎生产 1 公尺布的机会成本是 1.5 公斤米，而织女生产 1 公尺布的机会成本是 0.67 公斤米，织女具有更低的机会成本。因此，尽管牛郎具有用劳动生产率衡量的生产棉布的绝对优势，但织女却具有用机会成本衡量的生产棉布的比较优势。

比较优势和由比较优势导致的分工，是贸易得以进行的基础。由于比较优势具有互为倒数的性质，两个生产者之间，如果一个生产者具有生产一种物品的比较优势，另一个生产者必然具有生产另一种物品的比较优势。如果双方进行分工，都生产自己具有比较优势的物品，并通过贸易获得自己处于比较劣势的物品，则交易双方都可以获得更大的收益。这就是比较优势原理。

交易双方根据比较优势进行分工与生产，并相互交换产品，交换比例就非常重要。在牛郎织女的故事中，我们假设交换比例为 1 公斤米∶1 公尺布。事实上，只要交换比例在两人的机会成本之间，也就是说，只要交换比例在 1.5 公斤米∶1 公尺布与 0.67 公斤米∶1 公尺布的区间范围内［表 1.6 第（4）列］，交易就可以成立。双方都可以通过生产自己具有比较优势的产品，并通过交易，获取更多的利益。

在西方经济学中，比较优势原理被认为是国际分工和国际贸易的基础。但事实上，比较优势原理是一般分工和一般商品交换的基础。它是我们展开进一步研究的起点。

新概念

| 比较优势原理 | 交换比例 | 机会成本 |
| 绝对优势 | 比较优势 | 比较劣势 |

拓展思维：大卫·李嘉图：《政治经济学及赋税原理》。

1.3　市场机制

我们用牛郎织女的二人社会解释了商品交换的一般基础，即比较优势原理。现在，我们接着讲述这个故事的后半段。

假设有若干新生产者加入了牛郎织女的二人社会，又会发生什么情况？

表 1.7 假设了这种情形，生产者 A、B、C 加入进来了。

表 1.7　　比较优势与交换比例

（1）生产者	（2）大米的劳动生产率（公斤/天）	（3）棉布的劳动生产率（公尺/天）	（4）用大米衡量的棉布的机会成本（2）÷（3）
牛郎	8	2	4 公斤米∶1 公尺布
A	6	3	2 公斤米∶1 公尺布
B	2	2	1 公斤米∶1 公尺布
C	0.9	1.8	0.5 公斤米∶1 公尺布
织女	2	8	0.25 公斤米∶1 公尺布

注意表 1.7 第（4）列，它表示每个生产者用大米衡量的棉布的机会成本。这是一个降序排列。越在前面的生产者，棉布的机会成本越高，越在后面的生产者，棉布的机会成本越低。也就是说，越在前面的生产者，具有更大的生产大米的比较优势，越在后

面的生产者，则相应地具有更大的生产棉布的比较优势。

现在的问题是：这个社会怎样根据比较优势原理来进行分工与贸易？

如果能够确定大米与棉布的交换比例，这个问题就迎刃而解。每个生产者可以根据交换比例，确定自己的比较优势，从而做出生产决策。

假设大米与棉布的交换比例是1公斤米∶1公尺布。根据表1.7第（4）列可知，牛郎与生产者A具有生产大米的比较优势，应当专事生产大米。生产者C与织女具有生产棉布的比较优势，应当专事生产棉布。

你可能注意到生产者B很特别。是的，生产者B的机会成本恰恰与交换比例一致。这就意味着在1公斤米∶1公尺布的交换比例下，无论B专事生产大米还是专事生产棉布，他都不能获得额外的好处。生产者B没有比较优势！

在我们的故事中，生产者B是一个极为重要的角色，稍后还将出现。这里暂且不谈。

假设在1公斤米∶1公尺布的交换比例下，除生产者B之外，其他生产者都根据比较优势选择了专业化生产。生产结束之后，他们将拿出部分产品到市场参与贸易，换回自己所需要的产品。生产大米的要换回棉布，生产棉布的要换回大米。由此也就产生了一个问题：市场上是否有对等数量的大米与棉布，使得大米与棉布的交易行为可以顺利完成？

比如，按照1公斤米∶1公尺布的交换比例，如果市场上有50公斤大米需要交换，那就需要市场上有对等的用于交换的50公尺棉布，反之亦然。如果数量不对等，那么多余的产品就无法完成交易，市场无法出清。

为了简化起见，假设初始状况为市场出清，用于交易的大米与棉布的数量对等，即供需平衡，交易可以顺利进行。现在假设天气变冷，对棉布的需求大增。在这种情形下，棉布生产者就会留下更多的棉布自用，而只把较少数量的棉布带到市场，而大米生产者为了获得更多的棉布，则会把更多数量的大米带到市场。这样一来，市场上将会出现棉布供不应求，而大米供过于求的状况，市场无法出清，怎么办？

解决这个问题的办法就是改变大米与棉布的交换比例。如果这种调节是市场自动做出的，我们称其为市场机制。

假设为了应付棉布的需求变化，大米与棉布的交换比例变为2公斤米∶1公尺布。这就导致两个重要后果：①与以前相比，要有更多数量的大米才能换取同样数量的棉布，从而可以缓解市场的供需不平衡状况。②每个生产者需要根据新的交换比例，重新作出自己的生产决策。

根据表1.7第（4）列，在新的交换比例下，牛郎仍然具有生产大米的比较优势，应该继续专事生产大米。生产者C与织女也仍然具有生产棉布的比较优势，应该继续专事生产棉布。但生产者B与生产者A发生了变化。

在此之前，生产者B不具有比较优势，而可以根据自己的需要选择生产大米或生产棉布，可以不参加贸易。但在新的交换比例下，他却具有了生产棉布的比较优势。因此，他需要改变自己的生产决策，不再生产大米，而成为一个棉布专业生产者，从而获得更大的收益。

对生产者A来说，在此之前，他具有生产大米的比较优势。但在新的交换比例下，他不仅丧失了这一比较优势，而且顶替了生产者B先前的角色，成为一个不具有比较优势的生产者。对他而言,交易没有额外的好处,因此,他可以不必专事生产大米,可以不参加贸易,而根据自己的需要选择生产大米或生产棉布。

从整个社会看,由于交换比例的变化,社会生产结构发生了变化。更多的人转而专事棉布生产,较少的人专事大米生产,从而使得市场上棉布的供应数量增加,大米的供应数量减少,扭转了最初由棉布需求大增而导致的市场供需失衡状况。这就是我们所说的市场机制。

新概念

市场机制　　　　　　市场出清　　　　　　供需平衡
供不应求　　　　　　供过于求

拓展思维: 菜市场的价格波动。

1.4　等价交换

前面说过,表1.7中的生产者B在1公斤米:1公尺布的交换比例下,不具有比较优势。现在来研究这个问题。

不具有比较优势就是没有特长,干什么都差不多。特长是什么?特长就是与众不同的技能。有特长的人是专业人士,是某一行业的专家。没有特长的人是普通人。没有特长,干什么都差不多的劳动者是一般的普通劳动者,他们的劳动是一般的简单劳动。

在我们这个社会里,既有各行各业的专业人士,又有为数众多的普通劳动者。这些普通劳动者没有特殊的技能,没有特别的职业选择,不断地从一个行业流向另一个行业。他们今天可能是工厂工人,明天则可能是小区保安。他们构成了一个巨大的劳动者群体。

现在,假设在我们的模型中,不具有比较优势的生产者B就是这样一个普通劳动者。由于普通劳动者数量巨大,生产者B就不止一人,而是一个群体。我们用"BB"代表这个人数众多的普通劳动者群体。

对表1.7略作修改,我们就得到表1.8。

表1.8　　　　　　　　　　　　　　　　等价交换

(1) 生产者	(2) 大米的劳动生产率（公斤/天）	(3) 棉布的劳动生产率（公尺/天）	(4) 用大米衡量的棉布的机会成本 (2)÷(3)
牛郎	8	2	4公斤米:1公尺布
A	6	3	2公斤米:1公尺布
BB	2	2	1公斤米:1公尺布
C	0.9	1.8	0.5公斤米:1公尺布
织女	2	8	0.25公斤米:1公尺布

与表 1.7 相比，表 1.8 的唯一变化就是在第（1）列的生产者栏目中，生产者 B 变为 BB，表明是一个群体。但这一变化使得表 1.8 假设的情形与现实社会的劳动者结构更加接近，与表 1.7 就完全不同了。

假设大米与棉布的交换比例仍然是 1 公斤米：1 公尺布，并假设初始状况为市场出清。因此，牛郎与生产者 A 仍然专事生产大米，生产者 C 与织女专事生产棉布。BB 群体不具有比较优势，可参与交易，也可不参与交易。

现在假设对棉布的需求增加，导致棉布供不应求，而大米供过于求。这就要求交换比例发生变化，以求得供需平衡。假设交换比例变为 2 公斤米：1 公尺布，这会发生什么情况？

由于交换比例的这一变化，BB 群体具有了生产棉布的比较优势，会转而专事生产棉布。随着 BB 群体的一部分生产者转向生产棉布，棉布的供给量就会增加，这就会导致交换比例向反方向变化。由于 BB 群体的人数众多，从而远在 BB 群体的所有生产者转向生产棉布之前，交换比例就会因棉布的供给大增，而回复到最初的 1 公斤米：1 公尺布的交换比例。

这一过程的逻辑关系是：

（1）棉布需求的增加导致交换比例变化。

（2）交换比例变化导致 BB 群体的一部分生产者转向生产棉布。

（3）BB 群体的一部分生产者转向生产棉布导致棉布供给增加，从而使交换比例向反方向变化。

（4）由于 BB 群体人数众多，在一部分生产者转产后，交换比例已经因棉布供给大增而回到最初水平，从而使得其他生产者无意转产。

因此，我们就得到一个极为重要的结论：需求的变化会导致交换比例发生短期波动[1]，但却不会导致其发生变化。换言之，在长期中，需求对交换比例没有影响。

那么从长期看，大米与棉布的 1 公斤米：1 公尺布的交换比例是由什么决定的？

在长期中，这一交换比例是由 BB 群体生产大米与棉布的机会成本关系决定的。BB 群体生产大米与棉布的机会成本是 1 公斤米：1 公尺布，而仅仅由于 BB 群体人数众多，就决定了大米与棉布必须按照这个比例进行交换。一旦偏离了这个比例，就会使 BB 群体的一部分生产者转向专业化生产，从而使这个比例向反方向变化，最终回到 1 公斤米：1 公尺布的交换比例上。

因此，只有在 BB 群体生产大米与棉布的机会成本关系发生变化时，大米与棉布的交换比例才会发生相应变化。比如，如果 BB 群体生产大米与棉布的机会成本变为 2 公斤米：1 公尺布，那么大米与棉布也必然按照这个比例进行交换。

由此可见，大米与棉布的交换比例是由 BB 这一普通劳动者群体生产这两种物品的机会成本关系决定的。机会成本是指付出同样代价而获得一定数量的两种物品的量的比例关系。BB 群体生产大米与棉布的机会成本是 1 公斤米：1 公尺布，这就是说，BB 群体生产 1 公斤米与生产 1 公尺布所付出的代价是一样的。

---

① 这里所说的"短期"与"长期"，只是一般性描述，而不是西方经济学所说的"短期"与"长期"。

生产者付出的代价就是劳动。付出代价的大小，就是劳动数量的多少。在同样的劳动强度下，劳动数量的多少是由劳动持续时间——简称劳动时间计量的。也就是说，BB 群体生产 1 公斤米与生产 1 公尺布所付出的劳动是相等的，即根据表 1.8，都需要花费半天的劳动。

总结一下，1 公斤米与 1 公尺布所凝结的 BB 群体的劳动数量相等。正因为所凝结的劳动数量相等，1 公斤米：1 公尺布才构成 BB 群体生产这两种物品的机会成本关系，而这种机会成本关系又确定了这两种物品的交换比例。也就是说，大米与棉布之所以按 1 公斤米：1 公尺布的比例进行交换，是因为 1 公斤米与 1 公尺布包含着相等数量的 BB 群体的劳动。

由此，我们就得到以下基本结论：

在一个社会中，一定数量的一种商品之所以能与一定数量的另一种商品相交换，是因为这两种一定量的商品包含着相等数量的普通劳动者的简单劳动。商品交换是简单劳动的等量交换。

我们把这种构成商品交换的量的规定性，即凝结在商品中的简单劳动称为价值。简单劳动的数量就是价值量。商品交换就是相等价值量的交换，就是等价交换。

新概念

劳动	简单劳动	普通劳动者
普通劳动者群体	劳动数量	劳动时间
机会成本关系	价值	价值量
等价交换		

拓展思维： 等价交换思想的历史渊源。

拓展思维： 一分钱一分货，便宜无好货。

1.5　简单劳动与复杂劳动

在一个社会中，一般的劳动者就是普通劳动者。他们的劳动是简单劳动，即只要具有普通人的体力和智力，而不需要经过专门学习或培训就可以胜任的劳动。

在不同的国家和不同的时代，普通劳动者具有不同的规定性。比如，在中国大多数人还是文盲的几十年前，中学生就可以称得上是知识分子，是专业人士。但在教育普及的今天，中学生就只能算作普通劳动者。

普通劳动者的劳动构成社会劳动的一般基础。这是一个不断变化的群体。一个劳动者在进入职场后，或在从事一种生产活动的过程中，会不断学习，不断积累经验，逐渐掌握专门技能，即所谓干中学，从而逐渐成为专业人士或熟练工人。因此，典型的普通劳动者是每年从学校毕业，不断涌入社会的新劳动者。这些年轻劳动者刚进入职场，没有特殊技能或工作经验，在社会各行业间不断流动。他们的劳动就是简单劳动①。除此之外，专业人士若从事与自己的专业不相符合的职业，比如一个硕士生去当清洁工，或一个奥运冠军去摆地摊，就与一般人没什么区别，就是普通劳动者。

与普通劳动者相比对的，是专业劳动者。他们的劳动是复杂劳动。复杂劳动具有更高的劳动生产率，在同样的劳动时间里可以生产更多的物品，因而是倍加的简单劳动。比如说，在我们的故事中，从事专业化生产的牛郎与织女就是专业劳动者。他们的劳动生产率是 BB 群体的 4 倍，因而他们 1 天的劳动就相当于普通劳动者 4 天的劳动②。

对于复杂劳动等于倍加的简单劳动这一点，庞巴维克提出了质疑。他认为③，简单劳动与复杂劳动是根本不同种的劳动，不具有可比性和通约性，比如，雕塑家的劳动就与碎石工人的劳动完全不同。这一质疑其实没有道理。如果社会对雕塑的需求量大增，作为普通劳动者的碎石工人自然也可以通过学习与培训，转而生产雕塑。如果认为雕塑家的劳动是独特的、不可重复的，那么雕塑行业就是一个垄断行业，需要用垄断理论来分析，而无须在这里专门研究。

在一个社会中，除了普通劳动者与专业劳动者以外，可能还有少数不合格的劳动者，比如懒汉劳动者。表1.8 中的生产者 C 就是这样一个例子。尽管生产者 C 也可以根据交换比例确定自己的比较优势，从事棉布专业生产，但与 BB 群体的普通劳动者相比，无论是生产大米还是生产棉布，他都处于绝对劣势的地位。即便是生产棉布，他的劳动生产率也低于普通劳动者，也就是说，他要付出更多的劳动时间才能生产同样数量的棉布，因而生产者 C 是一个不合格劳动者。

新概念

复杂劳动　　　　专业劳动者　　　　不合格劳动者

拓展思维：大学：从精英教育变为大众教育。
拓展思维：专家意见：转基因之争。

1.6　社会必要劳动

我们通过表1.8 的简单商品生产社会模型，解释了商品的等价交换机制，得到了商品价值的概念。现在要问：商品生产社会为什么会形成这样一种等价交换机制？商品的价值规定性究竟有什么意义？

我们知道，人类社会历史的一个简单事实就是：人要活着，就需要物质生活资料，

---

① 从这个角度看，前一节的等价交换模型假设的"BB"群体倒应该是"BB"流体。不过，这对相关推证和结论没有影响。

② 我们在后面会看到，随着简单商品生产发展为资本主义的机器大生产，劳动被简单化。劳动生产率在更大程度上是由机器的效率决定的，是总体工人的效率，而不取决于劳动者个人的劳动能力。而对简单劳动与复杂劳动的划分，则是从劳动力的培养费用方面而言的。

③ 参见晏智杰：《劳动价值学说新探》，北京大学出版社 2001 年版，第 279～281 页。

就要进行生产。而要进行生产，就要付出代价，付出劳动的艰辛。

但是，既然要付出代价，就要考虑付出的代价值不值得。所谓值不值得，就是考虑付出的代价与收获是否匹配。用大白话说，就是是否划算，而用经济学的语言说，就是是否有效率。什么是效率？效率就是付出与收获之比对，或者说，就是在一定付出前提下的利益最大化。

在自然经济时代，付出与收获的比对是显而易见的。耕种一块肥沃的土地与耕种一块贫瘠的土地，哪一个更有效率是不言而喻的。自然经济家庭是男耕女织，而不是男织女耕，你说是为什么。生产工具的制造有利于减轻劳动的负担，有利于在生产中付出较少的代价，但如果制造工具本身需要付出太多劳动，这样的工具是否值得制造，就需要考虑。

在商品生产社会，由于社会分工，人们只能从事一种生产，并用自己的产品与其他人相交换。一个劳动者到底从事哪种生产？这就需要把付出与收获进行比对，而比对根据就是商品交换比例。根据交换比例，所有人都选择了对他最划算的生产。这种选择反过来又会影响交换比例的变化，而交换比例的变化又会导致人们做出新的选择，从而形成互动。当这种互动达到一般均衡（借用西方经济学的这个术语），即没有人做出新的选择，交换比例不再变化时，每个人都获得了与代价相比的最大收获。也就是说，每个人的劳动付出都获得了最大效率，达到了利益最大化。而当每个人的劳动付出都获得了最大效率时，我们就可以说，整个社会生产达到了最大效率。这样一种状态，叫作资源合理配置，也叫作帕累托最优。

根据表1.8的推证结果，达到一般均衡状态时的交换就是相等劳动的交换，就是等价交换。如果交换不是等价交换，或者说，如果交换比例与付出的劳动不匹配，那么社会生产就还没有达到一般均衡。人们就还要进行新的选择，生产还要继续调整，劳动力和其他社会资源还要在社会各行业间流动，直到实现了等价交换为止。

由此可见，等价交换作为人们以追求利益最大化为目标的选择与互动的结果，是劳动者在社会生产各行业实现了合理配置的标志，是社会生产达到最大效率，实现了社会利益最大化的标志。它就如同一个看不见但又无处不在的重力中心，决定着每个人的生产选择，并因此引导着社会生产与资源配置趋向最优化。这就是亚当·斯密所说的"看不见的手"，就是我们常说的市场机制的效率。市场自动引导经济，使经济实现效率[①]。

从这样一种作为重力中心的等价交换中，我们就得到了商品价值的规定性，即同样的付出要有同样的收获。这既是个体生产意义上的，即个体生产者在行业间流动时，同样的付出所获得的收获是相等的，因而也就没有再流动的动机，同时也是社会生产意义上的，即劳动者在社会生产各行业的配置与社会对各行业的需要相协调。

但这里还需要展开论述。

正如马克思所说，人，首先是社会的人。生产，首先是社会的生产，是一群人的生产。个人生产要讲效率，一群人的社会生产也要讲效率。

社会生产要讲效率，就要既根据社会需要，又根据劳动力状况，把不同类型的劳动

---

① 我们在后面会看到，尽管从理论思维上可以说明市场机制的效率，但现实的市场经济能否实现这样的效率，则取决于多种因素。

力合理地配置到社会生产各个行业，叫作资源合理配置。最简单的两人社会——家庭的生产要男耕女织，而不是男织女耕，原因就在于此。即便是经济学家假设的一个人社会，比如鲁滨逊的故事，那个鲁滨逊要在孤岛上活下去，也要精心计算，把他的个人劳动时间合理地分配到干不同的事情上。甚至于，如果你不是一个乱糟糟的人，也知道合理安排自己的时间。

我们在最后一章再谈计划经济的事情。不过，仅仅为了帮助理解商品价值的效率属性，我们可以假设一个自由人联合体。在这个联合体内，每个人自觉地把个人劳动力交由社会统一支配，也就是说，个人劳动直接就是社会总劳动的组成部分。社会根据社会需要，包括个人需要、社会公共需要和社会发展需要，把劳动力合理地分配到社会生产各行业进行生产，从而实现资源最优配置，实现社会生产的最优效率。在这里，一切都是简单明了的，但商品价值的本质规定就包含在这里面①。

如果我们再考虑复杂一点，把自然资源考虑在内，结果也一样。设想这个自由人联合体拥有肥沃程度不同和地理位置不同的土地。社会同样会根据社会需要，并根据土地的自然属性和生产属性，把劳动力合理配置在各块土地上，或者把土地合理地分配到社会生产各行业，从而实现资源合理配置。一句话，在社会生产各行业间合理配置劳动力和包括土地在内的其他生产资源，就是商品价值的本质规定。

在商品生产社会中，生产首先是私人生产，是私人劳动。生产什么、生产多少以及如何生产，都由私人决定。但正因为是商品生产，是为他人、为社会提供产品，生产者的劳动就具有社会性质，就是社会总劳动或社会总付出的一部分。这就是《资本论》所说的商品生产具有私人劳动与社会劳动的二重性。由私人劳动的总和构成的社会总劳动要根据社会需要在不同生产行业间合理配置。但既然生产是私人的事情，既然没有全社会范围内的统筹安排，又怎能做到合理配置？

这就是我们已经得到的答案，即以生产者追求私利为前提，通过在生产者背后起作用的商品的等价交换机制，来实现劳动力和其他资源在社会生产各行业的合理配置。

与社会需要相协调的劳动就是社会必要劳动。所谓必要，就是指劳动在社会生产各行业的配置与社会对各种商品的需要相协调、相匹配，增加一份劳动则太多，减少一份劳动则太少。也就是说，社会必要劳动就是在一般均衡状态下的商品生产者的劳动。社会必要劳动形成商品的价值，凝结在商品中的社会必要劳动的数量即社会必要劳动时间就是商品的价值量。个别劳动、个别劳动时间与社会必要劳动、社会必要劳动时间的关系，就是私人劳动与社会劳动的关系，就是哲学上所说的个别与一般的关系②。

根据表 1.8，我们得到的结论是：形成商品价值的劳动是简单劳动。也就是说，普通劳动者的简单劳动就是社会必要劳动。不过，表 1.8 假设的简单商品生产社会是普通劳动者占劳动者多数的社会。在这个假设下，抽象意义上的简单劳动就是社会必要劳动，或者说，可以视为社会必要劳动。但如果在一个社会中简单劳动者不占多数，这个

---

① 需要指出，这并不是说在这样一个假设的自由人联合体里，劳动者生产的产品就是商品。

② 马克思以织麻布者的生产为例，对此做了精彩的描述。参见马克思：《资本论》第 1 卷上册，人民出版社1972 年版，第 125～126 页。

结论就不成立了。

比如，表 1.7 其实就是一个简单劳动者不占多数的简单商品生产社会模型。我们看到，随着社会需求的变化，交换比例在不断变化，劳动者则不断地在不同行业间流进流出。但这并不妨碍每个劳动者根据交换比例衡量自己的利益，选择适合自己的生产行业，并获得最大效率。社会必要劳动，就是不同类型劳动作为人类一般劳动的同一化的结果，而不再是指某一具体类型劳动者的劳动。

不过，这里需要指出的是，上述结论是根据我们建立的一个简单商品生产社会的模型得到的。所谓简单商品生产，就是指商品生产者是个体劳动者或家庭劳动者，生产工具是简单的手工工具，劳动者本人是生产过程中起决定作用的因素。这样一种简单商品生产存在于农业生产占统治地位的自然经济时代，是农业自然经济的一个补充生产形式。我们以后会看到，随着商品生产发展为工业化的资本主义生产，随着资本主义生产方式成为占统治地位的社会生产方式，商品价值规定的一般前提、商品生产者角色、生产过程和生产结果等都会发生变化，因而商品价值的具体规定性也会发生相应变化。因此，上述结论只是我们展开进一步研究的基础，而不是最后的结论。但不管怎样，商品价值的本质，即价值是社会生产的效率标识，社会必要劳动形成或创造商品价值，这一点是不会变的。

新概念

效率	一般均衡	资源合理配置
帕累托最优	私人劳动	社会劳动
简单商品生产社会	社会总劳动	社会需要
社会必要劳动	社会必要劳动时间	个别劳动
个别劳动时间	人类劳动的同一化	简单商品生产
私人劳动与社会劳动的二重性		

拓展思维：教科书的"社会必要劳动时间"及争论。

拓展思维：恩格斯的"商品价值"的定义。

拓展思维："稀缺"的含义。

第 2 章　商品与货币

2.1　商品的使用价值与价值

在得出了商品的价值规定性后，我们现在来研究商品。

生产者生产出来，并用于交换的劳动产品就是商品。它是商品生产社会的财富的一般形式。

商品首先是对人有用、能够满足人的需要的物品。这种需要的性质如何，例如是由胃产生的，还是由幻想产生的，与问题无关。这里的问题也不在于物品怎样来满足人的需要，是作为消费资料来直接满足，还是作为生产资料来间接满足。商品的这种有用性或效用就是商品的使用价值。使用价值构成一个社会的财富的物质内容，比如，粮食、钢材、建筑、电视机等。

但一个社会的财富有它的社会形式。在自然经济中，使用价值直接构成社会财富，田地成片、米粮成仓就是富裕的标志。但在商品生产社会，使用价值的价值——商品的价值才是关键问题，因为，价值正是财富的社会形式。你可能有成片田地、成仓米粮，但若地处深山老林，这些东西就可能没有什么价值，你可能就是一个穷人。

第 1 章的研究表明，商品的价值就是凝结在商品中的社会必要劳动，其价值量就是社会必要劳动的数量。从这个意义上讲，一件商品就是一个价值体。但是，一件商品究竟凝结了多少社会必要劳动，究竟具有多大的价值量，从这件商品本身是看不出来的。一部手机或一台轿车凝结了多少劳动，具有多大的价值量，从这部手机或这台轿车本身是得不出结论的。

你或许认为，既然我们已经知道社会必要劳动的数量就是商品的价值量，那么自然就可以通过某种方法计算出商品的价值。比如，在第 1 章表 1.8 中，社会必要劳动就是简单劳动。BB 群体生产 1 公斤大米要花费半天时间，按 8 小时工作日计，半天劳动就是 4 小时劳动，因此我们就可以说 1 公斤大米包含着 4 个劳动小时的价值。但事实上，这是对价值概念的最大误解，因为价值不是计算出来的。

马克思在谈及商品的价值性时指出："商品的价值对象性不同于快嘴桂嫂，你不知道对它怎么办。同商品体的可感觉的粗糙的对象性正好相反，在商品体的价值对象性中连一个自然物质原子也没有。因此，每一个商品不管你怎样颠来倒去，它作为价值物总是不可捉摸的。"① 所以，我喜欢把价值称为价值幽灵，它确实如同幽灵一般不可捉摸。

举例来说。鞋匠做一双鞋去卖，这双鞋就叫作商品。花费在这双鞋上的劳动就叫作价值。如果鞋匠做一双鞋给自己穿，这双鞋就只能叫作使用物品或使用价值，而不能叫作商品。花费在这双鞋上的劳动就无从谈起创造价值，因为根本不涉及价值问题。但如果鞋匠突然改变了主意，决定把原本做给自己的鞋卖出去，这双鞋就又有了价值，也就是说，花费在这双鞋上的劳动又创造了价值。价值一会儿有一会儿无，这不是传说中的幽灵吗?②

为什么会这样？正如马克思所说："在商品生产者的社会里，一般的社会生产关系是这样的：生产者把他们的产品当作商品，从而当作价值来对待，而且通过这种物的形式，把他们的私人劳动当作等同的人类劳动来互相发关系。"③ 这就是价值概念的重要性之所在，也是它的根本意义之所在。

从商品交换本身看，1 公斤大米与 1 公尺棉布相交换，1 公斤米∶1 公尺布。对于大米生产者来说，当他把 1 公斤大米带到市场上去的时候，他花费在大米上的劳动是既定的（生产已经结束了），而他的劳动是否是社会总劳动的一部分，是否创造了价值，就要由社会需要来决定。如果别人接受了他的产品，愿意拿棉布与他交换，那就证明他的产品满足了社会需要，就证明他的劳动创造了价值。但他花费在 1 公斤大米上的劳动创造了多少价值呢？这就要看别人愿意用多少数量的棉布来与他交换，或者说，就要看大米与棉布的交换比例是多少。

因此，一件商品的价值是通过与他物的交换比例，通过能换回多少数量的其他物品表现出来。这是商品价值的唯一表现形式。

新概念

商品	效用	使用价值
财富	财富的物质形式	财富的社会形式
价值幽灵		

拓展思维：劳动价值论：从亚当·斯密到马克思。
拓展思维：马克思和他的《资本论》。

2.2 价值形式

商品价值的规定性决定了其价值不能自我表现，而只能在交换过程中对象化地表现出来。打个比方的话，就相当于我们不能直接看到自己的相貌，而只能通过照镜子，通

---

① 马克思：《资本论》第 1 卷，人民出版社 1975 年版，第 61 页。

② 西方经济学讲家务劳动与家政服务的区别（即非生产性劳动与生产性劳动的区别，我们将在第 13 章阐述这两个概念。），讲两个家庭主妇互相为对方做家务，从而创造 GDP 的故事，这其实是鞋匠故事的另一个版本。事实上，GDP 就是一个价值指标，GDP 统计的理论基础就是劳动价值论。我们将在第 14 章阐述 GDP。

③ 马克思：《资本论》第 1 卷，人民出版社 1975 年版，第 96 页。

过镜子的影像看到自己。商品交换就是参与交换的商品在照镜子，而换回的商品就是交换出去的商品的价值影像。这就叫作对象化。从对象化的角度看，商品的交换形式就是商品的价值形式。只有通过探索商品的价值形式，才能认识一件商品的价值。

我们最熟悉的商品价值形式就是货币形式。1 公斤大米卖了 20 元人民币，那么这 1 公斤大米的价值就是 20 元。不过，这是商品价值形式的完成形式，而从这一完成形式看，货币本身就是一个谜。货币，或者说钱，究竟是什么东西？为什么人人都需要它、喜欢它、追求它？为什么它有如此巨大的魔力？

因此，我们需要从价值形式的原初形式即物物交换出发来探索价值形式的规定性，从而揭开货币之谜。

根据等价交换原理，两种一定数量的商品，比如 1 公斤大米与 1 公尺棉布进行交换，意味着 1 公斤大米与 1 公尺棉布中包含着相等数量的劳动，或者说具有相等的价值量。那么，1 公斤大米或 1 公尺棉布究竟包含着多少价值？或者说，这个相等的价值量究竟是多少呢？

没有人知道，也不可能有人知道。但更为根本的是，或许我们本来就不需要知道这个价值量（为什么？）。

让我们用等式把上述交换行为表示如下：

$$1 \text{ 公斤大米} = 1 \text{ 公尺棉布}$$

这个等式就叫作价值形式，因为反映的是物物交换，又叫作简单的价值形式。

好了，如果现在你问 1 公斤大米包含着多少价值，我就可以告诉你，1 公斤大米包含着 1 公尺棉布的价值。我会把这 1 公尺棉布拿到你面前，让你触摸，让你用感觉去体验。也就是说，隐藏在 1 公斤大米中的无从捉摸的价值幽灵通过价值形式，在有形有量可感知的 1 公尺棉布上显形了。这个变换，我们称之为商品价值的对象化，即一个商品体的无形的价值量通过与它交换的一定数量的商品有形地表现出来。

我们称这 1 公尺棉布就是表现 1 公斤大米价值的等价物。从这个意义上讲，而且只是从这个意义上讲，1 公斤大米的价值就是 1 公尺棉布。1 公斤大米本身则被称为相对价值，也就是说，它的价值不能通过自身表现，而只能通过与它交换的等价物对象化地、相对地表现出来。除此之外，我们没有任何其他渠道、没有任何其他方法可以探知一件商品的价值。

你或许要问：如果说 1 公斤大米的价值就是 1 公尺棉布，那么 1 公尺棉布的价值又是多少？

1 公尺棉布的价值就是 1 公斤大米，相交换两物互为等价物。把前一个价值形式颠倒过来，就得到 1 公尺棉布的价值形式：

$$1 \text{ 公尺棉布} = 1 \text{ 公斤大米}$$

咦，这不是在玩文字游戏吗？不是。实际上，这是因为我一张嘴说了两家话，有点蛮缠不清。第一个价值形式是告诉大米生产者，他所生产的 1 公斤大米的等价物就是 1 公尺棉布。第二个价值形式是告诉棉布生产者，他所生产的 1 公尺棉布的等价物就是 1 公斤大米。也就是说，两人所生产的产品具有不同的等价物。如果两人的产品相互交换，则其产品互为对方产品的等价物。

应该说，在简单的物物交换中，上述价值形式并没有更多的含义和意义。但随着商品生产的发展，随着交易的经常性和交易规模的不断扩大，价值形式的真正意义就显示出来了。这就是接下来要讲的内容。

你或许说：且住，这里还有疑问。比如，大米与棉布的交换比例当然会变化，1公斤大米可能与1公尺棉布相交换，也可能与2公尺棉布相交换，这是不是意味着大米的价值在变化？

确实有这种可能性。不过，这个问题要分两头讲。

首先，当我们说到"1公斤大米∶1公尺棉布"这个构成价值形式的交换比例时，这个交换比例并不是某一次的交换比例，而是随时变化着的实际交换比例的一种长期回归趋势，一种动态平均值，如图2.1所示。

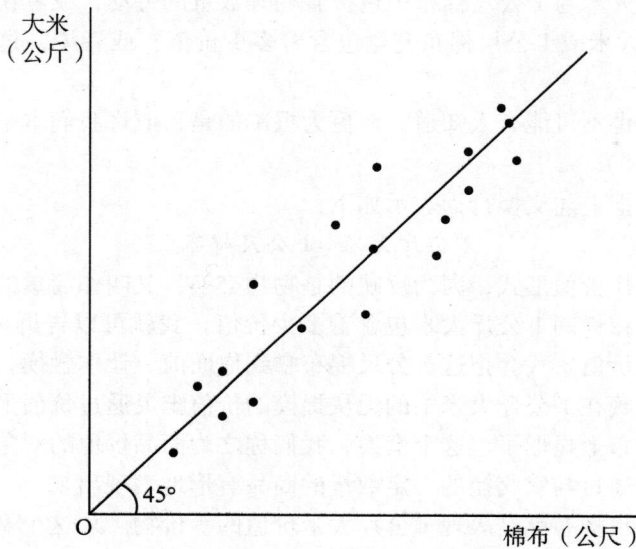

图2.1 大米与棉布的交换比例

图2.1是"1公斤大米∶1公尺棉布"交换比例的点状图。每一个点代表一次实际交易，与1∶1的比例有偏差，即没有位于45°线上。45°线是线性回归结果，是统计平均值。这就是说，等价交换是一种长期趋势或统计平均，每一次实际交易并不一定是等价交换。这是等价交换的第一要义。

其次，如果大米或棉布的价值发生变化，则大米与棉布的交换比例就要发生变化。我们可以用表2.1来说明这种变化。

表2.1 交换比例的变化

基期交换比例∶1公斤大米∶1公尺棉布		
大米价值	棉布价值	交换比例变化
上升一倍	不变	1公斤大米∶2公尺棉布
不变	下降一半	

续表

基期交换比例：1 公斤大米：1 公尺棉布		
大米价值	棉布价值	交换比例变化
不变	上升一倍	2 公斤大米：1 公尺棉布
下降一半	不变	
上升一倍	上升一倍	1 公斤大米：1 公尺棉布
下降一半	下降一半	

表 2.1 说明了导致交换比例变化的原因。从表中可以看到，交换比例的同样变化可能是由不同的价值变化原因引起的。即便交换比例不变，也并不意味着大米与棉布的价值不变。一句话，由于交换是等价交换，大米或棉布的价值的相对变化就会导致交换比例发生相应变化，从而使等价交换得以实现。

新概念

价值形式	价值对象化	简单的价值形式
物物交换	等价物	相对价值

拓展思维：什么是对象化？
拓展思维：是否有不变的价值尺度？

2.3 货 币

物物交换是人类社会的第一种贸易形式，也称为易货贸易。随着商品生产的发展，商品交换繁荣起来。大米生产者不仅用大米换回棉布，而且可以用大米换回自己所需要的其他物品，如镰刀、茶叶、贝壳，等等。于是就有了如下价值形式：

$$10 \text{ 公斤大米} = \begin{cases} 10 \text{ 个贝壳} \\ 5 \text{ 公尺棉布} \\ 1 \text{ 把镰刀} \\ 2 \text{ 盒茶叶} \end{cases}$$

我们称这个价值形式为扩大的价值形式，它表明了商品交换的一般性、广泛性。

不过，随着商品交换的繁荣，物物交换的局限性就显示出来。比如，大米生产者需要用大米换回棉布，但棉布生产者不需要大米，而希望能用棉布换回镰刀，而铁匠则希望用镰刀换回茶叶等。这样一来，交易就无法实现。

商品生产者解决这个问题的办法，就是先用自己的商品换回一种人人都需要、都愿意接受的商品，再用这种商品去换回自己需要的商品。尽管这样做会多进行一次交易，看似麻烦，但却可以使交易顺利进行。

比如，爱美之心人皆有之，用于打扮的装饰品比如贝壳，就是人人需要的。于是就有了如下一般价值形式：

$$
\left.\begin{array}{l}
10\ 公斤大米 \\
5\ 公尺棉布 \\
1\ 把镰刀 \\
2\ 盒茶叶
\end{array}\right\} = 10\ 个贝壳
$$

现在，商品生产者比如大米生产者，就可以用 10 公斤大米换回 10 个贝壳，再用 10 个贝壳换回 5 公尺棉布，从而实现自己的生产与交易的目的。

我们把贝壳称为一般等价物。它的为我们万分熟悉的另一个名称就是货币，或者说钱。

货币的诞生，或者说，从物物交换发展到以货币为媒介的交换，是商品生产与交换的革命性变化。而对于人类社会的发展来说，这实在是太重要了！今天的人们能够想象没有货币的世界吗？

关于货币的职能及其作用，我们在下一节再讲。由于货币的诞生，所有其他商品都把货币当作一般等价物，用货币来衡量自己的价值。这就存在着一个问题：当所有其他商品都用货币来衡量自己的价值时，货币本身的价值又由什么东西来衡量？

要衡量货币的价值，就要把前面的一般价值形式颠倒过来，从而形成货币特有的价值形式：

$$
10\ 个贝壳 = \left\{\begin{array}{l}
10\ 公斤大米 \\
5\ 公尺棉布 \\
1\ 把镰刀 \\
2\ 盒茶叶
\end{array}\right.
$$

这就是说，货币是以其他所有商品为等价物，来衡量自己的价值。比如，10 个贝壳值 10 公斤大米，或 5 公尺棉布，或 1 把镰刀，等等。通过与其他所有商品相比较，我们就对货币的价值有了感性的认识。比如，一个老太太说钱不值钱了，就是指与以前相比，同样数量的货币购买到的商品数量变少了。

货币的价值或货币所代表的价值，叫作币值。货币价值的变化，就是币值变化。在实际经济生活中，货币的价值形式是物价指数的根据，或者说，我们用物价指数来衡量货币币值的变化。第 12 章将解释物价指数。

一种特殊商品之所以成为货币，是因为它作为一般等价物，得到了社会的公认。这种公认是一种信用，可能起源于历史的或社会的习惯，可能是经济发展的结果，也可能是国家以强制力量推行的结果。因此，货币就是一种信用。一旦这种信用遭到破坏，货币就不成其为货币。

在人类社会发展的早期阶段，充当货币的商品多种多样。随着商品生产与贸易的发展，金、银由于其特殊的物理属性和社会属性，取得了充当货币的独占权。于是就有以下贵金属货币形式：

$$
\left.\begin{array}{l}
10\ 公斤大米 \\
5\ 公尺棉布 \\
1\ 把镰刀 \\
2\ 盒茶叶
\end{array}\right\} = 1\ 盎司金
$$

在人类社会上千年的历史中，金、银等贵金属一直充当货币。但在当代社会，贵金属货币已经退出历史舞台。货币就是纸币。在中国，法定货币是中国人民银行发行的人民币纸币。于是有以下纸币形式：

$$\left.\begin{array}{l} 10\ \text{公斤大米} \\ 5\ \text{公尺棉布} \\ 1\ \text{把镰刀} \\ 2\ \text{盒茶叶} \end{array}\right\} = 100\ \text{元人民币}$$

纸币本身没有价值。它是一种价值符号，代表着它所能支配的劳动、所能交换的商品数量。因此，纸币就是本身不包含价值的信用货币，而"货币的价值"就是指纸币所代表的价值，即纸币的币值。所谓等价交换，从卖方看，就是商品生产者通过出售一定量的商品获得相应数量的纸币，实现了商品的价值；从买方看，就是一定数量的纸币所代表的价值通过购买一定数量的商品而得以实现。

纸币取代贵金属货币成为社会公认的一般等价物，是商品生产与交换的又一次划时代变革。在此之前，贵金属货币的生产与流通是不可控的，因而会导致社会商品生产与交换的巨大波动。在纸币取代贵金属货币后，货币供给数量就是一个可控量。这就为现代金融制度的诞生与发展奠定了基础，为宏观经济调控奠定了基础，从而大大促进了社会商品生产与交换的发展。

新概念

扩大的价值形式	一般价值形式	一般等价物
货币	货币价值形式	币值
贵金属货币	纸币	价值符号

拓展思维： 中国的第一种货币是贝壳？什么时候有了"钱"？

拓展思维： 千奇百怪的货币。

拓展思维： 人民币的历史。

2.4　货币的五大职能

货币作为一般等价物，具有五大职能。

（一）价值尺度

货币的产生，使得所有商品有了共同的一般的等价物，或者说，货币就成为衡量所有商品价值的尺度。这是货币的第一个职能。现在，如果你问 10 公斤大米的价值是多少，我就可以告诉你，10 公斤大米的价值是 100 元人民币。

由于所有商品都以货币为价值尺度，即有了一个共同的唯一的度量衡，我们就知道了所有商品的价值，从而可以相互比较。比如，10 公斤大米或 5 公尺棉布的价值都是 100 元人民币，因此我们就说 10 公斤大米与 5 公尺棉布具有相等的价值。这样的相互比较非常重要，因为商品生产者正是通过这样的比较，才作出是生产大米还是生产棉布的决策。

商品价值的货币表现形式就是价格。我们知道，价格是市场机制、市场经济的灵魂。但只是在《资本论》中，价格概念才第一次得到合理解释。由于货币与价格的产生，等价交换的形式也就相应地发生了变化。所谓等价交换，不是别的，就是价格与价值相一致。

（二）流通手段

货币的产生，大大方便了商品生产者的生产与交换。现在，大米生产者如果需要用大米换回棉布的话，他不需要考虑棉布生产者是否需要大米，而只需要把大米换成货币，再用货币换回自己所需要的棉布就行了。货币，在商品交换中就起到了交换媒介或流通中介的作用。从这个意义上讲，我们又称货币为流通手段。

这里存在着一个问题：谁愿意来做善事帮助大米生产者，用货币换回大米？

这种人叫作商人，是成汤的后代。不过，他们不是来做善事的，而是来赚钱的。他们买进大米生产者的大米、棉布生产者的棉布、铁匠的镰刀等等，转手卖给需要大米、棉布或镰刀的人，从中赚取差价。他们用来干这事的钱，即用钱来赚钱的钱，叫作商人资本①。所以，商人资本是人类社会的第一种资本形态，是最古老的资本。想象一下，在古代信息不通、交通极不方便的条件下，商人要经历怎样的风险，而其贸易利益又是何等之大。

以货币为交换媒介，商品交换本身发生了根本变化，也就是说，分为了买与卖两个环节。在此之前，商品交换是买卖一体的物物交换，买就是卖，卖就是买。货币的产生，使得商品交换产生了"买"与"卖"两个概念。"买"与"卖"在时间上和空间上都分离开来，成为各自独立的行为。

我们称以货币为交换媒介，以商人为操盘手，买与卖分离开来的商品交换为商品流通。显然，在商品流通的背面，就是货币流通。两种流通相辅相成，相向而行。

在经济学中，我们用更正式的两个术语来代表"买"与"卖"："买"称为需求，"卖"称为供给。买与卖的分离，或者说需求与供给的分离，就产生了一个具有根本意义的问题：如果买了之后不卖，或卖了之后不买，会产生什么情况？

对于商品生产者来说，卖是为了买。如果卖了不买，就形成货币囤积，这叫作储蓄。对于商人来说，买是为了卖。如果买了不卖，就形成商品囤积，其目的是造成短缺，抬高市价，以获取更大利益。无论是货币囤积还是商品囤积，都有可能造成生产与需要的脱节、供给与需求的脱节。这就有可能形成商业危机，并转化为生产危机。这种潜在的危机，在资本主义生产方式下，就成为现实。

（三）储藏手段

这是指货币退出流通，当作社会财富的一般代表被储藏起来。货币就是钱，是社会财富的代表或标志。这倒不是说只有货币才是财富。在商品生产社会，所有有价值的东西，比如工厂、矿山、住房、粮食等，都是财富。但货币是一种纯财富，代表对社会财富的支配权。因此，人们就可以将货币储藏起来，待需要时再用。这就是储蓄。

---

① 这里还谈不到"商业"、"商业资本"，它们是资本主义发展的产物。

（四）支付手段

这是指货币在一个时点或地点的单向运动，比如用货币清偿债务，或支付赋税、租金、工资，等等。

随着商品生产与交换的发展，出现了赊销，比如分期付款。赊销产生了债权债务关系。在赊销到期时，就要用货币支付。

赊销有利于商业活动的繁荣。不仅如此，由于有些债务可以互相抵消，不再需要货币作为流通媒介，因而可以节省流通中所需要的货币量。但另一方面，赊销方式可能会增加商业活动的风险，可能会形成债务链，从而增大商业危机的可能性。

（五）世界货币

货币越出一个国家的范围，在国际经济关系中充当一般等价物，就称为世界货币。在当今世界，美元是最基本的世界货币。除此之外，欧元、英镑、日元等俗称硬通货的货币也都具有世界货币的职能。随着人民币国际化，人民币也开始具有了世界货币的职能。

新概念

价值尺度	价格	流通手段
商人	商人资本	商品流通
买卖分离	供给	需求
储藏手段	支付手段	世界货币

拓展思维： 人民币加入 SDR。

2.5 劳动生产率与商品价值

我们已经知道，社会必要劳动形成商品价值，凝结在商品中的社会必要劳动数量就是商品的价值量。劳动的数量用劳动时间计量，因此，生产商品所需要的社会必要劳动时间的多少，就决定着商品价值量的大小。

生产商品所需要的劳动时间是随着劳动生产率的变化而变化的。因此，我们就需要研究劳动生产率与商品价值的关系。

什么是劳动生产率？通常的解释是，在一定时间内生产者生产的产品数量的多少。这个解释固然没有错，但它没有说出劳动生产率的本质。所谓"在一定时间内生产者生产"，其实是指生产者付出的代价，而"产品数量的多少"，则是生产者的收获。因此，劳动生产率不是别的，就是生产者的收获与付出的代价之比。劳动生产率越高，生产者付出同样的代价就可以获得更大的收获，或付出较小的代价就可以获得同样的收获，反之亦然。也就是说，劳动生产率就是劳动的性价比，就是劳动生产者的性价比。

劳动生产率这个概念实在太重要。从最一般意义上讲，人类社会生产的进步，就是劳动生产率的进步，就是以越来越小的代价获得越来越大收获的进步。对一个国家来说，劳动生产率的高低，决定着人民的贫困与富裕，决定着国家的强盛与衰落。

劳动生产率首先是个别生产者的劳动生产率，即个别劳动生产率。在同一个行业内，不同生产者的劳动生产率可能各不相同。如果生产者的劳动生产率较高，他生产同样一件商品所花费的个别劳动时间就较少，也就是说，付出的代价较小。或者说，在付出相同代价时，他就可以生产更多数量的商品，创造更大的价值。复杂劳动与简单劳动的区别，就在于复杂劳动有更高的劳动生产率，同样的付出能创造更大的价值，因而是倍加的简单劳动。

在一个竞争的商品生产社会，具有更高劳动生产率的生产者就具有竞争的优势，可以打败同行，扩大生产，而这样做的结果，又提高了行业劳动生产率。这正是竞争能促进社会生产进步的一个根本原因。

劳动生产率的第二个层次，就是行业劳动生产率。但行业劳动生产率的变化与商品价值的关系就比较复杂了。

为了简化起见，我们以第1章表1.8的等价交换模型为起点。为了便于观看，我将表1.8复制在这里，即为表2.2。

表2.2　　　　　　　　　　　　　　　等价交换

(1)	(2)	(3)	(4)
生产者	大米的劳动生产率（公斤/天）	棉布的劳动生产率（公尺/天）	用大米衡量的棉布的机会成本 (2)÷(3)
牛郎	8	2	4公斤米：1公尺布
A	6	3	2公斤米：1公尺布
BB	2	2	1公斤米：1公尺布
C	0.9	1.8	0.5公斤米：1公尺布
织女	2	8	0.25公斤米：1公尺布

以表2.2为起点，假设棉布行业所有生产者的劳动生产率提高一倍，就得到表2.3。

表2.3　　　　　　　　　　　　　行业劳动生产率的变化

(1)	(2)	(3)	(4)
生产者	大米的劳动生产率（公斤/天）	棉布的劳动生产率（公尺/天）	用大米衡量的棉布的机会成本 (2)÷(3)
牛郎	8	4	2公斤米：1公尺布
A	6	6	1公斤米：1公尺布
BB	2	4	0.5公斤米：1公尺布
C	0.9	3.6	0.25公斤米：1公尺布
织女	2	16	0.125公斤米：1公尺布

注意表 2.3 第（4）列的变化。这个时候，BB 群体生产大米与棉布的机会成本关系为 0.5 公斤米∶1 公尺布，也就是说，大米与棉布的交换比例就由原先的 1 公斤米∶1 公尺布变为 0.5 公斤米∶1 公尺布。如果有不明白的，可以按第 1 章表 1.8 的逻辑关系再推证一遍。

但是，这一交换比例的变化只是表示一定数量的大米与棉布的价值的相对变化，只是表示在棉布行业的劳动生产率提高后，0.5 公斤米与 1 公尺布所包含的劳动是相等的。那么，如何从商品价值量角度来理解行业劳动生产率的变化呢？

一个简单的事实是，由于棉布行业劳动生产率提高，与以前相比，付出同样的代价就有更大的收获。要注意的是，即便是劳动生产率不变的大米行业，也由于棉布行业劳动生产率的提高，付出同样代价也有更大的收获，表现为在新的交换比例下，同样数量的大米可以换回更多数量的棉布。因此，棉布行业劳动生产率的提高就带动了社会一般劳动生产率的提高。

这就产生了一个问题：由于社会一般劳动生产率提高，与以前相比，同样的社会必要劳动总量可以生产出更多的产品。换言之，单位产品所包含的社会必要劳动数量就比过去要少。比如，今年生产 1 公尺棉布需要 2 小时社会必要劳动时间，而去年生产 1 公尺棉布则需要 4 小时社会必要劳动时间。那么，我们是按今年的标准还是按去年的标准来计量商品的价值量？

我们可以以今年为标准来计量，去年的 4 小时社会必要劳动时间折算为今年的 2 小时。但历史数据不能更改，正确的做法是以历史为标准，选择基年，确定标准。比如，以去年为基年，今年的 2 小时社会必要劳动时间要折算为去年的 4 小时。也就是说，由于社会一般劳动生产率提高，付出同样的代价就有更大的收获，同样数量的社会必要劳动就生产出更多的产品、更多的价值，或者说，折算为更多的过去社会必要劳动。这正是现行国民经济统计的一般原理。

现在，我们引入货币这个一般等价物。

以表 2.2 为起点，假设彼时大米的价格为 1 元/公斤，棉布的价格为 1 元/公尺。显然，大米与棉布以货币为媒介的交换比例就为 1 公斤米∶1 公尺布，处于一般均衡。

现在假设棉布行业的劳动生产率提高一倍，如表 2.3 所示。大米与棉布的交换比例就由原先的 1 公斤米∶1 公尺布变为 0.5 公斤米∶1 公尺布。为了适应这一变化，大米与棉布的价格会相应变化，比如，大米价格变为 1.5 元/公斤，而棉布价格变为 0.75 元/公尺，从而大米与棉布以货币为媒介的交换比例就变为 0.5 公斤米∶1 公尺布，达到了一般均衡。

这一结论表明：

（1）若某一行业的行业劳动生产率提高，该行业可以创造更多的价值，但单位产品的价值会相对下降，表现为产品的价格相对下降，行业劳动生产率提高所带来的价值量增长幅度低于实物量增长幅度。

（2）劳动生产率不变的行业，由于其他行业的劳动生产率提高，其单位产品的价值会相对上升，表现为产品的价格相对上升。

这个结果，是由商品价值的规定性决定的，即要求同样的付出获得同样的收获。在其他行业的劳动生产率提高，从而同样付出有更多收获的前提下，若本行业的付出得不到同样收获，则本行业的劳动力就会流出，导致行业萎缩。但既然社会需要本行业的产品，这种需要就要通过商品价值的相对变化反映出来。也就是说，劳动生产率较高的行业的单位产品价值要相对降低，而劳动生产率较低的行业的单位产品价值要相对提高，最终达到各行业的相等付出得到相等收获的一般均衡水平。

有鉴于此，我们需要重新定义劳动生产率：

第一，在同一行业内，由于生产同一种产品，劳动生产率首先是一个实物指标，从而可以直接根据产品实物数量的多少来比较不同劳动者的劳动生产率大小，比较不同劳动者的劳动付出与收获的关系。我把按实物形态计量的劳动生产率称为劳动技术生产率。

第二，在商品生产社会，产品就是商品，生产就是价值生产。因此，劳动技术生产率就转化为一个价值指标，转化为劳动价值生产率，其含义是：同样的劳动付出所能生产的价值量的多少。劳动价值生产率越高，同样的付出就能生产更多的价值量。在同一行业内，这就表现为同行竞争，表现为个别劳动与社会必要劳动的区别（假定行业一般劳动为社会必要劳动）。

第三，由于产品异质，不同行业的劳动生产率的比较只能是劳动价值生产率的比较。

根据这一定义，我们进而可以得出如下结论：

（1）在其他行业的劳动技术生产率提高的前提下，劳动技术生产率不变的行业其劳动价值生产率会提高，表现为单位产品的价值相对上升。我称之为价值拉动效应。

（2）在全社会范围内，不同行业的劳动生产率作为劳动价值生产率趋于相等。也就是说，同样的付出在不同的行业要有同样的收获。假如某一行业的劳动技术生产率发生变化（比如提高一倍），那么通过社会生产与社会需要的相互作用，通过商品价值的相对变化，并通过社会资源在不同行业间的重新配置，最终会实现各行业的劳动价值生产率的重新相等。上面所举的例子已经说明了这一点，第9章9.4节将给出更严格的证明。

（3）不同行业趋于相等的劳动价值生产率就是社会一般劳动生产率。社会一般劳动生产率的提高，意味着在全社会范围内，同样的付出可以获得更多的收获，意味着社会生产的进步和社会产品的不断丰富。

需要指出的是，这些结论是以简单商品生产为前提的。随着商品生产发展为以机器生产为基本特征的资本主义生产，这些结论还会发生相应的变化。因此，我们以后还会回到这个话题上。

新概念

劳动生产率	个别劳动生产率	行业劳动生产率
社会一般劳动生产率	劳动技术生产率	劳动价值生产率
价值拉动效应	劳动价值生产率相等	

拓展思维：澳大利亚：理一次发40澳元！

拓展思维：轿车进入普通百姓家。

2.6 价值实现

在一个简单商品生产社会，生产是商品生产，是由社会分工决定的为交换进行的生产。生产者是商品生产者，为满足他人的需要而生产。这并非说生产者是活雷锋或慈善家。商品生产者追逐的是自己的利益，他以生产满足他人需要的物品为手段，以货币为媒介，通过交换，换回自己所需要的物品。

在简单商品生产社会，生产者关注的核心问题是他用自己的产品能换取多少他人的产品。这取决于他的产品包含着多少价值。因此，商品生产就是价值生产。

商品生产者生产一件商品所花费的实际劳动数量——实际劳动时间为个别劳动时间。个别劳动时间不决定商品的价值。但这并非说个别劳动时间不重要。如果商品生产者的个别劳动时间低于社会必要劳动时间，就意味着他的劳动生产率比同行或比社会的一般水平更高，在同样时间内就可以生产更多的价值，从而在交换中获得更多的产品。因此，降低个别劳动时间，或者说提高劳动生产率，就是至关重要的。

商品生产者在生产出产品后，要卖掉自己的产品换回货币。这个卖的过程，我们称之为商品的价值实现。显然，能否实现价值以及在多大程度上实现价值，或者说，能否卖得掉以及能换回多少货币，对商品生产者来说生死攸关。

但是，当商品生产者开始生产时，他并不知道或并不准确知道社会需要是什么或社会需要是多少。生产本身就是冒险。即便他了解社会需要，但社会需要很可能被他的同行竞争者抢先得以满足，从而使得他所生产的产品成为多余。或者，当他生产出来之后，社会对这种产品的需要已经发生了变化，已经不再需要这种产品。因此，商品的销售，或者说商品的价值实现是惊险的一跃，跃不过去就意味着生产失败，意味着破产。

因此，商品生产者要生存与发展，要么就全力参与竞争，提高劳动生产率，打败同行竞争者，或者敢于冒险创新，开拓一片新天地；要么就联合起来，实行行会制度和漫长的学徒期，以消灭竞争，减少同行竞争者，而这正是前资本主义时期手工业商品生产的一般状况。

从商品交换过程本身看，固然我们说交换是等价交换，但等价交换是一种动态均衡，是一种长期的动态趋势。实际发生的交换并不是等价交换，商品的价格并不等于其价值，而是围绕价值上下波动。

不过，价格对价值的偏离并不是这种交换方式的缺点，反而是等价交换的运行机制。正是这种偏离给生产者提供了信号，使他们能够调节自己的生产，从而使社会生产与社会需要相衔接，使劳动者和其他生产资源在社会生产各行业间得到合理配置。这就是政治经济学所说的价值规律的作用。

等价交换机制要发生作用，一个基本条件就是生产要素在社会生产各个行业间自由流动。如果某一行业出现了垄断，生产要素不能自由进入这个行业，那么等价交换机制就不能发生作用。

我们仍然以表2.2的等价交换模型为例。假设棉布生产行业被垄断。现在由于天气变冷，对棉布的需求大增，从而导致棉布供不应求，市场价格（交换比例）就会高于价值。在生产要素自由流动的正常情形下，部分劳动者将转而生产棉布，从而使棉布供给量增加，促使价格向价值回归。但现在由于棉布行业被垄断，其他劳动者不能进入棉布行业，棉布供应量无法增加。这样一来，价格高于价值的现象将会长期存在。也就是说，在垄断条件下，商品交换可能就是不等价交换。

对棉布垄断者来说，这种不等价交换有利可图，因为他可以用较少的价值换回更多的价值，这也是他进行垄断的原因。我们称这种利益为垄断利益。但从全社会角度看，由于生产要素不能用于生产社会更急需的棉布，在各个行业的配置就没有达到最优，使得整个社会不得不忍受棉布的高价，从而导致经济效率的损失。

除了垄断因素外，等价交换机制要发生作用，还要取决于需求因素。在正常情形下，需求变化会导致价格波动，但不会破坏等价交换。但在特殊情形下，比如需求极度萎缩或需求极度扩张，需求变化就会影响等价交换本身。

还是以表2.2的模型为例。假设社会对某一种物品的需求减少，这一物品就供过于求，其价格低于价值。在这种情形下，普通劳动者会逐步退出这个行业，使得该物品的供给减少，从而使交换向等价交换回归。但如果需求极度萎缩，即便该行业内的普通劳动者全部退出，物品全部由专业劳动者生产，仍然供过于求，价格就不能向价值回归，从而停留在不等价交换的状态。

这会导致两个结果。在短期中，该行业的专业劳动者就要忍受不等价交换。作为专业人士来说，他们只能干这一行。如果他们退出这一行业而转入其他行业，就与其他普通劳动者没有区别，没有什么绝对优势。从长期看，由于交换不等价，新的生产要素不愿意流入这个行业，现存资源越来越少（劳动者年老退休等），从而导致该行业不断萎缩。比如，一些传统手工艺、传统艺术行业就出现了这种不等价交换的情形，导致这些行业后继无人。

与之相反的情形是社会对某一种物品的需求极度扩张。在这种情形下，该物品的价格高于价值，使该物品超额实现自己的价值。这样一来，其他行业的普通劳动者就向这个行业转移，使得该物品的供给增加。但由于需求极度扩张，即便其他所有行业的普通劳动者全部转入这个行业，供给与需求仍未能达到平衡，商品交换就是一种不等价交换。比如，在粮食匮乏时，人人都投入粮食生产，就可以视为这种情形。这是一种极不正常的状态。

新概念

价值生产	价值实现	价值规律
生产要素自由流动	不等价交换	需求极度萎缩
需求极度扩张		

拓展思维：国家扶持京剧艺术。

2.7 特殊商品

到目前为止，我们对商品生产与交换的研究以及所得到的结论都是以劳动产品为前提。所谓商品，就是为交换而生产的劳动产品。这样一种界定自有它的合理性。物质资料的生产是人类社会存在与发展的基础。对于普通人来说，衣食住行是首先要解决的问题，物质生活是生活最基本的内容，具有决定性意义。因此，研究物质产品形态的商品生产与交换，也就具有决定性意义。

另一方面，如果只从交易的角度来理解商品，那么所有交易对象都可以称为商品。也就是说，商品可能不是劳动产品，或者说，没有包含劳动价值的物品也可以有价格。奥地利学派经济学家庞巴维克责难劳动价值论的一个论据，就是古董不是劳动产品，但却具有很高的价格。其实岂止古董这一类物品。正如马克思所说，"有些东西本身并不是商品，例如良心、名誉等等，但是也可以被它们的所有者出卖以换取金钱，并通过它们的价格，取得商品形式。"[1]

我们的理论，或者说劳动价值论，并不企图对所有商业化（市场化）现象做出解释。那是西方经济学干的事情。我们只需要解释清楚商品生产社会的一般生产、交换与分配机制，就足够了。不过在这里，仅仅为了消除误解，需要对一些特殊商品做一些说明。

（一）服务

在现实的商品生产社会，除了实物形态的商品外，还有一类"虚"产品形态的商品，这就是我们所享受的各种商业化（市场化）的服务，比如各种生活服务（理发店、搬家公司、清洁公司，等等）、教育服务、医疗服务，等等。这类服务，在国民经济核算中称为第三产业，是国民经济的重要组成部分。

随着中国实现工业化，人们的基本物质生活有了保障。大力发展第三产业，进一步提高人民的生活水平，就是中国经济的一个发展方向。需要指出的是，前面所得出的关于商品生产与交换的一般结论对于"虚"产品形态的各种服务也是适用的。

顺便说一下，马克思在《资本论》中，很强调商品的物质实体性，而对于服务，只提到了店员劳动。这是因为十九世纪的欧洲还是一个贫穷的欧洲，服务业还没有发展，物质产品的生产才是至关重要的事情。不过，在物质产品已经比较丰富，需要大力发展服务业的现时代，我们自然不必胶柱鼓瑟、照本宣科了。

我们将在第 13 章研究服务性产品，即第三产业。

（二）资本品

近几年来，中国书画拍卖价格屡创新高，动辄上亿。人人都知道，这不是普通人能问津的。我把这类价格奇高的特殊商品称为资本品[2]。

这类商品之所以叫作资本品，是因为这些商品不是用来消费的，而是用来实现财产

---

① 马克思：《资本论》第 1 卷，人民出版社 1975 年版，第 121 页。

② 注意与西方经济学所说的资本品相区别。

或失业资本的保值增值的。这些商品的价格，或者说它们的供给与需求的关系，遵守的是资本市场的规则，是资本的游戏，与价值不相关。庞巴维克以此来否定劳动价值论，只能说明他对劳动价值论的无知，无知者无畏。

我们将在第 18 章分析这些资本品。

（三）公共产品

政府免费或廉价提供给民众的产品或服务，叫作公共产品。

在市场经济条件下，我们的生产和生活所需要的大部分物品都是商品，也就是说，都是通过市场供给的。但有一些物品，比如具有普惠性，能够惠及所有人的公益物品，尽管也为我们所需要，却难以由市场来供给。还有一些物品，尽管也可以由市场来供给，但却有各种不利或不妥之处。

举例来说。一个小镇的居民决定集资燃放烟花。如果有人不愿意交钱集资，却也没法阻止他欣赏烟花，而即便他观看了烟花，也不会减少其他人对烟花的欣赏。燃放的烟花就是一种公益物品，而那位不交钱的先生也可以欣赏烟花，就称为"搭便车"。

显然，由于存在搭便车问题，公益物品难以商品化或市场化。在这种情形下，由政府免费提供公益物品，不失为一个好办法。因此，典型的公益物品，比如国防、公共设施、公共秩序、公共安全，等等，都是由政府免费提供。

除了公益物品外，有些商品，比如一些具有普惠特征（见下一小节）或具有自然垄断特征（见第 10 章）的商品，由市场供给可能不太妥当。因此，政府也可以把这些商品转化为公共产品，免费或廉价提供给民众。这方面的例子包括义务制教育、儿童预防接种、公共医疗、公园或公共图书馆、公共交通等等。在特定情形下，政府也可以把一般商品转化为公共产品，比如免费食品券。反过来说，如果把公用事业或公共产品商业化或私有化，以营利为目的，公共产品也就转化为商品。

（四）外部性（公害与公益）

当你在弹琴或欣赏音乐时，乐声可能对他人产生了干扰。当你在抽烟时，烟雾可能导致他人吸二手烟。你的活动对他人产生了影响。在西方经济学中，这叫作外部性。在商品生产社会，这种外部性在很多时候是难以避免的，

如果人们的生产与生活对他人产生了负面影响，这种外部性叫作负外部性。比如，人人都可以到大海里去捕鱼，结果由于过度捕捞，导致海洋资源枯竭。这就是西方经济学所说的"共有地悲剧"（tragedy of the commons）①。工业化所带来的环境污染问题则是负外部性的另一个典型例子。由此可见，负外部性就是人们通常说的公害，个人或个体的行为殃及其他人或所有的人。

一般来说，市场不能自动解决负外部性（公害）问题。这就需要政府出面。比如对于环境污染，政府可以制定法律，禁止污染或规定排放标准。当然，政府也可以通过碳排放交易、污染交易许可证等办法，用市场交易的方式解决负外部性（公害），这叫作负外部性内部化（公害市场化）。科斯认为可以通过谈判签订协议，或通过确立或明

---

① "共有地悲剧"→"公有地悲剧"→"公有制悲剧"，这是西方经济学家通过偷换概念来否定公有制的常见做法。

确所有权关系来解决负外部性（公害）问题。这个思路也不错，如果可行的话。

除了负外部性（公害）外，人们的生产与生活也可能产生正外部性，也就是说，给他人带来了正面的影响（相当于其他人在"搭便车"），具有普惠特征。比如，教育就是一种具有正外部性的活动。一个人若受到良好的教育，就可能给社会带来正能量。基础研究和技术发明也是如此。它不仅有利于研究者或发明者本人，由于知识和技术的溢出效应，也有利于整个社会。由此可见，正外部性就是公益，个人或个体的行为惠及其他人或所有的人。

对于具有正外部性（公益）的活动，政府应该给予鼓励和补贴，或者将其转化为公用事业或公共产品，改由政府提供。当然，政府也可以将正外部性内部化（公益市场化）。比如，专利制度就是正外部性内部化（公益市场化或自然垄断）的一个例子，从而可以激励人们进行更多的知识和技术的创新活动。

（五）二手货

由于各种原因，消费者在获得了或使用了自己的物品后，可能并不满意，愿意用它换取更中意的物品，从而就有了二手货市场，也称旧货市场。

二手货交易是纯流通性交易，不涉及生产领域。这类交易的例子很多。拍卖行的交易多是属于这一类，比如古董或字画的交易。网络上曾经火爆过的"回形针换别墅"交易，也是二手货交易。西方经济学喜欢用战俘营中的交易说明贸易有好处，但战俘营的交易恰恰是典型的二手货交易。

二手货交易可以用西方经济学的埃奇沃思盒子（Edgeworth box）来解释。但西方经济学用埃奇沃思盒子来说明一般贸易的好处，进而用来分析一般贸易，就是鱼目混珠了。一般贸易起源于分工，因而只能从分工的角度来理解。

新概念

劳动产品	服务	资本品
公共产品　　　普惠性	公益物品	搭便车
公用事业	商业化（市场化）	私有化
外部性（公害与公益）	负外部性（公害）	正外部性（公益）
外部性内部化（公害与公益市场化）	二手货	

拓展思维：苏富比拍卖行。

拓展思维：公共产品：经济效益与社会效益。

拓展思维：医疗卫生系统的商业化。

拓展思维：从"共有地悲剧"到"公有制悲剧"。

拓展思维：联合国气候变化框架公约。

拓展思维：碳排放交易。

拓展思维：尊重知识，尊师重教。

拓展思维：专利制度与知识产权。

拓展思维：二手车市场。

2.8　商品拜物教

我们已经知道，价值，就其实体内容而言，就是与社会需要相协调的同一化的、无差别的社会必要劳动。在私有制条件下，由于私人劳动与社会劳动的二重性，私人劳动就通过价值形式，转化为社会总劳动的一部分，转化为社会必要劳动。这样一来，价值就被蒙上了一层神秘的面纱：它究竟是什么？

我们来看两个商品生产者之间的交换。棉布生产者与大米生产者相交换：1 公尺棉布：1 公斤大米。对于棉布生产者来说，他交换的目的是为了获得大米生产者的大米。现在我们假定他不用棉布与大米相交换的方式，那么，如果不自己生产的话，他怎样才能获得大米呢？

显然，他可以变成强盗或小偷，抢劫或偷盗大米生产者的大米。他也可以以某种权力、某种名目要求大米生产者提供大米，比如地租或徭役。或者，他甚至不借用任何名目，直接从大米生产者那里拿走大米，如果大米生产者是他的奴隶的话（反过来说，作为奴隶的大米生产者反而要经过他的允许，才能获得自己生产的大米）。

在商品生产条件下，棉布生产者是以交换的方式获得大米生产者的大米，也就是说，他生产的棉布就是获得大米的手段。他把一定数量的棉布让渡给大米生产者，从而有权要求大米生产者提供相应数量的大米。而正是从这个意义上讲，一定数量的棉布就变成了价值，变成了占有交易对方的产品，从而占有其劳动的权利。当然，反过来说，大米生产者则是用大米来索取棉布生产者的棉布。对于大米生产者来说，一定数量的大米就变成了价值，变成了占有棉布生产者的棉布，从而占有其劳动的权利。

所以说，价值不是别的，就是一种权利，对他人劳动的支配权利。一方面，这种权利与人类历史上出现过的奴隶主对奴隶的权利、地主对农民的权利一样，反映的是支配与被支配的关系，反映的是人与人之间的关系，因而，价值就是一种社会关系，一种人们作为商品生产者相互发生的关系。另一方面，这种关系又与其他所有的人与人的直接社会关系不同，它是通过物的交换形式间接表现出来的，表现为物与物（棉布与大米）的关系。这也就表明，商品交换的物的关系其实反映的是商品生产者之间的人的关系。

从这个意义上讲，在商品生产社会中，财富，即价值的另一个名称，不是财富本身，而是一种权利，是对物质产品、他人劳动和各种自然资源等财富的占有与支配的权利，从而是一种人与人之间的关系，是一种社会关系。这种价值或财富发展到它的纯形式，就是货币。因此，货币作为纯价值、纯财富不是别的，就是对财富的占有与支配的权利，是货币所有者对他人的支配权力，从而是一种人与人之间的关系，是一种社会关系。我们听说过"金钱万能"、"有钱能使鬼推磨"等等俗语，所反映的就是这样一种社会关系。

对于商品生产者来说，他生产的产品对他本人是没有使用价值的，是没有用的。他之所以生产，只是为了用他的产品去换回他所需要的物品。也就是说，他的生产目的是价值，生产是价值生产。既然如此，他生产的物品是否具有价值和具有多少价值，或者说，能否换回与换回多少他所需要的物品，对他来说就是生死攸关的。而在以货币为媒介的商品交换中，商品生产者能否用他的产品换回与换回多少货币，也就是一个生死攸关的问题。由此可见，正是这样一种生产方式，使得货币成为决定人们命运的力量，使得人们不得不对金钱顶礼膜拜。这就是马克思所说的商品拜物教：人的关系表现为物的关系，并表现为人们对自己创造出来的物——金钱的膜拜。

政治经济学的基本任务，就是揭示商品生产条件下被这种物与物的关系所掩盖的人与人的社会关系，并揭示这种社会关系下的社会生产方式、分配方式与交换方式。

新概念

商品拜物教　　　　　　社会关系

拓展思维：什么是拜物教？

拓展思维：价值的辩证法：劳动还是权利？

拓展思维：穷人与富人。

第 3 章 　工业化、资本与市场

3.1 工 业 化

现代经济学是工业社会的经济学，研究的是工业社会的生产方式和交换方式。

人类在 19 世纪进入工业社会。以珍妮纺纱机和瓦特蒸汽机为标志，英国在 19 世纪初期开始了工业革命，并首先实现了工业化，实现了从传统农业社会向现代工业社会的转变。从那时起，人类的科学技术突飞猛进，工业化水平不断提高，产业结构不断升级，新产品不断涌现。历史学家把工业文明的发展历程划分为蒸汽机时代、电气时代、计算机与原子能时代和互联网与信息技术时代，我们现在就处在互联网与信息技术时代。

与传统的农业社会相比，工业社会的标志就是机器，工业文明时代就是机器时代。机器的发明、制造与应用，使人类终于摆脱了以手工劳动和人力为基础的传统农业和手工业生产方式。以机器为生产工具，人类社会的劳动生产率发生了质的飞跃，物质财富爆炸式增长，使得人类第一次有可能彻底摆脱贫困，摆脱愚昧、迷信与落后，第一次有可能获得不受物质财富匮乏所束缚的真正自由，第一次有可能成为全面发展的真正的人。

与传统社会的作坊式生产相比，工业社会基本的生产力组织是工厂。这是一个伟大的发明。工厂的主体是用动力驱动的机器，劳动者作为生产的另一要素，操作机器或者监督、维护机器的正常运转。通过工厂形式，劳动者与机器结合在一起，生产各种满足人们需要的产品。

与作坊式生产相比，工厂生产的基本特征就是规模化生产。较多的劳动者聚集在工厂，按照由机器决定的内部分工原则共同劳动、共同生产。由于机器代替了人手、人力和人的大脑，工厂产生了巨大的生产力，生产出大批量的产品。而随着技术的进步与机器的改良，以及工厂制度的改进，比如流水线作业、实行科学管理等，劳动生产率得以不断提高。

工厂的规模化生产自然会产生"1 + 1 > 2"的规模经济，又称规模效益。工厂越大，规模经济也就越大。这是因为：①与小型机器相比，大型机器的生产效率和动力效率更高。②工厂越大，劳动者的内部分工更精细，一般生产资料（厂房、仓库、道路、运输工具等）的使用效率更高。③管理费用可以分摊在更多数量的产品上。④从经营的角度看（企业层面，见后），原材料或产品部件的大批量进货更划算，营销费用、专利费用等可以分摊，成功的管理制度和营销方式可以复制。这就使得单位产品的成本大大降低，从而大大提高了劳动生产率。

工厂生产的基础是社会分工，一个工厂只生产同一类产品。现代工业产品由众多部件或零件构成，不可能单由一个工厂生产出来。通常的情形是，产业上游的众多不同的部件生产厂向下游的组装工厂供应部件或零件，组装工厂则完成产品最后的组装成型流程。这样做之所以可能，是因为现代工厂生产是标准化生产，根据各式各样的工业标准，部件生产厂可以向产业下游的组装工厂提供各种合乎规格和要求的部件。这样一种生产模式显现了产业集群的重要性。产业集群会产生集群经济或集群效益，这是更高层次的规模经济。

这样一种工厂式的社会分工同时也产生了范围经济，又称范围效益。所谓范围经济，就是指一个工厂不只生产一种产品，而是生产同一类产品，从而产生效益。比如，为电视机组装厂提供液晶屏幕的工厂也可以生产电脑屏幕，一个专业生产螺丝的工厂可以生产各种规格的螺丝，等等。这样的类生产，既实现了专业化分工，又实现了规模化生产，从而大大提高了效率。显然，范围经济也是规模经济的体现。

要组织工厂生产，就要从传统农业社会向工业社会转型，这个过程叫作工业化。工业化的核心是重工业化。这是因为，其一，工厂要用机器进行生产，就必须有能够生产机器的工厂。其二，要生产机器，就必须有用于生产机器的原材料，包括钢铁、其他金属和相关材料。其三，工厂的机器要运转，就要有动力驱动，就需要能源。这些相关行业就称为重工业，包括冶金、重大装备、机器设备、石油化工、能源产业，等等。这些行业是一个国家的经济命脉，是一个国家工业化水平的标志。

除了工厂与机器设备之外，工业化的另一个不可或缺的部分就是交通运输或物流。这是因为：其一，工厂生产是产业集群式生产，需要保障工厂之间的物流畅通。其二，工厂生产是规模化生产，产品数量巨大，本地市场不可能完全消化，必须发展远程贸易。只有行销到广大的地区，行销到全国乃至全世界，才能使工厂的巨大生产力得以实现。因此，建设良好的交通运输基础设施和交通运输工具，包括高速公路、铁路、水运、航空、海洋运输以及机场、港口、车站，等等，以降低物流成本，实现物流畅通，是工业化的重要内容。我们常说要致富先修路，就是这个道理。

从 19 世纪开始，科学就与工业技术逐渐紧密结合起来了。19 世纪是科学的世纪，是自然科学的大爆发，同时也是科学知识应用于工业生产的大爆发。知识形成了伟大的工业力量，使得人类工业社会飞速发展。今天，工业生产力的进步，产业结构的升级，新机器、新能源、新材料、新工艺、新产品的开发与生产，都依赖于自然科学和技术科学的发展。科学知识转化为生产力的速度越来越快，科学技术成为无可争议的第一生产力。另一方面，当代工业的发展反过来又促进了科学的进步。它不仅可以为科学研究生产最精密的科学仪器，提供最好的实验室，而且可以为科学研究提供大量的资金。

当然，由现代科学技术支撑的现代工业体系不仅给工业化国家带来了富裕的生活，带来了强大的国力，也带来了污染，带来了温室效应。但这几乎是不可避免的。要实现工业化，就必须付出代价，而恐怕只有通过科学技术和工业进一步的发展，才能从根本上解决这些问题。

新概念

工业社会	工业革命	传统农业社会
机器	工厂	规模化生产
规模经济	规模效益	标准化生产
工业标准	产业集群	集群经济
集群效益	范围经济	范围效益
工业化	重工业化	交通运输基础设施
物流	科学技术	科学技术是第一生产力

拓展思维：英国工业革命。

拓展思维：洋务运动。

拓展思维：日本的明治维新。

拓展思维：汉江奇迹。

拓展思维：苏联的工业化历程。

拓展思维：苏联援建的 156 个项目。

拓展思维：艰苦卓绝：建国 28 年的工业化历程。

拓展思维：土改运动：地主招谁惹谁了？

拓展思维：从哥白尼到牛顿。

拓展思维：中国的环境污染与治理。

3.2 工业化与城市化

工业化给我们带来的一个具有深远意义的后果，就是城市化。

城市是人类文明进步的标志。人类进入农业社会后，就开始了定居生活，形成了村落。但村落不是城市。形成城市的第一个条件是脱离农业生产的大量人口的聚居。因此在古代农业社会，一般是君王所在地或军队长期驻扎的要塞首先发展为城市。

要形成城市，必须有能够支撑城市人口的基本生活资料，主要是产自农村的衣食两项。也就是说，农村生产必须在满足自己的基本需要后，能够提供足够的剩余农产品，以满足城市人口的基本生活需要。因此从一开始，农业生产力的发展和农业生产的剩余产品数量的增加，就是形成城市的基本条件。

城市的形成有一个过程，罗马真不是一天可以建成的。但一旦形成了城市，城市内在的自我发展、自我膨胀能力就展现出巨大能量。由于人口的聚居，每个人或每个家庭对某一类物品的需求可以加总形成较大的需求，使得专门生产某一类产品成为可能，于是就产生了专业化生产的手工业。这就形成了第二次社会大分工，即手工业与农业的分工，产生了拥有专门技艺、可以专门生产某一类产品的工匠，出现了手工业作坊。

城市的形成促成的手工业与农业的分工是商品生产与交换的真正起点。工匠生产的产品并不是他自己所需要的，而是用于交换的，是商品，于是就有了贸易。工匠既生产产品又销售产品，店与作坊合为一体，是为坐贾，而连接城乡贸易的行商同时也产生了。

分工与贸易一旦出现，它自身蕴含的巨大的生产力就展现出来，反过来又促进了城市的大发展，并促成新的城市的产生。城市的人口越来越多，各种需求越来越多，行业也越来越多，分工与专业化越来越细致。而第三产业（如果可以用这个词的话），即各种生活服务，也相应发展起来。

城市的形成，意味着人类社会从此一分为二，分为城市社会和农村社会。城市是文明、进步与发展的基石，是使人们的生活丰富多彩、多种需要得以满足、多种能力和潜力得以激发和发挥的地方，是社会经济、政治和文化的中心，而农村则是保守、愚昧与落后的象征，是单调、迟钝、闭塞、停滞不前的社会。但尽管如此，城市的发展却是以农村的发展为前提，农村能够为城市提供的剩余农产品数量决定了城市发展的规模与水平。古代农业社会的生产力水平低下，不可能提供太多数量的剩余产品，因此城市数量、城市人口规模和城市的发展水平就有限。即便农业生产力有一定发展，或在某个时期风调雨顺，农业产量有一定的增加，但仅仅由于农村人口的自然增长，就消耗掉了增长的产量，并造成更为尖锐的人地矛盾。在 19 世纪以前，人类社会的大多数人生活在农村，他们的生活可能自古以来就没有改善过，而且可能变得更糟。

工业革命和工业化改变了这一切。工业革命从纺织行业开始，这一点具有绝对重要的意义。它使得农民从繁重的家庭手工纺织业中解放出来，释放出大量的劳动力。这既可以使农业生产有了更充足的劳动力资源，促进了农业的发展，而农村过剩人口流入城市，又为纺织工业提供了劳动力，增加了城市人口。科学进步和工业革命唤醒了农村，农村开始讲求改良土壤，改进耕作技术，改良品种，引进高产作物，比如从美洲引进玉米、土豆和红薯等，从而大大提高了农业产量。由于农业化学的发展，由于化肥和农药的发明、生产和大规模使用，农业生产力出现了飞跃。农业劳动生产率的增长超过了人口的增长，这就为工业大发展和城市大发展奠定了基础。

从 19 世纪到 20 世纪，率先实现工业化的国家开始了急速的城市化进程。城市数量和城市人口迅速增长，城市规模不断扩大。工业化及其不断进步与升级所形成的巨大生产力使得只需要少数人从事物质产品的生产，就可以满足全社会的需要。越来越多的劳动者从生产一线被释放出来，以城市为依托，转而从事各式各样的服务业，即所谓第三产业。

第三产业的大发展是城市繁荣的象征。这是一种正循环。城市越大，人们可以获得的服务就越多，消费欲望就越大，消费乘数就越大，第三产业的发展就越兴旺，而城市人口也就会不断增加。当城市人口数量终于超过了农村时，人类社会就走到了又一个转折点，就从农业文明、农村文明走向了工业文明、城市文明。

文明的更替必然引起社会的激烈动荡。无论是在生活方式或行为方式方面，还是在思维方式、认知方式、道德伦理价值等方面，旧与新、保守与时尚、传统与现代之间进行着激烈对抗。如何继承传统文明，取其精华，弃其糟粕，使之融入现代文明，仍然是一个需要深入研究的问题。

新概念

城市化　　　　　　第二次社会大分工　　　　第三次社会大分工
城市社会　　　　　　农村社会　　　　　　　　工业文明
城市文明

拓展思维："清明上河图"：一千年前的中国城市。
拓展思维：万达广场：王健林与马云之争。
拓展思维：中国城市化进程的道路选择。
拓展思维：当代中国农村社会的变迁。
拓展思维：中华五千年文明。
拓展思维：传统文明的现代化。

3.3　资　　本

　　以工业化和工业社会为大背景，我们现在来研究现代市场经济。现代市场经济的核心是资本。在工业化生产和现代市场经济的条件下，资本就是商品生产者主体，商品生产就是资本生产，市场经济就是资本经济。

　　什么是资本？资本，就是能赚钱的钱。

　　第2章说过，资本是一个古老的概念。在传统的农业社会中，资本以货币形式，作为货币财产，作为商人资本和高利贷资本（这是商业资本和银行资本的史前形态），吸附在以人身奴役关系为基础的土地经济上，以货币权力与占统治地位的土地权力相对立[①]。随着资产阶级登上历史舞台，随着资本主义战胜封建主义，资本这一古老的概念焕发了生机，具有了全新的含义。资本生产，即资本作为商品生产者主体，作为生产的组织形式，作为产业资本，成为占统治地位的生产方式。

　　这是一种荒诞的生产方式。说到生产，什么是生产？就其一般意义而言，生产就是劳动者与生产资料相结合，生产出满足人们需要的产品。在这里，满足需要是目的，而生产则是手段。

　　在商品生产社会，生产与需要出现了分离。生产是为交换而进行的生产，其目的是生产并实现产品的价值，满足需要则成为生产的手段。这是一个根本性的变化。不过，在简单商品生产社会，以自己劳动为基础的商品生产者尽管也把生产价值，并实现产品的价值即获得货币收入作为生产目标，其真正目的是用货币收入购回自己再生产所需要的生产资料和个人生活所需要的消费资料。在社会分工的前提下，生产和需要通过货币媒介连接在一起。

　　但资本生产则完全不同。资本作为生产者主体，资本生产作为高级而发达的商品生

---

　　① 马克思：《资本论》第1卷，人民出版社1975年版，第167～168页。

产，其生产的唯一目的就是赚钱。永远的赚钱，永远的运动，是资本生产的绝对规律。

这样一种生产方式与我们普通人的理念完全不同。对于大多数人来说，挣钱或赚钱只是手段，养家糊口、改善生活是目的。即便那些胸怀大志、敢于创业的人，最初的想法也无非是多挣些钱，过上更好的生活而已。但资本是物，而不是人。它没有任何欲望，没有任何需要。它存在的唯一目的就是赚钱，就是价值增值。因此它是一个怪物，是一个没有生命的生命体。这样一个没有生命的生命体在它发育成熟之后，被赋予了一个正式的名称，叫作企业法人。这是一个伟大的概念，是人类智慧的闪华。一个纯粹的物被赋予了人格，被赋予了人的属性！

但资本终究不是人，因而它的意志、它的生存目的就要通过它的所有者来实现。这个人叫作资本家。这就产生了一个很奇异的后果。从表面上看，资本的所有者是资本家，但实际上，资本才是资本家的主人，资本家不过是资本的人格化，不过是被资本这个伏地魔附体并实现它的意志的人。

因此我们也就不难理解，一个资本家可能是一个好人，可能是一个慈善家，或者可能心存产业报国的崇高理想。但这并不妨碍他作为资本的代言人、作为人格化的资本，为了赚钱可以不择手段。而如果他不这样做，他就不是一个合格的资本家，就有可能在竞争中被其他资本家淘汰出局。我们也就不难理解，一个为多挣些钱而创业的人在创业成功之后，最初的目的早已经被忘得一干二净。比如，马云有了上百亿美元的身家后，每天还要发狂似的工作十几个小时，而且认为他一个月挣 90 元钱的时候最快乐。

但是，这样一种荒诞的生产方式却是人类有史以来最有效率的生产方式。《共产党宣言》说："资产阶级在它的不到一百年的阶级统治中所创造的生产力，比过去一切世代创造的全部生产力还要多，还要大。"[①] 说的就是这个意思。我们搞改革开放，建立社会主义市场经济体制，就是要建立这样一种生产方式来促进生产力发展，实现强国富民。

社会主义国家搞"资本主义"？到底姓"社"还是姓"资"？这个问题自改革开放伊始就提了出来，在意识形态领域引起了激烈的交锋与震荡。我希望本书能为这个问题提供一个解释。

在本书中，我把"资本生产"与"资本主义生产"当作两个完全不同的概念。资本生产是指个体资本和由个体资本构成的总资本——不论私人资本还是公有资本——的具体生产形式，也就是说，包括社会主义市场经济在内。资本主义或资本主义生产是指以私人资本为基础的社会生产方式，这种生产方式的典型就是 19 世纪的英国和 20 世纪以来的美国。资本、资本生产不等于资本主义。有中国特色社会主义的伟大之处就在于建立起以公有资本为主体的社会主义市场经济。不过，只有到了本书最后一章，我们才能最终理解这一点。

因此，为了避免误解，在本书中我一般用"资本生产方式"这个术语。只在与资本主义本质相关的地方，或者说到资本主义特有的东西时，我才使用"资本主义"这个术语。读者诸君要注意这一点。我也会使用"资本家"这个术语，但一般只是把"资本家"当作资本的代言人，而不包含任何意识形态的含义。

---

① 马克思、恩格斯：《共产党宣言》，《马克思恩格斯选集》第 1 卷，人民出版社 1972 年版，第 256 页。

新概念

资本	资本主体	资本生产
产业资本	资本生产的绝对规律	资本经济
企业法人	资本家	资产阶级
资本主义	资本生产方式	资本主义生产方式

拓展思维：有钱人的世界。

拓展思维：西方经济学的"资本"概念。

3.4　企业与公司

作为商品生产者主体的产业资本在现代市场经济中的实现形式就是企业。资本主体就是企业法人。在现代市场经济中，企业是生产的基本组织形式。

并不是所有生产活动都由企业来组织。在国家取消农业税之后，农村的农业生产大部分是个体生产，自产自用自销。在城市和各级城镇，也存在着数量众多的个体户和夫妻店，比如饮食店、理发店、杂货店，等等。这些小微企业（如果称得上是"企业"的话）所需资本不多，企业所有者同时也是企业的劳动者。他们的生产是简单商品生产，生产的目的是谋生。

但现代工业社会生产的标志是大企业。"资本主义生产实际上是在同一个资本同时雇用较多的工人，因而劳动过程扩大了自己的规模并提供了较大量的产品的时候才开始的。"[①] 资本生产从一开始就是规模化生产，从一开始就获得了规模化生产的巨大效益。这也正是资本生产所具有的巨大力量。

在这里，我们要把企业与工厂区别开来。在资本主义发展的早期，资本主体的表现形式就是工厂，或者说，企业就是工厂。随着股份公司制度的发展，企业与工厂在形式与内容上都分离开来。工厂是生产资料与劳动力相结合的场所，是具体的生产过程展开的地方，是生产力的形式。工厂属于企业，是企业的生产机构。企业则是一个资本主体、一个生产组织。企业发展为公司，发展为企业法人，代表着特定的制度和特定的社会经济关系。

因此，我们就需要研究现代企业制度，需要研究公司。

（一）有限责任

早期的公司是特许公司，由国王或立法机构根据特别法令，颁发执照特许成立。比如，在中国近代史上很有名的英国东印度公司就是一家特许公司。不过，现在要成立一家公司就很容易了。任何人为了合法目的，都可以成立公司。

根据公司法，公司由股东出资或认购股份而产生。股东根据自己出资份额或认购股份的额度，拥有相应份额的公司所有权，并通过股东大会行使自己的权利，包括选举董

---

① 马克思:《资本论》第 1 卷，人民出版社 1975 年版，第 358 页。

事会和经理机构，对许多重要问题进行表决等等。但公司本身具有独立的合法身份，也就是说，是一个法人。它可以根据自己的利益购买、出售、借贷、生产商品或提供劳务，可以签订合同，可以承担民事责任。

公司制度的最大特点，就是它的有限责任。工业的规模化生产要求从一开始就要投入巨额资本。若单由一家一户出资，则个人多无力承担。若集腋成裘，大家一起出资，则又涉及到风险分担的问题。公司的有限责任制度完美地解决了这个问题：个人根据自己的财力确定自己的出资额，承担的风险也以出资额为限，即承担有限责任。而公司则作为独立的法人，以自己的资本为限，承担有限责任。这就与逼得卖儿卖女、父债子还的无限责任形成鲜明对比。除此之外，股东若不愿意继续持股，还可以转让股份，从而最大限度地降低风险。这就为筹集工业化生产所需的巨额资本提供了条件。正是在公司制度下，资本生产与工业化相结合，形成了人类历史上从未有过的强大生产力量。

（二）两权分离

公司作为独立的法人，其日常经营与管理由董事会和经理机构负责。从法律上讲，公司所有权属于股东，董事会作为股东代表对股东负责，而经理人员则是公司雇用的行政管理人员。但事实上，由于股东太多太分散，公司的实际权力掌握在大股东、董事会和经理机构手里，众多小股东无从置喙。这就造成了公司所有权与经营权的分离。股东真正的、唯一的权利也就是领取股息，叫作剪息票。

公司发展的结果是两权分离与经理革命。这是好事还是坏事，那就要看从什么角度来看。从好的一面看，两权分离与经理革命意味着有经验、有专业技术的职业经理实际执掌公司大权，总比由那些庸碌无能的"富二代"领导公司更能促进公司的发展。从坏的一面看，职业经理掌权又很可能不为股东着想，而只追求自己利益的最大化，从而导致公司的损失。但不论是好是坏，所有权与经营权的分离已经成为现实。

今天，大企业、大公司、跨国公司、世界500强已经是一个国家强大的工业力量象征，是一个国家国力强大的标志。企业越大，就越具有更大的规模经济和范围经济，劳动生产率就越高，生产成本就越低，从而具有更大的竞争力。这就是强者愈强的马太效应。正是因为大企业的大规模低成本的生产，我们才能享受琳琅满目、价廉物美的各种工业品，我们的生活才变得越来越好。

新概念

企业	大企业	股份公司
有限责任	两权分离	经理革命
大股东	小股东	剪息票
跨国公司	世界500强	

拓展思维：怎样开办一家公司？
拓展思维：经理革命。
拓展思维：联想的发展历程。

3.5 市场规模

规模化生产是资本生产的起点，是资本生产的基本特征。要实现资本的规模化生产，就必须使大规模生产出来的庞大数量的产品能够卖掉，能够实现其价值。这就要求必须有相应规模的市场。

市场是什么？我们通常说，市场是买卖商品的场所。这话自然没错。但具体说起来，花样就多了。比如，普通消费者接触最多的菜市场、杂货店、超市等，当然是"市场"，但淘宝网也是个"市场"，是网络市场。除此之外，进饭馆吃饭，就进入了餐饮市场；到电影院看电影，又进入了电影市场；而炒股，又进了金融市场等。这还只说了消费者作为买方所参与的"市场"。消费者要购物，就要花钱。钱从何来？大部分消费者是工薪阶层，工资是基本收入，这又涉消费者出卖自己劳动力的劳动力市场。因此，可以认为市场无处不在，有买有卖的地方就是市场。在本书中，我们也要研究很多市场。

不过在这里，我们要从卖方的角度来认识市场，要从资本、资本生产的角度来看待市场。一个个别资本的生产，就是一种或几种产品的生产，因而在生产者眼中，市场就是他所生产的产品的市场，比如钢材市场、电视机市场、方便面市场，等等。因此，我们需要研究产品市场。

产品市场所涉及的一个基本问题就是市场范围：如何界定一个市场？它的边界在哪里？

市场范围包含两方面因素：地理范围和市场准入。市场的地理范围与产品的特性相关。比如，因为住房不能移动，房地产市场就只能是本地市场，各地房地产市场的价格差距就可能很大。如果产品可以流动，比如各类工业品，那么市场的地理范围就在很大程度上取决于运输与物流费用。比如，水泥市场多为本地市场，原因就在于与水泥本身的价值相比，运输与物流费用太高了，运到外地市场不划算，竞争不过当地的生产商。相反的例子则是手机市场，因为与手机价值相比，运输与物流费用很低，从而可以形成全国市场乃至全球市场。

与市场范围相关的另一个因素是市场准入，这是属于人为规定。一个地区或一个国家出于各种原因，只允许某些生产者进入，而拒绝另一些生产者进入；或者，对另一些生产者征收高额税收或设置各种壁垒，让其无法进入。比如，封建时代的地区关卡，当代各国的进口配额、保护性关税和非关税壁垒等，就包含着市场准入的因素。这种市场的人为分割，就产生了在几个市场之间的套利机会，包括非法套利机会，比如走私。

一旦确定了市场范围，市场规模就是一个关键要素。市场规模取决于多个因素，比如产品价格、消费人口、收入水平、消费偏好等。如果市场规模太小，对于规模化的资本生产来说，就是要命的事情。亚当·斯密认识到了这一点，《国民财富的性质和原因的研究》的第三章"论分工受市场范围的限制"，谈的就是这个问题。

　　明白了市场范围与市场规模的含义，那么我们也就不难理解，资本主义的发展必然要求扩大市场范围和市场规模，建立统一市场。这就有太多的事情要做：发展交通运输系统，降低物流成本；反对封建主义的地方割据，冲破封建行会的束缚；消灭家庭手工业以建立国内统一市场；发展对外贸易，建立世界市场，等等。这就是一场革命，叫作资本主义革命。

　　资本主义发展的结果，就是形成全球市场，就是全球经济一体化。无论是 WTO，还是自由贸易区或国家之间的自由贸易协定，都是顺应全球经济一体化的产物。毫无疑问，全球经济一体化可以使人类社会的生产力水平获得最大的发展，可以使最落后的国家或地区也能分享现代工业文明的成果。但另一方面，全球经济一体化所带来的全球竞争，以及不同国家、不同地区、不同文明之间的融合与冲突，同样是当今世界所面临的基本问题。

新概念

市场	*产品市场*	*市场范围*
市场地理范围	*市场准入*	*市场规模*
统一市场	*全球经济一体化*	

拓展思维： 地方保护主义。
拓展思维： WTO 与 TPP。
拓展思维： 全球十大港口排名。

3.6　资本的原始积累

　　资本生产是规模化生产。要组织这种规模化生产，从一开始就需要较大量的资本。或者说，作为起点的较大量的资本，并不是资本生产的结果，而是资本生产的前提。

　　这个起点资本的形成就是资本的原始积累。不过，不要简单地把资本的原始积累理解为第一桶金。问题并不在于这个起点资本是怎么来的。比如，最初的产业资本——工场手工业时期的产业资本，就是从已经在人类社会存在了上千年的商人资本和高利贷资本转化而来的。问题在于：这些千年妖精为什么会在 14～15 世纪，在地中海沿岸的若干城市里开始变形、开始升华为产业资本？

　　记得在改革开放之初，理论界经常讨论"近代中国为什么没有发展出资本主义？"一类的问题。在我看来，这个问题其实是个假命题。人类社会的资本主义就产生于14～15世纪西欧的地中海沿岸。资本主义生产方式的各个要素恰恰在这个时间、这个地点凑齐了，于是资本主义就产生了。用哲学的语言说，这是必然中的偶然，偶然中的必然。比如，我们也可以根据社会形态发展五阶段论，认为如果不是清军入主中原，如果不是鸦片战争列强侵华，如果不是这样那样的外部原因，封建主义的中国也必将走向资本主义。但这种说法毫无意义。

资本的原始积累过程就是资本主义在封建主义生产方式内部的萌芽、成长，封建主义生产方式的解体和在这个解体过程中形成资本主义生产要素，从而使资本主义生产方式得以建立的过程。这个过程并不是一夜之间完成的，而是一个历经几百年的渐变过程。对这个过程的叙述是历史学家的事情。但至少，当亚当·斯密于1776年出版《国民财富的性质和原因的研究》时，资本主义生产方式在英国就已经很成熟了。

从封建主义向资本主义转化的过程是一个血与火的过程。资产阶级战胜了封建势力及其令人愤恨的特权，战胜了行会及其对生产的自由发展的束缚。但最为关键的是，资本主义的发展使得以自己劳动为基础的私有制解体，农民的土地被剥夺。这在两方面具有根本的意义：第一，大量的人口被强制与劳动资料——也就是劳动者自己的生存资料分离，被抛向劳动力市场，从而最终转化为现代无产阶级。第二，农村家庭手工业被摧毁，从而为资本主义生产开辟了国内市场。这就提供了资本主义发展的一般条件。

早期的资本主义是血腥的、残暴的资本主义。"资本来到世间，从头到脚，每个毛孔都滴着血和肮脏的东西。"[①] 但人类社会的历史就是如此，"反者道之动"[②]，二律背反总要起作用。直到19世纪以来的工业革命和工业化导致生产力的极大发展，直到工人阶级的反抗已经危及资产阶级的统治，资产阶级才被迫作出让步，资产阶级与工人阶级的矛盾才在一定时期内和在一定程度上得以缓和，工人阶级的生活状况和工作条件才逐渐得到改善，工作日时间才逐渐缩短。但这并不意味着工人阶级已经改变了自己的命运。

1992年以来，我们提出了建立社会主义市场经济体制，但这个体制究竟是什么，理论界莫衷一是。我们必须在理论上明确，市场经济就是资本经济。社会主义市场经济就是通过改革与开放，用资本生产方式重构社会主义经济的微观基础。对于发展中国家来说，这样一种生产方式确实能促进生产力的发展，确实能提高微观经济的运行效率。在实际经济领域中，我们早已经这样做了，需要做的事情是从理论上解释清楚。这也正是本书的基本任务之一。

新概念

资本原始积累　　　　　　封建主义解体　　　　　　现代无产阶级
资本主义生产方式的建立

拓展思维：欧洲文艺复兴。

拓展思维：地理大发现。

拓展思维：黑奴贸易。

拓展思维：英国圈地运动。

拓展思维：法国大革命。

---

① 马克思：《资本论》第1卷下册，人民出版社1975年版，第829页。
② 出自老子《道德经》。

3.7 市场经济环流图

我们考察了构成现代市场经济的几个基本要件。那么，这个市场经济究竟是什么？

有时，一张图胜过千言万语。图 3.1 为市场经济环流图。这个图值得好好研究，它反映的是在资本生产方式下的生产、分配、交换和消费的一般关系[①]，即现代市场经济关系。

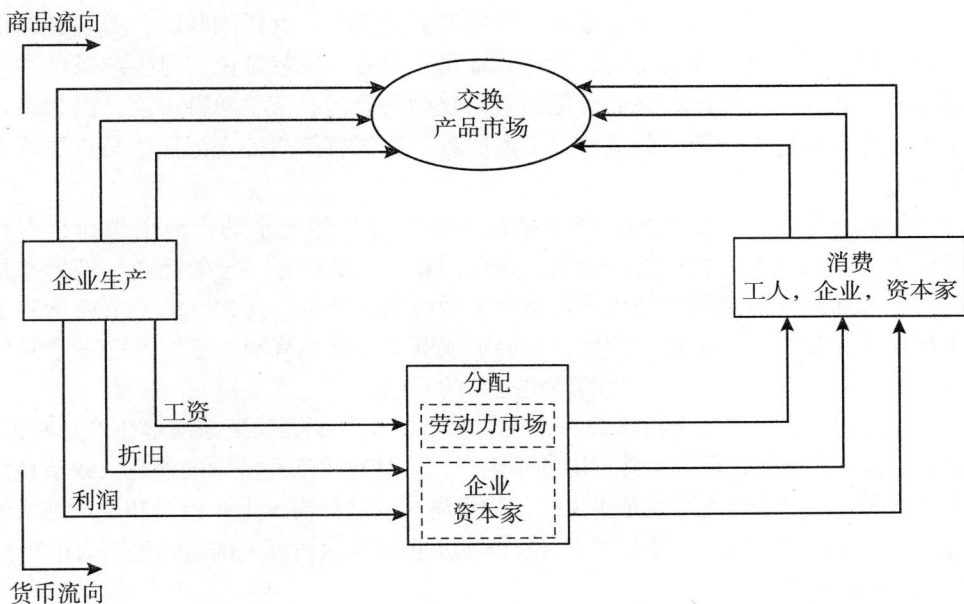

图 3.1 市场经济环流图

（一）生产、分配、消费与交换

图 3.1 包括四个框目，即生产、分配、消费与交换。为什么是这样的四个框目，而不是三个或五个？这是因为人们的经济活动就是由这四个方面组成的。

人们为什么进行生产？生产是为了消费。但生产从一开始就是社会的生产，就是一群人在一起劳动、一起生产。既然如此，在生产出产品之后和在消费之前，就要插入分配，在这一群人中分配产品。没有分配，也就没有消费。在分配之后，再由交换决定各人所获得的具体产品，从而最终实现消费。

这样看来，分配就是极为重要的。那么，插入生产与消费之间的分配是由什么决定的？

黑道老大一声喊："兄弟们，抄家伙，准备抢银行！"小弟就会说："且慢，老大，

---

① 这是对马克思在《〈政治经济学批判〉导言》中的相关论述的以资本生产方式为例的图形化解释。当然，对图 3.1 所使用的术语与概念需要做进一步的研究。

先说清楚如何分钱。"老大该怎么办？初出道的老大会一口啐过去："发什么昏！还没有抢到呢。"但真正的大哥会把这活儿安排得很妥当，准备作案工具的分多少，望风的分多少，开保险柜的分多少，运输与藏赃款的分多少，等等，剩下的就是老大的。这样，小弟们才有干活的积极性，成功的概率更大。

这个故事告诉我们，插入生产与消费之间的分配并不是生产的结果，反而倒是生产的前提。它本身就是生产的一部分，就像黑道大哥的分钱方案是整个抢劫行动的一部分一样。那么，这个构成生产前提的分配又是由什么决定的呢？

正像黑道大哥的分钱方案一样，干什么活就拿什么钱。用政治经济学的语言说，参与生产的形式就决定了参与分配的形式。资本家提供资本，就得到利润；劳动者提供劳动力，就获得工资；地主提供土地，就得到地租，等等。也就是说，对生产条件和生产要素的占有形式决定了生产结果的分配关系。蹩脚的政治经济学教科书说，因为剩余价值是工人的劳动创造的，所以就应该归工人所有。这就有点胡扯。记住，马克思从来没有这样说过。

这个问题还可以进一步追问：资本家的资本又是从哪里来的？地主为什么占有土地？劳动者为什么只拥有自己的劳动力？这些问题，讲的就是一定的社会经济形态是怎样形成的，因而只能放到具体的历史环境中去做历史的分析。比如，前一节就谈到了资本主义如何从封建主义的解体中产生，从而形成资本主义私有制。它们是前一个时代的历史运动的结果，又是后一个时代的历史运动的开端。

正因为分配与生产的这种特殊关系，我们就需要从分配的角度来理解生产。有人说，政治经济学讲的是分配，西方经济学讲的是生产。这是对政治经济学的误解。政治经济学当然要讲分配，而讲分配关系就是讲生产。如果离开了这种构成生产前提和生产结果的分配关系，生产又是什么呢？难道是西方经济学的那种堪称永恒真理的边际生产力论吗？

（二）企业生产

现在我们来具体考察图 3.1 的这四个框目，考察现代市场经济关系。

图 3.1 左侧的框目为企业生产。可以看到，一方面，企业生产的产品要拿到市场去销售，另一方面，销售收入分为折旧、工资、利润，等等，要在参与企业分配的主体中进行分配。

（三）分配

图 3.1 下部的框目为企业分配。所谓企业分配，就是发生在生产领域的初次分配。在这里，参与初次分配的主体分别为企业、资本家个人和劳动者，以后还会包括借贷资本和土地所有者，等等。在初次分配基础上，还有再分配，即在再分配领域通过货币、银行、金融、财政、税收、转移支付等方式进行的分配，不过在这里不谈。

在这里，我们把企业与资本家个人分开来谈，并假设企业获得折旧，资本家获得利润。这是因为涉及资本家个人的消费。如果不考虑资本家个人消费，则企业与资本家合二为一。

在分配框目中，劳动者把自己的劳动力当作商品，通过劳动力市场参与分配，分配形式就是工资。因此，分配以交换为其实现形式，交换成为分配的一部分。

（四）消费

图 3.1 右侧的框目为消费，包括企业消费、资本家个人消费和劳动者消费。企业消

费是生产性消费，也就是说，它需要补偿自己的不变资本的消耗，需要购买厂房、机器设备、原材料，等等。除此之外，它还要消费劳动力。在图 3.1 中，劳动力市场放在分配框目，这是从分配角度而言的。从企业生产角度看，购买并使用劳动力，同样是一种生产性消费。

企业消费是对生产资料和劳动力的消费，而资本家个人和工人的消费是对消费资料的消费，是最终产品的消费。作为个人来说，资本家和工人都需要消费资料，但资本家的消费与工人的消费是有区别的。这一点以后再谈。

（五）交换

图 3.1 上部的框目为交换。在弄清楚上述三个框目后，交换就好理解了。参与交换的卖方是企业，而参与交换的买方分别是企业、资本家个人和工人。通过交换，企业实现了产品的价值，同时补偿了消耗掉的生产资料，而资本家和工人则获得自己所需要的消费资料。

（六）左上角与左下角

注意左上角的"商品流向"箭头和左下角的"货币流向"箭头，说明商品与货币相向而行，构成商品流通。图中的三个环流同时代表着相向而行的商品环流与货币环流。

总之，上述四个框目就是市场经济的生产、分配、交换和消费四个环节。它们相互决定、相互依存。哪一个环节出了问题，都会对整体产生影响，都会导致生产不能正常进行。这就是市场经济的基本运行方式。再多看几分钟图 3.1，你可能就会对市场经济有更深的领悟。

西方经济学教科书也有类似的环流图。为了对比起见，我将曼昆教授的《经济学原理》中的循环流向图简化后复制在这里，如图 3.2 所示①。

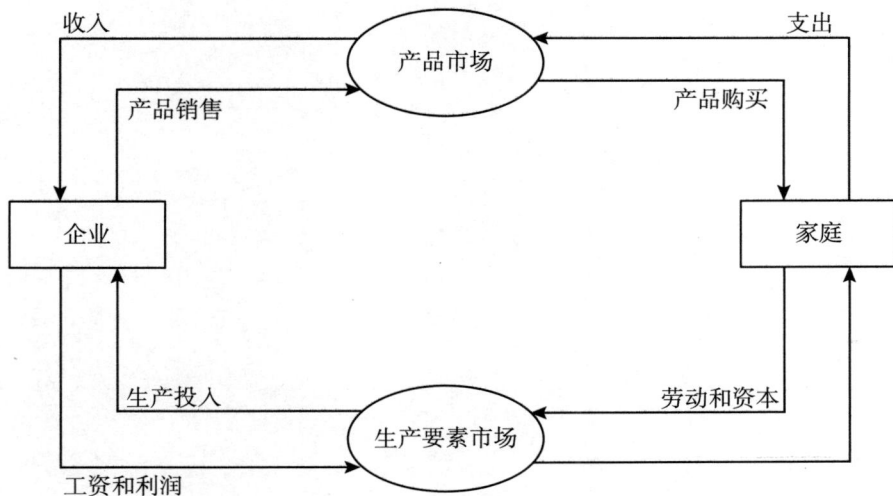

图 3.2 《经济学原理》的循环流向图

---

① 参见曼昆：《经济学原理（原书第 3 版）》下册，梁小民译，机械工业出版社 2006 年版，第 97 页。

请思考：图 3.2 与图 3.1 有什么区别？图 3.2 错在哪里？

新概念

市场经济环流图	生产	分配
社会经济形态	初次分配	再分配
交换	消费	企业消费

拓展思维："社会"是什么？

拓展思维：政治经济学为什么讲"关系"？"关系"、"社会关系"是什么意思？"生产关系"、"经济关系"是什么意思？

拓展思维：马克思：《〈政治经济学批判〉导言》。

第 4 章 价值增殖（一）

4.1 货币转化为资本

现在，我们开始研究资本生产。

资本首先表现为货币，但货币并不是资本。张三有 100 万元。如果他用来买一辆保时捷跑车，天天开着兜风显摆，这 100 万元叫作货币。如果他用来投资办企业，买厂房、机器和劳动力进行生产准备赚钱，那么这 100 万元就叫作资本，或更确切地说，叫作货币转化为资本。

从流通的角度看，张三的两种购买行为代表着两种完全不同的流通形式：购买保时捷跑车叫作商品流通，投资办企业叫作资本流通。

先说商品流通。商品流通的直接形式是（注意：公式中的符号代码是特定的，与本书其他符号有重合）：

$$W \text{——} G \text{——} W$$

在这里，W 代表商品，G 代表货币。这个形式的含义就是：商品转化为货币，货币再转化为商品。

这是每天发生在我们自己身上的事情。我们购买各种物品满足自己的生活需要，而我们购买各种物品的货币是我们挣来的。也就是说，我们需要先工作，先出卖劳动力以获得货币收入，然后才能购买各种物品。张三用 100 万元买跑车的前提，是他要先获得这 100 万元。如果不是抢银行或伪造货币，他就必须先卖掉什么东西以换取这 100 万元，然后才能买跑车。

因此，商品流通的基本特点就是为买而卖。卖是起点，买是终点。也就是说，流通的起点和终点都是商品，货币只是起着流通媒介的作用。

但是，资本流通则完全不是这样。资本流通的直接形式是：

$$G \text{——} W \text{——} G$$

这个形式的含义就是：货币转化为商品，商品再转化为货币。

这是每天发生在我们中的一些人身上的事情，叫作做生意。它的基本特点就是为卖而买。买是起点，卖是终点。也就是说，流通的起点和终点都是货币，货币本身就是这个流通的目的。张三用 100 万元投资办企业只是起点。生产出产品，卖掉之后获得销售收入，才是他的目的，才是这个流通形式的终点。

从资本流通的直接形式看，这个流通是从货币到货币。张三用 100 万元投资办企业，卖掉产品后又获得 100 万元，这不是吃饱了撑的吗？

所以，资本流通的实际形式是这样的：

$$G\text{——}W\text{——}G' \quad \text{其中：} G' = G + \Delta G。$$

这个形式的含义是：货币由起点的 G 变为终点的 G'，$G' = G + \Delta G$，多了一个 ΔG。也就是说，在作为资本的货币 G 流通结束时，得到了 ΔG 的增殖，而追求这个增殖的货币额，就是张三投资办厂的目的。

这个增殖的货币额 ΔG，叫做利润。全部问题在于：这个多出来的 ΔG，这个利润，是从哪里产生的？

你不能说这是因为贱买贵卖而产生的。作为个别资本，有可能这样获得利润，比如套利资本或古代的商人资本就是如此。但是作为社会的一般生产方式，作为资本生产，则不可能。某一个个别资本的贱买贵卖只意味着另一个个别资本贵买贱卖，社会价值总量没有变化。这里遵守的原则是商品的等价交换原则。

我们来看资本流通的两个阶段。第一个阶段，G——W，货币转化为商品，根据等价交换原则，$G = W$。第二个阶段，W——G'，商品再转化为货币，同样根据等价交换原则，$W = G'$。但是，$G' > G$，这就形成了简单算式式的逻辑矛盾。

逻辑的矛盾只有到现实中寻求解决。如果张三买的是一种特殊商品，这种特殊商品能够增殖，那么这个逻辑矛盾就解决了。

这种特殊商品，就是劳动力。

新概念

货币转化为资本　　　　　　　资本流通

拓展思维：逻辑是什么？

拓展思维：逻辑的力量。

4.2　劳动力商品

什么是劳动力？劳动力就是储存于劳动者身体中的，每当劳动者进行生产时就使用的脑力和体力的总和。

劳动力的使用或使用价值，就是劳动。把劳动力与劳动这两个概念区别开来，是政治经济学与西方经济学的一个基本区别。

当张三投资办企业并开始招工时，他购买的是劳动者的劳动力，而不是劳动。这可从两个方面来说明：第一，劳动是一个过程，是劳动时间的持续，是劳动者在劳动过程中付出的代价，在购买时根本不存在。第二，张三给劳动者支付了工资，购买了劳动者的劳动力，就意味着劳动者要服从他的指挥进行劳动。但如果张三不安排劳动者从事劳动（比如停工检修设备时），让其无所事事，那就是张三的责任。他不能因此要求劳动者偿还工资。

在生理意义上，劳动力属于劳动者所有。但从社会意义上讲，劳动力则可能不属于劳动者本人。比如，奴隶劳动力连同他本人，都属于奴隶主所有。如果一个资本家要购买劳动力，他也可以通过直接购买奴隶的方式来实现，比如美国南北战争前的南方种植园主就是这样做的。不过，资本生产的一般方式是资本家向自由劳动者购买劳动力，或者说，雇用自由劳动者。

第 3 章的"资本的原始积累"一节说过，自由劳动者即现代无产阶级，是资本主义战胜封建主义的产物，是资产阶级剥夺劳动者的生产资料，使劳动者与生产资料相分离的产物。一方面，从封建主义的桎梏下解脱出来的劳动者是自由了，另一方面，他被剥夺了赖以生存的生产资料，自由得一无所有。为了生存，他只能把自己的劳动力当作商品出售，只能以出卖劳动力为谋生手段，而这正是资本主义生产方式的一般前提，是货币转化为资本的一般前提。

或许有人会问：那么，在社会主义市场经济条件下，劳动力是否是商品？在传统政治经济学中，这个问题争论得很厉害。为了避免多头叙述，我把这个问题放到最后一章论述。

劳动力作为商品，与其他商品一样，具有价值和使用价值两个因素。

与其他商品一样，劳动力的价值是由生产和再生产劳动力所需要的社会必要劳动量决定的。劳动力存在于劳动者的身体中，劳动力的生产和再生产就是维持劳动者活的个体。活的个体要维持自己，需要有一定的生活资料。因此，生产和再生产劳动力所需要的社会必要劳动量可以变换为生产这些生活资料所需要的劳动量，或者说，劳动力的价值，就是维持劳动力所有者所需要的生活资料的价值。在不严格的意义上，我们也可以说劳动力的价值就是劳动者的一般生活费用。

劳动力的价值或劳动者的一般生活费用有如下特点：

（1）劳动者不但要养活自己，还要养家糊口。一般生活费用就是劳动者的一般的家庭生活费用。由于劳动者养育的家庭人口不同，使得一般生活费用与劳动者家庭的实际生活水平不一致。

（2）在不同的时期或在不同的国家，一般生活费用的内容是不同的。比如，在改革开放前的中国，一家人在最低限度上所需要的衣食住行、基本教育、基本医疗等生存资料，就是一般生活费用。但在今天，不仅生存资料的内容有大大的改善或扩展，享受资料（各种奢侈品消费，比如旅游）和发展资料（上大学费用、各种少儿培训班，等等）也包含在一般生活费用的范围里。

（3）大工业的发展，把劳动简单化。大多数劳动者只需经过简单培训就可以上岗，并可以在不同行业流动。但在许多领域，仍需要专业化的劳动力，需要复杂劳动力。复杂劳动力的培养费用更高，因而复杂劳动力的价值更大。

（4）随着社会经济的发展和时代的进步，各种社会福利和社会保障逐渐发展起来。先前由劳动者自己承担，因而构成劳动力价值一部分的生活费用转由国家和企业来承担，比如义务制免费教育、医保、五险一金、多子女困难家庭救助、失独家庭救助，等等。这意味着劳动力的价值降低，但这是好事。所谓共同富裕，一个重要内容就是指这类共同福利的发展。

劳动力商品的价格，或者说劳动力价值的货币表现形式就是工资。劳动力是一种特殊的物品，其计量单位、销售单位和使用单位是时间段，比如1天的劳动力，或1个月的劳动力、1年的劳动力，等等，从而形成相应的交易价格，比如日工资、月工资、年薪等。第13章将探索工资问题。

劳动力商品的使用价值就是劳动，这个使用价值很特别。

普通商品的使用价值在消费时实现。使用价值被消费了，商品就完成了它的使命，或者消失，或者成为无用的垃圾，其价值则被转移了或消失了。但劳动力商品的使用价值即劳动则很特别——劳动可以创造价值。

更为重要的是，劳动者的劳动不仅能够创造价值，而且能够创造比自身价值更大的价值。劳动者的劳动创造的超过自身价值的那一部分价值，叫做剩余价值。获取剩余价值，正是资本生产的目的，正是资本能够实现价值增殖的原因。

剩余价值是马克思的伟大发现，是政治经济学最重要的概念之一。接下来探讨这个概念。

新概念

劳动力	雇用	劳动力商品
劳动力价值	一般生活费用	生存资料
享受资料	发展资料	社会保障
社会福利	共同福利	共同富裕
工资	劳动力的使用价值	

拓展思维： 不能输在起跑线上：中国的爸爸妈妈们。
拓展思维： 小康社会与共同富裕。

4.3 生 产 资 料

生产，就其一般意义而言，是劳动力与生产资料相结合，是劳动者应用生产资料生产产品以满足人们需要的过程。它包含生产资料和劳动力两个基本的生产要素。我们需要考察这两个生产要素各自在生产中所起的作用。

先来看生产资料。生产资料本身分为两部分，即帮助人们劳动的劳动资料和人们的劳动加于其上的劳动对象。我们先说劳动资料，先说劳动资料中的土地。

英国古典经济学家配第说，劳动是财富之父，土地是财富之母。这是千古不变的真理。在经济学上，土地不是"土"或"地"，而是自然界的代名词，包括农田、道路、工厂用地、城市用地、山川河流湖泊、海洋、森林草原、矿山等一切。

在具体的生产过程中，土地的作用大小取决于土地的肥沃程度和地理位置。说到土地的肥沃程度，就不要只想到种庄稼。在经济学上，这也包括成片的森林草原、海洋的鱼虾、地下的矿藏、水资源、风力、水力等。不仅如此，还要包括各种生产不利条件，比如干旱、洪水、台风、地震、道路崎岖等。

除了土地的肥沃程度之外，土地的地理位置也是一个极为重要的因素。若一块土地的位置太偏僻，交通不便，那么这块土地可能就不值钱。在城市发展与工商业生产中，地理位置是关键的因素。所谓尺土寸金，就是这个意思。

土地是天赐之物，是有限的，但人类智慧和知识的发展却是无限的。最初，人类只是把土地当作食物仓库，依靠土地现成的产出生活。一旦智慧和知识开始发展，一旦发明了生产工具，一切就开始变化了。

生产工具是人类智慧的结晶。它是人们制造的，是人类劳动的产物。它不仅可以帮助我们减轻劳动负担，改进劳动形态，提高劳动生产率，还可以帮助我们做单凭人力无法完成或人力完全做不了的工作。正因为生产工具如此重要，它的每一次重大的改进与发展都具有划时代的意义，都是社会生产力发展和人类社会进步的象征。以生产工具为标志，人类社会被划分为石器时代、青铜时代、铁器时代和机器时代。

除了生产工具之外，生产过程中还需要其他的一般性劳动资料，比如厂房、仓库、运输工具、道路交通、通信设施、各种小工具，等等。没有这些劳动资料，生产也不可能正常进行。有时候，我们也把机器设备与这些一般性劳动资料合在一起，称为工厂的生产设施。

现在来看生产资料的另一部分——劳动对象，就是我们借助劳动资料，把劳动加于其上，对其加工改造，使其转变为满足人们需要的产品的那个东西。

最初的劳动对象都是天然的，包括地下矿藏、原始森林的树木、海洋里的鱼虾等。在被人们的劳动（采矿、伐木、捕鱼等）初步加工过后，如果再被投入生产过程，这些物品就被称为原材料，也被称为中间产品。有时候，我们也称这些刚刚脱离自然界或经过初步加工的石油、矿石、原木等为初级产品。

按照劳动对象加工流程的顺序，工业生产的产业可分为上游产业与下游产业。上游产业为下游产业提供原材料。通过一级级产业的顺序加工和组合——我们称之为深加工，最后形成最终产品，即满足人们生活需要的各类消费资料。与最终产品相对应，被生产出来后还要再次投入生产的原材料或初级产品就被称为中间产品。

除了那些天然生产资料之外，所有的生产资料都是人类劳动的产物，是人类付出的代价。不过，一旦产品被生产出来，无论这个产品是生产工具，还是中间产品或最终产品，它们就外在于人，作为使用价值与自然界天然存在的那些生产资料或消费资料没有区别。它们都是自然界的一部分，是自然界中为人们所利用的那一部分。

新概念

生产资料	劳动资料	土地
生产工具	生产设施	劳动对象
初级产品	原材料	中间产品
最终产品	消费资料	上游产业
下游产业	深加工	

拓展思维：动物也会制造与使用工具。

拓展思维：瓦特蒸汽机。

拓展思维：工业标准与标准件。

拓展思维：秦朝的标准化武器生产。

4.4 内 部 分 工

现在来看生产中的另一个要素劳动力。

从生理上讲，劳动力不过是一种自然力，在很多时候与其他自然力没什么区别。但是，与自然界力量不同，劳动力的使用即劳动是人们有意识、有目的的活动或力量，是为了满足人们需要的活动。也就是说，它是人们为达到目的而付出的代价。既然付出代价，就要考虑值不值，就要考虑效率；而自然界的外在力量则与付出代价无关，而只与如何利用它以提高效率有关。

劳动这种活动在人类的太初时代是本能性的，与动物捕食没什么区别。随着生产工具的发明与改进，随着生产的进步和生产过程的复杂化，劳动就成为有技能的活动，仅靠本能性活动是不够的。因此，学习劳动，无论在课堂上学习，还是在具体劳动过程中"干中学"，即通过经验积累或师傅传帮带，就成为劳动者转变为合格劳动者的基本前提。合格的熟练的劳动者是生产的宝贵资源。

在人类社会的绝大多数时间里，劳动力都是最重要的生产要素。在传统农业生产中，尽管有各种生产工具的改进和畜力的使用，但农民仍是最基本的生产力。在手工业作坊生产中，有经验和技巧的工匠更是无价之宝。走进国家博物馆，你就会看到那些工匠用简单的工具制造的那些令人叹为观止的产品。

但机器的出现彻底改变了劳动者在生产中的地位。在机器时代，机器是主角，劳动者是配角。再强壮或再有技巧的劳动者都无法与机器相比拟。如果说在手工业时代是生产工具服从劳动者的话，那么在机器时代，就是劳动者服从生产工具。这样一来，劳动者沦为机器的附庸。他不再需要掌握复杂的技能，不再需要经过长年的学徒训练，而只需要经过简单培训就可以上岗。与此同时，劳动者个人也不再能够独立生产产品。他只是劳动者整体作为总体工人的一部分，只是一个局部工人，承担一种局部职能。

从历史上看，劳动者从独立劳动者转变为局部工人，劳动组织从分散式劳动组合转变为总体工人，是从资本主义工场手工业的内部分工开始的，而在机器时代达到了顶峰。机器工艺学为劳动者设立了特定的岗位、特定的劳动时间、特定的操作动作、特定的劳动者人数和特定的劳动者组合，形成了工厂的内部分工，形成了工人阶级的内部等级，比如熟练工人与非熟练工人、一线工人与维护工人、工程师与普通工人的划分等。

工厂由机器决定的内部分工原则，并由这种内部分工原则所决定的生产资料与劳动者组合在数量上的固定比例关系——马克思称之为"保持比例数或比例的铁的规律"①，就是资本技术构成。在这里，机器或机器体系是一个整体，若缺少任何一个部分或零件，都不能够运转，或至少不能正常运转。劳动者也是一个服从机器、与机器搭配的整体，是总体工人。若缺少任何一个总体工人的部件即局部工人，生产都不能进行或不能正常进行。就像俗话说的，一个萝卜一个坑。这样一个生产整体就形成一定的生产能力，在一定的时间内，对一定数量的原材料进行加工，从而生产出一定数量的产品。

这是一种不言而喻的技术规律，一种不言而喻的自然规律。而对这一规律的无视，就是西方经济学最可笑的地方。微观经济学讲生产的边际分析法，讲资本和劳动的边际生产力论。它可以违背自然规律，可以使工厂只增加一点儿机器或一点儿劳动，比如增加 0.3 个机器（表演大劈机器的魔术？），或增加 3 个工人（放在哪个岗位上？莫非与其他工人一起操作机器，一个用左手，一个用右手？）。它可以算出 0.1 个机器或 1 个劳动者能生产多少产品。对于这样一种理论，让我说什么好呢？

工厂的内部分工发展到特定阶段，一般是生产过程可以在空间和时间上分为相对独立的几个部分，比如形成工厂的内部车间的时候，就可能出现工厂分立，内部分工变为社会分工。车间就可能独立为工厂，车间产品就成为作为中间产品的商品。亚当·斯密看到了工场的内部分工，但他没有区分内部分工与社会分工。这一分析工作是由马克思完成的。

由机器决定的工厂内部分工会发展到什么程度？机器发展的总趋势，就是机器不断代替人力的自动化，就是机器排挤工人。它发展到顶端，就是使用机器人的无人工厂，就是生产永动机。真的会有生产永动机，科幻片真的可以成为现实吗？谁知道呢。不过至少在现在，机器还是劳动的产物，生产过程还离不开劳动，无人工厂还不可能真正无人，因而我们的理论研究估计一时半会儿还不会过时，暂时还不必担心做无用功。

新概念

局部工人	总体工人	工人内部等级
内部分工原则	资本技术构成	工厂分立
社会分工		

拓展思维：福特发明生产流水线。
拓展思维：现代化大工厂一瞥：一汽大众的轿车生产线。

4.5 产　能

我们的朋友张三投资建了厂房，购买了机器设备，并按照由机器决定的内部分工原

---

① 马克思：《资本论》第 1 卷，人民出版社 1975 年版，第 394 页。

则，从劳动力市场雇用了相应数量的劳动者并配备到相应工作岗位之后，就形成了生产能力。在购买了原材料后，张三就可以开始生产了。

那么在一定时间内，一个企业能够生产多少产品？这就取决于企业的生产能力。

企业生产能力简称产能，是企业生产的一个基本技术指标。它是指企业加工原材料等中间产品，使之成为产品的能力，以企业在一定时间内能够生产的产量为衡量标准。这个产能一般由机器设备的性能、效率与生产设施的规模决定，在设计与建造工厂时就已经确定，称为设计产能，由此决定的产量就是企业设计产量。设计产量是企业的产量上限，是最高产量。实际产量不能超过设计产量。

从技术角度看，按设计产能生产是最有技术效率的生产，我们称之为满负荷生产。但由于各种原因，在实际生产中可能难以做到满负荷。这里存在着各种情形。

（一）机组生产

以水电站为例。由于电不能储存（不考虑电容、蓄电池等小型蓄电设备），一旦对电的需求减少，比如在夜间，水电站就无法满负荷运转。在这种情形下，一般是关掉几个发电机组来应对。制造成衣的缝纫厂是另一个例子。若对服装的需求减少，企业可以解雇若干工人，让若干缝纫机闲置，从而减少产量。

（二）流水线生产

一般工厂的生产流水线一旦启动，就必须满负荷生产，而不能考虑该产品的需求量的多少。这在冶炼行业或石油化工行业特别明显。为此就必须建立大容量的储存罐或大型仓库，把一个生产流程生产出来但又暂时销售不了的产品转为库存。同类的例子包括汽车生产流水线、电视机生产流水线，等等。

（三）订单生产

这在大型机械设备制造行业比较常见。订单来了，忙得人仰马翻，而没有订单时又闲得要命。若订单多了，超过了生产能力，就吃不消了，只好让订单排队。一般的服务性行业也有这种特点，比如餐馆就是这样。

可能还存在其他情形，而且这几种情形的生产还可以混合搭配，比如，一个工厂可能有几条生产流水线，若需求减少，就可以停止其中一条或几条流水线的生产。但无论是哪一种情形的生产，可以产量不足，但不能超过设计产量。

在实际生产中，也可能出现实际产量高于设计产量的情形。但这是属于不正常生产，叫做超负荷生产，可能意味着生产设施超负荷运转，或劳动者需要在正常工作日外加班。在经济学研究中，我们可以把这种情况排除在外，只在研究个案时考虑。不过话又说回来，若按正常工作日进行生产，那么在正常工作日外，机器设备就处于闲置状态，并没有被充分利用。这也是在经济高涨时，企业可以加班加点生产，从而提高实际产量的原因。

不过，凡事都有例外。尽管设计产量是企业生产的一个基本指标，一些依靠自然力的企业并不能完全控制自己的产量。水电站就是一个例子，在枯水期就无法做到满负荷运转。更典型的例子是靠天吃饭的农业，风调雨顺时可能获得大丰收，但若遇到洪涝干旱，则可能颗粒无收。

新概念

产能　　　　　　设计产能（设计产量）　　　　满负荷生产
机组生产　　　　流水线生产　　　　　　　　　订单生产
超负荷生产

拓展思维：电站是如何生产与提供电力的？

第 5 章 | 价值增殖（二）

5.1 价值是怎样增殖的

现在，我们来考察一个具体的生产过程。

张三用100万元投资办企业，这100万元叫做预付资本。其中，30万元购买机器设备，50万元购买原材料，这两项花费共计80万元。剩下的20万元用于购买劳动力。在机器设备、原材料和劳动者配置到位后，他就开始组织生产。

为了简化起见，假设机器是一次性使用机器。在生产过程中，劳动力耗费了，原材料消耗了，机器磨损了，最后生产出产品。产品销售后获得120万元收入，除去预先支付的100万元，张三就获得20万元利润。

现在要问：这多出来的20万元利润是怎样产生的？

我们先看与生产过程相连接的两个交易过程。在生产之前，张三花了100万元购买机器设备、原材料和劳动力。这个交易是等价交换，20万元利润不会从这个过程产生。也就是说，张三不是因为买了便宜的机器设备、原材料或劳动力才赚了20万元。

其次，在生产之后，产品销售收入是120万元。这个交易同样是等价交换，也就是说，销售收入是120万元，是因为产品所包含的价值是120万元。张三不是因为把产品卖了高价才赚了20万元利润。

因此，20万元利润只能产生于生产过程。其实，张三自己完全清楚这一点，否则他也不会费精费神去办企业组织生产。那么，这20万元利润又是怎样从生产过程中产生的呢？

生产过程中包含机器、原材料和劳动力三个要素，需要一一分析。

首先，20万元利润不是来自机器。不过要说清楚这一点，我们需要知道活劳动或劳动流量与死劳动或劳动存量这两个概念。

我们说劳动力的使用价值就是劳动，而劳动是正在进行的劳动，是具有流量性质的活劳动。所谓活劳动，是与凝结在生产工具、厂房、交通设施、原材料等生产资料中的具有存量性质的过去的劳动相比而言的，过去的劳动可以称为死劳动或劳动存量。与之对应，活劳动可以称为劳动流量。

人们为什么要生产机器，再用机器进行生产？我们可以选择直接的徒手生产，也可以选择先生产工具或机器，再用工具或机器进行生产。我们之所以选择后一种方式，是因为它可以提高劳动生产率。而我们已经知道，所谓提高劳动生产率，就是指付出同样的代价有更大的收获，或者说，付出较小的代价有同样的收获。

那么，怎样计量与比较这两种生产方式所付出的代价呢？

我们付出的代价就是劳动。在徒手生产的形式中，我们付出的代价是直接的活劳动或劳动流量，干一天活就算一天的付出。在先生产机器再用机器进行生产的形式中，机器不过是我们过去的劳动产物，是过去的劳动付出。因此，当我们从最终产品的角度比较付出的代价与得到的结果时，自然就要把最新付出的代价——即活劳动或劳动流量，与过去付出的代价——即凝结在机器上的死劳动或劳动存量加总，得出为生产一种最终产品所付出的总代价。从这个意义上讲，凝结在包括机器在内的劳动资料中的死劳动或劳动存量就要转移到新产品中，从而计算出生产新产品所付出的总劳动、总代价。

这样一种逻辑叫做机器还原劳动法。举例来说，一个渔夫花了 4 天时间制作了一个一次性捕鱼工具（机器），然后用这个工具打渔 1 天，捕获 10 条鱼。那么为捕获这 10 条鱼，渔夫究竟付出了多少劳动？是 1 天打渔的劳动，还是加上制造工具的时间共 5 天的劳动？答案当然是 5 天，包括 1 天的打渔时间和 4 天的制作工具时间。磨刀不误砍柴工，制作工具的劳动是为捕获 10 条鱼而付出的总劳动、总代价的一部分。

从价值和价值生产的角度看，为生产机器所付出的劳动就是机器的价值。根据上述推证，在计算新产品的价值时，生产机器的劳动或机器的价值就转移到了新产品中，叫做转移价值。张三购买机器的费用是 30 万元，也就是说，机器价值是 30 万元。我们已经假设机器是一次性使用的，因而机器的 30 万元价值作为过去劳动的代价，要全部转移到新产品中去。但这只是价值转移，而不是价值增殖，不能报花账、弄虚头。

综上所述，机器的价值只是转移到新产品中，而不会发生增殖。20 万元利润不是来自机器。

其次，根据同样的道理，20 万元利润也不是来自原材料。原材料也是过去劳动的产物，它的 50 万元价值也只是转移到新产品中，而不会发生增殖。

总之，在生产过程中，机器和原材料的价值会等量转移到新产品中，但不会发生价值增殖。基于这一性质，我们把购买机器和原材料等生产资料的支出，即货币资本转化为生产资料的资本称为不变资本，用 A 表示①。

如果 20 万元利润不是来自机器和原材料，那是否来自购买劳动力的支出呢？

仍然不是。购买劳动力的 20 万元支出已经作为工资转到工人手里，成为工人的生活费用。它已经流出了生产过程，与 20 万元利润无关。

现在只剩下生产过程中的最后一个因素，即企业购买的劳动力。劳动力的使用就是劳动，就是活劳动。根据上述排除法，这 20 万元利润只能来自劳动力的使用，只能来自这个活劳动。

劳动创造价值，活劳动创造新价值。假设张三所雇用的劳动者在 4 个小时内的劳动

---

① 本书所使用的符号与《资本论》有所不同，这是为了便于在本书统一使用各种符号。

新创造价值 20 万元，相当于劳动力的价值，同时用完了原材料并使得机器磨损完毕，那么所生产的产品价值就为机器、原材料等生产资料的转移价值加上劳动者新创造价值之和。生产资料的价值为 80 万元，新生产价值为 20 万元，因而产品总价值或销售收入就为 100 万元。可是，张三的预付资本就为 100 万元，产品销售后并没有使得资本增殖，张三白忙乎了？

实际情形当然不是这样。尽管张三雇用的劳动者在 4 小时内新创造的 20 万元价值补偿了他们的劳动力的价值，但张三绝不会只让工人干 4 小时的活。他会延长劳动时间，比如使劳动时间达到 8 小时，而他所购买的生产资料也是按照内部分工原则，为工人的 8 小时劳动预备的。换句话说，工人的实际劳动时间不会是 4 小时，而是 8 小时。与之对应，工人所创造的新价值就不是 20 万元，而是 40 万元。而经过 8 小时劳动，工人生产的产品的总价值就为 80 万元转移价值 + 40 万元新价值 = 120 万元。张三的预付资本是 100 万元，而在产品销售后，他获得了 120 万元的收入，实现了资本增殖。这多出的 20 万元，就是利润。

由此可见，资本生产过程作为价值生产过程，是一个价值增殖过程。之所以出现了价值增殖，不过是因为这个价值生产过程超过一定时间而延长，或者说，价值增殖过程只是延长了的价值生产过程。资本家把雇佣工人的劳动时间延长到补偿劳动力价值所需要的劳动时间以上，从而使得劳动力的使用所创造的价值超过了劳动力自身的价值。这就是资本增殖的秘密。

雇佣工人创造的超过劳动力自身价值的那部分价值，叫做剩余价值。它被资本家占有，成为利润的来源。

我们把张三购买劳动力的支出，即转化为劳动力的那部分货币资本称为可变资本，用 W 表示。这部分资本的价值作为工资支付给工人，再由工人在生产过程中再生产出来抵付。但工人劳动的结果，不仅再生产出来劳动力的价值，而且还生产出来超过劳动力价值的价值，生产出来剩余价值。这部分资本在生产过程中发生了变化，实现了增殖，因而被称为可变资本。

我们用 Ⅱ 代表剩余价值，用 Ω 代表产品价值或销售收入。为了简化起见，我们用万元为单位，并省掉货币单位量词（以后都如此，不再另加说明）。根据上述推证，产品的价值就可以表示为

$$80A + 20W + 20 \prod = 120\Omega$$

新概念

预付资本	活劳动	劳动流量
死劳动	劳动存量	机器还原劳动法
转移价值	不变资本	劳动创造价值
价值增殖	剩余价值	可变资本

拓展思维： 查理·卓别林的"摩登时代"：资本家如何"偷"工人的时间？

5.2　剩余劳动、剩余产品与剩余价值

根据前一节的推证，由于劳动力商品的使用价值的特殊性，由于劳动者的劳动所创造的价值可以大于自身价值，就产生了剩余价值。

因此，我们可以把劳动者的劳动分为必要劳动和剩余劳动两部分。必要劳动就是为补偿劳动力价值而进行的劳动，必要劳动创造的价值称为必要价值，与劳动力价值相等。而剩余劳动就是创造剩余价值的劳动。

劳动者的劳动数量是用劳动时间来计量的，因而我们又可以相应地把劳动者的劳动时间分为必要劳动时间和剩余劳动时间两部分。这两部分时间加在一起，就构成劳动者的工作日。

从产品的角度看，必要劳动生产的产品是必要产品。必要产品是保障劳动者生活需要的产品，用于劳动力的再生产。剩余劳动生产的产品是剩余产品。剩余产品是超出劳动者再生产劳动力所需要的产品。

因此我们就可以说，剩余价值就是由劳动者的剩余劳动或剩余劳动时间创造的剩余产品的价值。

这就是马克思的剩余价值理论，是恩格斯称之为马克思一生中的两大科学发现之一。它是不是很简单？

这个理论遭到攻击，并被误解与曲解，是很自然的事情。因此，有必要做进一步阐释。

要真正理解剩余价值，就要理解剩余劳动与剩余产品，而这就要从人类社会的历史开端说起。

当人类从树上下来之后，首先要能够生存，能够活下去。要活下去，就要有吃有穿，要有生活资料。这就必须进行生产，因此生产就是人类社会的第一个历史活动。

生产是什么？生产是劳动力与生产资料相结合。没有生产资料，赤手空拳的劳动者无法生产，不可能无中生有。在漫长的原始社会时代，大地就是劳动者天然的生产资料。劳动者与生产资料合为一体，他是大自然的一部分。

但人类进入农业社会之后，一切就开始变化了。第一，生产力水平的提高，使得人们能够生产出超出日常生活需要的产品，也就是说，有了剩余产品。第二，这些剩余产品，比如谷物或畜群，可以长时间保存。这第二点很重要。在原始的渔猎社会，即便捕获了大野兽，大伙儿吃饱喝足之后还剩了很多肉，但因为无法长期保存，也只好扔掉。这就不会出现剩余产品。

剩余产品的出现，就为部落大佬提供了机会，简单地说，部落大佬占有了或偷窃了本属于整个部落的剩余产品。这就是私有制的起源。因此，没有剩余产品，就没有私有制。

从占有剩余产品到占有剩余劳动，只要不是瓜娃子，谁都想得到。于是，在部落战争中抓获的战俘不能一杀了之或一吃了之，而是把他们变成奴隶，让他们劳动，让他们提供剩余产品，有时候还要提供部分必要产品。有时候还把本部落无力偿还债务的人变成奴隶。

奴隶要劳动，同样需要生产资料。部落首领最初是假公济私，让奴隶在公田劳动，

最后就是化公为私，占有了公田。于是，部落社会公有制就彻底解体，人类社会就进入私有制的奴隶社会时代。

在这里，我们用不着谴责私有制的罪恶，但自然，也不必赞美它。就事论事，没有私有制，人类社会就不会进一步发展，没准儿我们现在还在森林里晃悠。正是因为有了剩余，正是由于多数人的劳动提供了剩余产品，少数人才能够从直接生产劳动中脱离出来，从事那些高大上的工作或职业，才能够发展出国家机器，发展出文化、艺术、哲学，等等。正如恩格斯所说："劳动产品超出维持劳动的费用而形成的剩余，以及社会生产基金和后备基金从这种剩余中的形成和积累，过去和现在都是一切社会的、政治的和智力的继续发展的基础。"①

从奴隶社会到封建社会的一个巨大变化，就是劳动者与生产资料相分离。如果说在奴隶社会，奴隶只是会说话的生产工具，他自己就是生产资料的一部分的话，那么在封建社会，直接劳动者好歹算是一个人。但这个人已经与生产资料分离，生产资料（主要是土地）在封建庄园主或地主手里。于是就有了地租和雇佣。农民租种地主的土地，给地主缴纳地租，或地主雇用农民下地干活，给他发口粮，叫做打长工或打短工。形式不同，结果一样：必要产品归农民，剩余产品以地租或租税形式归地主。用不着找什么理由，天经地义嘛。

到了资本主义时代，又有了变化，剩余产品由资本家占有。应该说，与以前的时代相比，由资本家来占有剩余产品是人类社会的一个伟大进步。在此之前，剩余产品的物质形式是粮食、布匹等消费资料，养了一帮脱离直接劳动的有用或无用之人。吃净花光之后，下一年又从头开始。如果有那么几个丰年，号称三登之世，剩余产品多了，皇帝大佬就要不安分。好一点的花着这些剩余产品去清除边患、开疆拓土，那些烂皇帝就要胡作非为，叫做有钱就是任性。乱搞的结果，不仅花光了剩余产品，还把本是必要产品一部分的应急储备花掉。一旦遇到灾年，就只好完蛋，受难的自然还是老百姓。

资本主义的一个伟大进步就在于，资本家占有剩余产品的目的不是为了个人消费，而是用于资本积累，用于扩大生产规模。就其目的而言，资本家无非是为了赚更多的钱或为了应付竞争。但这样做的结果，却极大地促进了社会生产力的进步。从工业化的资本主义时代开始，社会财富急剧涌流，人类社会进入了发展的快车道，这是一个根本原因。

在资本主义时代，价值是财富的社会形式。剩余产品也就由以前的实物形态转化为价值形态，转化为剩余价值。当剩余价值从观念上被视为预付资本的产物时，剩余价值就被称为利润，或者说，利润就是剩余价值在观念上的转化形式。

新概念

必要劳动	剩余劳动	必要劳动产品
剩余劳动产品	必要劳动时间	剩余劳动时间
工作日	必要价值	私有制
利润		

---

① 恩格斯：《反杜林论》，《马克思恩格斯选集》第3卷，人民出版社1972年版，第233页。

拓展思维： 汉唐盛世：封建社会的剩余产品。

5.3 机器创造价值论

剩余价值论被质疑，一个经常被提到的论点就是所谓机器创造价值。你不是说生产是劳动力与生产资料共同起作用，一起生产产品的过程吗？怎么一说到价值生产，就只有劳动在创造价值，而生产资料或机器却不沾边了呢？

按理说，前面的分析已经说清楚了这个问题。不过，鉴于这个问题具有迷惑性与复杂性，鉴于西方经济学把机器的所谓边际生产力当作其理论基础，我们就有必要做进一步说明。

对于机器创造价值的问题，有时候确实容易犯迷糊。即便那些为劳动价值论辩护的人，往往也难以回答。不过，这也不是什么新鲜事。劳动价值论的祖师爷大卫·李嘉图在这个问题上都被搞糊涂了，何况他人。这就是著名的窖藏葡萄酒问题。

据说新生产的葡萄酒很难喝。因为难喝，新生产的葡萄酒的价格就很低。但如果把葡萄酒放在酒窖里储藏一段时间，就好喝了，价格自然就高了。问题在于，这是酒窖在起作用，没有经过人的劳动，也就是说，没有新价值的加入。既然如此，窖藏葡萄酒的价格或价值怎么就增加了呢？

李嘉图没办法解释，只好把这个问题视为劳动价值论的例外。现在的各种机器创造价值论对劳动价值论的质疑，其实都是窖藏葡萄酒问题的变种。比如，人推磨磨面就是创造价值，毛驴拉磨磨面就没有创造价值；人在流水线上拧螺丝在创造价值，换个机器人来拧螺丝就没有创造价值，等等。一个更尖锐的问题是：如果说企业的利润或剩余价值是工人的劳动创造的，那么企业的亏损又是由谁创造的？

我不得不说，之所以有这些质疑，归根到底是因为没有弄清楚价值是什么。李嘉图虽然手创劳动价值论学派，却也没有弄清楚这个问题。事实上，如果我们理解了价值的效率本质，这些问题本不应该提出来。

就从毛驴拉磨讲起吧。

假设张三开了一个磨面坊，他自己推磨磨面来卖。为了简化起见，假设不变资本的价值为 0。他自己推磨 1 天，磨面粉 10 公斤，售价为 40 元。也就是说，他一天的劳动创造的价值为 40 元。

现在他用他的毛驴拉磨磨面 1 天，同样磨面粉 10 公斤，售价为 40 元。那么，他的毛驴是否也创造了 40 元价值？

当然不是。张三推磨磨面付出的劳动是他现在付出的代价，即活劳动代价，而他的毛驴是他饲养的，是他过去付出的代价。这里的问题是：他宁愿付出新代价自己推磨呢，还是愿意付出过去的代价让毛驴拉磨？

为了简化起见，假设毛驴干了一天活就累死了，相当于机器磨损完了，毛驴的价值转移到了面粉中。假设张三饲养这头毛驴的费用为 30 元。但既然面粉售价为 40 元，扣去养毛驴的费用，他还是多赚了 10 元。这 10 元是否是毛驴创造的价值？

仍然不是。因为毛驴拉磨之际，他还必须在旁边照料，而不能去偷闲打麻将。这10元是他照料毛驴拉磨的劳动创造的价值。换言之，40元的面粉售价是张三过去付出的代价与他现在付出的代价——即饲养毛驴的劳动与照料毛驴拉磨的劳动所创造的价值总和。过去付出的代价其价值为30元，即养毛驴的费用，现在付出的代价所创造的价值就为10元。

你不能说他的毛驴是全自动毛驴，不仅不需要人照料，而且还长命百岁。那就是生产永动机。退万步说，如果真有这样的毛驴永动机，他的面粉就根本卖不出去，因为家家都会养一头这样的毛驴！

所以，机器只是过去劳动的产物，是已经付出的代价。当人们用机器进行劳动时，人们的劳动就是付出的新代价。新的代价与过去的代价加在一起，就是人们为生产新产品付出的总代价。

由此可见，问题不是机器是否创造价值，而是人们付出这样的总代价是否值得。这包含两层意思：第一，机器本身是否值得制造，是自己推磨划算，还是养头毛驴来拉磨划算？第二，机器制造出来之后，是否值得用机器来生产某种产品？也就是说，养了一头毛驴后，用毛驴拉磨划算，还是拉车划算？

我们还可以举机器人替代劳动者的例子来说明。机器人之替代劳动者，并不是替代了所有的劳动者。我们在前面说过，在机器时代，每个工人都是局部工人，都是总体工人的一部分，只执行劳动者的局部职能。如果部分劳动者或一线劳动者被机器人替换，那只是意味着机器的进步，意味着总体工人的人数、组合和具体操作职能随着机器的进步发生了变化，而并不意味着劳动者被全部替换。即便在现代化大工厂里，机器人对劳动者的替代发展到极致，工厂的总控室也必然有劳动者进行监控。这些劳动者就是照料毛驴拉磨的人。

我的解释够清楚了吧。那么，现在你是否能回答李嘉图的窖藏葡萄酒问题？

还是我来回答吧：新葡萄酒其实是中间产品，需要进一步加工成好葡萄酒。人们需要把葡萄酒放进酒窖等候酒味变好，就如同把矿石投入炼炉中等候炼成钢一样。好葡萄酒就是酒窖炼出来的钢。它之所以价格高，无非是因为建造酒窖的费用太高，过去付出的代价太大而已。

拓展思维：电脑统治世界。
拓展思维：3D打印机改变世界。

5.4　劳动价值论的终结

不过，这里还需要做进一步说明。

比如，我们强调无人工厂并非真的无人，现代化大工厂是由总控室的劳动者操作的。一根筋的人可能会追问到底：假设总控室的劳动者也被机器人替代了，假如出现了真正的无人工厂，出现了生产永动机，又会发生什么情形？

假如真的出现了真无人工厂，由于没有劳动者，也就是说，在生产时并无新劳动加入，因而就不会产生新价值，不会产生剩余价值。但资本家既然要投资这样的工厂，必然要获得利润，这个利润从何而来？

我的回答是：利润来自资本的自我增殖。价值概念、价值规律在这里已经不起作用。是的，你没有看错，我也没有写错。在哲学上，这叫做从量变到质变的飞跃。

这个话题又要从头说起。人们要活着，就要有生活资料。要想获得生活资料，就必须付出劳动代价。但既然要付出代价，以最小的付出获得最大的收获，就是每一个人、每一个劳动者的梦想。比如像我，隔三间五地用两元钱买一张福利彩票，以小博大，争取能拿到 500 万元大奖。人同此心嘛。

在生产过程中，收获与付出进行比对的直接指标就是劳动生产率。或者说，劳动生产率就是在生产方面的以小博大的衡量指标。因此，不断提高劳动生产率，就是每一个劳动者的不断追求，就是人类社会的不断追求。

在漫长的人类社会里，劳动生产率的进步很缓慢。要有收获，就必须有艰辛的劳动付出，劳动的重要性不言而喻。在商品生产社会，一方面要在社会生产各部门合理分配劳动力和其他资源，另一方面要强调劳动生产率的重要性，于是就产生了商品价值的概念，就有了劳动价值论。

工业革命改变了一切。机器的使用极大地提高了劳动生产率。也就是说，人们只要付出少许代价，进行少量劳动，就可以有很大收获。人类社会由此摆脱了贫穷，开始走向富裕。随着自动化生产的发展，随着无人工厂的出现，人们甚至用不着付出什么代价，就可以有极大的收获。两元钱博得 500 万元大奖的梦想实现了，天上真的掉馅饼了！

这个时候你能说什么？你可以为出生在这样一个具有极高劳动生产率的时代而感到幸运，你也可以对那些斜坐在总控室里的家伙轻轻松松看着仪表就具有极高的劳动生产率，创造了极大价值而感到愤愤不平。但是，你也可以说价值——这个衡量收获与付出之关系的社会效率指标，这个在没有艰辛劳动付出就没有收获的那些时代里最重要的指标，已经没有什么意义，或至少，在无人工厂里已经没有什么意义了。

当然，建立一个无人工厂还要花费大量社会财富。在这方面，价值、价值规律仍然要发挥作用。随着越来越多的行业或主要行业转变为无人工厂，随着这些工厂被收归公有，劳动本身就已经不再是社会生产的绝对因素。价值，这个著名的范畴就完成了它的历史使命，可以被放进博物馆了，人类呢，也就进入了共产主义。想象一下，那个时候的劳动不再是作为代价付出，不再是作为谋生手段，而是像练健美一样的享受，或许要到劳动主管部门排队取号，才可能有义务劳动的机会呢。

这是一幅美好的理想的画面。不过，理想总归是理想，一旦回到现实，就很悲催了。在资本主义生产方式下，本为减轻劳动负担、提高劳动生产率的机器的发明和使用，却导致了机器排挤工人，导致了工人失业，并因此导致了一系列严重的社会后果。关于机器排挤工人和失业问题，第 13 章将进行研究。

新概念

无人工厂	劳动价值论终结	共产主义
义务劳动	机器排挤工人	

拓展思维： 开着宝马轿车上班的公交司机。

拓展思维： "雷锋精神"是什么？

拓展思维： 共产主义是自由世界，共产主义是美的世界。

拓展思维： 机器人的推广与工人失业。

5.5 剩余价值生产

资本生产的目的是为了赚钱，为了获取剩余价值。那么，资本家怎样才能获取更多的剩余价值？

劳动者新创造价值为（W + ∏）。因此，我们可以用剩余价值率（α）这个指标来衡量资本家获得的剩余价值在劳动者新创造价值中所占份额。所谓剩余价值率，就是剩余价值或利润（∏）与工资（W）之比，即[①]

$$\alpha = \frac{\prod}{W}，或者 = \frac{\sum \prod}{\sum W}$$

因此，要获得更多剩余价值，就要提高剩余价值率。那么，怎么才能提高剩余价值率呢？

显然，最简单的办法就是克扣工资。如果劳动者新创造的价值（W + ∏）既定，那么 W 降低就意味着∏增加，剩余价值率自然就提高了。

按理说，工资是资本家的预付，是资本家在劳动力市场购买劳动力时对劳动者的支付。也就是说，工资是已经支付出去的货币，无法克扣。但在资本主义生产方式下，劳动者的工资并不是在劳动力市场支付，并不是在生产前支付，而是在生产后支付[②]。这就给了资本家以各种名目克扣工资的机会，乃至拖欠工资或拒付工资。在中国，拖欠农民工工资的事件在前几年是屡见不鲜的。

不过在这里，我们假设资本家是正人君子，不会干这种无赖勾当。既然如此，又怎么才能提高剩余价值率呢？

前面说过，劳动者的劳动时间即工作日分为必要劳动时间和剩余劳动时间两部分。

---

① 这个指标在宏观分析中也非常有用。为了便于进行数量分析，也可以使用工资系数（β）和利润系数（γ）这两个指标，$\beta = \dfrac{\sum W}{\sum (W + \prod)}$，$\gamma = \dfrac{\sum \prod}{\sum (W + \prod)}$。

② 按马克思的说法，这相当于是工人对资本家的无抵押零利息借贷。

必要劳动时间创造必要价值，与劳动力价值相等，是对劳动力价值的补偿。剩余劳动时间创造剩余价值。因此，剩余价值率也可以用劳动时间来表示，即

$$\alpha = \frac{剩余劳动时间}{必要劳动时间}$$

假设必要劳动时间既定，因此，资本家要获得更多的剩余价值，或者说，要提高剩余价值率，就要延长剩余劳动时间。

举例来说。

假设工人的工作日时间为 8 小时，其中 4 小时为必要劳动时间，另外 4 小时为剩余劳动时间。因此，剩余价值率就为 100%。

现在，资本家把工作日时间延长至 10 小时。由于必要劳动时间不变，剩余劳动时间就延长至 6 小时，因而剩余价值率就上升至 150%。图 5.1 显示了这种结果。

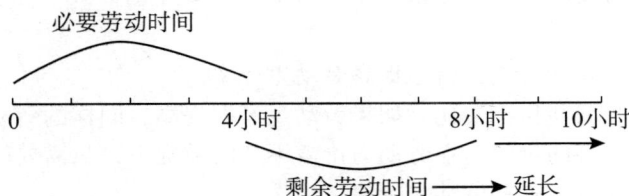

图 5.1 工作日（一）

我们把这种通过延长工作日而延长剩余劳动时间，从而提高剩余价值率的方法称为绝对剩余价值生产。此外，在工作日时间不变的前提下，通过提高工人的劳动强度（比如加快流水线运转速度）来提高剩余价值率的方法，也属于绝对剩余价值生产。

从资本家的角度看，他当然希望工人的劳动时间越长越好。如果我是个资本家，我就恨不得我的工人不吃不喝，一天工作 25 个小时。而且我还有理由：既然我雇用了你一天，这一天的时间就归我所有，想让你干多长时间的活，你就得干。

但在工人看来，你雇用了我，我给你干活没问题。但我要吃饭休息睡觉以恢复体力，还要养育家庭。你不能占有我的所有时间。如果我没有时间休息，体力得不到恢复，第二天就不能劳动。你实际上就占用了我两个工作日，或者说，你就侵占了我的必要劳动时间。

谁说的对？拳头大的说的对。在资本主义发展早期，工人一天工作 12～14 小时是正常的，有时候甚至达到骇人听闻的 16～18 小时。随着工人阶级力量的逐渐强大，并不断与资本家进行斗争，迫使政府规定法定工作日时间，并逐渐缩短这个时间。历史发展到今天，现在的工作日一般是周工作日，每周工作 35～40 小时。与工人前辈们相比，我们的工作日时间已经很短。但不要忘记，正是他们当年的斗争，才使得我们现在能够享受休闲时光的愉悦。

不过，延长工作日时间的做法对于提高剩余价值率的作用终究有限。毕竟一天只有 24 小时，何况还容易遭到工人抵抗。对于资本家来说，更好的方法是在工作日时间不变的前提下，通过缩短必要劳动时间，从而相应延长剩余劳动时间。这样一种提高剩余

价值率的方法叫做相对剩余价值生产。

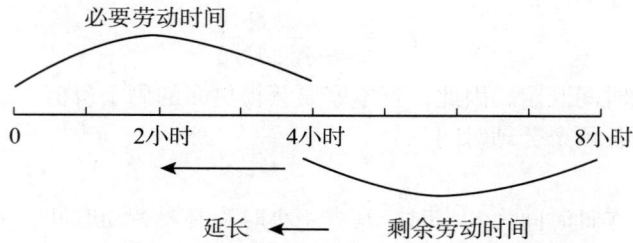

图 5.2　工作日（二）

在图 5.2 中，工作日时间不变为 8 小时。但必要劳动时间由原来的 4 小时缩短为 2 小时，相应地剩余劳动时间就由原来的 4 小时上升为 6 小时，剩余价值率就从 100% 提高到 300%。

缩短必要劳动时间的方法，就是提高劳动生产率。

劳动生产率是收获与付出之比。如果劳动生产率提高，同样的劳动时间就可以生产更多的产品，创造更多的价值。在劳动力价值不变的前提下，只需要较少的必要劳动时间，其创造的价值就可以弥补劳动力价值。

举例来说。

假设劳动力的日工资为 50 元。工人在一天工作 8 小时，其中 4 小时为必要劳动时间，也就是说，工人的 4 小时劳动创造的价值就为 50 元。

现在假设劳动价值生产率提高一倍，因而工人的 4 小时劳动创造的价值相应翻了一番，为 100 元。或者说，工人的 2 小时劳动就可以创造 50 元价值。如果劳动力日工资不变，工人的必要劳动时间自然就缩短为 2 小时。相应地，剩余劳动时间也就由原来的 4 小时上升为 6 小时。

绝对剩余价值生产和相对剩余价值生产是资本家提高剩余价值率的两种基本方法。在实行法定工作日后，尽管资本家还是要"偷"工人的劳动时间，但相对剩余价值生产，即通过提高劳动生产率来提高剩余价值率，就成为资本家使用的一般方法。

需要指出的是，资本家可没有读《资本论》，可不知道什么提高剩余价值率。他只知道赚钱，只知道延长工作日或提高劳动生产率与利润的关系。因此，与其说绝对剩余价值生产和相对剩余价值生产是资本家的两种赚钱方法，不如说是资本生产方式的两种利润或剩余价值生产机制，我们只是用拟人化的方法叙述出来而已。

相对剩余价值生产，或者说通过提高劳动生产率来提高剩余价值率，对资本生产方式具有重大意义。

第一，劳动生产率的提高是社会生产力进步的标志，是社会进步的标志。资本主义生产方式的合理性，就在于它能极大地提高劳动生产率，促进社会生产力的进步。

第二，通过提高劳动生产率来提高剩余价值率，意味着资本家虽然在新创造价值中占有越来越大的份额，但劳动力价值并没有降低，就业工人的生活水平并没有变化。这就大大缓和了资本家与工人之间的矛盾。

不仅如此，在资本家占有更多剩余价值的前提下，为了调动工人的劳动积极性，或为了与其他资本家争夺劳动力资源，就有可能提高工人工资，从而使得工人的实际生活水平得以提高。

第三，工人的实际生活水平提高并不意味着在资本主义生产方式下工人与资本家的对立关系化解。由于资本家占有了生产力进步成果的大部分，资本主义社会表现为财产基尼系数的贫富差距越来越大，并导致严重的后果。第 13 章将讨论这个问题。

第四，我们在后面会看到，在工业化条件下，劳动生产率的提高是以资本有机构成的提高为前提，而资本的有机构成提高则意味着机器排挤工人，导致失业的增加和形成产业后备军。这又反过来降低了劳动力的价值，降低了工人工资。由此产生的后果对工人阶级与资产阶级都产生了重大影响，对资本主义生产方式产生了重大影响。

新概念

新创造价值	剩余价值率	绝对剩余价值生产
法定工作日	周工作日	相对剩余价值生产

拓展思维： 19 世纪的欧洲工人运动。
拓展思维： 法定工作日是怎样形成的？
拓展思维： 自愿加班、强制休假与过劳死。

5.6　创新与价值革命

前一节说过，相对剩余价值生产，即通过提高劳动生产率来提高剩余价值率，是剩余价值生产的一般机制。那么，如何才能提高劳动生产率呢？

提高劳动生产率并不是一件容易的事情。这并不是说劳动生产率不能提高，而是说，这是资本生产的常识。所有企业都在拼命提高劳动生产率，或者说降低成本。因此，重要的不是你是否提高了劳动生产率，而是你是否比别人提高的幅度更大。这就如同百米赛跑，重要的不是你跑多快、你的速度又提高了多少，而是你是否能跑过别人。能想的方法都想到了，能用的手段都用尽了，你还能干什么呢？

你还可以干一件事情，叫做创新。如果你创新了，并且创新成功了，你的企业的劳动生产率就可以大大提高，从而能够战胜同行，赢得市场，获得利润。你因此也就有了一个新名字，叫做企业家。

对企业家的研究，是从美籍奥地利经济学家熊彼特开始的，并且也是他把企业家推崇到了顶峰。在熊彼特看来，企业家的本质就是创新，而创新正是经济发展的根本动力。他认为，企业家的创新包括五个方面[1]：①新产品或产品的新性能；②新的生产方式或新技术；③新市场；④新的原材料供应基地；⑤新的生产组织形式。正是因为在这

---

[1]　熊彼特：《经济发展理论》，郭武军、吕阳译，华夏出版社 2015 年版，第 56 页。

五个方面进行创新，企业家就与普通企业主有着本质区别。

企业家创新并非易事。在大多数时候，自以为在创新，其实是在冒险。但创新本身就是冒险。在一个成功的企业、一个成功的企业家出现之前，可能已经有许多敢于第一个吃螃蟹的企业和冒险家倒下了，因此我们并不能在事前判断是创新还是冒险。我们只能事后判断，或者说，我们看到的是已经取得成功的企业，已经证明了自己的企业家。

当然，当今世界除了企业家创新外，国家创新或国家支持创新同样重要，甚至更重要。这是因为国家掌握了大量资源，具有强大的力量。鉴于创新的重要性，国家以国家意志进行创新或鼓励、支持创新，应该是理所当然的事情。

创新，不是改良、改善或革新。创新不是渐变，而是质变，是革命。从价值生产角度看，创新意味着劳动价值生产率质的飞跃。这包含两方面含义：①由于技术或生产方式的创新，产品的生产成本大幅度降低，其价值大幅度下降，从只有有钱人能够享受的奢侈品变为普通人也买得起的必需品。比如，福特发明了生产流水线，使得轿车生产成本大幅下降，从而使得轿车进入了普通百姓家。②生产出性能更好的新产品或全新产品，导致旧产品被排挤或被淘汰，其价值大幅度下降，乃至降为零。比如，液晶电视取代显像管电视，互联网媒体取代传统媒体，等等。

因此，创新就是某个行业、某种产品市场的价值革命。这意味着该行业、该市场正在发生着剧烈的变化。传统的或旧的生产方式、生产组合、劳动标准、成本核算等统统被打破，新的价值标准、行业标准正在形成。作为领头羊的创新企业急剧扩张，逐步夺得整个行业市场。不仅如此，由于生产的社会化，由于该行业与其他行业的密切联系，又导致社会生产发生连锁变化，导致社会经济各行业的价值标准发生变化，并表现为社会一般劳动生产率的提高。所以，我很同意熊彼特的观点，创新是经济发展的一个根本动力，而创新所带来的价值革命则促使整个社会生产发生深刻的不可逆转的变化。

新概念

| 创新 | 冒险 | 企业家 |
| 企业家创新 | 国家创新 | 价值革命 |

拓展思维：熊彼特的企业家创新理论。

拓展思维：乔布斯与苹果手机。

拓展思维：美国的阿波罗登月工程。

拓展思维：两弹一星的功勋们。

拓展思维：中国制造 2025。

拓展思维：比亚迪的电动车。

5.7　关于"剥削"

研究剩余价值和剩余价值生产，自然需要回答"剥削"问题。

什么是剥削？剥削，不是压榨、偷窃或抢劫。尽管地主或资本家同样要压榨、偷窃或抢劫劳动者，但那是另一个问题。剥削，就其本义而言，就是指在私有制下，私人占有了生产的物质条件，占有了生产资料，从而占有劳动者创造的剩余产品或剩余价值。

闹革命的时候，我们经常把剥削与压迫这两个词放在一起，这是有道理的。剥削是指生产资料所有者占有劳动者的剩余产品，而压迫或压榨，如果给一个比较明确的经济学解释的话，则是指生产资料所有者侵占劳动者的必要产品再加人身压迫。但侵占劳动者的必要产品是严重的事情。必要产品是劳动者再生产自己劳动力的产品，如果被侵占，劳动力就只能在萎缩的状态下再生产，简单地说，就是活不下去了。经济学家说工资刚性，或许就是这个意思。中国历史上爆发过多次农民起义，原因其实就一个：连必要产品都被剥夺了，活不下去了，就只好造反。

明白了剥削的含义后，我们自然也就知道，资本家占有雇佣工人创造的剩余价值就是剥削。不过，这里还有一个问题：怎样看待资本家本人的管理劳动？

一个企业当然需要管理。不仅如此，管理者的劳动是最重要的劳动，处于企业总体工人的顶端，因而管理者就是最高级别的工人，而且可能是最辛苦的工人。但另一方面，管理者又是代表资本来进行管理，是资本的人格化。因此，管理者就具有人格分裂症似的二重性，具有资本家与工人的双重身份。

如果资本所有者亲自经营企业，这种二重性就没什么问题。自己的企业嘛，当然要拼命干。只是听上去有些别扭：作为资本家的他剥削作为工人的他，自己剥削自己，自己压迫自己，好像是个自虐狂。但这在逻辑上是成立的，而资本家确实是自虐狂，好听一点的说法是工作狂。因为他若不变成工作狂，他那个企业就很可能在竞争中被无情地淘汰①。许多"富二代"不愿意接班，原因或许就在这里。

如果"富二代"不愿意接班，就只能找职业经理。职业经理是纯粹的高级打工仔。要让他成为资本的代理人，全心全意运营资本去赚钱，就是一件困难的事情。这就是管理学所研究的委托代理和激励问题。

不过话说回来，"剥削"，由于具有强烈的意识形态含义，同时戳中了资本家与工人阶级的神经。马克思说："政治经济学所研究的材料的特殊性，把人们心中最激烈、最卑鄙、最恶劣的感情，把代表私人利益的复仇女神召唤到战场上来反对自由的科学研究。"② 剩余价值理论被人不遗余力地攻击与否定，就是很自然的事情。我们的任务是研究市场经济，自然不打算卷入这种意识形态之争。

从经济学的角度看，"剥削"问题的焦点并不在于剩余价值是谁生产的，而在于剩余价值归谁所有。剩余价值是劳动者创造的新价值的一部分。在资本主义私有制下，这部分价值被私人资本占有了，这就是剥削。由此产生的问题是：如何看待资本家对工人的剥削？剩余价值应该归工人，还是应该归资本家？

---

① 这个问题还可以进一步研究，比如，利润分为利息和企业主收入，而在股东完全退出经营的股份公司，企业主收入又与股息合并，职业经理的收入就纯粹是劳动收入，等等。参见马克思：《资本论》第 3 卷第 5 篇"利润分为利息和企业主收入。生息资本"，人民出版社 1975 年版；以及希法亭：《金融资本》第七章"股份公司"，福民等译，商务印书馆 1994 年版。

② 马克思：《资本论》第 1 卷上册，人民出版社 1975 年版，第 12 页。

空想社会主义认为，资本家剥削就不应该，就有罪。应该像《国际歌》唱的那样，一切归劳动者所有，哪能容得寄生虫。你是否同意这个见解？

马克思说，如果资本家能玩下去，就归资本家；如果资本家玩不下去，就归工人阶级。用政治经济学语言说，如果资本主义生产关系不能适应生产力的发展，那就要由更高级别的社会经济关系取代，也就是说，要实现共产主义。而且，即便实现共产主义，也不能一切归劳动者所有。你认为马克思说得对吗？

中国共产党在夺取全国政权后，对于民族资本主义的态度是很明确的。少奇同志在天津召集资本家谈话，说"剥削有功"、"剥削越多越好"[①]。一个共产党领袖说出这样的话，你有什么感想？你知不知道蒋委员长为什么打不过共产党？

改革开放后，老革命遇上了老问题。私营经济有了，资本家出现了，这一下热闹了。改革开放之初，光为姓"社"姓"资"的辩论与争吵，就不知道费了多少笔墨，浪费了多少精力。小平同志拍板，说不争论。真理越辩越明嘛，为什么不允许再争论了呢？

但我遵循小平同志的话，这个话题不展开。在本书第19章，我们将从另一个角度来看待这个问题。

新概念

剥削　　　　　　管理二重性　　　　　　剩余价值归属

拓展思维：傻子瓜子年广久的故事。

拓展思维："公平"、"正义"与剥削。

---

① 薄一波：《若干重大决策与事件的回顾》上卷，中央党校出版社1991年版，第55页。

第 6 章 资本运行

6.1 资本循环

马克思说："不管生产过程的社会形式怎样，它必须是连续不断的，或者说，必须周而复始地经过同样一些阶段。一个社会不能停止消费，同样，它也不能停止生产。因此，每一个社会生产过程，从经常的联系和它不断更新来看，同时也就是再生产过程。"[①] 在企业生产中，这种再生产性质就体现在企业的资本循环与周转中。

张三投资办企业，如果不搞一锤子买卖的话，他就要保持企业的正常运转，也就是说，保持企业正常的再生产。而为了做到这一点，他就要保证企业资本的正常循环。

资本，就它作为产业资本并表现为企业资本而言，首先表现为货币资本，即最初投资办企业的预付资本。货币资本在购买生产资料和劳动力后，就转化为生产资本，即在生产过程中发挥作用的生产要素资本。在生产出产品后，生产资本又转化为商品资本，而产品在销售后，商品资本又转化为货币资本。因此，资本的价值增殖过程就表现为一个直接生产过程加两个商品流通过程。

在第 4 章中，我们给出的资本流通公式是

$$G\text{——}W\text{——}G', \ G' = G + \Delta G$$

现在，我们已经知道资本流通的具体过程，因此资本流通公式就可以具体化（注意：公式中的符号代码是特定的，与本书其他符号有重合），即

$$G\text{——}W {<}^{A}_{P_m} \cdots P \cdots W'\text{——}G'$$

$$G' = G + \Delta G$$

其中：

（1）"G——W"为货币资本转为生产资本的过程，即生产要素的购买过程。G 为预付的货币资本。W 为生产资本，分为劳动力 A 和生产资料 P_m 两部分。

（2）"W……W'"或"W…P…W'"为生产资本转为商品资本的过程，即生产过程与价值增殖过程。P 代表生产过程。W'为商品资本，即产品。

（3）"W'——G'"为商品资本又转为货币资本的过程，即产品销售以实现其价值与剩

[①] 马克思：《资本论》第 1 卷，人民出版社 1975 年版，第 621 页。

余价值的过程。G′为货币资本，即销售收入。ΔG 为增殖的价值，即剩余价值。G′ = G + ΔG，表明在销售之后，预付货币资本 G 实现了增殖，成为 G′，多了一个 ΔG。

这个资本流通公式，或者说这个资本流通过程并不是一次性过程。资本的本性就是赚钱与不断赚钱，因而它要不断地运动、不断地流通，从而形成资本的循环，而这就是资本的存在方式。

要维持资本的循环存在，产业资本就必须采取货币资本、生产资本和商品资本并存与继起的循环方式。也就是说，在任何一个时刻，全部资本必须按一定比例分为三部分，分别处在货币资本、生产资本和商品资本的形态上，使这三种职能资本在空间上同时并存，在时间上相继转化，比如，货币资本转化为生产资本的同时，生产资本也转化为商品资本，等等。

这说起来有些拗口，实际上很简单。比如说，张三的企业在生产，生产线在运行，工人在工作，原材料在被加工，这是生产资本。生产好的产品放到仓库里，形成库存，这是商品资本。产品销售后，销售收入就形成货币资本。货币资本再用于给工人发工资、购买原材料或更新机器等，又转为生产资本。如果哪个环节出了问题，企业就不能正常运转。

新概念

再生产　　　　　　　资本循环　　　　　　　职能资本
货币资本　　　　　　生产资本　　　　　　　商品资本
资本的并存与继起

拓展思维： 企业拖欠货款现象。

6.2　资本周转

资本要不断地增殖，就必须一次又一次地不断循环。这就形成了一种周期性过程，我们称之为资本周转。

在企业生产中，资本周转是一个非常重要的概念。资本周转的速度就是资本赚钱的速度。如果周转速度太慢，比如产品销售太慢或被拖欠货款，企业经营就会遇到困难。因此，我们需要研究资本的周转速度。

资本周转速度首先取决于资本周转时间。周转时间越长，周转速度就越慢。资本周转时间分为资本生产时间与资本流通时间。生产时间包括生产过程时间、停工时间和原材料存储时间。流通时间包括产品库存时间、劳动力和生产资料的购买时间。企业管理者的一个重要工作，就是尽量缩短资本周转时间，提高资本周转速度。

除了周转时间之外，资本周转速度还取决于固定资本与流动资本的比例。

我们在前面研究利润的来源时，把资本分为不变资本和可变资本。现在研究资本的周转，就要根据周转方式的不同，把资本分为固定资本和流动资本，并分别进行研究。

我们先分析不变资本。

不变资本就是购买生产资料的预付资本。生产资料分为劳动资料和原材料两部分，这两部分的实物变化与价值转移的方式各不相同，需要分开说明。

劳动资料就是机器设备、厂房、仓库、运输工具等。这部分资本在进行生产前，必须一次性全部付出，全部劳动资料购置到位。你不能说购买 0.5 个边际机器或 0.3 个边际厂房什么的。在生产中，这些劳动资料要在物质形态上全部参加生产过程，并在较长时间内、在多次生产过程中发挥作用。但从价值形态看，这部分资本的价值并不是一次性全部转移到产品中，而是按照机器、厂房等在生产过程中的磨损程度，逐渐地、一部分一部分地转移到产品中去。这种价值转移方式叫作折旧。

折旧是由磨损引起的。机器在使用过程中要磨损，厂房会逐渐变得破旧。这些物质形态上的磨损叫做有形磨损。除了有形磨损之外，还有由于技术进步带来的无形磨损。机器可能还是新的，但由于有了新的更高效率的机器，原有机器就只好被淘汰了。在技术飞速发展的今天，机器的无形磨损远远大于它的有形磨损。因此，企业需要尽量快尽量多地生产，使机器在较短的时间内耗尽它的使用价值，从而减少机器的无形磨损。

为了保证再生产的不断进行，在产品销售实现其价值后，其中的机器、厂房等的转移价值部分即折旧要不断提取出来，并积累起来，以备将来购买新的机器、厂房，以替换已经磨损完毕而报废的机器或厂房。以年为单位，每年提取的折旧费与机器或厂房的原始价值的比率，叫作折旧率。

基于劳动资料的这些属性，我们称预付的这部分不变资本为固定资本。固定资本转移到产品中的折旧部分用 D 表示，折旧率用 d 表示。考虑到其他非固定资本形态的资产的折旧，一般用固定资产折旧这个提法。

要注意，折旧率是人为规定的（想一想，为什么要人为规定？）。无论是否生产，这部分折旧总要支出。因此，折旧就分摊在对应折旧期的产量或产值中。产量或产值越高，单位产品或产值所分摊的折旧就越小。

与劳动资料相比，原材料作为中间产品有不同的特点。这部分不变资本在进行生产前，同样必须一次性全部付出，原材料全部购置到位。但它的物质形态在生产过程中一次性全部消耗掉，其价值也是一次性全部转移到产品中去。我们称这部分不变资本为流动资本。从产品的角度看，这部分流动资本就是中间产品，用 M 表示。

那么用于购买劳动力的可变资本 W 呢？

前面说过，这部分资本的价值作为工资支付给工人，再由工人在生产过程中生产出产品来抵付。但从资本的周转方式看，也是一次性垫付、一次性收回，因而也属于流动资本。

好了，具体道理讲清后，我们就可以计算预付资本的总周转速度。以 1 年为时间单位，用"次数"来表征周转速度，看预付资本能周转几次。计算公式为：

a. 资本年周转总额 ＝ 固定资本年周转总额 ＋ 流动资本年周转总额

$$b.\ 预付资本总周转速度 = \frac{资本年周转总额}{预付资本总额}$$

例：

企业的预付资本为 28 万元，其中固定资本为 20 万元，流动资本为 8 万元。在固定资本的 20 万元中，厂房价值 6 万元，折旧率为 5%；机器价值 12 万元，折旧率为 10%；小工具价值为 2 万元，折旧率为 25%。8 万元的流动资本每次周转时间为 3 个月（生产时间加上流通时间）。

（一）预付资本的总周转速度是多少？

（二）若年度利润总额为 3.5 万元，那么年度销售收入为多少？

答（一）：

（1）计算各固定资本的年度周转总额。

厂房价值为 6 万元，折旧率为 5%，年折旧额就是年度周转额，为

$$6 \text{ 万元} \times 5\% = 0.3 \text{ 万元}$$

机器价值为 12 万元，折旧率为 10%，年折旧额为

$$12 \text{ 万元} \times 10\% = 1.2 \text{ 万元}$$

小工具价值为 2 万元，折旧率 25%，年折旧额为

$$2 \text{ 万元} \times 25\% = 0.5 \text{ 万元}$$

三项结果加总：

$$0.3 \text{ 万元} + 1.2 \text{ 万元} + 0.5 \text{ 万元} = 2 \text{ 万元}$$

因此，固定资本的年度周转总额为 2 万元。

（2）计算流动资本的年度周转总额。

流动资本为 8 万元，每次周转时间为 3 个月，1 年中可以周转 4 次。因此，流动资本的年度周转总额为

$$8 \text{ 万元} \times 4 \text{ 次} = 32 \text{ 万元}$$

（3）把上述结果代入总公式。因预付资本为 28 万元，于是有

$$（2 \text{ 万元} + 32 \text{ 万元}）÷ 28 \text{ 万元} = 1.214$$

答案：预付资本的总周转速度为 1.214 次/年。

答（二）：

年度销售收入为资本的年度周转总额加年度利润总额（为什么？）：

$$32 \text{ 万元} + 3.5 \text{ 万元} = 35.5 \text{ 万元}$$

新概念

资本周转	资本周转速度	资本周转时间
固定资本	磨损	有形磨损
无形磨损	折旧	折旧率
折旧分摊	流动资本	

拓展思维：折旧率与提高折旧率。

拓展思维：不同行业的资本周转速度。

拓展思维：时间就是金钱。

6.3 生 产 成 本

根据前一节对企业资本周转的分析，我们可以把一定时期内的产品的价值构成表示为

$$\Omega = D + M + W + \prod$$

其中：Ω 为产值或销售收入；

$\quad\quad$ D 为固定资本折旧；

$\quad\quad$ M 为中间产品价值；

$\quad\quad$ W 为工资总额；

$\quad\quad\prod$ 为利润。

我们把产品价值构成中的（D + M + W）部分称为成本（C）。因此，产品的价值构成又可以表示为

$$\Omega = C + \prod$$
$$C = D + M + W$$

在企业的实际生产中，除了上述成本外，还有其他固定投入或流动投入。比如，产品研发费用、房租地租、银行贷款利息、专利使用费、营销广告费用、一般管理费用等，属于与产值无关的固定投入，因而与折旧类似，要分摊在产值上。其次，除了原材料外，燃料、动力、辅助材料等都具有一次性消耗和一次性价值转移的特点，都属于中间产品。

据此，我们可以把成本（C）分为固定成本（FC）和流动成本（VC）两部分。固定成本（FC）是指在一定时间内固定付出的成本，包括折旧与其他固定支出。固定成本不随产量或产值变化，以分摊形式进入单位产品或单位产值中。产量或产值越高，单位产品或单位产值分摊的固定成本就越低。

流动成本（VC）是指随着产量或产值变化而变化的成本，包括原材料、工资和其他流动支出。如果不生产，就可以不付出这部分成本。产品或产值越大，这部分成本相应就越大。

因此，我们又可以把企业成本（C）表示为

$$C = FC + VC, \quad VC = M + W$$
$$C = FC + M + W$$

或者

其中：C 为成本；

$\quad\quad$ FC 为固定成本；

$\quad\quad$ VC 为流动成本；

$\quad\quad$ M 为中间产品成本；

$\quad\quad$ W 为工资总额。

上述的企业的几个成本公式是一致的，只是表述方式不同。这便于在不同的场合应用，研究不同的问题。比如，在宏观的整体研究中，我们一般使用 C = D + M + W 公式；

而在微观的企业研究中，我们则更多地使用 C = FC + VC 或者 C = FC + M + W 公式。

对于企业来说，生产成本是至关重要的概念，它是企业为生产付出的实际代价。在产品价值或价格既定的前提下，生产成本越低，则利润越大。用公式表示就是

$$\prod = \Omega - C$$

其中：$\prod$ 为利润；

　　　　Ω 为产值或销售收入；

　　　　C 为成本。

因此，企业为了最大限度地获取利润，为了应对竞争，就要千方百计降低成本。

新概念

产值（销售收入）　　　　产值公式　　　　成本

成本公式　　　　　　　　固定成本　　　　流动成本

拓展思维： 一个生产型企业的会计年度报表。

6.4 利 润 率

赚钱并非易事。

企业购买生产要素进行生产，首先要考虑这一生产是否值得。如果不值得，就根本不应该组织这样的生产。如果企业认为值得，购买了生产资料和劳动力来进行生产，但是否真的值得，只有等最后的结果出来才能确定。

衡量企业生产是否值得的根据就是企业的收获与企业付出的代价之比对。企业付出的代价就是成本，而企业的收获就是利润。生产是否值得，要看利润与成本之比对的结果如何。

假设张三付出 80 万元不变资本（A）购买机器和原材料等生产资料，付出 20 万元可变资本（W）购买劳动力，总投入是 100 万元。假设机器是一次性机器，因此总投入就是生产成本（C）。生产结束后，获得若干数量的产品。现在的问题是：这些产品的价值（Ω）是多少？

假设处于一般均衡状态，销售收入就是产品的价值。我们假设各种结果如下。

（一）销售收入（Ω）为 70 万元

根据利润公式 $\prod = \Omega - C$，可以很容易算出，此时企业亏损 30 万元，或者说利润为 -30 万元。

这就说明劳动者新付出的劳动是无效劳动。劳动创造价值，但谁说劳动一定创造价值？

不仅如此，由于机器和原材料的价值之和为 80 万元，销售收入反而只有 70 万元，甚至不能补偿机器和原材料的转移价值。这不是在生产，而是在糟蹋社会财富。

写到这里，突然有感而发，再多说几句。

有人或许认为，老板亏损是他自己的事情，是在糟蹋他自己的财富，与社会财富有何相干。不客气地说，这是一种典型的小农经济意识。

在自给自足的小农经济中，每个人、每个家庭都生活在一个小小的地域内，与外界没有多少联系，因而对外界也没什么影响。他的事情确确实实是他个人的事情。他的行为，他的喜怒哀乐、生老病死都与其他人不相关。桃花源里发生的事情又有谁知道呢？

但在现代市场经济社会，每一个人、每一个家庭都与社会有各种各样的联系。社会必然影响到个人和家庭，而个人与家庭的行为也必然影响社会。因此，社会的事情就是个人的事情，而个人的事情也就是社会的事情。

就个人财富而论，财富既是个人的，但同时也是社会的。财富的形式是价值，而价值本身就是一个社会的和历史的范畴。举个简单的例子，你在银行有 100 万元存款。这个钱是你的。但这个钱究竟值多少钱，就不是你说了算，而是社会说了算，是社会上各类产品的价格说了算。又比如说，你有一幢楼房，如果是不能转让没有商品价值的建在农村宅基地上的自有房，那这幢楼房是你的，没问题，私有财产神圣。但若为城市商业住宅，这幢楼房的价值是多少才是根本问题，而这就不是你说了算。

所以，在现代市场经济社会，根本就没有任何纯粹的私有财产。在和平时代，你的财产是你的，但在爆发战争时，国家为了整个民族的利益，就可以无偿征用你的财产。你要不服气就对你不客气。在平常的时候，你的住房是你的，但在特定时刻，你的住房就可能不是你的。那些漫天要价拒绝拆迁的钉子户说什么私有财产神圣，说什么"风可进，雨可进，国王不可进"，其实是以个人私利损害了大多数人的利益，其实是一种公害。宪法当然保护私有财产，但保护私有财产是以不损害大多数人的利益为前提的。

正因为每个人既是个人，又是社会人，他就不仅要对自己的行为负责，也要对自己的行为给社会带来的后果负责。只有在旷无人烟的田园乡间才有完全的个人自由。嫖娼、吸毒、赌博可能是个人的事情，但政府就是要打击。你办企业办垮了，不仅你自己遭殃，还导致你的员工、你的客户、你的上游供货商跟着倒霉。你不能拍拍屁股一走了之或跳下高楼一死了之，至少也要先对他们说一声对不起。

有点激动了，打住。

在前一章中，我们留了一个问题：如果说企业的利润或剩余价值是工人的劳动创造的，那么企业的亏损又是由谁创造的？现在来回答。

事实上，这个问题在更大程度上是意识形态方面的。"剥削"问题，不是剩余产品、剩余价值的创造问题，而是剩余产品、剩余价值归谁所有的问题。如果没有剩余产品、剩余价值，这个问题本身就不存在。在上述例子中，企业生产不仅没有创造新价值，甚至不能补偿转移价值，与之相关的问题是有效劳动与无效劳动的问题，根本还谈不上剩余价值归谁所有，谈不上"剥削"。

从资本生产的角度看，私人资本生产的目的就是获取利润，就是"剥削"。但"剥削"并非是无条件的。赚钱并非易事。从个别资本角度看，由于资本之间的竞争，要"剥削"，得要有"剥削"的本事，要有赚钱的能耐，要能在竞争中打败其他资本。如果没有这个能耐，如果丧失了"剥削"功能，就会被其他资本打败，就会被淘汰。从社会总资本角度看，如果不能赚钱，那么资本也就丧失了"剥削"功能，失去了存在的合理性，而资本主义生产方式也就归于终结。

所以说，从经济学角度看，这个问题其实是一个假问题。

（二）销售收入（Ω）为94万元

此时企业亏损6万元。还好，在补偿完生产资料的80万元转移价值后，还有14万元结余。这14万元就是劳动者新付出的劳动所创造的价值。这个价值不足以补偿劳动力价值，因而企业处于亏损。

（三）销售收入（Ω）为100万元

此时企业不亏不盈，在补偿生产资料的80万元转移价值后，还有20万元结余。这20万元新创造价值刚好补偿劳动力价值，因而企业处于不亏不盈状态。

（四）销售收入（Ω）为120万元

此时企业终于盈利。在补偿生产资料的80万元转移价值后，还有40万元结余。这40万元新创造价值在补偿20万元劳动力价值后，还有20万元剩余。这20万元就是剩余价值或利润。

有了利润就值得生产吗？未必。

我们已经说过，利润就是剩余价值在观念上的转化形式。当剩余价值从观念上被视为预付资本的产物时，剩余价值就被称为利润。既然如此，一个企业利润的高低，就要与预付资本联系起来考察，就要看利润率的高低。利润率就是企业利润与预付资本之比。因此，不是利润，而是利润率才是考核企业生产结果的指标。

在我们举的这个例子中，预付资本是100万元，利润是20万元，利润率就是20%。这个结果怎样，要看其他企业在同一时期的利润率如何。如果比其他企业高，那么这就是超额利润，意味着该企业使用社会财富的效率高。张三就真的可以得一朵大红花了。

新概念

私有财产的社会属性　　　　　　　　*利润率*

拓展思维：提问题的学问：真问题与假问题。
拓展思维：草创时期的企业老板们。

6.5　生产与投资

根据资本流通公式和资本周转特点，我们可以以固定资产折旧完毕为标志，以固定资产折旧完毕时间为一个生产周期，称为再生产周期。在一个再生产周期结束后，最初预付的资本 G 变为 $G' = G + \Delta G$，实现了 ΔG 的价值增殖。在下一个再生产周期开始时，如果资本家把 ΔG 留下，而只把最初的 G 作为预付资本原样投入生产，在其他条件不变时，生产就会在原来的规模上进行。我们称这样一种周期性再生产为简单再生产。

假设张三用100万元投资办企业，其中，50万元用于购买机器、厂房等劳动资料，

30 万元用于购买原材料等中间产品，20 万元用于购买劳动力。

假设机器、厂房等在一个再生产周期内折旧完毕。在这个再生产周期内，流动资本也只周转 1 次。生产结束后，产品销售获得 120 万元收入，除去预先支付的 100 万元，张三获得 20 万元利润。用产值公式表示就是

$$50D + 30M + 20W + 20\prod = 120\Omega$$

其中：50D 为折旧；

  30M 为中间产品成本；

  20W 为工资总额；

  20∏为利润。

在这个再生产周期结束后，假设张三把 20 万元的利润留存，把其余 100 万元原样用于购买生产资料和劳动力。于是，第二个同样的周期、同样规模的生产就开始了。这就是简单再生产①。

简单再生产就是企业的日常生产。在企业的日常生产中，销售收入分为三部分：

（1）与固定资本折旧额相当的分摊份额会被提取出来留存。在固定资本折旧完毕需要以新换旧时，一次性再投入，购买新的机器、厂房等。在经济学上，这叫做重置投资。

（2）与原材料和工资额度相当的份额被提取出来作为流动资本，会继续投入生产。显然，如果我们以固定资本折旧期限为一个再生产周期，那么根据前面的分析，在这个再生产周期内，流动资本可以多次被提取出来，并多次投入生产，即可以周转多次。

（3）企业的利润留存。

销售收入的分类划解与再投入只是企业日常生产活动的一部分。企业日常生产管理的主要工作，是确保企业正常运行，确保企业资本的正常循环，确保购、产、销诸环节运转流畅。这并不是一件容易的事情。

如果张三不把 20 万元利润留存，而是把它作为追加资本，与原有的 100 万元资本合在一起，共计 120 万元，在第二个再生产周期开始时全部投入生产，那么生产就是在扩大的规模上进行，就是扩大再生产。

假设获得追加生产资料和追加劳动力不成问题。假设其他条件不变，即不变资本与可变资本的比例不变，固定资本和流动资本的比例不变，资本周转方式不变，利润率同样为 20%，那么在第二个再生产周期结束后，企业产值就为

$$60D + 36M + 24W + 24\prod = 144\Omega$$

在第二个扩大再生产周期结束后，张三获得 24 万元利润。与第一个再生产周期相比，生产规模更大，产值更大，张三获得的利润也更多。

利润或剩余价值转化为资本，叫作资本积累。我们通常称之为投资。

投资是企业的基本经济活动。企业之所以要投资进行扩大再生产，自然是为了赚更多的钱。但还有另一个重要原因：应对竞争。

---

① 这里要特别指出，资本的周期性再生产同时也是生产关系的周期性再生产：一方是资本周期性再投入，另一方是劳动者周期性出卖自己的劳动力，从而再生产出资本与劳动力的雇佣关系。

市场经济是竞争的经济。企业要生存、要赚钱，就要与其他企业展开竞争。为了在竞争中占优势地位，企业必须努力提高劳动生产率，而提高劳动生产率的一个基本方法就是扩大再生产规模。这是因为①：第一，做大就是做强。仅仅由于再生产规模的扩大，就会产生规模效益。第二，在机器生产的条件下，只有再生产规模不断扩大，才能使用更加先进的技术和更加有效率的机器设备，从而进一步提高劳动生产率。

如果投资只是导致企业再生产规模的简单扩大，而并未提高劳动生产率，这样一种扩大再生产称为外延式扩大再生产。如果在企业扩大再生产规模的同时，提高了劳动生产率（产生了规模效益，或使用了效率更高的机器，等等），这样一种扩大再生产称为集约式扩大再生产。这两种不同方式的扩大再生产会反映在企业的资本构成的变化上，我们用资本有机构成这个概念来概括。

资本有机构成就是资本的价值构成，简单地说，就是不变资本（A）与可变资本（W）之比，即 A：W。我们也可以用资本有机构成系数（ξ）来表示，$\xi = \dfrac{不变资本}{总资本} = \dfrac{A}{A+W}$。资本有机构成系数越高，资本有机构成的程度就越高。

从实物形态看，资本是由一定数量的生产资料和劳动力构成的。它们之间保持着特定的比例，这就是第4章所说的资本技术构成。在生产资料和劳动力价格（价值）不变的前提下，资本有机构成取决于资本技术构成，并在价值形态上反映资本技术构成及其变化②。

一般来说，资本有机构成系数越高，意味着工人所使用的生产资料的数量越多，劳动生产率就越高。这包括两方面的含义：①工人所使用的劳动资料（主要是机器设备的数量与规模）更多，这是劳动生产率增长的条件。②工人所加工的原材料的数量更多，生产的产品也就更多，这是劳动生产率增长的结果。因此我们可以合理假设，在其他条件相同时，企业的资本有机构成就是从资本角度反映企业劳动生产率水平的基本指标：资本有机构成系数越高，劳动生产率水平越高；资本有机构成系数越低，劳动生产率水平越低。

劳动生产率的提高是企业降低生产成本、提高竞争力的关键。劳动生产率越高，付出同样的代价就有更大的收获，或付出较小的代价就有同样的收获。因此，在竞争的条件下，若想生存与发展，企业就要不断提高劳动生产率，不断提高资本有机构成。这就意味着从长期看，在企业的扩大再生产过程中，资本有机构成有不断提高的趋势。我们以后会看到，这一趋势对于资本生产方式本身具有深远的意义。

---

① 在这里，由于尚未研究需求，我们也就不谈规模经济与市场规模、市场份额的关系，不谈市场份额对于企业生产经营的核心意义。

② 需要指出，资本有机构成虽然反映了资本技术构成，但却不是一一对应。比如，同样的资本技术构成可能产生不同的资本有机构成，这是因为不变资本（机器、厂房、原材料等等）或可变资本（工资）的价格（价值）可能发生变化，从而使不变资本和可变资本之比发生变化。

新概念

简单再生产	利润留存	重置投资
追加资本	追加劳动力	扩大再生产
资本积累	投资	竞争
外延式扩大再生产	集约式扩大再生产	资本有机构成
资本有机构成系数	资本有机构成提高	

拓展思维： 企业老板每天在忙什么？

拓展思维： 富士康开设新工厂。

6.6 资本积聚与资本集中

企业把利润用于投资，使企业规模扩大，企业资本得以增大。把利润转化为资本，从而增大个别资本的行为叫做资本积聚。这是资本主义发展初期的资本扩张方式。随着资本主义的进一步发展和竞争日趋激烈，通过资本自身积累、通过资本积聚的方式来进行发展，已经不能满足资本竞争与扩张的需要。于是，资本集中就成为企业进行扩张的基本方式。

资本集中，就是把若干已经存在的规模较小的资本合并，形成一个大资本。比如，张三与李四各自经营一家纺织厂，企业资本总额都为 100 万元。现在，两家企业决定合并成一家企业，这家新企业的资本总额就为原两家企业的资本之和，为 200 万元。也就是说，这就立刻形成了一个大资本，比通过自身积累来实现资本总额增大的速度快多了。

在实际经济生活中，企业合并一般通过竞争实现。在激烈的市场竞争中，大资本具有竞争优势，通常能够战胜并兼并小资本，大鱼吃小鱼，从而实现资本集中，进一步壮大自身实力。

在现代市场经济中，通过股份公司形式来实现资本集中，是一种基本方法。通过创办股份公司，把众多小资本和社会闲散资金集中在一起，一夜之间就形成一个巨大的资本。显然，这样一种形式非常适合从一开始就需要大投资的大工业生产，非常适合以大规模机器生产为标志的现代工业社会。因此，股份公司也就成为现代企业的基本组织形式，成为现代企业的象征。

在这里，我们还必须提到现代金融制度的发展对资本集中和资本扩张的巨大作用。现代企业在生产经营过程中，不仅依靠自身资本，还可以通过借贷获得巨额资金进一步扩张与发展。负债经营是现代企业运行的基本方式。由于大企业实力雄厚，更容易获得贷款，从而形成强者愈强的马太效应，在竞争中的优势更为明显，更容易大鱼吃小鱼。这就进一步提高了资本集中的速度。

通过竞争、股份公司和现代金融制度，资本集中的程度越来越高。大公司、巨型跨国公司成为现代社会的基本经济力量，成为一个国家经济实力的象征。只有在不能进行大规模生产，因而大工业、大公司无法占领或无法完全占领的领域，小企业才能够生存下去。当然，这样的领域在现阶段还为数不少，因此除了大公司之外，各行各业特别是第三产业中还有为数众多的小企业。巨型公司加上众多的小企业，就构成现代市场经济的基本画面。

新概念

资本积聚　　　　　　　资本集中　　　　　　　马太效应
负债经营

拓展思维：小鱼吃大鱼：吉利公司并购沃尔沃。
拓展思维：水泥巨无霸：中国建材与中材集团合并重组。
拓展思维：企业的分立：内部分工与社会分工。
拓展思维：世界企业 500 强。
拓展思维：小企业的生存状况。

第 7 章 | 需 求

7.1 消费选择理论

我们从资本生产与运行的角度，研究了企业的生产与运行。在这些研究中，我们假设企业产品的价值实现不成问题，从而揭示了价值与剩余价值的生产过程。但是，企业是否真正生产了价值与剩余价值，是否真正能赚钱，要取决于产品价值的实现状况。如果企业卖不掉产品，那一切都白干了，凝结在产品中的劳动就是无效劳动，就没有创造价值。

还记得价值的定义吗？价值，就是社会必要劳动的凝结，而社会必要劳动就是与社会需要相协调的劳动。生产者付出的劳动是否有价值，其价值是多少，要由其产品对社会需要的满足程度来判断。在考察了企业的生产后，现在我们将研究目光转向社会需要。

社会需要是多方面的，既包括个人、家庭和社会对最终产品的需要，也包括企业的生产性消费的需要。简化起见，现只研究个人对最终产品即消费资料的需要。但其实不用研究，这个理论基本上是现成的。这就是微观经济学的消费选择理论。

在我看来，西方经济学从根本上讲是一个伪理论，但消费选择理论算得上是个不错的理论。边际革命嘛，总要有点真东西。因此，尽管一般西方经济学教科书对此有细致叙述，但我还是要结合本书的逻辑，提纲挈领地谈一谈。

（一）预算约束

当我们谈到个人需要时，首先要知道，在市场经济条件下，这个需要是以支付能力为前提的。有支付能力的需要叫作需求，没有支付能力的需要是不予考虑的。因此，个人需要就要受到个人的支付能力这个基本因素的约束。个人支付能力取决于个人收入水平，因而我们就要先考察个人需要与个人收入的关系。

在实际生活中，人们需要各种消费品。为简化起见，我们假设人们只需要牛肉与大米两种物品。假设消费者每个月的个人收入为 1 000 元，并打算全部花费在牛肉与大米上。一公斤牛肉的价格为 10 元，一公斤大米的价格为 2 元。于是，我们就可以得到图7.1 的预算约束线。

在图 7.1 中，横轴为大米数量，竖轴为牛肉数量。如果消费者把全部 1 000 元用于购买大米，可以购买 500 公斤，即横轴上的 A 点。如果他把 1 000 元用于购买牛肉，则可以购买 100 公斤，即竖轴上的 B 点。把 A、B 点用直线连接，就得到消费者的预算约束线。这条线上的任意一点代表消费者用 1 000 元收入能购买的牛肉与大米的数量组合，比如，C 点就代表 1 000 元可以购买的 50 公斤牛肉 + 250 公斤大米。

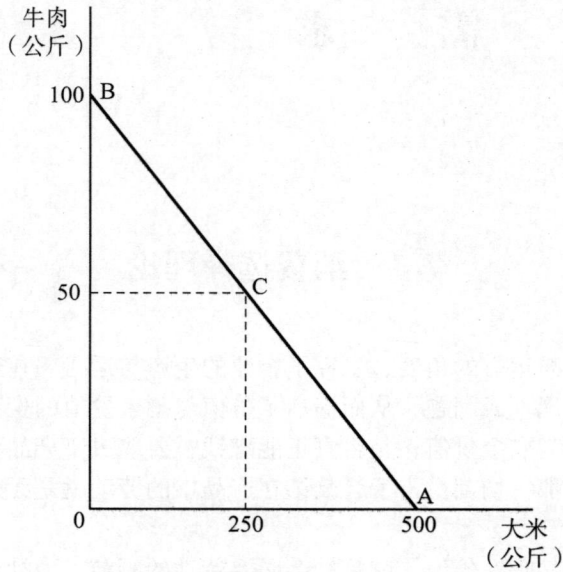

图 7.1　预算约束线

（二）消费偏好

在预算约束的前提下，消费者可以根据自己的消费偏好选择自己中意的商品数量组合。我们用无差异曲线来表示消费偏好，如图 7.2 所示。

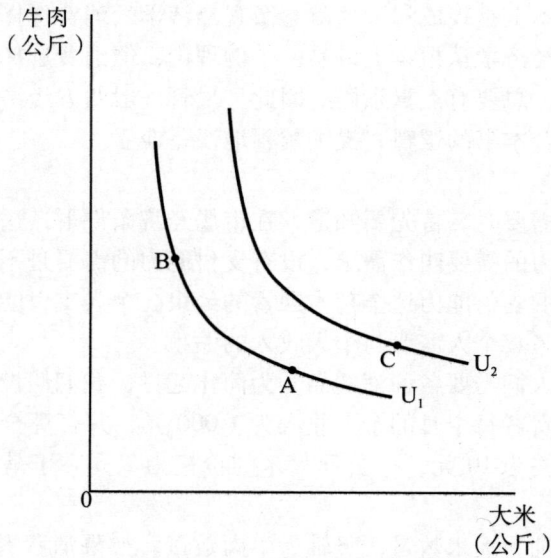

图 7.2　无差异曲线

在图 7.2 中，横轴为大米数量，竖轴为牛肉数量。图中的曲线 U_1、U_2 为无差异曲线。所谓无差异曲线，就是指这个曲线上的各点所代表的物品数量组合给消费者带来的满足程度是相同的。比如，无差异曲线 U_1 上的 A 点、B 点的物品数量组合带来消费者的满足程度就是相同的。

无差异曲线有 3 个特性：

（1）离原点更远的无差异曲线具有更大的满足程度。比如，图 7.2 中的 U_2 所代表的满足程度就高于 U_1，U_2 上的 C 点代表的满足程度就比 U_1 的 A 点、B 点要高。

（2）各无差异曲线互不相交，否则会导致逻辑矛盾。

（3）无差异曲线凸向原点。这一点需要解释一下。

无差异曲线的斜率叫做边际替代率，意指在满足程度不变的前提下，消费者愿意用一种物品替代另一种物品的比率。俗话说物以稀为贵，因此人们更愿意放弃他们拥有的较多物品，而更不愿意放弃他们拥有的较少物品。比如，在图 7.2 中，U_1 曲线的 A 点代表拥有较多的大米和较少的牛肉。此时，消费者愿意放弃较大量的大米以替代较小量的牛肉，因而 U_1 在此段就较为平缓。U_1 曲线的 B 点代表拥有较多的牛肉和较少的大米。此时，消费者愿意放弃较小量的大米以替代较大量的牛肉，因而 U_1 在此段就较为陡峭。以此推之，无差异曲线就要凸向原点。

（三）消费选择

把图 7.1 与图 7.2 合在一起，我们就可以知道消费者的选择，如图 7.3 所示。

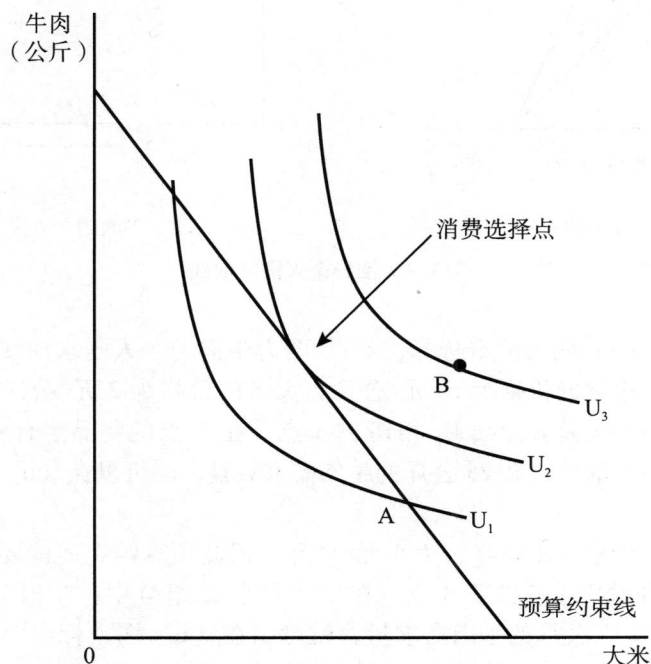

图 7.3　消费选择

在图 7.3 中，预算约束线与无差异曲线 U_2 相切，切点就为消费选择点。这是因为在该预算水平下，U_2 是消费者能达到的满足程度最高的无差异曲线。比如，与该点相比，U_3 的满足程度更高，但超出了预算；或者，在预算水平下，也可以购买预算约束线与 U_1 的相交点的物品组合，但 U_1 的满足程度低于 U_2，则不划算。

（四）推导个人需求曲线

根据图 7.3，我们很容易推导出个人需求曲线，如图 7.4 所示。

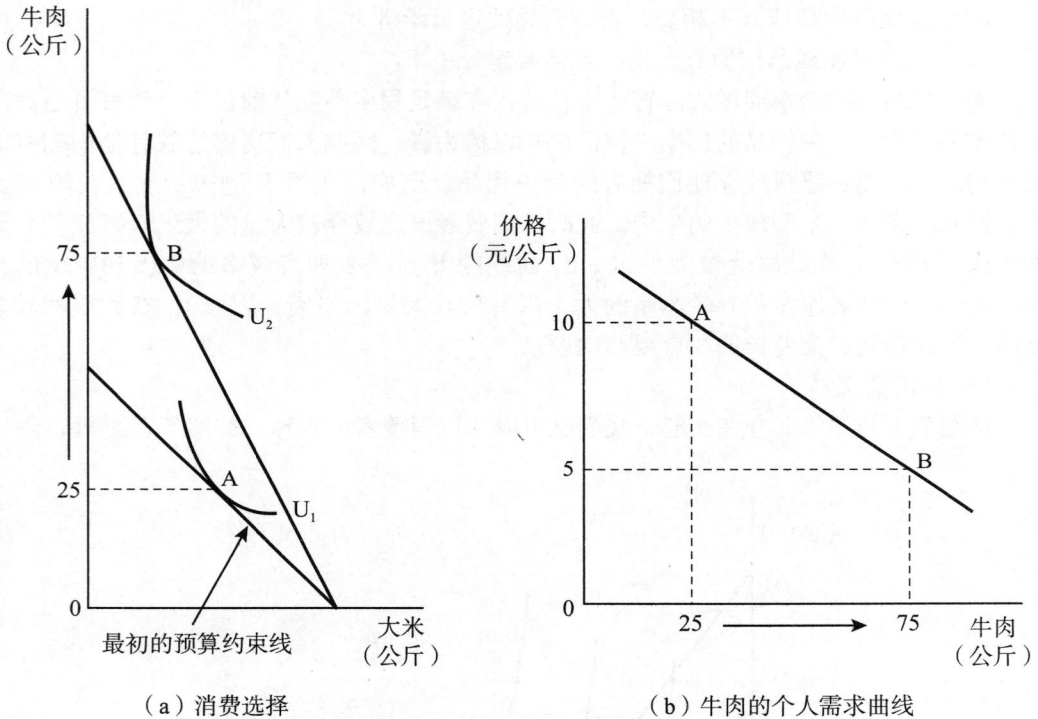

（a）消费选择　　　　　　　（b）牛肉的个人需求曲线

图 7.4　推导个人需求曲线

在图 7.4 中，（a）图为消费选择，（b）图为牛肉的个人需求曲线。这个推导过程是这样的：最初，牛肉的价格为 10 元/公斤，大米的价格为 2 元/公斤。在（a）图上，最初的预算约束线与无差异曲线 U_1 相切于 A 点。在 A 点的物品组合中，牛肉为 25 公斤。根据 10 元/公斤的价格和 25 公斤的牛肉需求数量，就可以在（b）图上标出对应的 A 点。

现在假设牛肉价格下跌一半，为 5 元/公斤，因此预算约束线就要移动。新的预算约束线与无差异曲线 U_2 相切于 B 点。在 B 点的物品组合中，牛肉为 75 公斤。根据 5 元/公斤的价格和 75 公斤的牛肉需求量，就可以在（b）图上标出对应的 B 点。以此类推。把（b）图所有的点连接起来，我们就得到一条向右下倾斜的个人需求曲线。

以上所述，就是一般西方经济学教科书的内容。这个推证在逻辑上是成立的。微观经济学的另一种等价理论，即根据边际效用递减规律得出的消费者均衡理论，也可以推导出向右下倾斜的个人需求曲线。本章的附录对这个理论有简要介绍，在这里就不多说。

新概念

边际革命	消费选择理论	需求
支付能力	个人需求	预算约束线
消费偏好	无差异曲线	边际替代率
消费者选择		

拓展思维：西方经济学的边际革命。
拓展思维：家庭预算。

7.2 必需品与奢侈品

消费选择理论从逻辑上解释了形成社会需要的个人需要。但这毕竟太抽象，我们需要进一步具体化，要让这个理论推导出的向右下倾斜的个人需求曲线接地气。不然的话，就会出现吉芬商品那样的笑话。

人们之所以需要各种物质产品和各类服务，无非出于两个原因：①人们要生存，要活下去；②人们要生活得更好，要活出质量。因此，人们的需要就分为基本生活需要和享受与发展需要两部分。而与之对应，最终产品也就分为满足基本生活需要的必需品和满足享受与发展需要的奢侈品两类。

把最终产品划分为必需品与奢侈品两类，是我们考察个人需求的出发点，因为人们对这两类产品的需求是不一样的。

我们先来看必需品。

必需品事关人们的基本生活，这就使得其需求有两个特点：①必需品在生活中不可或缺，人们对其价格高低的考虑较少或不予考虑；或者考虑了也没用，即便价格很高，也必须买。②在一定时间内，在其他因素不变时，人们对某种必需品的需求数量是一定的。一旦满足了基本生活需要，人们不会对某种必需品有更大需求。

举例来说。当我们在超市购物时，一般只考虑在未来一段时间（比如一周）需要哪些物品，每种物品需要多少数量。我们很少关注每种物品的价格，也不会因为某种物品降价而狂买（当然，促销降价不在此列）。这原因就在于，超市提供的主要是基本生活用品，是必需品。

那么，哪些商品属于必需品呢？

在我看来，这主要由三方面因素决定：一般社会生活水平、个人或家庭收入和个人或家庭消费偏好。

（一）一般社会生活水平

在不同的国家或同一国家的不同地区，或在一个国家的不同历史发展阶段，由于经济发展水平不同，对事关人们基本生活水平的必需品的界定是不同的。经济发展水平越低，为维持人们基本生活所需要的必需品种类就越少，反之亦然。

随着经济不断发展，人们的生活水平越来越高。以前被视为奢侈品的商品，就可能逐渐变为每个人可以拥有的必需品。比如，30 年前，彩色电视机在中国属于奢侈品，但现在已经是家家都有的基本物品了。

（二）个人或家庭收入

一般来说，个人或家庭的收入水平越高，在别人看来是奢侈品的商品，在高收入家庭只是必需品。反之，个人或家庭的收入水平越低，在别人看来是必需品的商品，在低收入家庭却可能是奢侈品。对于穷人来说，可能家里没有一件值钱的东西。而对于有钱人来说，哪怕花上千万美元搞个太空游，也不足为奇。

（三）个人或家庭消费偏好

一种物品是必需品还是奢侈品，还与个人的观念、习惯或偏好相关。有节俭习惯的人，可能会把别人视为必需品的商品当作奢侈品，舍不得买或舍不得消费。大手大脚惯了的人，以及有特殊消费偏好的人，则可能会把别人视为奢侈品的商品当作必需品。比如，我们的老一辈艰苦奋斗、勤俭持家了一辈子。尽管现在生活好了，他们仍然保持着节俭习惯，许多已经很普通的生活用品在他们看来还是奢侈品。

我们可以把一定时间内个人或家庭日常生活所需的必需品种类与数量视为一个必需品购买篮子。这个篮子是一定的，由个人或家庭的生活水平和消费偏好决定，各种必需品的价格变化不会对这个篮子产生太大影响。比如，谁又知道在过去一年里大米价格的上涨或下跌幅度，而谁又因此减少或增加了大米的消费呢？

因此我们可以说，对必需品篮子的采购预算是软预算。

在理解了必需品的含义之后，再来考察奢侈品，就简单了。所谓奢侈品，就是那些价格昂贵的商品。这就需要慎重考虑，根据自己的经济实力，做出是否购买的决定。比如，在当今社会，私人飞机、轿车、国外旅游、贵族学校教育等，以一般社会生活水平为基准，估计都算得上是奢侈品。另一方面，在一个极其贫穷的社会，哪怕是生理意义上的基本生活品，比如粮食，也可能成为奢侈品。

与必需品相比，奢侈品的一个基本特征就是对价格变化比较敏感。对于那些考虑到经济压力，犹豫着是否要买的消费者来说，如果降价，他们就可能决定购买。降价越多，买得越多。但随着价格的进一步下降，购买奢侈品不再具有经济压力，奢侈品也就逐渐变为必需品。

新概念

基本生活需要	享受与发展需要	必需品
奢侈品	必需品购买篮子	

拓展思维：超市购物。

拓展思维：北漂生活：长安居，大不易？

拓展思维：中国人吃肉的历史。

7.3　个人需求曲线

根据前面的分析，可以画出一定时间内个人对某种物品的需求曲线，如图 7.5 所示。

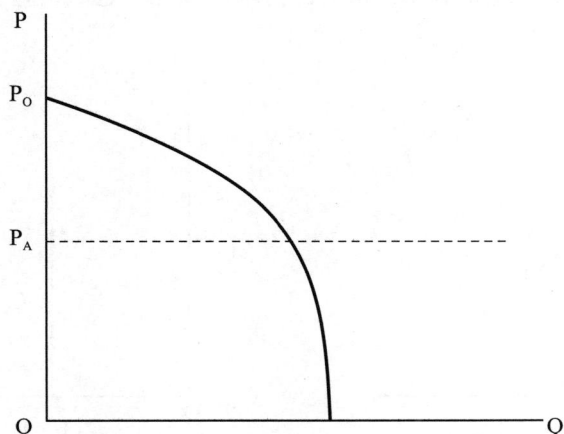

图 7.5　个人需求曲线（一）

在图 7.5 中，横轴表示物品的个人需求数量，竖轴表示物品的价格。个人需求曲线是一条先缓后陡，最后几乎垂直的凸形线。以价格 P_A 为界限。在价格高于 P_A 时，该种物品是奢侈品，随着价格的下跌，需求数量会增大，因而该段需求曲线向右下倾斜。在价格低于 P_A 时，该种物品变为必需品，需求数量几乎不变，因而该段需求曲线几乎为垂直线。

个人需求曲线是一条与竖轴和横轴相接的闭合线。与竖轴相连，说明价格太高时，个人需求为 0。与横轴相连，说明即便价格为 0，即便免费，个人对某一种物品的需求数量也是一定的。

在具体的分析中，可以根据物品是必需品还是奢侈品，截取一段个人需求曲线进行分析，如图 7.6 所示。

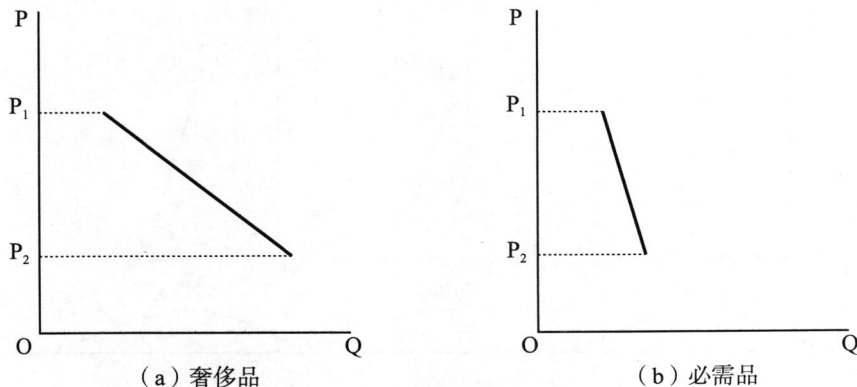

（a）奢侈品　　　　　　　　　　　（b）必需品

图 7.6　个人需求曲线（二）

在图7.6中，（a）图是奢侈品的个人需求曲线段，比较平缓，表明需求量对价格变化比较敏感。（b）图是必需品的个人需求曲线段，比较陡峭，表明需求量对价格变化比较迟钝。

根据对价格变化的敏感程度，可以区分穷人与富人。如图7.7所示，穷人的需求曲线较平缓，表明对价格变化很敏感；富人的需求曲线几乎是一条垂直线，表明对价格变化很不敏感。

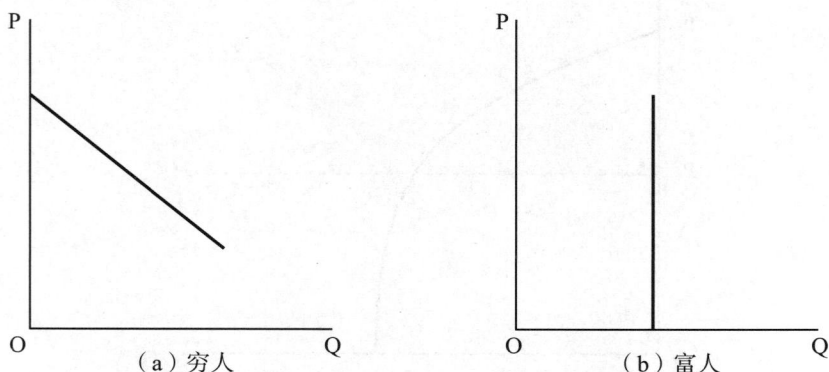

图 7.7　穷人与富人

这里特别指出，个人需求曲线是在一定时间内的曲线。"在一定时间内"这个条件非常重要，我称之为个人需求曲线的时效性。微观经济学供需分析的一个基本错误，就是无视供给与需求的时效性。这就足以说明其分析是不成立的。不过这也难怪，因为如果考虑时效性因素，微观经济学将不成立。

个人需求曲线为什么有时效性？这是因为推导个人需求曲线的预算约束线是有时效性的。预算，总是一定时间内的预算。一旦预算期结束，个人需求曲线自然就结束了。

因此，既然个人需求曲线有时效性，那么当一个时期结束，开始新一个时期时，原有的个人需求曲线自然不复存在，同时又形成新时期的个人需求曲线。这是一个周期性更替的不间断过程，就如同我们定期去超市购买生活必需品一样。

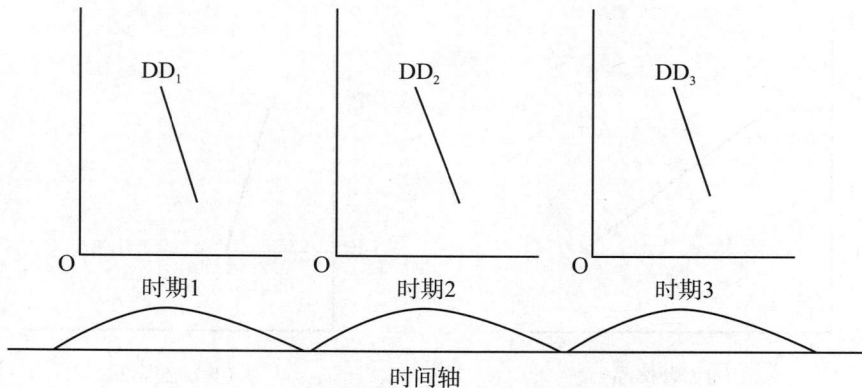

图 7.8　个人需求曲线的周期性

图 7.8 展示了个人需求曲线的周期性更替。注意：①由于各种客观因素与主观因素的变化，随着时间推移，个人需求曲线会发生变化。也就是说，不同时期的个人需求曲线的形状是不一样的。②时期的划分，是与所研究的具体的供需关系问题直接相关的。需要特别说明的是，与需求曲线对应的供给曲线必然在时期上是一致的，我称之为需求与供给的时效一致原则。

在经济学研究中，除了考虑物品价格与需求的关系外，还要研究其他因素的变化对需求的影响。所谓其他因素，是指除商品价格之外的其他影响需求的因素。比如，收入提高了，以前的奢侈品现在变为必需品，需求就变了；天气变冷了，人们就要多买御寒衣物等。

其他因素的影响包括两个方面：①个人需求曲线的变化，比如从奢侈品需求变为必需品需求；②个人需求曲线的移动，如图 7.9 所示。

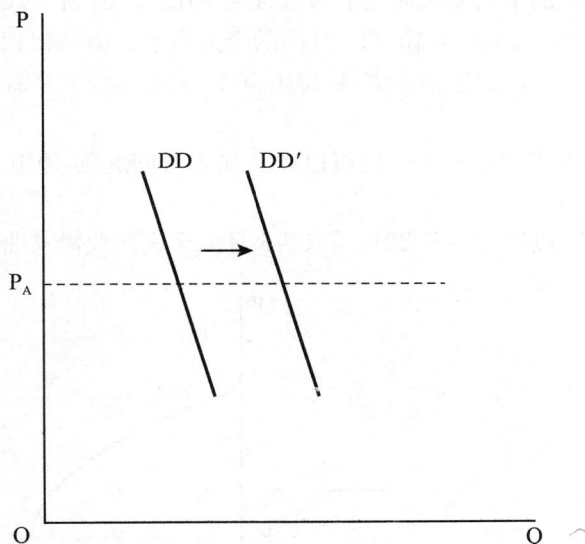

图 7.9　棉衣的个人需求曲线移动

图 7.9 是棉衣的个人需求曲线。假设天气变冷，人们就需要更多的棉衣，个人需求曲线 DD 就会向右移动，达到 DD′，表明在同样价格水平下，人们会需求更多数量的棉衣。反之亦然。

新概念

凸形个人需求曲线　　　　　　　　　个人需求曲线的时效性
个人需求曲线的周期性　　　　　　　供给与需求的时效一致原则

拓展思维： 大城市的"月光族"。
拓展思维： 手机：从奢侈品到必需品。
拓展思维： 西方经济学：正常商品与劣等品。

7.4 行业需求曲线

把一种产品的所有个人需求曲线水平加总，我们就得到该种产品的行业需求曲线。

要进行加总，我们需要先确定一个时期。比如，如果需要得到 2016 年 1~6 月的牙刷行业的需求曲线，那么"1~6 月"这个时间段就是统计前提。我们需要先确定这个时间段的个人需求曲线。然后再水平加总，从而得到行业需求曲线。这里存在着个人需求曲线与行业需求曲线的时效一致问题：

（1）若个人需求曲线与行业需求曲线的时效一致，则可以以个人需求曲线加总。

（2）若个人需求曲线与行业需求曲线在时效上不一致，则需要进行调整。比如，假定某消费者对牙刷的个人需求曲线的时效性为 2015 年 10 月~2016 年 3 月，那么，我们就要截掉该消费者在 2015 年 10~12 月间的个人需求，而只保留 2016 年 1~3 月间的个人需求，然后再加总。而该消费者在 2016 年 3 月以后的个人需求则按新加入的消费者处理。

（3）若有新消费者中途加入，则可以以从加入时间起到 2016 年 6 月为止的个人需求曲线加总。

据此，我们就可以得出一条 2016 年 1~6 月的牙刷行业需求曲线，如图 7.10 所示。

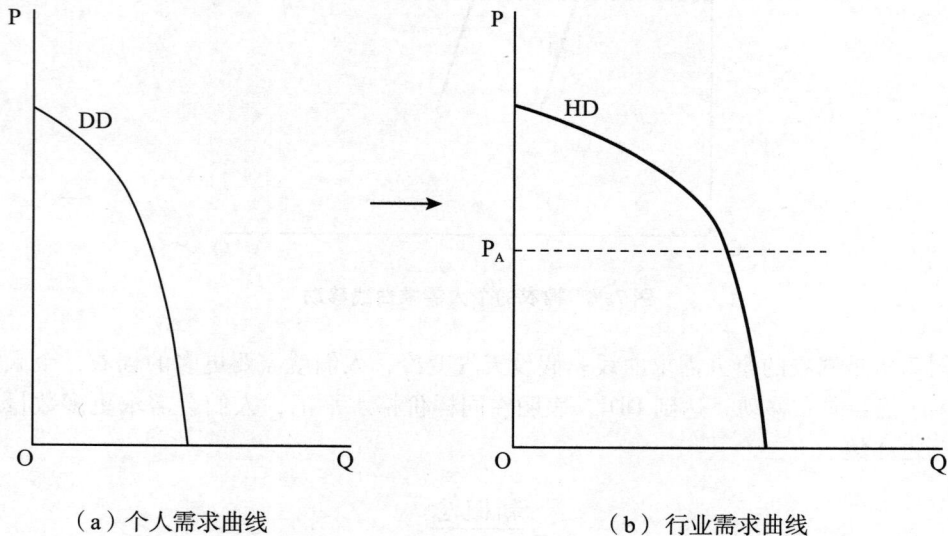

（a）个人需求曲线　　　　　　　　　　　　（b）行业需求曲线

图 7.10　行业需求曲线（一）

与图 7.5 类似，图 7.10（b）的行业需求曲线是一条先缓后陡，最后几乎垂直的凸形线。以价格 P_A 为界限。从社会一般收入水平和生活水平看，在价格高于 P_A 时，该种物品是奢侈品，随着价格的下跌，行业需求数量会较快增大，因而该段需求曲线较平缓。在价格低于 P_A 时，该种物品变为必需品，行业需求数量变化较小，因而该段需求曲线比较陡峭。最后，行业需求曲线与横轴相连，表明社会对该行业产品的需要是有限的，市场规模是有限的。

在具体的分析中，我们可以根据物品是必需品还是奢侈品，截取一段行业需求曲线进行分析，如图 7.11 所示。

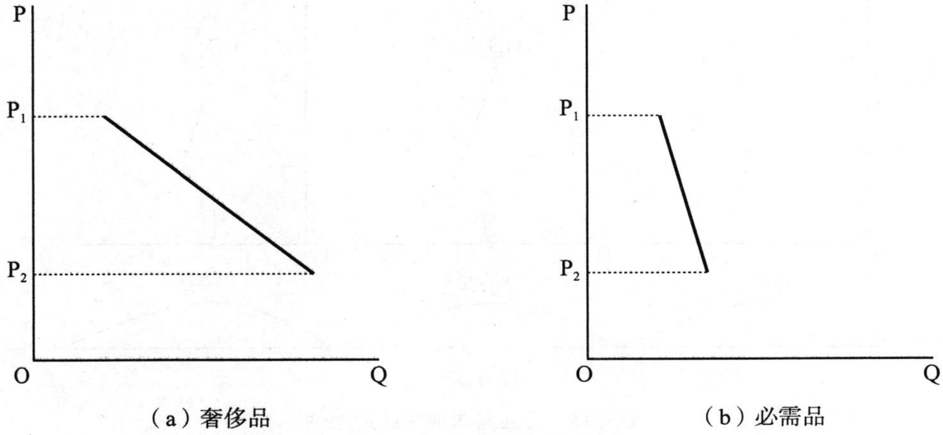

图 7.11 行业需求曲线（二）

从图 7.11 可以看出，奢侈品行业的产品需求对价格变化比较敏感，而必需品行业的产品需求则对价格变化不敏感。这对于行业生产者的市场营销战略可能有参考意义。比如，奢侈品行业可以通过降价而提高行业需求量；但对必需品行业来说，降价则可能没有太大意义，产品创新或广告宣传的作用或许更大一些。

与个人需求曲线类似，我们可以用基本生活品比如大米的行业需求曲线来说明贫穷社会与富裕社会。如图 7.12 所示，贫穷社会的基本生活品需求曲线比较平缓，表明对价格变化的反应敏感；富裕社会的基本生活品需求曲线比较陡峭，表明对价格变化的反应迟钝。

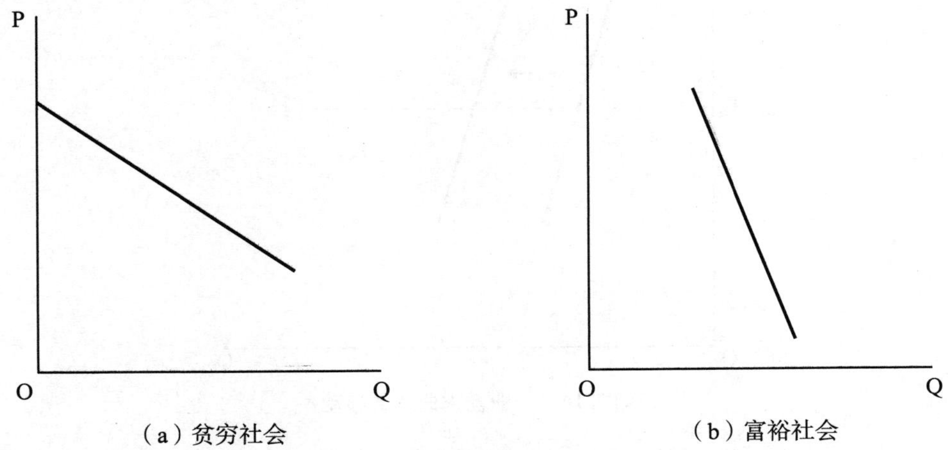

图 7.12 贫穷社会与富裕社会

与个人需求曲线类似，行业需求曲线也有时效性。当一个时期结束，开始新一个时期时，原有的行业需求曲线自然不复存在，同时又形成新时期的行业需求曲线。这是一个周期性更替的不间断过程，如图7.13所示。

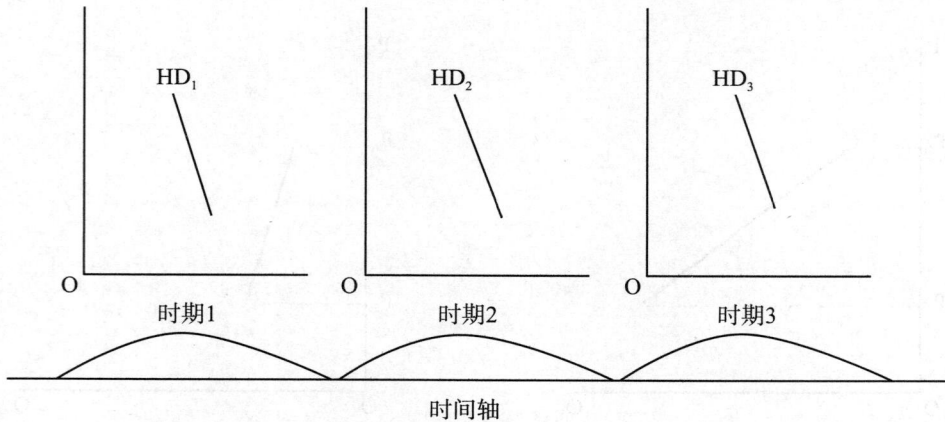

图7.13　行业需求曲线的周期性

最后，我们来看一看行业需求曲线的移动，如图7.14所示。由于行业需求曲线是个人需求曲线的水平加总，因而影响个人需求曲线移动的因素自然也影响行业需求曲线的移动，在此不再赘述。

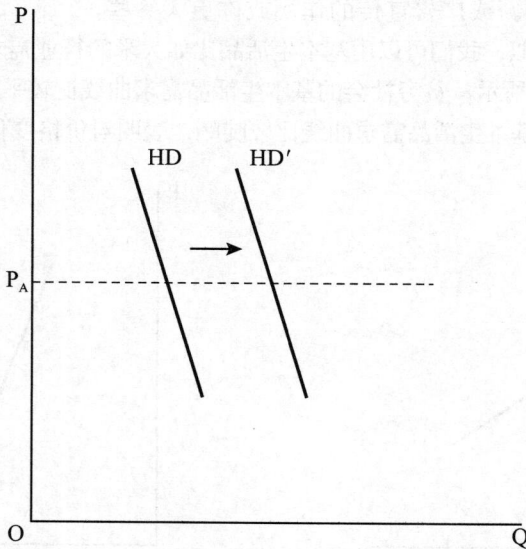

图7.14　行业需求曲线的移动

新概念

行业需求曲线　　　　　　　　　行业需求曲线的时效性
行业需求曲线的周期性

拓展思维： 行业需求曲线：攀比效应和虚荣效应。
拓展思维： 定量配给制度为什么可行？
拓展思维： 配给制：居民的天然气供给。
拓展思维： 西方经济学：个人效用真不可比吗？
拓展思维： 肾脏移植：市场交易还是排队取号？

7.5　需求弹性

对于奢侈品需求与必需品需求对价格变化的敏感程度不同这一结论，可以用需求的价格弹性——简称需求弹性的指标来概括。它是指一种产品的需求量对价格变动的敏感程度：若一定幅度的价格变动导致较大幅度的需求量变动，就说明需求弹性较大或需求弹性敏感；若一定幅度的价格变动导致较小幅度的需求量变动，就说明需求弹性较小或需求弹性不足。用公式表示就是：

$$需求弹性 = \frac{需求量变动的百分比}{价格变动的百分比}$$

根据这个公式，如果一种产品的需求弹性较大，那么需求曲线将比较平缓；如果一种产品的需求弹性较小，那么需求曲线将比较陡峭，如图 7.15 所示。

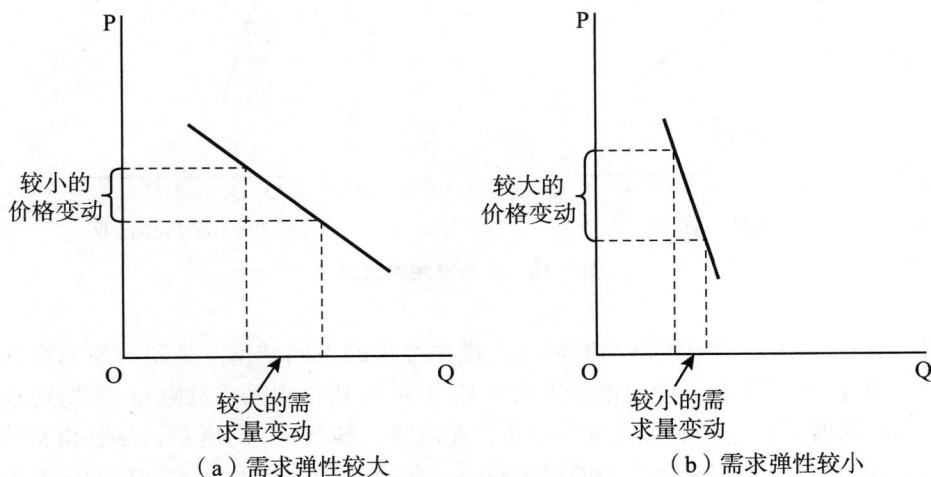

（a）需求弹性较大　　　　　　　　　（b）需求弹性较小

图 7.15　需求弹性

需求弹性大小是划分奢侈品与必需品的标准。西方经济学认为有多种因素影响产品需求弹性，比如产品的可替代性，但这些因素可能只是说明奢侈品与必需品的区别。比如，必需品的可替代性就很小，没有多少人会因为必需品的一定幅度的价格变化而改变自己的消费习惯。

需求弹性是个非常有用的指标，可以解释很多问题。比如，西方经济学经常以农产品为例，来解释需求弹性不足，并进而解释因需求弹性不足而导致农产品丰收成灾的现象。不过，这里面可能有些误解。

我们已经知道，不仅是农产品，一般生活用品作为必需品，其需求弹性都不足。农产品之所以会丰收成灾，是因为农业生产周期长，并且靠天吃饭，难以控制产量。如果是工业品，比如牙刷，因为生产周期短，并且可以控制产量，尽管需求弹性同样不足，却不会出现牙刷成灾的现象。但另一方面，如果牙刷产业过度投资，尽管牙刷不会生产成灾，但牙刷的生产能力却可能大量闲置，造成浪费，叫作产能过剩。

从这里可以得出一个重要结论：市场机制只有在需求弹性适中时才能最好地发挥作用。若需求弹性太大，稍有风吹草动就会掀起巨澜；若需求弹性太小，即便价格跌幅再大，需求也未必能明显增加。在这两种情形下，市场机制都不能有效地发挥作用。这不是市场失灵，而是市场价格机制的调节作用有限。谁说市场万能？

需求弹性也可以用来说明垄断或政府税收政策的效果。以政府税收为例，由于奢侈品与必需品的需求弹性不同，对这两类产品征税或减税，会产生不同的结果。

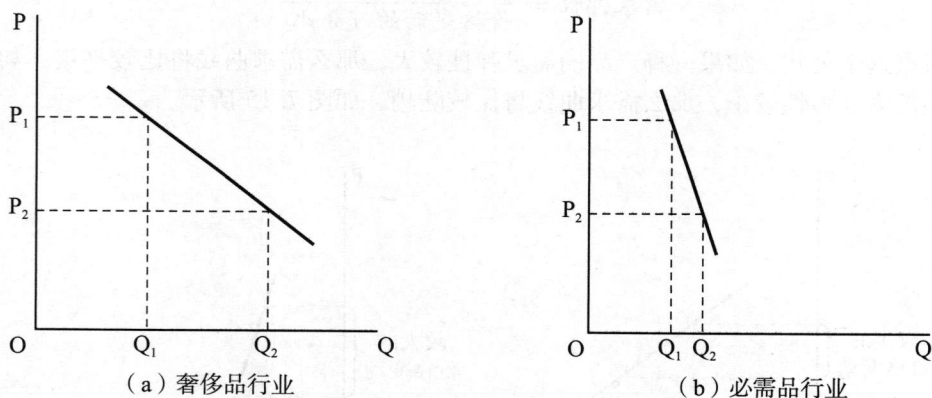

图 7.16　政府减税的效果

图 7.16 展示了政府减税以刺激需求、提振经济的不同结果。如果政府对奢侈品行业减税，如（a）图所示，使得市场价格由 P_1 下降到 P_2，则需求量由 Q_1 增加到 Q_2，即有较大幅度的增长。但如果政府对必需品行业减税，如（b）图所示，尽管市场价格同样从 P_1 下降到 P_2，但需求量增加的幅度较小，效果有限。因此，政府在制定减税政策时，应该考虑到这一点。

新概念

需求弹性	需求弹性不足	需求弹性适中
需求弹性敏感		

拓展思维：降价促销。
拓展思维：需求弹性与市场机制的有效性。

7.6 消费者剩余

俗话说，一分钱一分货，便宜无好货。但在生活中，我们常常有买了便宜货感到很爽的经历。西方经济学有一个有用的概念，叫做消费者剩余，就是来概括这种捡了便宜的感觉。

考虑一个拍卖会，拍卖的是一辆家用轿车，参加竞拍的有张三、李四等人。每个人都愿意得到这辆车，但每个人的出价不同。各人愿意支付的最高价格，就叫做支付意愿。我们可以用表 7.1 表示。

表 7.1   支付意愿

买者	支付意愿（万元）
张三	10
李四	8
王五	6
赵六	4

从表 7.1 可以看出，各人的支付意愿各不相同。其中，张三的支付意愿最高，为 10 万元。经过 3 轮叫价之后，张三以 8 万元的价格竞拍到这辆车。但既然他愿意支付 10 万元，而实际只支付了 8 万元，这就相当于捡了 2 万元便宜。这 2 万元就是张三的消费者剩余。如果给个定义的话，消费者剩余就是消费者的支付意愿与实际支付额之差。

现在假设同一型号的轿车在市场上销售，价格为 4 万元。张三等人到市场购买轿车，于是我们就得到图 7.17。

在图 7.17 中，阶梯曲线的每一梯级代表每一个人的支付意愿，比如最高梯级代表张三的支付意愿，而最低梯级代表赵六的支付意愿。由于轿车的市场价格为 4 万元，因此张三的消费者剩余就为 6 万元。赵六的支付意愿为 4 万元，因而虽然他也购买了轿车，但他的消费者剩余为 0。我们很容易知道，由阶梯曲线、轿车的市场价格线和价格竖轴所围成的 A 面积就代表所有人所获得的消费者剩余的总和。

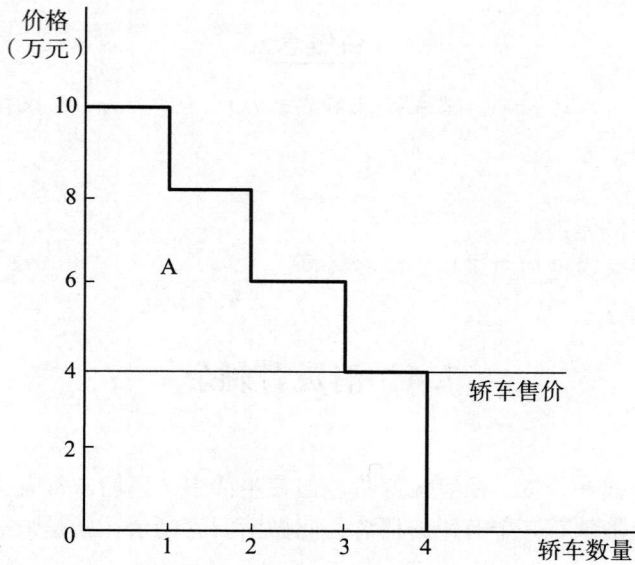

图 7.17　消费者剩余（一）

　　图 7.17 的阶梯曲线就是行业需求曲线的简化版。如果我们把行业需求曲线也理解为消费者按支付意愿的从高到低的排列，那么我们也就得到行业需求曲线的消费者剩余，如图 7.18 所示。

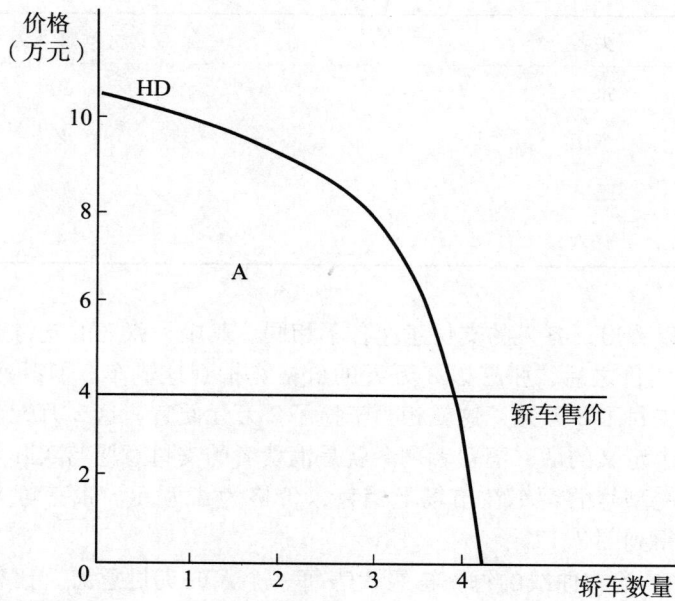

图 7.18　消费者剩余（二）

　　在图 7.18 中，HD 为轿车行业需求曲线，HD 线、轿车的市场价格线和价格竖轴所围成的 A 面积就代表该行业所有消费者所获得的消费者剩余的总和。

从图 7.18 可以看出，当轿车价格变化时，消费者剩余也会变化。因此，消费者剩余概念可以用来衡量价格变化时消费者福利的变化。这在以后考察垄断的代价时很有说服力。

新概念

支付意愿　　　　　　　消费者剩余

拓展思维： 真的有"消费者剩余"吗？

附录

性价比相等——消费者均衡理论

消费者均衡理论以边际效用论为基础。所谓边际效用，就是指每增加一单位产品的消费给消费者带来的增加的效用。边际效用最重要的特性，就是边际效用递减。也就是说，随着消费者消费的产品数量越多，每增加一单位产品的消费，所带来的增加的效用是递减的。这个规律叫做边际效用递减规律。

举例来说。假如你到包子铺吃包子。如果你很饿，第一个包子应该很好吃，给你带来的效用最大。第二个包子也不错，但效用就比第一个包子要小一些。但当吃到第四个、第五个包子时，你已经吃饱了，不愿意再吃了，那么第五个包子带来的效用就为0。这就叫作边际效用递减。我们用图 7.19 表示这个结果[1]。

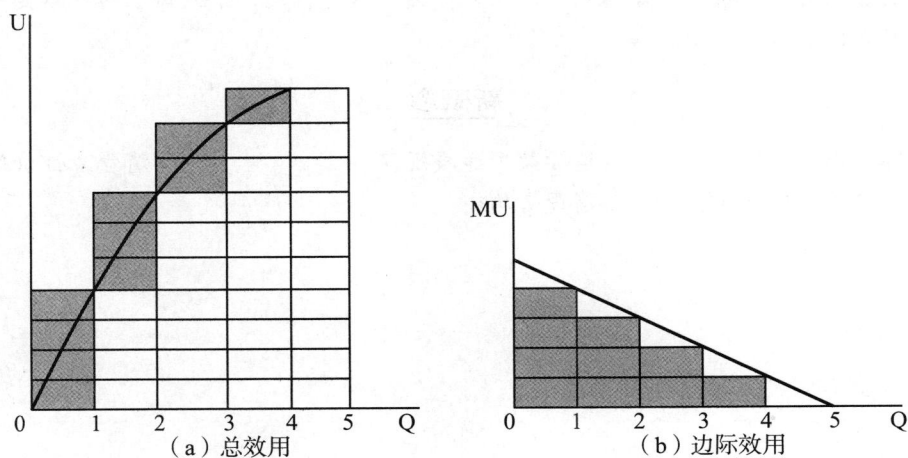

图 7.19　边际效用递减规律

---

[1]　此图引自保罗·萨缪尔森、威廉·诺德豪斯：《经济学（第16版）》，萧琛等译，华夏出版社 1999 年版，第 63 页。特此感谢二位教授。

在图 7.19 中，阴影区域表示每增加一单位的消费所带来的增加的效用，即边际效用。图 7.19（a）反映了总效用随着消费数量的增加而增加，但增加的幅度递减。图 7.19（b）则直接反映了边际效用递减。

从边际效用递减规律可以推出消费者均衡。由于每个人的需要是多方面的，在消费预算一定的前提下，个人获得最大效用的条件是：花在每一种商品上的最后 1 元钱所带来的边际效用是相等的。这就是消费者均衡。用公式表示就是：

$$\frac{MU_1}{P_1} = \frac{MU_2}{P_2} = \frac{MU_3}{P_3} = \cdots = \frac{MU_n}{P_n}$$

其中：MU_1、MU_2、MU_3 等代表每一种商品的边际效用；

P_1、P_2、P_3 等代表每一种商品的价格。

定义 $\frac{MU}{P}$ 为商品的消费者性价比，因此，消费者均衡的条件就是：消费者所购买的一定数量的各种商品的性价比相等。在这个时候，消费者获得最大效用。

为什么按照性价比相等原则购买，消费者就获得最大效用？这是因为，如果花在某一种商品上的最后 1 元钱能带来更多的边际效用，即性价比更高，那么消费者就会把花在其他商品上的钱转移到购买该种商品上，这就会提高总效用。但由于购买该种商品的数量增多，根据边际效用递减规律，其边际效用会递减，即性价比降低。其他商品由于减少了消费，其最后 1 元钱带来的边际效用会递增，即性价比提高。一降一提的结果，最终达到所有商品的性价比相等，此时达到总效用最大。反之亦然。

根据消费者均衡条件，可以推导出一条向右下方倾斜的个人需求曲线：如果某一种商品的价格上升，其性价比就会下降，消费者就会减少对该商品的需求，直至其性价比回到与其他商品的性价比相等的水平。反之亦然。以此推之，个人需求曲线就是一条向右下方倾斜的曲线。

新概念

边际效用　　　　　　　　　边际效用递减规律　　　　　　　　消费者性价比
消费者性价比相等　　　　　消费者均衡

第 8 章 竞 争 （一）

8.1 微观经济学的错误

企业要赚钱，就要生产产品以满足社会需要。但这不是一件容易的事情，因为企业要面临其他企业的竞争。

关于竞争，微观经济学已经给出了解释。它以边际生产力论为前提，把企业竞争分为短期竞争和长期竞争。所谓短期，是指在这期间内，企业的一种或多种生产要素无法变更；而所谓长期，则是指在这期间内，企业的所有生产要素都是可变的。根据这个二分法，微观经济学建立了短期竞争理论，并根据短期竞争理论推导出长期竞争理论。

但这个理论是错误的，而错误的根源就是边际生产力论。我在前面已经批评过这个理论，现在说详细一点。

边际生产力论的根据是边际收益递减规律。边际收益递减的思想来自对以劳动力为主要生产力的传统农业生产的逻辑推论：一块大田，若多增加一个劳动力，即增加一个边际劳动力，就可以更加精耕细作，因而总产量会提高，但提高的幅度即边际产量会降低。如此而已。但在微观经济学那里，这个逻辑推论变成了放之四海而皆准的真理，变成了边际生产力论。正是以边际生产力论为支撑，根据臆想的"资本（机器）—劳动"边际替代率的递减特性，微观经济学得出了资本（机器）与劳动（劳动力）的等产量线图。根据这样的等产量线图，它就臆想出了以资本（机器）不变为前提的短期 U 形边际成本曲线，进而推导出 U 形平均成本曲线。就平均成本曲线与边际成本曲线而言，两者是数学微积分的关系，其逻辑推演自然没有问题。但 U 形边际成本曲线本身就是胡说，因为它据以得出的基本前提——边际生产力论就是错误的。

我们已经说过，在现代化工厂里，内部分工原则决定了生产资料和劳动力的比例是铁定的。这是一个技术规律。工厂生产力是一个整体，根本没有什么边际生产力。它不过是经济学家的臆想。比如，你现在投资办企业。在机器、厂房等生产设施建好后，你会怎样去招工？你是按照内部分工原则设置的劳动岗位来配置劳动者呢，还是去雇用边际劳动者？

微观经济学教科书要举例说明边际生产力论。它不喜欢举现代化大工厂的例子，而喜欢例举手工式生产，比如农场的手工摘苹果劳动。但即便在这样的臆想例子中，农场老板也绝不会想到雇用什么边际劳动者来摘边际苹果。他要雇用的劳动者的数量当然是从农场生产的内部分工角度来考虑的。

微观经济学教科书喜欢研究鸡毛小店，那我们就以路边小餐馆来说。一个厨师，一个服务员，冰箱里放着鸡鸭鱼肉等做菜材料，几张桌子加板凳。食客来了，厨师开始炒菜，服务员端菜待客。现在食客多了，忙不过来了，怎么办？再雇一个厨师？可厨具只有一套，再雇一个厨师是多余。再雇一个服务员？可厨师忙不过来，多雇一个服务员毫无用处。如果你是餐馆老板，也只能对食客说声对不起；而如果你是食客，则最好到另一家餐馆去看看。这里哪有什么边际生产力？

说到冰箱里放着做菜用的鸡鸭鱼肉等原材料，这又是微观经济学可笑的地方。为了让它的资本与劳动的等产量线能自圆其说，它居然把企业生产所需的原材料这一中间产品因素给删去了，好像每一个企业都是开矿或种地的初级产业一样。

这样一个臆想的理论居然成为微观经济学的基础，居然写进教科书，在大学课堂上讲授，真是令人啧啧称奇。因此，我们必须重新建立企业竞争理论。

拓展思维：西方经济学的发展史。

8.2　行业内的竞争

竞争，首先是同一行业内部各企业之间的竞争。因此，我们先考察同一行业内的企业生产。

假设在一定时间内和在一定价格水平上，行业需求不成问题。假设在一个行业内，按技术进步程度划分，存在"先进"、"成熟"、"较落后"、"落后"等四个企业，每个企业的预付资本都为100，如表8.1所示。

表8.1 　　　　　　　　　　　　行业内的劳动价值生产率

（1） 技术进步程度	（2） 预付资本总额	（3） 资本有机构成	（4） 产值	（5） 新创造价值 （4）－D	（6） 价值生产率 （5）÷W
先进	100	80D＋20W	140	60	3
成熟	100	70D＋30W	120	50	1.67
较落后	100	60D＋40W	100	40	1
落后	100	50D＋50W	80	30	0.6

在表8.1中，假设各企业的预付资本全部投入生产。机器、厂房等生产设施是一次性使用的，忽略原材料等中间产品。因此，不变资本可用折旧（D）代表。不变资本（D）与可变资本（W）之和等于预付资本额度。

表8.1第（3）列为各企业的资本有机构成。我们用资本有机构成的高低代表企业

的技术进步程度。因此，根据表8.1第（1）列的企业从"先进"到"落后"的降序排列，各企业的资本有机构成也为降序排列。

第（4）列为各企业的产值。假设技术进步程度决定着企业的劳动生产率水平的高低，那么越先进的企业，其劳动生产率越高，同样的付出就可以有更大的收获。因此，我们可以合理假设各企业的产值也是降序排列，"先进"企业的产值最高，"落后"企业的产值最低。

第（5）列是各企业的劳动者新创造的价值，为各企业产值减去折旧（D）的转移价值后的余值。不过，这是各企业的所有劳动者新创造价值的总和。假设各企业都同样以 1W 的工资水平雇用 1 个劳动者，那么各企业可变资本数量就代表各企业雇用的劳动者人数。假定劳动者的劳动付出是同样的，劳动付出就与劳动者人数匹配。以第（5）列的各企业新创造价值除以各企业的劳动者人数，就得到第（6）列的各企业劳动者个人的平均劳动价值生产率。

从第（6）列可以看出，各企业的平均劳动价值生产率是一个降序排列，与各企业从"先进"到"落后"的降序排列一致。也就是说，越先进的企业，劳动者的劳动价值生产率越高，付出同样代价所得到的收获就越大。越落后的企业，劳动者的劳动价值生产率越低，付出同样代价所得到的收获就越小。

但企业生产是资本生产，因此我们需要从资本赚钱的角度来考察问题，于是得到表8.2。

表 8.2 行业内的利润率

（1）技术进步程度	（2）预付资本总额	（3）资本有机构成	（4）产值	（5）利润 (4)-(2)	（6）利润率 (5)÷(2)
先进	100	80D+20W	140	40	40%
成熟	100	70D+30W	120	20	20%
较落后	100	60D+40W	100	0	0
落后	100	50D+50W	80	-20	-20%

表8.2的各项假设以及前4列与表8.1一致，不必赘述。表8.2第（5）列为利润，它是各企业产值减去付出即预付资本的余值。获取利润，正是资本生产的目的。可以看到，"先进"企业利润额最高，而"落后"企业不仅没有获得利润，反而有亏损。表8.2第（6）列为各企业的利润率，其特征与第（5）列相同，即越先进的企业，利润率越高，越落后的企业，利润率越低。

我们怎么来判断这个结果？

政治经济学把成熟企业当作行业的一般代表①，其利润率为行业利润率。这是有道理的。"成熟"企业是指生产技术已经比较成熟的企业，代表着行业的一般技术水平，

① 《资本论》称为"中等生产条件"的企业。

代表着行业的大多数企业。因此，成熟企业的个别劳动时间就可视为行业的一般劳动时间，其利润率就代表着行业利润率。

与成熟企业相比，先进企业是指其生产技术超过行业一般水平的企业，其劳动生产率比行业一般水平更高，其个别劳动时间低于行业的一般劳动时间，因而具有更高的利润率。先进企业的超过行业利润率的利润，称为超额利润。

先进企业之所以先进，可能是因为拥有关键性的垄断技术。但还有另一个原因。一种新的技术开发出来之后，其技术是否成熟，是否具有商业价值，还有待检验，因而具有较大风险。比如，由于中国工人工资上涨，越来越多的企业愿意用机器人替代工人。但这是否可行，是否有利可图，还不清楚。因此，先进企业可能是第一个吃螃蟹的企业，成功了就叫做创新，获得超额利润，失败了就只好破产。

一旦拥有垄断技术的先进企业扩张，或先进技术日趋成熟而得以扩散，那么先进企业就可能发展为成熟企业，而先前的成熟企业则沦变为落后企业。这也正是行业发展的一般历程。

再来看较落后企业或落后企业。这类企业的个别劳动时间高于行业的一般劳动时间，不能盈利，乃至亏损。它们之所以愿意生产，是因为属于不变资本的机器等生产设施是专用性资产。资产专用性是指产业资本的实体部分即机器体系是为生产某种产品而专门设计的专用设备，不能用于生产其他产品。比如，方便面生产线就只能生产方便面而不能生产电视机，炼钢高炉就只能炼钢而无他用，等等。与资产专用性相对应的是资产通用性，比如货车就是一种通用性设备，每个行业都在使用。

由于资产的专用性，机器一旦投入就无法收回，直到折旧完毕。因此，只要企业产值在弥补了流动成本后还有剩余，就可以弥补部分固定成本，从而减少亏损。在机器折旧完毕之后，企业或者退出这个行业，或者采用新技术进行生产。

总之，由于上述原因，成熟企业的个别劳动时间就成为行业的一般劳动时间，其利润率为行业利润率。

新概念

先进企业	成熟企业	落后企业
行业一般劳动	行业一般劳动时间	行业利润率
超额利润	资产专用性	资产通用性

拓展思维：华为公司。

拓展思维："军转民"：共和国的军工记忆。

8.3 企业成本结构图

现在我们用供需图把行业需求与行业生产联系起来，来说明行业内的竞争。为此，我们先要画出企业的成本结构图。

根据先前的研究，我们可以以一定时间（一个月、一个季度或一个会计年度等等）的满负荷生产为前提，先画出企业的成本结构图，如图 8.1 所示。

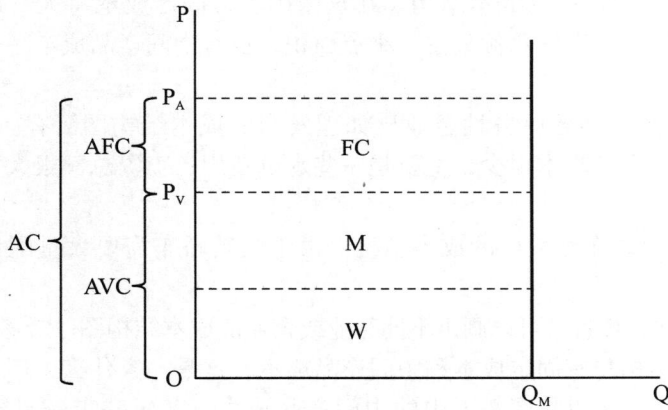

图 8.1 企业成本结构图 （一）

在图 8.1 中，Q_M 为设计产量（还记得这个概念吗?），即最大产量。在这一点形成的一条垂直线就是设计产量线。图中包含三块面积，自上而下分别为固定成本（FC）、中间产品成本（M）和工资总额（W）。与这三块面积对应，在竖轴上就形成单位产品的平均成本（AC），其中，P_A 为平均成本（AC），$P_A P_V$ 段为平均固定成本（AFC），P_V 为平均流动成本（AVC），$AC = AFC + AVC$。

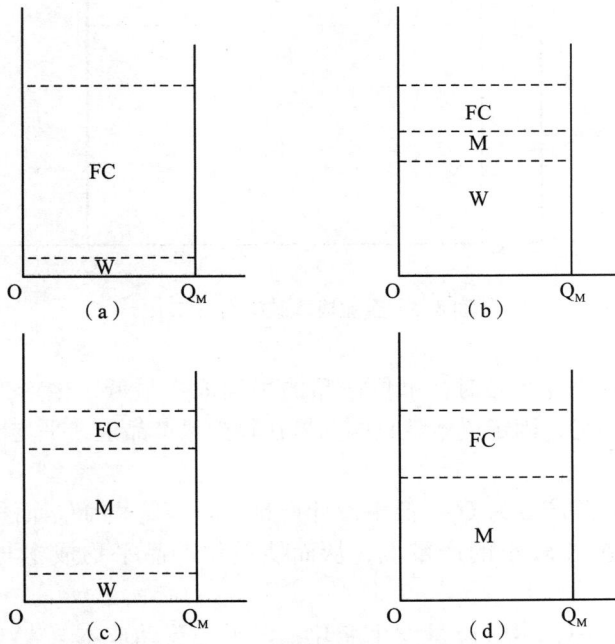

图 8.2 各类企业的成本结构图

在不同的行业中，由于各自的资本构成和资本周转的特点不同，固定成本、中间产品成本和工资总额的比重各不相同。图8.2展示了各类企业的成本结构图，我们来看一看。

图8.2（a）为水电站的成本结构。在这张图上，固定成本特大，这是因为固定资本折旧占的比重特大，工资总额只占一小点面积，没有中间产品成本。你能解释这是为什么吗？

图8.2（b）是大多数服务性企业比如理发店的成本结构图：有一定的固定成本，主要是房租；中间产品成本很少，主要是一些水电费用；工资总额很大，即主要成本是支付人工工资。

图8.2（c）是轿车组装厂的成本结构。由于组装轿车需要大量配件，中间产品成本就很大。

根据这个方法，你自己可以画出不同行业或企业的成本结构图。考考你，图8.2（d）所示的工厂成本结构只有固定成本和中间产品成本，这是一家什么工厂？

为了简化起见，可以将图8.1中的中间产品成本（M）和工资总额（W）合在一起，构成流动成本（VC），如图8.3所示。在随后的研究中，将经常用到这个图。

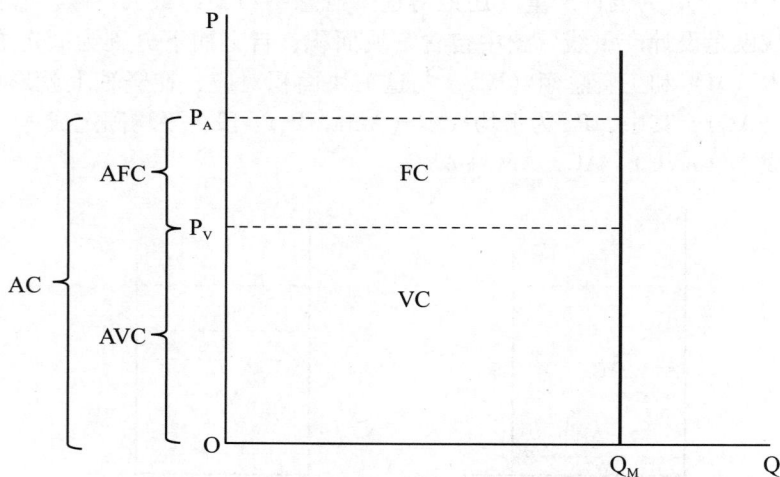

图8.3　企业成本结构图（二）

当实际产量达到设计产量时，单位产品的平均成本最低，生产最有效率。这是因为，如果实际产量不足，固定成本就只能分摊在较少量产品上，平均成本就会提高，如图8.4所示。

在图8.4中，实际产量为Q_1，低于设计产量Q_M。FC_2与FC_1面积相等，表明固定成本（FC）需要分摊在较小的产量上，从而使单位产品平均成本与以前相比，多出P_1P_A段。

注意，在图8.4中，尽管产量发生变化，但平均流动成本（AVC）不变。这是因为，如果劳动力价格（工资）和中间产品价格不变，流动成本（VC）就与产量成等比例关系，平均流动成本就不会变化。在实际经济生活中，如果企业产量发生变化，那么

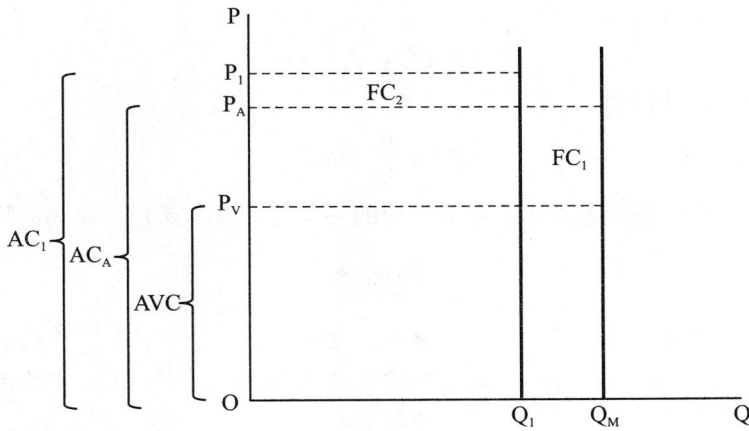

图 8.4 产量不足

企业对劳动力和中间产品的需求量也会发生相应变化，从而有可能从需求一面影响劳动力市场价格和中间产品市场价格，并导致企业的平均流动成本变化。不过在这里，可以把劳动力市场价格的变化和中间产品市场价格的变化视为外生变量，在下一节单独分析，因而我们可以假设企业的平均流动成本不变。

根据企业的成本结构图，还可以画出企业成本曲线，如图 8.5 所示。

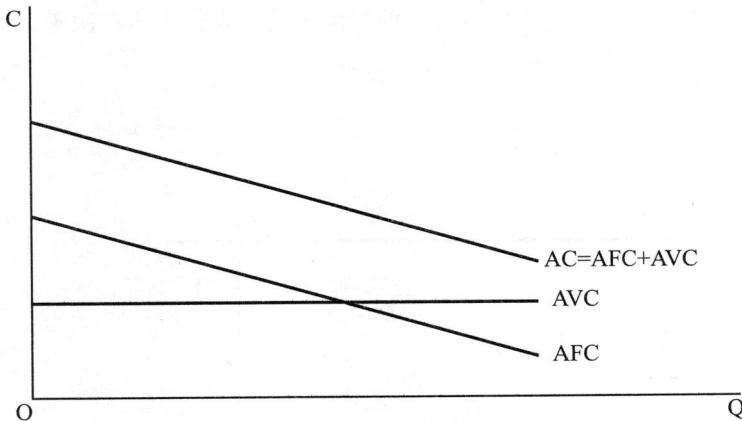

图 8.5 企业成本曲线

在图 8.5 中，企业的平均固定成本（AFC）是一条向右下方倾斜的直线，表明随着产量的增加，企业的固定成本（FC）被分摊到更多的产量上，从而使得平均固定成本不断降低。平均流动成本（AVC）是一条水平直线，表明企业平均流动成本不随产量变化。企业平均成本 AC＝AFC＋AVC，因此，企业平均成本（AC）就是一条向右下倾斜的直线，表明随着产量的增加，企业的平均成本会不断降低。

最后，为了与微观经济学相比较，我们可以对企业总成本求导，从而获得企业的边

际成本（MC）。企业总成本为

$$C = FC + AVC \times Q$$

对等式求导，就得到

$$MC = \frac{dC}{dQ} = AVC$$

也就是说，在我们的理论中，企业不变的平均流动成本就是企业的边际成本。

新概念

企业成本结构图	设计产量线	平均成本
平均固定成本	平均流动成本	平均流动成本不变
企业成本曲线图	边际成本	

拓展思维：微观经济学的短期成本曲线。

拓展思维：微观经济学的长期成本曲线。

拓展思维：是否存在着"规模不经济"？是否存在着"企业合理规模"？

8.4　企业供给曲线

以成本结构图为根据，企业现在可以根据市场需求来作出生产决策。我们先研究完全竞争的理想市场，如图8.6所示。

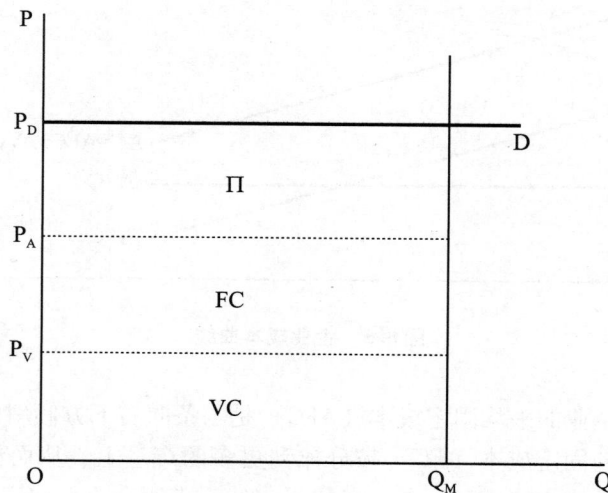

图8.6　完全竞争

在图8.6中，企业所面临的需求曲线（D）是一条水平线，即市场价格线。这表明企业是价格接受者，而不能影响市场价格。企业之所以不能影响市场价格，是因为与市场规模相比，企业的产量太小。

假设市场价格为 P_D。由于这个价格高于企业产品的平均成本价格 P_A，因而企业有利可图，会按照最大产量进行生产，从而获得最大利润（∏）。图 8.6 的 ∏ 面积代表利润总额。

在做生产决策分析时，微观经济学区别了会计利润与经济利润，这一招用意很深。

会计利润就是会计报表所反映的利润，是实际利润。本书所说的利润就是会计利润。但经济学家说，经济学是关于生产决策的科学（好像会计学还不够这种资格似的），需要考虑隐性成本。比如，如果张三投资 1 000 万元建啤酒厂，他这 1 000 万元就不能拿去建赌场，因而他就损失了经营赌场所得的利益。这就是隐性成本。在算经济账的时候，就要把没有经营的赌场所得的利益扣除，才是真正的所得。想象一下，如果这个没有经营的赌场生意红火，那张三可亏大了。

考虑到这个没有经营的赌场的可能收益，经济学家提出了经济利润概念，其实质是从会计利润中扣除相当于一般利润率的利润。这就要解释一下一般利润率这个概念。

我们已经知道，利润率是衡量资本赚钱水平的指标。假设资本在行业间可以自由流动。在其他条件不变时，哪个行业更能赚钱，利润率高，资本就会流向那个行业。资本流入的结果，扩大了该行业的供给，导致该行业产品的市场价格下降，从而降低了该行业的利润率。在其他条件不变时，哪个行业利润率低，资本就会流出那个行业。资本流出的结果，减少了该行业的供给，导致该行业产品的市场价格上升，从而提高了该行业的利润率。

因此，以利润率为风向标，资本在各行业间流入流出的结果，最终会导致各行业利润率趋于相等。当各行业利润率相等时，资本再无特别动力流向某一个行业，这个时候就达到了一般均衡。在一般均衡状态下，各行业趋于相等的利润率，称为一般利润率。这是一个极为重要的经济学概念。

会计利润与经济利润的差别就是一般利润率的差别。如果从会计利润率中减去一般利润率，或者说，从会计利润中减去一般利润，从而形成经济利润，就意味着是把零经济利润率或零经济利润作为一般均衡条件。比如说，正经济利润其实就是超额利润，是资本流入该行业的信号，而负经济利润则是资本流出该行业的信号。

应该说，这是一种很高明的理论技巧。微观经济学借此可以把零利润作为一般均衡的条件，在理论解释上就非常方便。不过，经济利润概念的更高明之处，就是理论创造奇迹。我们以后会看到，剩余产品过剩是一个对资本生产生死攸关的问题，而从会计利润率中减去一般利润率，其实就是抹掉了实际利润，其实就是抹掉了剩余产品、剩余价值。这样一来，微观经济学的一般均衡世界就是完美的，它的市场经济就是有效率的，资本主义就是永恒的制度。这真是神奇的理论！

在本书中，我们自然不会采用这个说法，利润就是利润，就是会计报表上的利润，不是什么经济利润或会计利润。

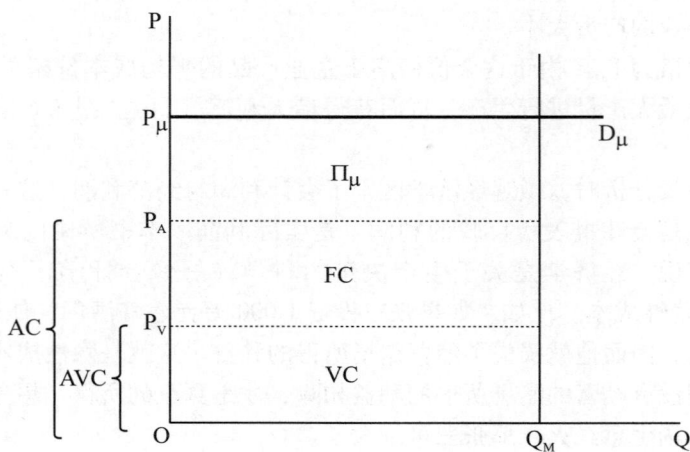

图8.7 企业生产决策

我们对图8.6做略微修改，就得到图8.7。

假设一般利润率为μ。在图8.7中，当价格为P_μ时，企业利润为$\prod_\mu$。$\prod_\mu$为企业利润率与一般利润率μ相等时的利润。因此：

（1）如果市场价格高于P_μ，企业获得超额利润。此时企业有扩张动力，在下一个再生产周期可能会扩大生产。

（2）如果市场价格等于P_μ，企业获得一般利润率，处于均衡状态。此时企业既无扩张动力，也无退出动力。

（3）如果市场价格低于P_μ但高于P_A，则企业利润率低于一般利润率。企业还会继续生产，但因低于一般利润率，有可能在下一个再生产周期退出，选择利润率更高的其他行业；也有可能采用先进设备以提高劳动生产率。

（4）如果市场价格低于P_A但高于P_V，即低于企业产品的平均成本（AC）但高于平均流动成本（AVC），此时企业处于亏损状态。但由于市场价格又高于平均流动成本，在抵补完流动成本以后，销售收入还有富余，可以抵补部分固定成本，因而可以继续生产，从而减少损失。因为无论生产与否，固定成本都是要扣除的。

（5）如果市场价格降至P_V以下，销售收入甚至不能抵补流动成本，那么生产越多，亏损也就越多，企业就要停产。

据此，我们就得到了企业供给曲线，如图8.8的粗线所示。这是一条反L形折线，其竖线段与企业设计产量线重合，其横线段与企业平均流动成本线重合。

企业供给曲线之所以是这样一条折线，道理是很简单的：①如果市场价格高于平均流动成本，企业就愿意全力供给产品。但受生产能力所限，它能供给的最大产量就是设计产量，因此供给曲线在平均流动成本线以上的部分与设计产量线重合。②如果市场价格低于平均流动成本，企业不会供给。③如果市场价格等于平均流动成本，企业处于供给与否的临界点，在因市场需求不足导致生产不足时，企业会选择无奈供给——第10章将解释这个概念，因而在设计产量线之内的平均流动成本横线就构成企业供给曲线的横线段。

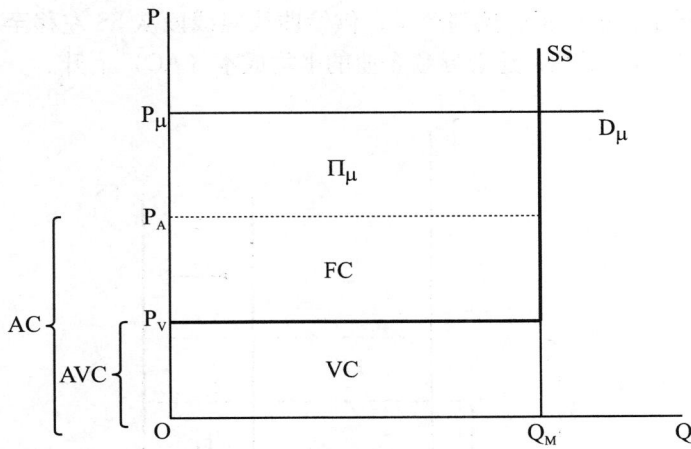

图 8.8　企业供给曲线

我们可以画出一个行业内不同技术水平的企业各自的供给曲线，如图 8.9 所示。

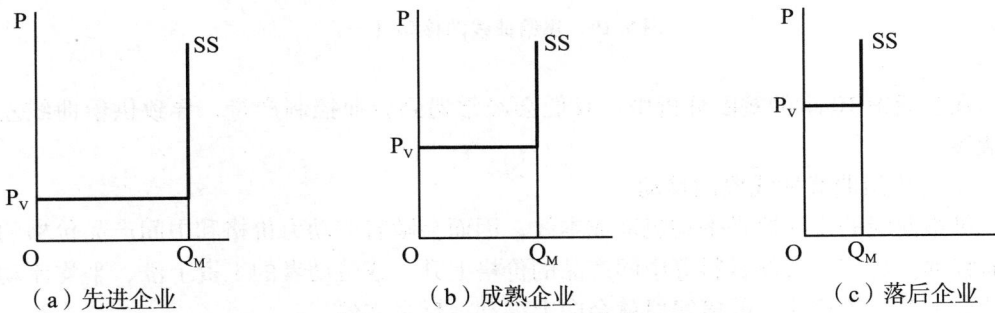

（a）先进企业　　　　　　　（b）成熟企业　　　　　　　（c）落后企业

图 8.9　不同技术水平企业的供给曲线

在图 8.9 中，先进企业的供给曲线的横线段较低，且设计产量 Q_M 较大，表明先进企业能够在较低的市场价格时提供产品，且能提供较大量的产品。与之形成对比的是，落后企业的供给曲线的横线段较高，且设计产量 Q_M 较小，表明落后企业只能在较高的市场价格时提供产品，且只能提供较小量的产品。

那么，供给曲线是否可以移动？

（1）供给曲线竖线段的移动

供给曲线的竖线段不能向右移动，这是因为供给曲线的竖线段是由企业设计产量决定的，代表最大产能。若需求特别旺盛，企业有可能让生产设备超负荷运转，或让员工加班，或降低正常库存等，从而提高最大产量。但这是属于不正常生产，在理论分析上可以不予考虑。当然，若企业进行投资，扩大设计产量，在下一个再生产周期形成新的供给曲线时，新的竖线段会向右移动。

不过，尽管供给曲线的竖线段不能右移，却可以左移。也就是说，企业可以减少产量。

如图 8.10 所示，由于企业控制产量，供给曲线竖线段从 SS 左移至 SS′，实际产量 Q_X 低于设计产量 Q_M。显然，这会导致企业的平均成本（AC）上升。

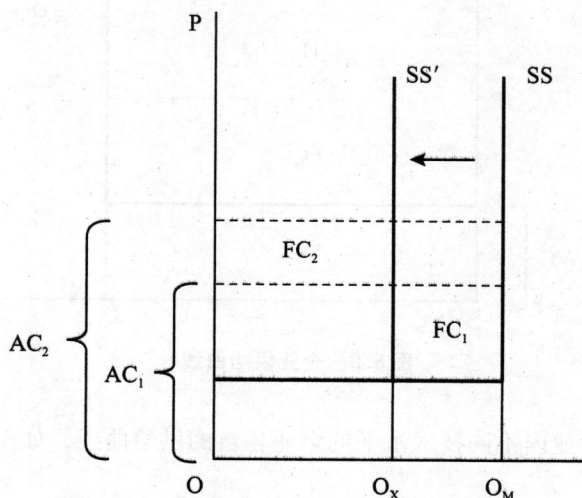

图 8.10　供给曲线的移动（一）

在随后第 10 章的垄断分析中，我们会经常遇到企业控制产量，导致供给曲线左移的情形。

（2）供给曲线横线段的移动

供给曲线的横线段是平均流动成本线，因而会随着劳动力价格和中间产品价格的变化而移动。比如，若原材料等中间产品的价格上升，或劳动者的工资上涨，平均流动成本就会上升，供给曲线的横线段就会向上移动，反之亦然。

如图 8.11 所示，由于流动成本增加，导致企业供给曲线的横线段向上移动，从而推高了企业的平均成本。

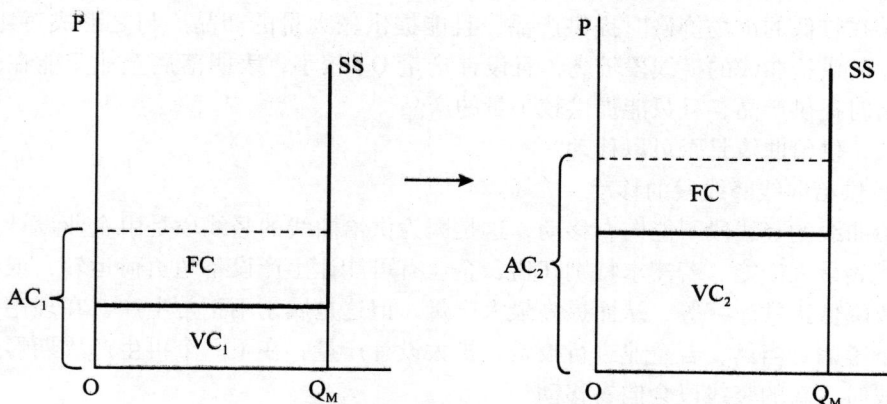

图 8.11　供给曲线的移动（二）

　　与需求曲线一样，企业供给曲线也有时效性。一般情形下，我们可以以固定资产的折旧周期为一个时期，称为一个再生产周期。当一个再生产周期结束，开始新一个再生产周期时，原有的企业供给曲线就结束。企业或者重新作出生产与投资决策，从而形成新一个周期的企业供给曲线；或者退出生产，供给曲线不复存在。这是一个周期性更替的不间断过程，如图 8.12 所示。

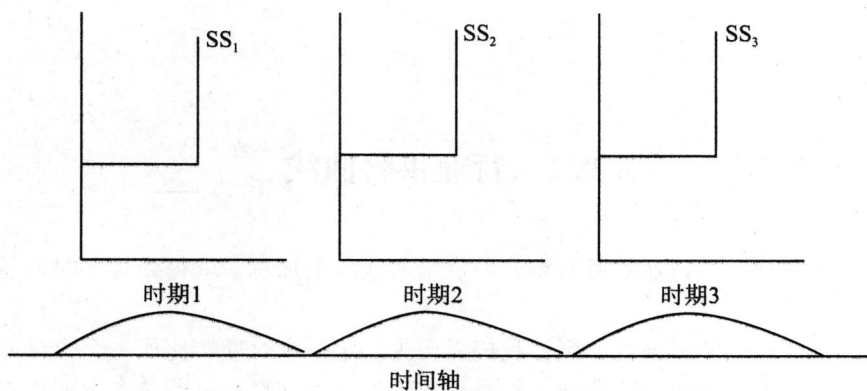

图 8.12　企业供给曲线的周期性

新概念

完全竞争　　　　　　　　理想市场　　　　　　　　一般利润率

反 L 形供给曲线　　　　　平均流动成本线　　　　　供给曲线的时效性

供给曲线的周期性

拓展思维：微观经济学的企业短期供给曲线。

拓展思维：微观经济学的企业长期供给曲线。

第 9 章 | 竞 争（二）

9.1 行业供给曲线

把在一定时期一个行业的所有企业的供给曲线水平加总，就得到这个时期的行业供给曲线。

根据供给与需求的时效性原则，我们需要先确定一个时期，比如一个会计年度。先确定这个会计年度的企业供给曲线，然后再水平加总。这里存在着单个企业的再生产周期与行业会计年度的时效一致问题：

（1）若单个企业的再生产周期覆盖行业会计年度，则可以以企业年度供给曲线加总。

（2）若单个企业在行业会计年度中途结束再生产周期，也就是说，固定资本折旧完毕，则可以按到结束时间为止的企业供给曲线加总，相当于中途退出。若企业进行固定资本重置投资或追加投资，则可视为新企业加入。

（3）若新企业中途加入，则可以以从加入时间起到行业会计年度终结为止的企业供给曲线加总。

据此，我们就可以得出一条会计年度的行业供给曲线，如图9.1所示。

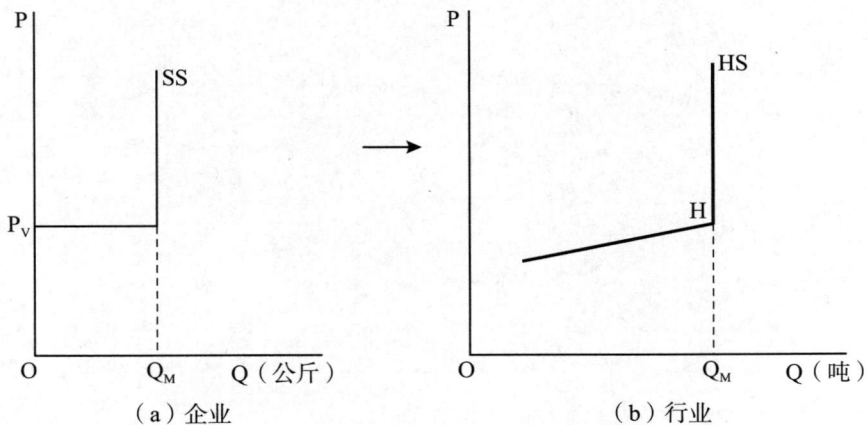

图 9.1　行业供给曲线

在图 9.1 中，（a）是单个企业的供给曲线，（b）是所有企业的供给曲线水平加总所形成的行业供给曲线。注意横轴的数量单位分别为公斤与吨，以显示这种区别。

在图 9.1 中，行业供给曲线是一条向右上倾斜的折线，表明随着市场价格的提高，其他企业开始愿意加入供给，其供给曲线加入，行业供给增多。价格越高，愿意加入供给的企业就越多，行业供给量越大，从而形成向右上方倾斜的段线。当行业的所有企业都愿意加入供给，都按最大设计产能进行生产时，行业供给就达到最大量 Q_M，称为行业产能。因此行业供给曲线在 H 点后就转为垂直线，H 为拐点。

要注意的是，在技术停滞期，企业技术比较成熟，大多数企业的成本以及利润的差别不大，行业供给曲线的斜线段应该比较平缓。

由于行业供给曲线是企业供给曲线的加总，因而有与企业供给曲线一样的特性，即：

（1）行业供给曲线的竖线段不能向右移动，表明是该行业在该时期的最大产能。

要注意，这里当然不是说行业产能不能变化。在下一个时期形成新的行业供给曲线时，行业产能就可能发生变化，竖线段就可能移动。换言之，行业供给曲线竖线段的移动为跨期移动。

（2）随着劳动力价格和中间产品价格的变化，行业供给曲线的横线段可以移动。比如，若原材料等中间产品的价格上升，或劳动者的工资上涨，行业供给曲线的横线段就会向上移动，反之亦然。图 9.2 展示了这一点。

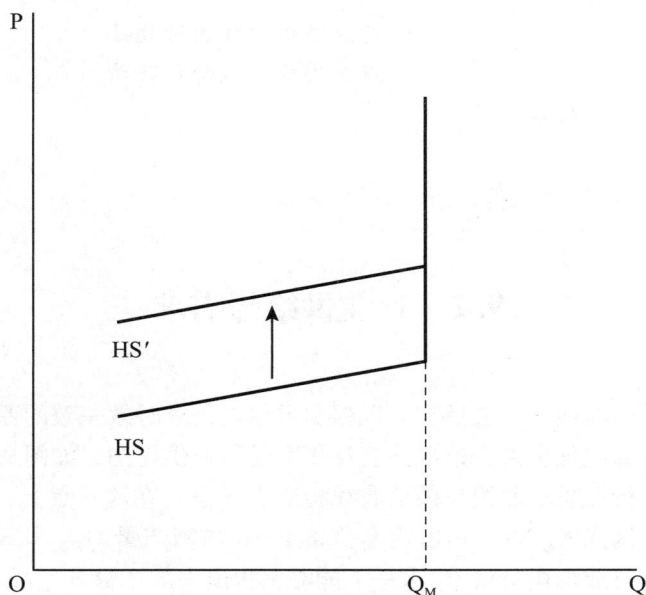

图 9.2 行业供给曲线的移动

在图 9.2 中，由于工资水平上升，导致行业供给曲线斜线段由 HS 向上移动至 HS′，但因为不涉及产能变化，行业供给曲线的竖线段不会向右移动。

与企业供给曲线一样，行业供给曲线也有时效性。比如，在一个会计年度结束后，该时期的行业供给曲线终止，同时又形成新会计年度的行业供给曲线。这是一个周期性更替的不间断过程，如图9.3所示。

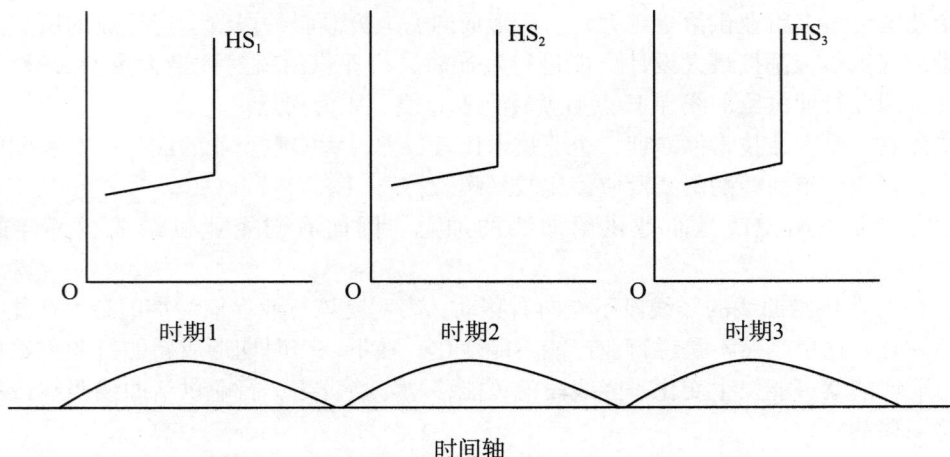

图9.3　行业供给曲线的周期性

新概念

行业供给曲线　　　　　　　　行业供给曲线的时效性
行业产能　　　　　　　　　　行业供给曲线跨期移动
行业供给曲线的周期性

拓展思维：微观经济学的行业长期供给曲线。

9.2　行业供给与需求

弄清楚行业供给曲线的含义后，可以根据供给与需求时效一致的原则，把同一个会计年度的行业需求曲线加进来，形成该会计年度的行业供需图，如图9.4所示。

在图9.4中，行业需求曲线与供给曲线相交于E点。在这一点上，行业供给与需求达到均衡。根据均衡点E，可以得出均衡价格P_E和均衡产量Q_E。均衡产量Q_E就是在该会计年度内，在行业均衡价格P_E水平下能够销售出去的产量。

如果在该会计年度内，行业需求曲线或行业供给曲线发生变化，则行业均衡价格与均衡产量都会发生变化。图9.5显示了行业需求曲线移动的影响。

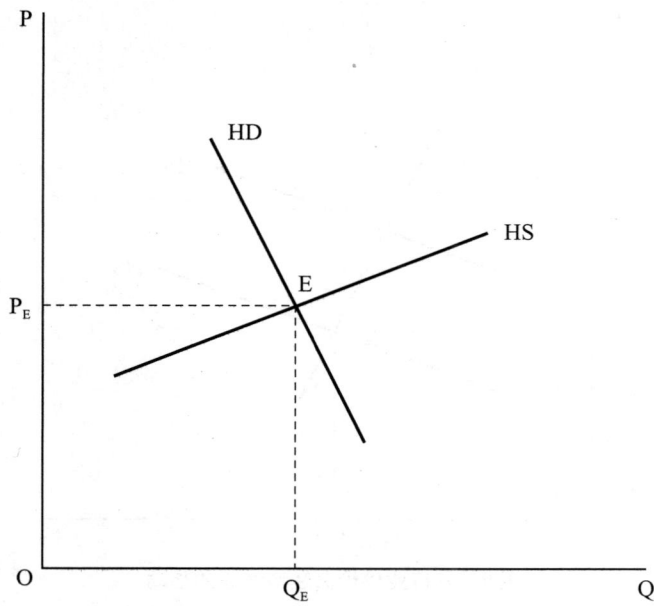

图 9.4 行业供需图

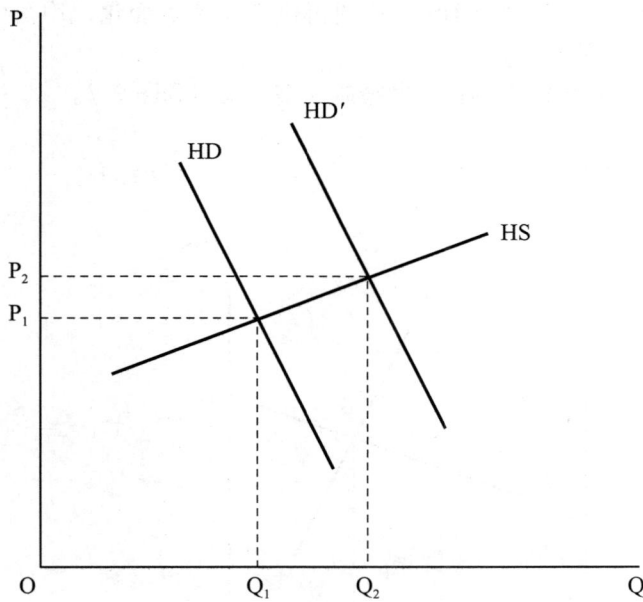

图 9.5 行业需求曲线的移动

在图 9.5 中，行业需求曲线 HD 向右移动至 HD′，即需求增加。这导致供需均衡点变化，均衡价格从 P_1 上升到 P_2，均衡产量从 Q_1 上升到 Q_2。

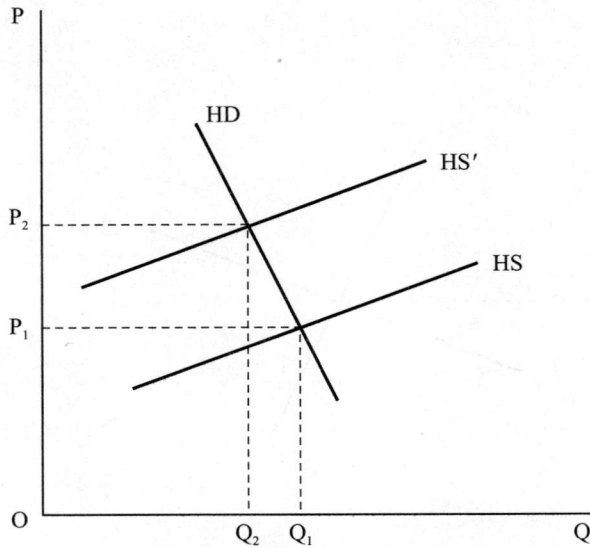

图9.6 行业供给曲线斜线段的移动

图9.6 显示了行业供给曲线移动的影响。在图中，由于工资水平上升，而导致行业供给曲线斜线段 HS 向上移动至 HS′。这使得供需均衡点变化，均衡价格从 P_1 上升到 P_2，均衡产量从 Q_1 下降到 Q_2。

现在，可以将行业供需图的供给曲线画完整，就得到图9.7。

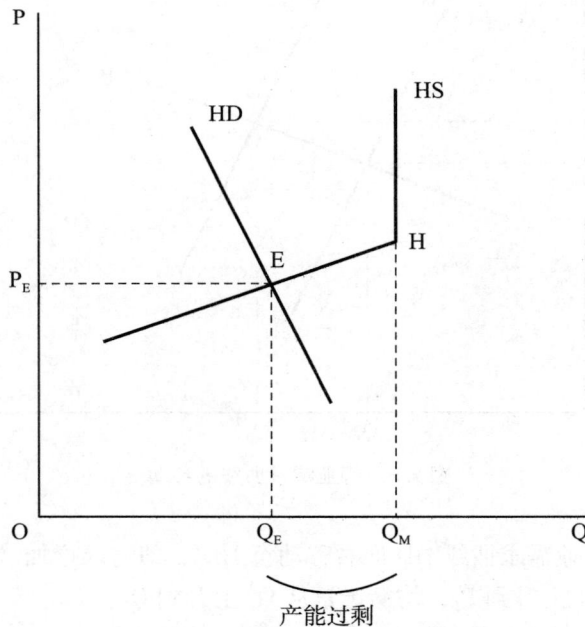

图9.7 产能过剩

在图 9.7 中，均衡价格为 P_E，均衡产量为 Q_E。行业在这一个会计年度的最大产量是 Q_M，因而 Q_eQ_M 段的产能就无法消化。这种状况就叫作产能过剩，或者表现为生产能力闲置，或者表现为产品的库存积压。

产能过剩应该是市场经济的常态，这是由资本的扩张本能与市场经济的分散决策机制决定的。为了说清楚这个问题，我们从图 9.8 出发。

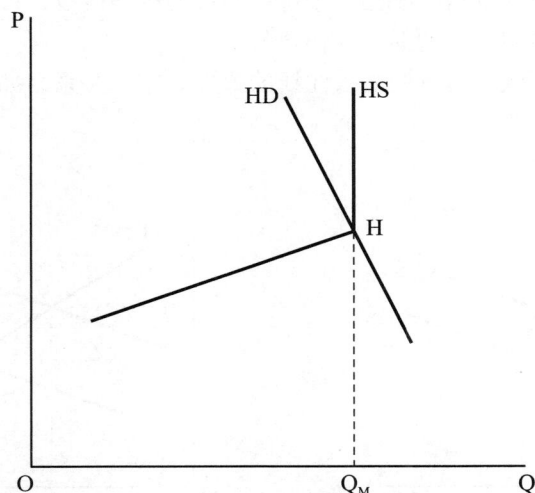

图 9.8　行业需求与供给相等

在图 9.8 中，行业需求曲线与供给曲线相交于行业供给曲线的拐点 H。在这一供需状态下，行业需求刚好与行业最大产能相等，没有过剩产能。但由于决定需求与供给的因素各不相同，这是一种难以企及的理想状态。通常的情形是：要么行业产能过剩，要么行业产能不足。图 9.9 展示了行业需求旺盛，因而产能不足的情形。

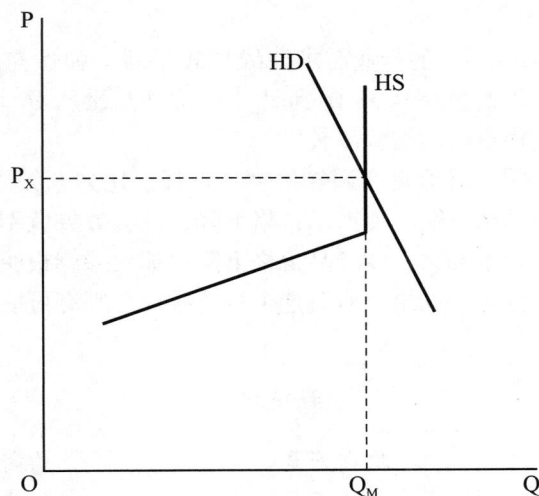

图 9.9　行业产能不足

在图 9.9 中，与行业产能相比，行业需求太旺盛，需求曲线与供给曲线相交于供给曲线的竖线段。行业供给已经达到极限，市场价格大涨。这将导致行业内所有企业都获得超额利润。但这种状态不能持久，因为行业需求旺盛会导致行业迅速扩张，导致行业供给曲线在下一期右移。当然，如果行业扩张规模可控，能够回到图 9.8 的状态，这最理想。但由于市场经济条件下的决策是个别企业的分散决策，扩张过分是必然的事情。这就使得新需求曲线与新供给曲线相交于供给曲线的倾斜线段，即回到图 9.7 的行业产能过剩的常态情形。借用股市的话，叫作熊长牛短。

行业的生产与销售状况与行业需求曲线的弹性有密切关系，如图 9.10 所示。

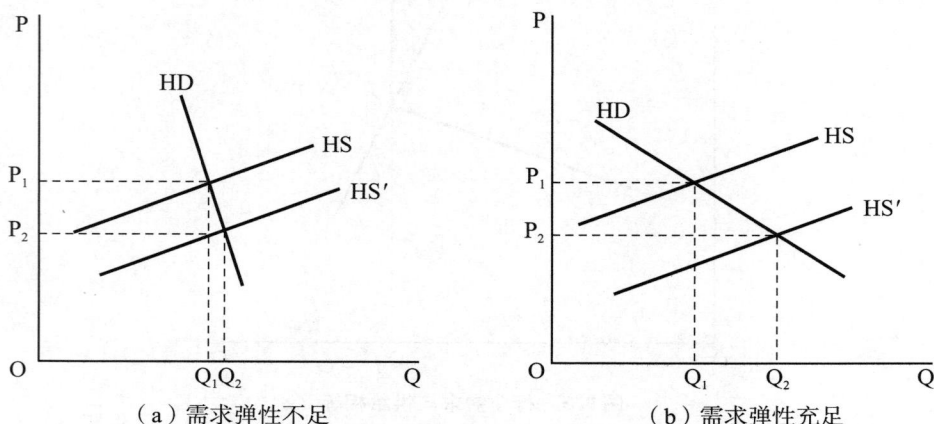

图 9.10　行业需求弹性与行业供给

图 9.10 展示了行业需求弹性与行业供给的关系。图（a）的行业需求曲线比较陡峭，弹性不足。如果行业供给曲线斜线段下移，相当于产品降价，这会导致均衡价格从 P_1 降到 P_2，而均衡产量从 Q_1 增加到 Q_2。显然，与降价幅度相比，行业销售量的增加幅度较小。

与图（a）相比，图（b）的行业需求曲线比较平缓，弹性充足。如果行业供给曲线斜线段下移，会导致均衡价格从 P_1 降到 P_2，而均衡产量从 Q_1 增加到 Q_2。显然，与降价幅度相比，行业销售量的增加幅度较大。

行业需求弹性的不同，就给政府调控提供了选择。比如，如果政府为了提振经济，对必需品行业产品减税乃至补贴，使产品价格下降，那么效果就不会太好。但如果政府对奢侈品行业产品减税乃至补贴，使产品价格下降，那效果就很明显。比如，汽车行业在当今中国属于奢侈品行业。如果政府对这个行业减税，则有可能较大幅度地提升这个行业的销售量。

新概念

行业供需图	均衡产量	均衡价格
产能过剩	产能不足	行业需求弹性

拓展思维： 钢铁行业产能过剩。

拓展思维： 陈平："西方的产能过剩为什么比中国的还可怕？"

9.3 行业间的竞争

现在我们来考察行业间的竞争。把第 8 章表 8.2 第（1）列的不同企业换成不同行业，我们就得到表 9.1 的不同行业的生产。

表 9.1 　　　　　　　　　　　　　　 不同行业的生产

（1）	（2）	（3）	（4）	（5）	（6）
不同行业	预付资本总额	资本有机构成	产值	利润 （4）-（2）	利润率 （5）÷（1）
电器	100	80D + 20W	140	40	40%
家具	100	70D + 30W	120	20	20%
纺织	100	60D + 40W	100	0	0
食品	100	50D + 50W	80	-20	-20%

一看表 9.1 就不行，电器行业赚得乐翻天，而食品行业却亏得一塌糊涂。要不，不要搞食品行业了，都去投资生产电器，但全国人民又吃什么呢？

所以，与同一行业的内部竞争不同，不同行业的生产要与社会需要相协调。

如果全国人民不愿意拿电视机、洗衣机当饭吃，食品行业就要维持。怎么才能维持？这就要让食品行业的资本利润率与电器行业的资本利润率相等，否则，没有人愿意投资食品行业。

那么，怎样才能让这两个行业的资本利润率相等？最简单的办法，恰恰也是最正确的办法，就是让食品涨价，让电器降价，直至这两个行业（以及各个行业）的利润率相等。

假设所有行业加总的产值不变（全国的消费总额不变），我们就得到表 9.2。

表 9.2 　　　　　　　　　　　 不同行业的一般利润率相等（一）

（1）	（2）	（3）	（4）	（5）	（6）
不同行业	预付资本总额	资本有机构成	一般利润率	产值	利润 （5）-（2）
电器	100	80D + 20W	10%	110	10
家具	100	70D + 30W	10%	110	10
纺织	100	60D + 40W	10%	110	10
食品	100	50D + 50W	10%	110	10

表9.2[①] 中，各个行业的利润率相等，为一般利润率。资本家再也不至于不安心在本行业赚钱，而全国人民也就既有电视机看，也有饭吃。

在表9.2中再加入劳动价值生产率，可以得到表9.3。

表9.3   **不同行业的一般利润率相等（二）**

(1) 不同行业	(2) 预付资本 总额	(3) 资本有机 构成	(4) 一般 利润率	(5) 产值	(6) 利润 (5)－(2)	(7) 价值生产率 [(6)＋W]÷W
电器	100	80D＋20W	11%	110	10	166%
家具	100	70D＋30W	11%	110	10	133%
纺织	100	60D＋40W	11%	110	10	125%
食品	100	50D＋50W	11%	110	10	120%

表9.3解答了劳动价值论的许多基本问题。这些问题，在第2章探讨劳动生产率与商品价值的关系的时候，已经得到初步解答。现在，在资本生产条件下，我们可以更加完整地解答这些问题：

（1）表9.3展示的是资本生产条件下的一般均衡状态。达到这一状态的条件就是各行业资本的利润率相等，形成一般利润率，如表9.3第（4）列所示。在这一条件下，各行业资本再无相互流动的动机，资源配置达到帕累托最优。

（2）在一般均衡状态下，各行业商品的价格与价值一致。也就是说，一般均衡价格就是商品价值。从表9.1到表9.3的变化可知，食品涨价与电器降价，不是价格偏离价值，而是价格回归价值。为了保证社会资源在社会不同行业合理分配，为了保证社会生产与社会需要相协调，劳动生产率增长迅速的行业，其单位产品的价值或价格趋于下降，劳动生产率增长缓慢或停滞增长的行业，其单位产品的价值或价格趋于上升。

（3）某一行业的劳动技术生产率的提高将带动本行业的劳动价值生产率提高，并带动其他行业的劳动价值生产率提高，表现为本行业单位产品的价值或价格的相对下降和其他行业单位产品的价值或价格的相对上升。这就是价值拉动效应。我把劳动技术生产率率先提高的行业称为领头行业。在社会生产力进步的各阶段，都有这样的领头行业或这样一些领头行业。

（4）各行业达到一般均衡状态的过程是通过资本以利润率为引导信号，在各行业间流进流出，导致各行业商品的价格变化和由价格变化所引起的社会需要变化等几方面因素互动的结果。

我们也可以用供需图来表示行业间的竞争。假设社会只有电器和食品两个行业，就可以用电器与食品这两个市场的一般均衡来表示，如图9.11所示。

---

① 为了简化起见，这里忽略了相对价格（价值）的变化引起的产业结构的调整（各行业比重的变化）。

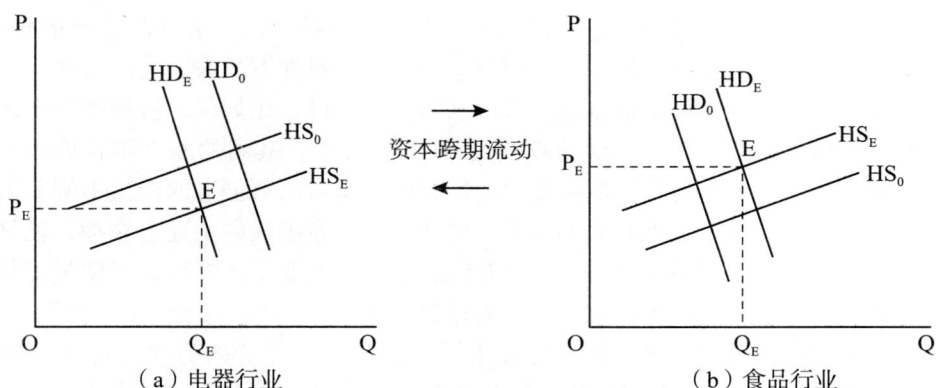

图 9.11　行业间的竞争

在图 9.11 中，资本在电器行业与食品行业之间流动，最终实现行业利润率相等，形成一般利润率，达到一般均衡。注意图中的"资本跨期流动"的含义，表明这是通过形成新一期的行业供给曲线和相应的需求曲线来达到一般均衡的。

新概念

行业利润率相等　　　　　　领头行业

拓展思维：中美产业结构之比较。

9.4　资本生产与商品价值

前面说过，在一般均衡状态下，各行业商品的价格与价值一致，也就是说，一般均衡价格就是商品价值。但实际上，这里还需要深入研究。

我们看到，前一节所得到的各个结论与第 2 章 2.5 节的结论类似。不过，第 2 章 2.5 节还得出另一个结论：各行业达到一般均衡的条件是各行业的劳动价值生产率相等。但在资本生产的条件下，达到一般均衡的条件是各行业利润率相等，形成一般利润率。这也就意味着，在资本生产条件下，各行业的劳动价值生产率可能不相等，如表 9.3 第（7）列所示。

各行业的劳动价值生产率不相等，意味着同样的劳动付出所得到的收获不同。这样一来，我们就需要重新审视商品价值的规定性了。

第 1 章说过，商品价值的实质意义是社会需要与社会生产相协调，是劳动力和其他资源在社会生产各行业达到合理配置，也就是说，达到一般均衡。在一般均衡条件下，同样的劳动付出获得同样的收获，或者说，各行业的劳动价值生产率相等，社会生产实现了效率。在此基础上，我们得到了作为人类劳动同一化的社会必要劳动概念，得出了商品价值的规定性。

但是，上述结论是从简单商品生产模型中推证出来的。从一般商品生产的角度看，这个结论是否成立，就存在着疑问。就以简单商品生产条件下的农业生产为例。同样的劳动，耕种肥沃土地与耕种贫瘠土地，其收获当然不一样，比如说，耕种肥沃土地的收获是 100 公斤大米，耕种贫瘠土地的收获是 50 公斤大米。其间的原因不言而喻：土地的肥力发挥着作用。从价值生产的角度看，同样的劳动付出所创造的价值不同，其原因同样是显而易见的：由于土地肥力的因素，同样的劳动在肥沃的土地上耕种，就具有更高的劳动生产率或劳动价值生产率。这就是说，至少在农业生产领域，劳动付出与劳动收获不匹配，商品价值的规定性似乎存在着逻辑矛盾。

事实上，古典政治经济学已经对此提出了疑问：是"耗费的劳动"还是"支配的劳动"决定商品的价值？"耗费的劳动"就是劳动的付出，而"支配的劳动"就是表现为交换价值的劳动结果或劳动收获。如果各行业的劳动价值生产率相等，那么"耗费的劳动"与"支配的劳动"就是一致的。基于价值的相对性，就不会存在矛盾。如果各行业的劳动价值生产率不相等，那么"耗费的劳动"与"支配的劳动"就会出现不匹配。既然如此，哪一种劳动决定商品的价值，似乎就是一个问题。

根据第 2 章的研究，商品的价值是通过它的等价物表现出来的。这也就是说，如果说"支配的劳动"或交换价值决定商品的价值，这个话也并没有错。那么，为什么是由"支配的劳动"决定商品的价值？

这原因就在于交换是等价交换，相交换的两件商品包含着等量的劳动。这里，所谓"等量的劳动"，指的是等量的社会必要劳动，而所谓社会必要劳动，就是与社会需要相协调的劳动，就是人类劳动的同一化。个别劳动，或者说"耗费的劳动"、"劳动付出"等等，通过同一化转化为或折算为社会必要劳动。

那么，这个同一化的机制是什么呢？

根据我们对劳动生产率的定义

$$劳动生产率 = \frac{劳动收获}{劳动付出}$$

把劳动生产率定义公式变形，我们就得到

$$劳动付出 \times 劳动生产率 = 劳动收获 \tag{9.1}$$

从价值生产的角度看，等式（9.1）中的劳动收获就是价值，就是社会必要劳动，劳动付出就是个别劳动，而劳动生产率就是劳动价值生产率。于是就有：

$$个别劳动 \times 劳动价值生产率 = 社会必要劳动 \tag{9.2}$$

这就是个别劳动的同一化机制，即个别劳动通过劳动价值生产率的同一化，蝶化为社会必要劳动。我们称式（9.2）为劳动同一化方程式[①]。

这个公式具有普适意义。比如，我们已经知道，在简单商品生产条件下，一般均衡的条件就是各行业的劳动价值生产率相等，即同样的付出有同样的收获。在这一条件

① 根据劳动同一化方程式，我们得到：劳动价值生产率 $= \frac{社会必要劳动}{个别劳动}$，或劳动价值生产率 $= \frac{社会必要劳动时间}{个别劳动时间}$。这就是劳动价值生产率的标准定义。

下，基于价值的相对性，个别劳动与社会必要劳动一致①，或者说，个别劳动就比例地蝶化为社会必要劳动②。

又比如，在此前所举的农业生产的例子中，同样的劳动耕种肥沃土地与耕种贫瘠土地，其收获不一样。这里我们要知道，同样的劳动并不是同一化的劳动。作为个别劳动，作为劳动的耗费，同样的劳动通过不同的劳动价值生产率的倍加，就蝶化为不同数量的社会必要劳动。也就是说，同样的劳动付出，所得到的收获完全可能不同。

再比如，第2章谈到了价值的跨年度纵向比较。假定今年的社会一般劳动生产率是去年的2倍，那么同样的劳动付出，在今年所创造的价值就是去年的2倍。

在同一行业内，由于产品的同质性，劳动技术生产率与劳动价值生产率成正比关系，故而我们可用劳动生产率笼统称之。我们知道，在同一行业内，劳动生产率更高的企业，同样的付出就有更大的收获，也就是说，单位产品的成本就会更低，利润率就会更高，从而在竞争中占有优势，如第8章表8.1与表8.2所示。

不用说，如果劳动是无效劳动，生产的产品没有人需要，或者，生产的产品是废品，那么其劳动价值生产率为0，其价值或社会必要劳动为0。

由此可见，劳动生产率或劳动价值生产率对商品价值或社会必要劳动起着决定性的作用。

明白了这一点后，我们现在可以来谈一谈本节开头提出的问题。

我们已经说过，劳动力和其他资源在社会生产各行业的合理配置，或者说一般均衡，是确定商品价值的前提。在简单商品生产条件下，社会生产达到一般均衡的条件是简单劳动者在不同行业的劳动收获与劳动付出之比相等。在这一条件下，简单劳动者不再流动，从而达到一般均衡。用公式表示就是

$$\frac{劳动收获_1}{劳动付出_1} = \frac{劳动收获_2}{劳动付出_2} = \cdots\cdots = \frac{劳动收获_n}{劳动付出_n}$$

这里，下标1、2、…、n等等，表示不同的行业。

假定劳动付出$_1$＝劳动付出$_2$＝……＝劳动付出$_n$，那么简单商品生产的一般均衡条件就是

$$劳动收获_1 = 劳动收获_2 = \cdots\cdots = 劳动收获_n$$

不同行业的产品异质，如何才能使得各行业的劳动收获相等？这就是通过各行业异质产品之间的交换比例来实现。我们知道，这个交换比例就是商品的价值规定性，它反映的是同样的付出有同样的收获，并因而表明商品交换是等量劳动的交换。

----

① 这里要注意，哪怕个别劳动与社会必要劳动一致，我们也不能把个别劳动直接当作社会必要劳动。比如，即便假设劳动在社会生产各行业达到合理配置，这样的劳动仍然是个别劳动，需要经过商品交换，才蝶化为社会必要劳动。也就是说，只有实现了其价值、卖掉了的劳动，才能称为社会必要劳动。

② 这里顺便提一下，根据劳动价值生产率的标准定义，在简单商品生产条件下，复杂劳动作为倍加的简单劳动，其个别劳动时间低于社会必要劳动时间，因而劳动价值生产率较高。但我们不能反过来说，劳动价值生产率较高的劳动就是复杂劳动。比如，在机器生产的条件下，劳动被大大简化，劳动价值生产率更多地取决于机器的效率，而不取决于劳动者个人。所以，反命题不成立。

上述结论用劳动生产率来表示，就是

$$劳动生产率_1 = 劳动生产率_2 = \cdots\cdots = 劳动生产率_n$$

由于不同行业的产品异质，行业间的劳动生产率的比较只能是劳动价值生产率的比较，即

$$劳动价值生产率_1 = 劳动价值生产率_2 = \cdots\cdots = 劳动价值生产率_n$$

由此可见，劳动价值生产率相等，即同样的劳动付出创造的价值相等，就是在简单商品生产条件下商品等价交换的本质规定性，就是商品价值的规定性。

在资本生产条件下，社会生产达到一般均衡的条件是各行业的资本利润率相等，形成一般利润率。在这一条件下，资本不再流动，从而达到一般均衡。用公式表示就是

$$利润率_1 = 利润率_2 = \cdots\cdots = 利润率_n = 一般利润率$$

这里，下标 1、2、…、n 等等，表示不同的行业。

如果行业利润率相等是资本生产的一般均衡条件，那么各行业的劳动价值生产率相等自然就不是一般均衡条件，或者说，在一般均衡条件下，各行业的劳动价值生产率就可能不相等，即

$$劳动价值生产率_1 \neq 劳动价值生产率_2 \neq \cdots\cdots \neq 劳动价值生产率_n$$

这样一种情形意味着在资本生产达到一般均衡时，各行业间的劳动付出与劳动收获不匹配，同样的劳动付出没有获得同样的收获。从简单商品生产的角度看，这意味着劳动在社会生产各行业的配置还未达到最优，还未达到一般均衡。但从资本生产的角度看，这恰恰是一般均衡的结果，是资源配置达到最优的结果。

显然，这里存在着一个"资源配置最优的标志"问题：是"一般均衡"标志，还是"劳动价值生产率相等"标志？在简单商品生产中，这两个标志是一致的。但在资本生产中，这两个标志是不一致的，那我们该选哪一个？

答案其实是清楚的。所谓"资源配置最优"，并不是抽象的存在于真空中的最优，而是存在于具体的生产方式、具体的社会经济形态中的最优，是由具体的生产方式、具体的社会经济形态决定的。所以说，在资本生产方式中，资源配置达到最优的标志不是别的，就是行业利润率相等，就是行业利润率相等条件下的一般均衡[①]。

因此，我们就有如下结论：在资本生产条件下，行业利润率相等是一般均衡的条件。在一般均衡条件下，各行业商品的价格与价值一致，或者说，一般均衡价格就是商品价值。在一般均衡价格下，商品交换是等价交换，是相等价值或等量劳动的交换。所谓商品价值，就是社会必要劳动，或者说，相交换的等量劳动的"劳动"就是社会必要劳动。社会必要劳动就是与社会需要相协调的劳动。个别劳动通过劳动同一化方程式，蝶化为社会必要劳动[②]。

---

① 由于资本生产在达到一般均衡时，各行业的劳动价值生产率不相等，社会一般劳动生产率就由各行业生产的价值总和除以劳动者总付出（劳动者总人数）而得出。

② 这里当然可以进一步追问：为什么在同样的劳动付出没有得到同样的收获——即各行业的劳动价值生产率不相等的情形下，资本生产的资源配置可以达到最优？这就要从各行业资本生产与社会需要的协调，各行业的资本有机构成不同，机器垄断所决定的内部分工原则等等方面进行分析。打个比方的话，就相当于前面例举过的同样的劳动耕种的肥沃程度不同的土地，其收获不一样，但这并不意味着农业生产资源没有达到最优配置。

新概念

一般均衡价格　　　　　　劳动同一化方程式

拓展思维：价值转形理论的百年之争。

9.5　过剩、竞争与行业发展

从政治经济学角度看，一般均衡机制就是价值规律。而从价值规律角度来审视一般均衡，对于学过政治经济学的中国读者来说，就很熟悉了。前面说过，价值规律的表现形式就是价格围绕价值上下波动。换言之，市场经济其实并不能达到一般均衡，而只是把一般均衡当作重力中心，像钟摆一样左右摆动。由于社会需要的变化和社会生产的变化，重力中心还会移动，从而导致钟摆的摆动漂移。陈平把市场价格机制比喻为一个走路偏偏倒到的醉鬼，则更形象。

钟摆的摆动就是价格信号。如果某个行业价格高于价值，就是投资信号。如果某个行业价格低于价值，就是退出信号。这就是市场调节机制。但是，由于资产的专用性，投资就如同加入黑社会，进去容易退出难，从而形成市场经济的过度投资和产能过剩常态。

从市场机制本身看，之所以出现过度投资和行业产能过剩，是因为市场经济条件下的投资决策是分散的。一旦有了投资机会，资本都会蜂拥而上，从而造成产能过剩。有人认为资本是理性的，不会一拥而上，但事实上，资本的理性就是有了投资机会就要进入。如果不进入，才是不理性。这就是市场经济的追涨杀跌。如果你不明白，就证明你没有炒过股，因为股票市场就是这样的，就是市场经济活生生的写照。

这里还须指出，完全竞争条件下的一般均衡只是一种理想状态、一种理论思维。在现实的市场经济中，完全竞争是不存在的，垄断、寡头与垄断竞争才是市场经济运行的一般方式。西方经济学把行业利润率相等和一般均衡视为现实市场经济运行的结果，认为市场机制可以自动实现一般均衡，其实是虚构了一个市场经济的乌托邦，其实是一种意识形态。

与自发的市场机制相比，计划机制在资源配置方面反而是很有效率的，是优于市场的。这在 20 世纪 30 年代的计划与市场的大论战中就已经得出了结论。道理也很简单，根据当前需要与长远需要，根据国家发展规划，制定发展战略和产业政策，集中投资决策，合理进行生产力布局，大力推进技术创新，本来就比一窝蜂赶热闹要优越得多。用政治经济学语言说，市场与计划的区别就是价值规律盲目发生作用与自觉利用价值规律的区别。当然，这样一种见解并不意味着我们要回到传统计划体制的老路上去，本书最后一章将讨论这个问题。

不过，辩证法讲一分为二。任何事物既有好的一面也有坏的一面，或者说，既有坏的一面也有好的一面。在市场经济条件下，行业产能过剩是常态。但正因为过剩，就会引起企业间的竞争，而竞争又迫使企业提高劳动生产率，降低成本，迫使企业创新。如果行业需求与行业供给协调，乃至行业需求旺盛，供给不足，企业只管开足马力生产就行了，还需要竞争什么，还需要创什么新。

所以，过剩固然是浪费，是资源配置错位，但这又有利于竞争，有利于创新。不过，你不能一根筋推证下去，认为过剩或竞争就必然带来创新，越过剩越好。创新本无规律。竞争只是创新的外因，但能否创新，还要看内因。完全有可能出现这样的情形，即竞争没有产生出创新，而只是相互杀价，导致一起毁灭；或用不正当手段进行竞争，导致劣币驱逐良币的逆向选择。

从行业发展的趋势看，有个产业周期理论。行业初兴之际，叫做新兴产业；从初兴发展到稳定，叫做成熟产业；从稳定发展到没落，叫做夕阳产业。根据这个理论，新兴行业百舸争流，过剩当然多一些，竞争也激烈，乃至出现这样或那样的泡沫。一旦行业发展到稳定阶段，该发展的都发展了，该破产的都破产了，就剩那么几家企业，叫做垄断或寡头。这时候供需大致平衡了，市场瓜分了，也没有什么激烈竞争，这就算成熟产业了。那么垄断就不能创新？也未必。垄断企业财大气粗，这也是创新的有利条件。事实上，大多数有商业价值的创新都来自大公司、大企业，无他，垄断企业有这个资金和这个组织能力。但若垄断企业长期无创新，也就没落下去，叫做夕阳产业了。

到目前为止，我们所说的行业过剩可以叫作结构性过剩。某个行业过剩了，另一个行业则可能需求旺盛。但如果所有行业都出现了价格低于价值，出现了全面的生产过剩或产能过剩，那就意味着市场经济出了大问题，叫作经济危机。

迄今为止，我们一直有一个基本假设，即商品在生产出来之后，实现其价值是没有问题的，也就是说，我们一直假设社会需要在总量上与社会生产相协调。但假设的作用只是为了研究方便，是为了根据研究主题的需要，考察其主要因素，忽略其次要因素。如果把假设当作现实，那当然是错误的。微观经济学以萨伊的"供给自动创造需求"思想为指导，用一般均衡理论证明市场经济是自洽的。但这个理论是错误的。倒是凯恩斯指出了需求不足的事实，从而有了宏观经济学。在本书后半部分，我们将从宏观角度展开研究。

新概念

过度竞争	过度投资	市场经济乌托邦
发展规划	发展战略	产业政策
产业周期	新兴产业	成熟产业
夕阳产业	结构性过剩	全面过剩

拓展思维：重庆经验。
拓展思维："十三五"规划。
拓展思维：日本的产业政策。
拓展思维：美国的产业政策。
拓展思维：陈平："中国历史定位：是追求高收入，还是占领制高点？"

9.6 农 业

当我们研究行业内竞争和行业间竞争时，我们隐含地假设所研究的企业和行业就是工业制造企业和行业。在这类企业和行业中，基本生产要素就是机器与劳动力。土地作为一般性劳动资料，作为工作场地，所起的作用可以忽略不计。但是，还有另一类企业和行业，在其生产经营过程中，土地发挥着重要的乃至决定性的作用。这类行业包括农业、房地产业和自然资源行业，可以称为初级产品行业或初级产业。这些行业需要专门研究，我们以农业为例分析一下。

与制造行业相比，农业的情形有些特别。一个简单的例子就是，在一块肥沃的优等地上耕种与在一块贫瘠的面积相同的劣等地上耕种，付出的劳动相同，但产量却不同。也就是说，同样的劳动创造的价值不相同。原因不言而喻，土地的肥沃程度当然要对劳动生产率和产量产生影响。

假设农业生产已经资本化，由农业资本家来经营。从社会需要的角度看，仅仅耕种优等地所获得的粮食不足以满足社会需要。必须耕种劣等地，乃至更劣等的土地。但要吸引农业资本家投资耕种劣等土地，就必须让这些资本家获得一般利润率。因此，与制造行业不同，耕种最劣等土地，因而劳动生产率最低的农业企业的个别劳动时间就为行业的一般劳动时间。与之相比，其他农业企业耕种肥沃程度不等的土地，劳动生产率较高，同样的劳动付出有更大的收获，从而能够获得不同程度的超额利润。

在土地私有制条件下，农业资本家向土地所有者租种土地。由土地的肥沃程度不同而带来的超额利润就要作为地租，支付给土地所有者。农业资本家则获得相当于一般利润率的利润。这种由土地肥沃程度不同（考虑到物流成本，可能还包含地理位置不同的因素）所带来的地租，称为级差地租。也就是说，土地越肥沃，超额利润越大，地租的额度就越大。

我们把由土地的自然肥沃状态带来的级差地租称为级差地租Ⅰ，这是因为还有级差地租Ⅱ。农业资本家通过农业科学技术进步，改良土地，增加灌溉设施，加强田间管理，也就是说，进行追加投资以提高劳动生产率，从而获得超额利润。在土地租约期内，这种超额利润归农业资本家所有。但在下一租约期，这个超额利润就有可能归土地所有者，从而形成级差地租Ⅱ。

因此，土地租约期的长短就是一个重要因素。土地所有者希望签订短期租约，以图获得级差地租Ⅱ。农业资本家则希望签订长期租约。如果土地租约期太短，农业资本家就不愿意追加投资，反而会掠夺性地使用土地。这就反映了土地所有者与农业资本家的矛盾。

对于耕种最贫瘠土地的农业资本家来说，不存在级差地租问题。但由于土地私有制，他必须缴纳地租才能租到土地。这种地租称为绝对地租。它起因于由可耕种土地数量的有限性和土地私有制所形成的土地垄断。因此，农产品的价格就有不等价交换的垄断价格特征，其价格与价值的差价，就形成绝对地租。

除了地租问题之外，农业生产面临的另一个问题是靠天吃饭，生产周期长，产量难以控制。风调雨顺的年头可能丰收，但若遇到干旱或洪涝，则可能减产乃至绝收。

假设以农作物的自然生长周期为生产周期，我们就可以得到农业企业的成本结构图，如图 9.12 所示。

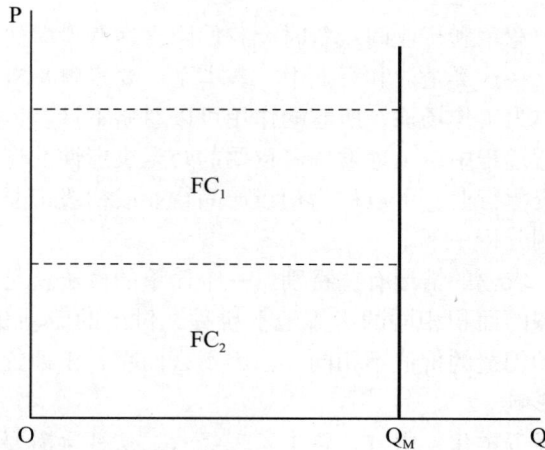

图 9.12　农业企业的成本结构图

在图 9.12 中，农业企业的成本只有固定成本，而没有流动成本。这是因为农业企业一旦播种生产，就是一个连续生产过程。随后的投入，比如人工、化肥、灌溉、农药等等，都不可更改，与产量无关。不过也因此，固定成本就分为 FC_1 和 FC_1 两部分。FC_1 是指与当期生产不相关的固定成本，包括地租（如果是长期合约的话）、固定资产折旧、贷款利息等等。FC_2 是指与当期生产相关的固定成本，比如种子成本、人工、化肥、农药等等的成本。

根据图 9.12 的成本结构图，可以得出农业企业的供给曲线，如图 9.13 所示。

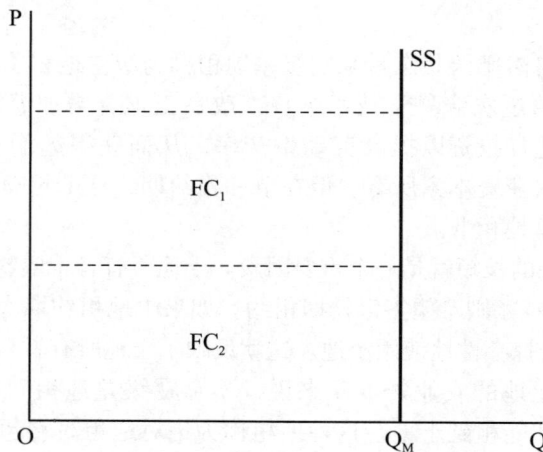

图 9.13　农业企业的供给曲线

在图 9.13 中，农业企业的供给曲线 SS 就是企业的最大产量线 Q_M，是一条垂直线。

它有几个特点：①农业企业一旦播种生产，产量就已经既定，就是最大产量，不能调整。②最大产量不仅取决于生产成本，还取决于气候等自然条件。③在收获季节，如果不考虑惜售，则不论市场价格多低，都必须全部出售。因此，供给曲线就是最大产量线 Q_M。

因此，农业企业的生产决策的调整只能是跨期调整，即在下一个春播季节决定继续生产，还是改变品种或撂荒，从而表现为企业供给曲线在下一个生产周期的左移或右移的变化。

将当期所有农业企业的供给曲线水平加总，就得到行业供给曲线，如图 9.14 所示。

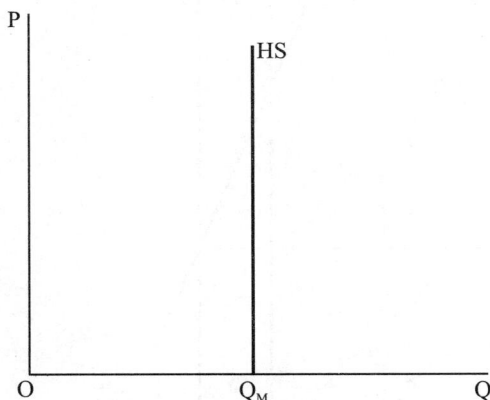

图 9.14　农业的行业供给曲线

在图 9.14 中，农业的行业供给曲线 HS 就是行业的最大产量 Q_M，是一条垂直线。这好理解：既然农业企业的供给曲线是企业的最大产量线 Q_M，那么行业的供给曲线也应是这样。不用说，行业的供给调整也是跨期调整，表现为行业供给曲线在下一个生产周期的左移或右移的变化。

现在，把农业的行业需求曲线加入图 9.14，就得到农业的行业供需图，如图 9.15 所示。

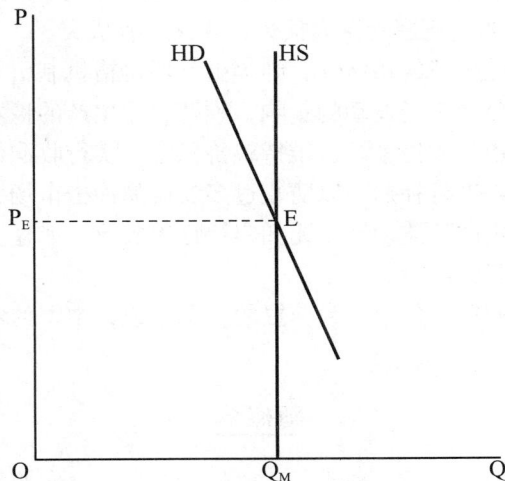

图 9.15　农业的行业供需图

在图 9.15 中，农业的行业需求曲线 HD 与行业供给曲线 HS 相交于 E 点，从而得到均衡市场价格 P_E。各农业企业根据自己的成本收益，确定自己的利润或亏损。

由于农业的行业供给曲线受气候等自然因素的影响而不固定，在行业需求曲线既定的前提下，如果因为风调雨顺而丰收，行业供给曲线就在更大产量的位置，或因为洪涝干旱而减产，行业供给曲线就在更小产量的位置，如图 9.16 所示。

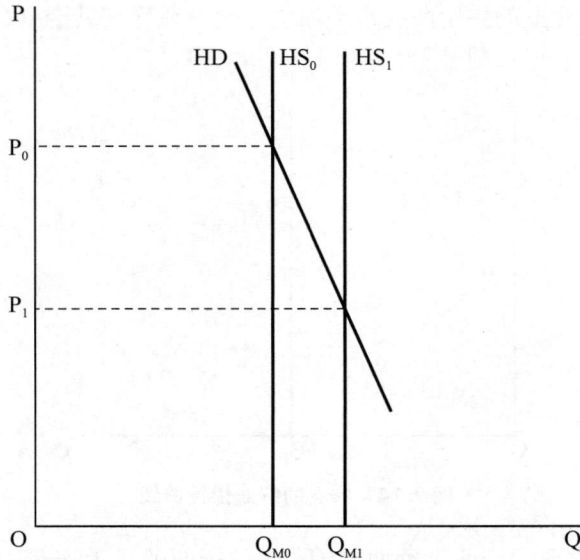

图 9.16　农业丰收

在图 9.16 中，假设在基期，行业产量为 Q_{M0}，供给曲线 HS_0 与需求曲线 HD 相交，形成均衡价格 P_0。现在假设需求不变，当期农业丰收，行业产量增加为 Q_{M1}。由于农产品一般属于必需品，需求曲线较陡峭，其结果，产量增加导致均衡价格较大幅度下降，达到 P_1。这就会导致农业企业遭受巨大损失，叫作丰收成灾。

由此可见，由于农业生产的特殊性，纯粹由市场价格机制引导是不行的，需要政府干预，由政府保护农业免受市场波动的影响，维持农业生产的稳定。政府可以采取各种对策，比如建立粮食储备与调控系统以维持粮价稳定；实行收购保护价，或对农业企业进行补贴；也可以对轮耕进行补贴，以防止过多农产品冲击市场，等等。当然，也可以通过市场方式解决农业生产的波动性，比如实行订单农业，或建立农产品期货市场，从而分摊农业企业生产经营的风险。

上述研究是以农业的资本化生产为前提的。不用说，中国的农业发展和农村改革有其特殊性，需要专门研究。

新概念

初级产业	农业	农业的资本生产
土地所有者	农业资本家	土地合约

地租　　　　　　　　级差地租 I　　　　　　级差地租 II
土地垄断　　　　　　绝对地租　　　　　　　农业企业成本结构图
农业企业供给曲线　　农业行业供给曲线　　　农业行业供需图
丰收成灾　　　　　　政府保护农业　　　　　粮食储备系统
收购保护价　　　　　农业补贴　　　　　　　订单农业
农产品期货市场

拓展思维： 自然资源行业的供需分析。
拓展思维： 美国的农业。
拓展思维： 日本的农业。
拓展思维： 中国的"三农"问题。
拓展思维： 期货市场。

附录

信息不对称理论

到目前为止的所有研究，都隐含着一个基本假设：充分信息。企业老板有完全的生产信息和市场信息，消费者很清楚自己的选择，很清楚产品的质量规格等。但现实世界的信息是不充分的。而一旦把这些因素考虑在内，许多结论将发生变化。

如果信息不充分，交易双方就可能出现信息不对称，也就是说，交易一方掌握的信息比另一方多。尽管在此前的研究中，我们隐含地假设交易双方是平等的，但由于信息不对称，交易双方的地位其实是不相等的。

一个典型的例子就是消费者购物。对于交易的货物，卖方所知道的信息肯定多于买方，因而在实际交易中处于有利地位。消费者往往容易吃亏上当。这也是政府制定《消费者权益保护法》的重要原因。

消费者购物的例子属于信息不对称所导致的逆向选择。我们经常说，市场经济是竞争经济，是优胜劣汰。但由于存在信息不对称，就有可能出现劣胜优汰，劣币驱逐良币。这就叫作逆向选择。如果假冒伪劣商品充斥市场，那么合法经营的企业就无法生存下去。这样的市场经济就是一个"坏"市场经济，就不能起到鼓励竞争、提高效率的作用。

当然，信息不对称是一个客观现象，即便市场经济体制是完善的，也免不了逆向选择。比如，旧货市场、保险市场或信贷市场的情形就可以用逆向选择来解释。

除了逆向选择外，道德风险是信息不对称的另一种情形。它是指在交易之后，交易一方由于不可能掌握另一方的完全信息，导致交易另一方未尽到自己应尽的责任。典型的例子就是管理中的委托代理问题。老板雇用工人，或聘请经理来经营公司，但老板难以知道工人或经理是否尽心尽责。出工不出力、吃里扒外的现象在所难免。另一个例子就是保险公司的财产险。投保之后，投保人可能会认为反正有保险公司赔偿，就对保护财产不上心，导致财产损害的风险增大，从而增大了保险公司的赔付成本。

由于信息不对称是交易中的一般现象，因此需要针对不同的信息不对称问题，提出不同的解决措施。对于交易的逆向选择，政府用行政手段对一些交易进行纠正是可行的，比如《消费者权益保护法》。私人也可以自我解决逆向选择问题，比如给出强有力信号，表明自己或自己的产品是高质量的。举例来说，在劳动力市场上，教育信号是强有力信号。名牌大学的学生之所以受欢迎，不是因为他在名牌大学学了什么独得之秘，而是他考上名牌大学本身就证明他的水平，因而哪怕是在大学混四年，也比其他大学的毕业生好找工作。

对于道德风险问题，也有不同的解决措施。比如，老板在工作场所安装监控设施，防止员工偷懒，或实行大棒加胡萝卜政策，威胁加利诱并用。对于经理阶层，则制定适当的激励政策，使经理的个人利益与公司利益相一致，等等。这就属于管理学研究的问题了。

新概念

完全信息	不完全信息	信息不对称
逆向选择	道德风险	

第 10 章　现实中的竞争

10.1　垄断的供需分析

在行业内部的竞争中，劳动生产率高、生产成本低的企业可以获得超额利润，从而有扩张动力。由于存在规模效益，扩张可以进一步提高劳动生产率，从而挤垮其他企业，导致行业生产的集中。生产的集中就会导致垄断。垄断，是市场竞争的归宿。

微观经济学把垄断分为独家企业的垄断、垄断竞争和寡头等类型。我们先分析独家企业的垄断，简称垄断。

如果一个行业只由一个企业构成，这个行业就是垄断行业，这个独家企业就是垄断企业。一个行业是由一种产品或一个市场界定的。如果一个企业是某种产品的唯一生产者或唯一卖者，而且产品是独特产品，没有相近的替代品，这个企业就是垄断。

但是，如何界定产品的独特性和相近的替代品，是一个问题。在一个市场层面上算垄断，但在更广泛的市场上就可能为竞争。高铁由铁总专营，算是垄断。但从更广泛的交通运输市场层面看，高铁又与民航、高速公路、普通铁路展开竞争。陈麻婆豆腐是垄断，但如果与李麻婆、张麻婆放在一起，豆腐品市场又是一个竞争市场。

因此，有人就认为唯一的垄断来自政府。政府给予一个企业排他性生产和经营某种产品或劳务的权利，就形成垄断。这有一定道理，比如，专利就是一种标准的垄断。这种是垄断还是竞争的争论估计还会继续下去。

我们现在鼓励竞争，说竞争产生效率。这话有道理，竞争是促进社会生产进步的动力。但从生产者角度看，每一个生产者都巴不得自己能够垄断，因为垄断能够赚钱。

垄断为什么能赚钱？垄断真的能赚钱吗？现在就来分析一下。

图 10.1 就是垄断的基本图。这个市场只有一个企业，企业供给曲线就构成行业供给曲线，而先缓后陡、最后几乎垂直的凸形行业需求曲线就是企业需求曲线。

在图中，行业需求曲线与供给曲线相交于 E 点，形成对应的均衡价格 P_E，叫作垄断价格。P_E 高于企业成本价格 P_0，从而产生利润，即 $\prod$ 面积。由于其他资本不能进入，在其他条件不变时，这个利润将一直存在，称为垄断利润。这就是垄断赚钱的原因。

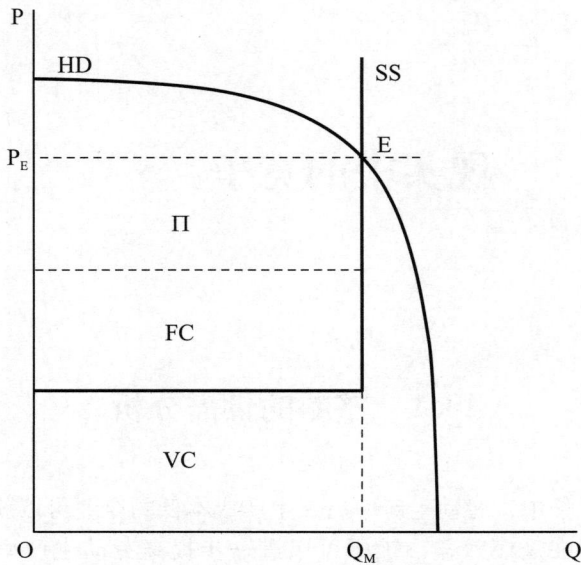

图 10.1　垄断供需

但是，若均衡价格 P_E 低于企业成本价格 P_A，即便垄断，也会出现亏损，如图 10.2 所示。

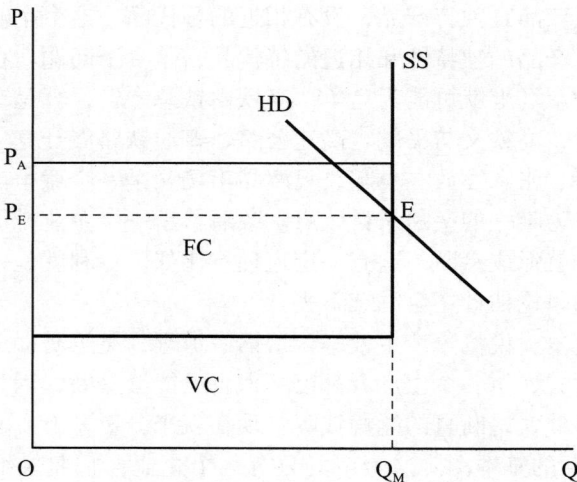

图 10.2　垄断亏损

在图 10.2 中，P_E 低于企业成本价格 P_A，企业出现亏损。这种情况之所以发生，可能出于两方面原因：

（1）平均流动资本上升，可能是因为劳动者工资水平提高，或者，作为原材料的中间产品价格上涨，从而导致产品平均成本超过均衡价格。

（2）需求萎缩导致需求曲线左移，由此形成的价格低于产品平均成本，通常所说的夕阳产业就属于这种情形。在日常生活中，一些传统手工艺、传统艺术行业也属于这种情形，导致这些行业后继无人。

谁说垄断一定赚钱？

如果需求不断萎缩，需求曲线不断左移，就有可能出现如图 10.3 的情形。

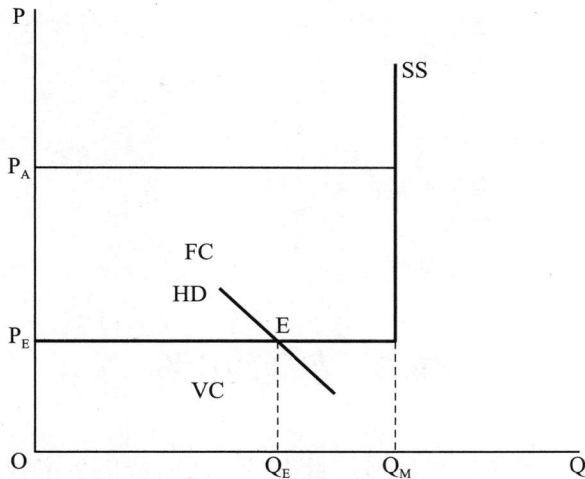

图 10.3　无奈供给

在图 10.3 中，由于需求如此萎缩，以至于需求曲线与供给曲线相交于供给曲线的横线段。均衡价格 P_E 与平均可变成本相等，产量与销售量严重不足。

我把图 10.3 所显示的情形称为无奈供给[1]。在这种情形下，生产是部分机组的生

---

[1]　应该说，无奈供给的价格一般要高于平均流动成本，如图 10.3（附）所示：

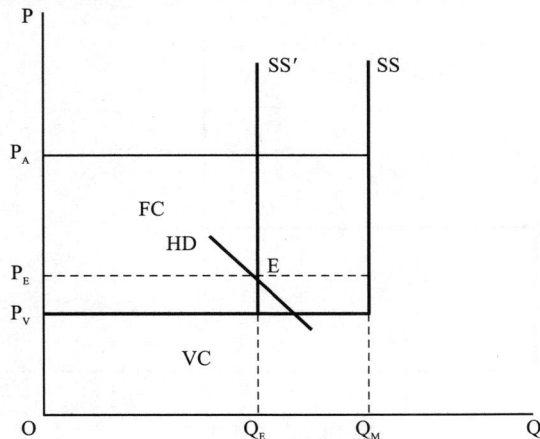

图 10.3（附）　无奈供给的一般情形

图中，企业确定高于平均流动成本 P_V 的价格 P_E，与需求曲线 HD 相交于 E 点。企业供给曲线竖线段左移至 SS′，达到 E 点，从而获得均衡产量 Q_E。

产，这是夕阳产业走向灭亡的最后阶段。在这一个再生产周期结束后，企业就会退出这个行业。在日常生活中，我们常常看见一些生意寥落的店面或餐馆还在开门营业，就属于这种情形。

新概念

垄断	垄断供需图	垄断价格
垄断利润	无奈供给	

拓展思维：中国的高铁。
拓展思维：烟草专卖与食盐专卖。
拓展思维：美国医生的收入。
拓展思维：微观经济学的垄断理论。

10.2 垄断的代价

垄断为人诟病，在于垄断高价和产量不足，从而造成效率损失。下面具体分析一下。

（一）垄断高价

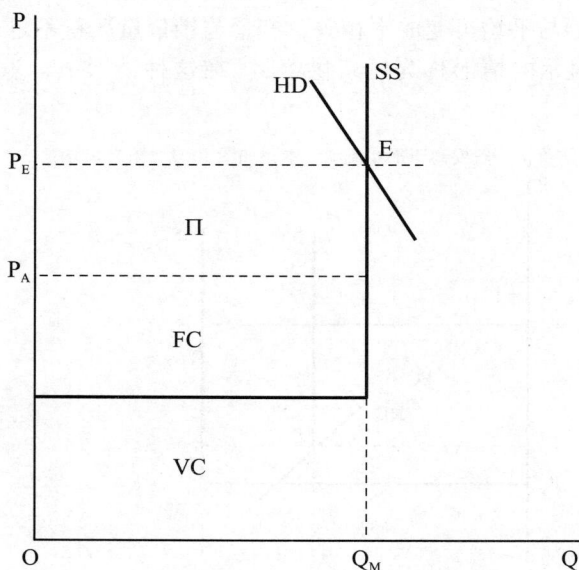

图 10.4 垄断高价

在图 10.4 中，行业需求曲线与垄断企业的供给曲线相交于 E 点，形成垄断价格 P_E，在这个价格下，企业获得∏面积的利润。如果据此得出的利润率高于一般利润率，

那么 P_E 就属于垄断高价。

如果垄断企业利润率高于一般利润率，就意味着没有达到一般均衡，社会资源没有得到合理配置，在效率上就有损失。但这也要分为各种具体情形。比如，专利造成的垄断高价固然造成效率损失，但却有助于激励创新，利多于弊，因而不能废除专利制度。

（二）产量不足

垄断企业面临着一条向右下方倾斜的行业需求曲线。这就意味着，它不是市场价格的接受者，而可以通过控制产量，影响市场价格。图 10.5 展示了这种情形。

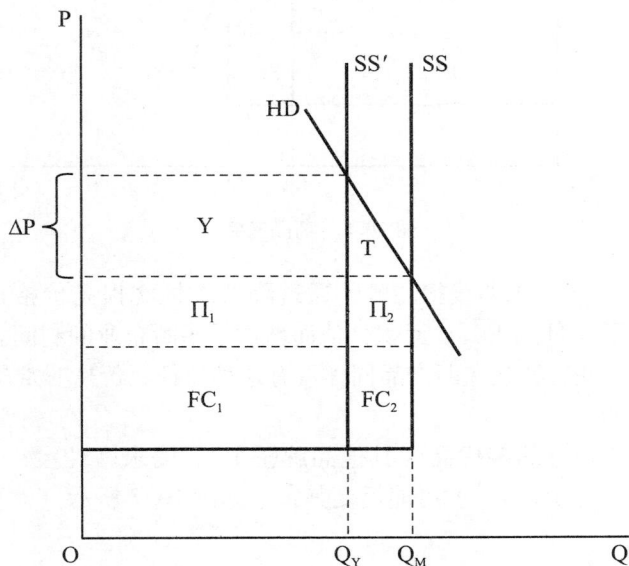

图 10.5　垄断与产量不足

在图 10.5 中，垄断企业把产量从最大产量 Q_M 减少到 Q_Y。这一行为导致产品价格上升，从而获得了从消费者那里转移过来的 Y 面积的增加利益，但同时也失去了（$\Pi_2 + FC_2$）面积的利益。从消费者一面看，除了损失 Y 面积外，还要损失 T 面积的消费者剩余。换言之，垄断者减少产量会导致（$\Pi_2 + FC_2 + T$）面积的利益纯损失，称为无谓损失。

不过，垄断企业会减少产量吗？

从垄断企业角度看，只有在 Y 面积大于（$\Pi_2 + FC_2$）面积时，才能获得更大利润。Y 面积的大小取决于基数产量 Q_Y 的大小与价格增加幅度 ΔP，而 ΔP 则取决于需求曲线的倾斜程度，即取决于需求曲线弹性的大小。如果 Y 面积小于（$\Pi_2 + FC_2$）面积，那么垄断企业减少产量以提高市场价格的行为不仅不能获益，反而会受损。

例一：药品市场

药品，特别是一些与生命攸关的特殊药品，由于没有相近的替代品，其需求弹性就很小，需求曲线就很陡峭。若垄断企业降低产量（提高价格），就有利可图。如图 10.6 所示。

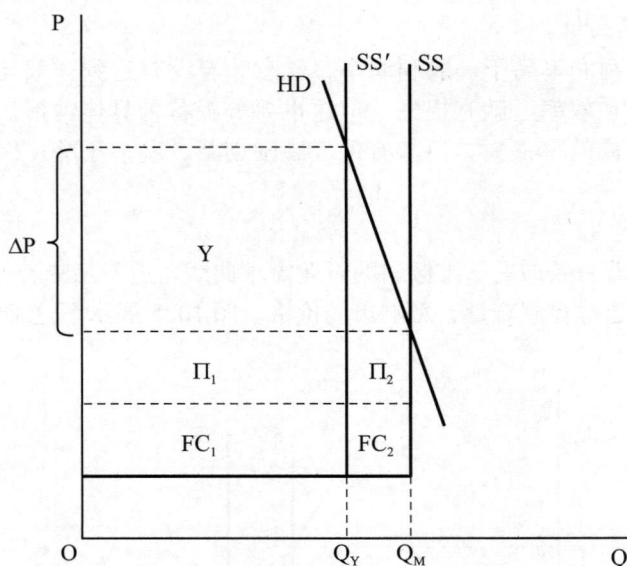

图 10.6　药品垄断

　　在图 10.6 中，由于需求曲线很陡峭，通过降低产量（提高价格），使得 Y 面积大幅增加，大大超过了（$\prod_2$ + FC_2）面积，从而增加了垄断企业的利润。这就是某些药品价格奇高的原因。一些高科技垄断产品同样具有这种特征，价格非常昂贵。

　　例二：轿车市场

　　某一品牌轿车有相近的替代品（其他品牌轿车），需求弹性大，需求曲线很平缓。若企业降低产量（提高价格），就可能反受其害。如图 10.7 所示。

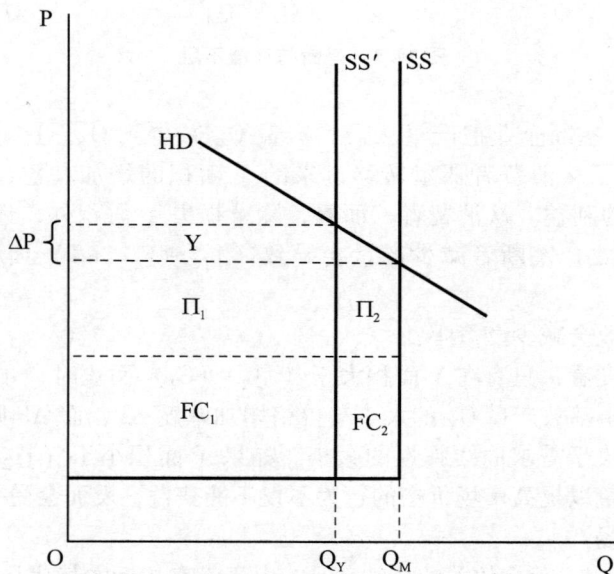

图 10.7　轿车市场

在图 10.7 中，由于需求曲线很平缓，若降低产量（提高价格），那么 Y 面积增加有限，大大低于（$\prod_2 + FC_2$）之所失面积，从而降低了企业的利润。因此，企业的正确做法是提高产量（降低价格），直至最大产量 Q_M，这样才能获得最大收益。

（三）价格歧视

垄断企业获得垄断利润的一个常见方式，就是把同一种商品按照不同价格卖给不同顾客。这样一种销售方式叫作价格歧视。

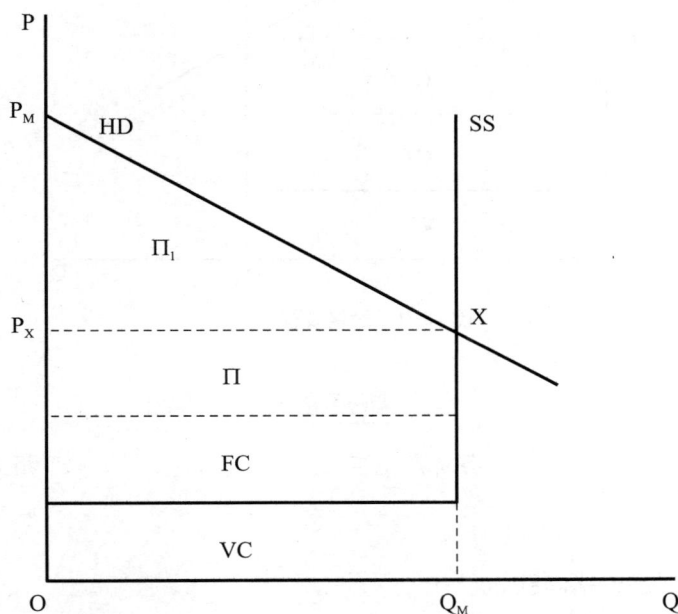

图 10.8　价格歧视（一）

图 10.8 展示了价格歧视。图中，假设行业需求曲线 HD 与垄断企业供给曲线相交于 X 点，形成市场价格 P_X。按此价格销售所有产品，企业获得面积 $\prod$ 的利润。

现在企业决定按拍卖的方式，一次销售一份产品，出价最高者获得产品。比如，根据行业需求曲线，第一次拍卖就可能卖出 P_M 的最高价格，第二次拍卖可能卖出次高价格。以此类推，直至拍卖掉最后一份产品。其结果，垄断企业获得了相当于面积 $\prod_1$ 的增加利益，而这个增加利益的来源就是消费者剩余。

价格歧视是生活中常见的现象。常见的形式是实行两个价格，如图 10.9 所示。

在图 10.9 中，通过某一种方式把顾客分为两群。对顾客群体 1 按价格 P_1 销售，对顾客群体 2 按价格 P_X 销售，其结果，垄断企业获得了相当于面积 $\prod_1$ 的增加利益。在实际生活中，这类价格歧视的常见例子包括飞机的头等舱与经济舱，书店的精装书与平装书，超市收市时的打折面包等等。

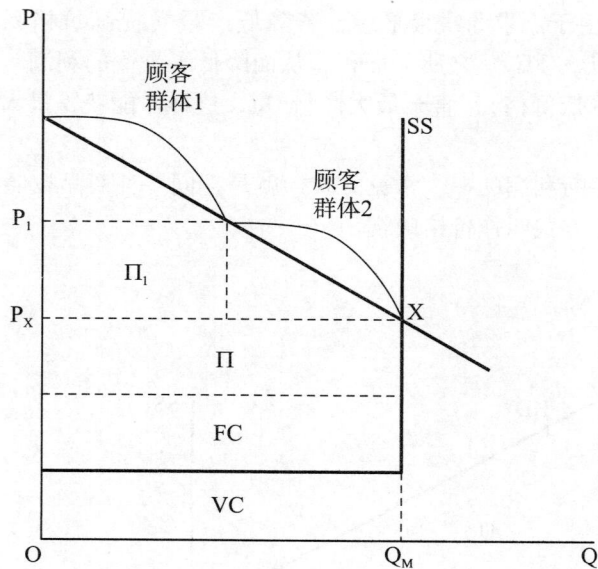

图 10.9　价格歧视（二）

新概念

垄断高价　　　　　　　　垄断产量不足　　　　　　　无谓损失
价格歧视

拓展思维： 药品价格问题。
拓展思维： 打折机票。
拓展思维： 麦当劳餐厅的优惠券。

10.3　自然垄断

现在我们来研究一类特殊垄断，即自然垄断。

微观经济学认为，如果产品平均成本随着产量的增加而降低，就会出现自然垄断。但这个解释是错误的。由于存在着规模效益和固定成本的分摊，几乎所有工业企业的产品平均成本都会随着产量的增加而降低，最终都可能形成垄断。这也是大公司乃至跨国公司得以产生的原因。

自然垄断，如果正确理解的话，是从生产的成本结构方面来定义的。如果生产某一种产品的固定成本（FC）巨大（或政府给予排他性专营），但平均流动成本（AVC）很小，而且其产量足以满足整个市场需要，这种产品就是自然垄断产品，生产这种产品的企业就可以形成自然垄断。

自然垄断的典型例子就是知识产权产品，比如 Windows 系统、好莱坞电影、金庸的武侠小说等等。互联网、广播电视系统、电信系统等等，也属于自然垄断行业。制药厂开发一种药品时投入巨大，但生产这种药品的平均流动成本却极低，从而形成自然垄断。自来水公司铺设管道时投入巨大，但在管道铺设好后，向居民供水的成本却很小，也形成自然垄断。

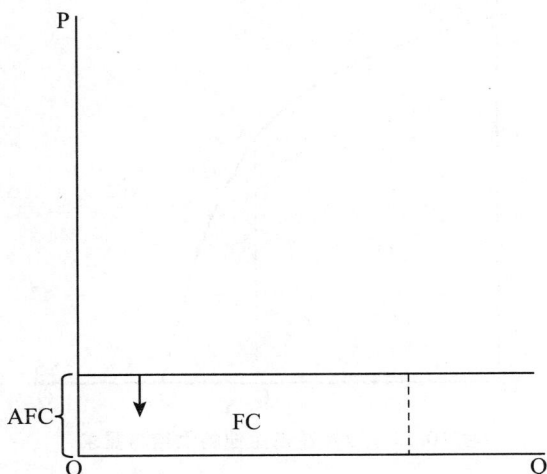

图 10.10　自然垄断企业的成本结构

图 10.10 是一家典型的自然垄断企业的成本结构图。由于平均流动成本很小，可以假设为 0。这就意味着产量可以无限增加。这样一来，巨大的固定成本因为产量的不断增加而不断被摊薄，平均固定成本（AFC）会不断降低。注意图中下指箭头，表明平均固定成本随着产量的增加不断降低。

据此，我们可以画出其供给曲线。如图 10.11 所示，由于我们假设平均流动成本为 0，因而该自然垄断企业的供给曲线就是坐标横轴。

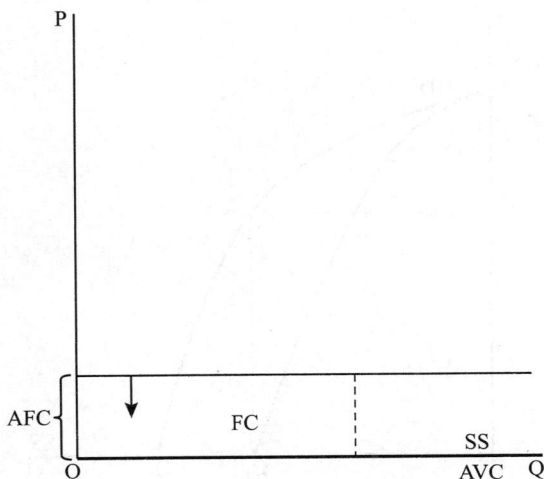

图 10.11　自然垄断企业的供给曲线

现在我们把行业需求曲线加入图 10.11 中，就得到自然垄断的供需曲线图，如图 10.12 所示。

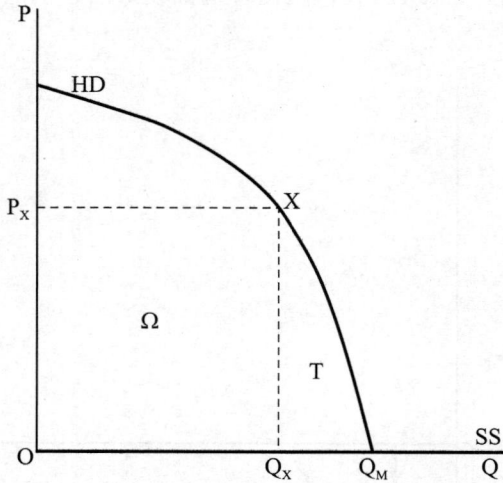

图 10.12　自然垄断企业的供给与需求

在图 10.12 中，自然垄断企业的最大产量点就是行业需求曲线与数量横轴的交点 Q_M。也就是说，即便产品价格为零，即便白送，市场也只能接受这么多产量，因而这也就是自然垄断企业的最大产量点（并非受制于产能）。

为了获得收益，自然垄断企业当然要减少产量，提高价格。如图 10.12 所示，若产量为 Q_X，价格则为 P_X，所获得的收益就是 Ω 面积。因此，使 Ω 面积最大的产量和对应价格，就是自然垄断企业的实际产量和市场价格。

我们可以根据简单的微分原理，用边际收益曲线来表示这个最大面积，如图 10.13 所示。

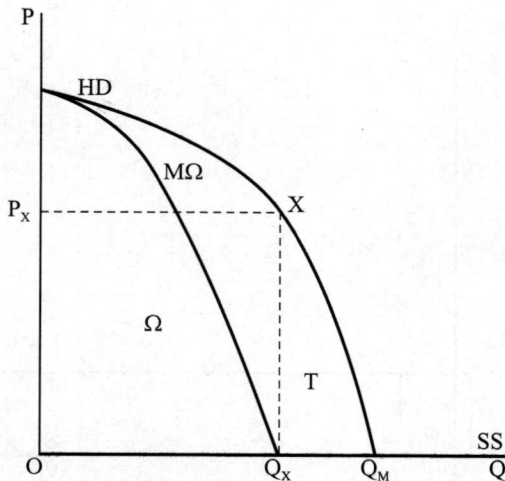

图 10.13　边际收益曲线与利益最大化

在图 10.13 中，边际收益曲线 MΩ 为行业需求曲线 HD 的求导。所谓边际收益，就是每增加一单位销售所带来的增加的收益。由于行业需求曲线向右下倾斜，当增加销售量时，市场价格就会降低，拖累已销售商品的收益减少，因而边际收益是递减的（这里不是西方经济学那个导出边际生产力论的生产的边际收益递减规律）。当边际收益与供给曲线横线段相交时，交点就是边际收益与边际成本的相等点，即 MΩ = AVC = MC，这一点的产量 Q_X 就是最大利益产量。

假设平均流动成本为 0，自然垄断企业的利润就为收益（Ω）减去固定成本（FC）。显然，若 Ω > FC，企业就有正利润。若 Ω < FC，企业就处于亏损状态。

从图 10.13 中可以看到，自然垄断导致消费者剩余的损失为（Ω + T）面积。Ω 面积转移给了自然垄断企业，但 T 面积是无谓损失。从逻辑上讲，为了避免无谓损失，实现最大效率，自然垄断行业产品的价格应该与平均流动成本相等。但这样一来，企业不但无利可图，还要面临无法弥补固定成本的亏损，就没有人愿意投资办这样的企业了。

因此，对于自然垄断企业带来的效率损失，可以有不同的选择性对策：

（1）任其自然。这对创新型企业比较适用，比如各类计算机软件企业、制药公司等等。但这也涉及一些争论，比如，一些关键性药品的价格奇高是否合理？

（2）价格管制。通过政府的价格管制，也可以实现经济效率。这涉及政府如何定价，如何对自然垄断企业进行补贴，以保证其获得正常利润等问题。

（3）公有化。通过把自然垄断企业转为公用事业，把自然垄断商品转化为公共产品，实现免费供给或廉价供给，从而实现最大效率。这方面的例子包括免费的公园、体育场、图书馆、博物馆等等，或廉价的城市公交系统、供水系统、广电系统、互联网等等。

新概念

自然垄断	知识产权产品	自然垄断的成本结构图
自然垄断的供给曲线	自然垄断的供需图	
边际收益	边际收益曲线	
价格管制	公有化	

拓展思维： 微软公司。

拓展思维： 好莱坞的电影。

拓展思维： 公用事业的私有化。

10.4 垄断竞争

完全竞争只是经济学家的理想模型。现实生活中的企业竞争一般是垄断竞争，又叫做不完全竞争。比如，在超市购物，所买的所有商品应该都属于垄断竞争商品。

垄断竞争有两个基本特点：

（1）竞争是同一类产品的竞争，但产品之间有些差别。这些差别可能是真实的，比如产品的某些功能、某些规格的差别，但也可能是想象的，比如通过广告宣传或通过品牌差异形成的差别。

（2）对于生产者来说，该行业可以自由进入。但是由于市场规模有限，可能难以容下更多的生产者。一般说来，一个行业有几个企业，但不会太多。因此有时候，垄断竞争又与寡头难以区别。

对于垄断竞争企业来说，最重要的事情是保住或扩大自己的市场份额。自己的市场份额扩大，不仅意味着可以获得由生产规模的扩大所带来的规模效益，更重要的是，可以使竞争对手的市场份额减少，从而在竞争中取得优势。

我们可以画出垄断竞争企业的需求曲线①，如图 10.14 所示。

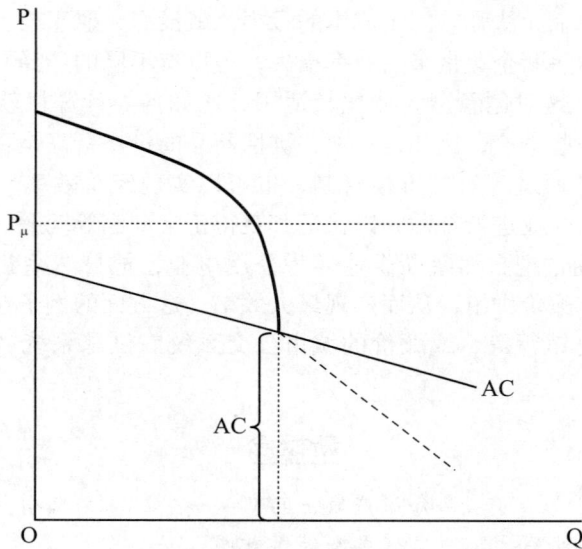

图 10.14 垄断竞争企业的需求曲线

在图 10.14 中，假设在价格 P_μ 时，各垄断竞争企业获得一般利润率，处于均衡：

（1）如果某企业降价，其他企业为避免丧失市场份额，将跟随降价。其结果，该企业降价并不能获得更多的需求，因而该段的需求曲线较为陡峭。注意，这个线段的实线终点离横轴有相当于平均成本（AC）的距离，随后是一段向右下倾斜的虚线，我们在后面再说明其原因。

（2）如果该企业涨价，其他企业将不会跟随，趁机获得该企业的市场份额。换言之，消费者将购买其他企业的更便宜的同类商品，使得该企业产品的需求大减。当然，也有一些忠于该企业品牌的老顾客会继续购买，使得该企业的需求量不至于降为 0。这

① 参见"寡头的折拗的需求曲线"，平狄克、鲁宾费尔德：《微观经济学（第 4 版）》，张军等译，中国人民大学出版社 2000 年版，第 393 页。

就使得该段的需求曲线比较平缓。

在图 10.14 中加入垄断竞争企业的供给曲线，我们就得到垄断竞争企业的供需图，如图 10.15 所示。

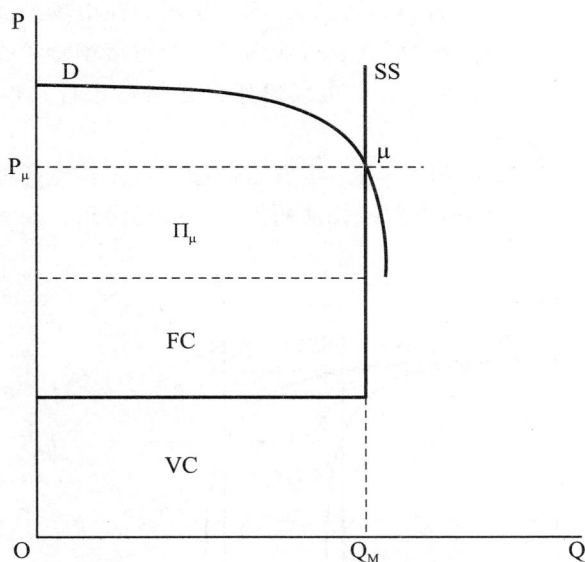

图 10.15　垄断竞争企业的供需分析（一）

在图 10.15 中，垄断竞争企业的供给曲线刚好与需求曲线交于 μ 点，其市场价格为 P_μ，此时企业按最大产量生产，并获得一般利润率，属于有效率。但这样一种情形属于理想状态，一般的现实的情形如图 10.16 所示。

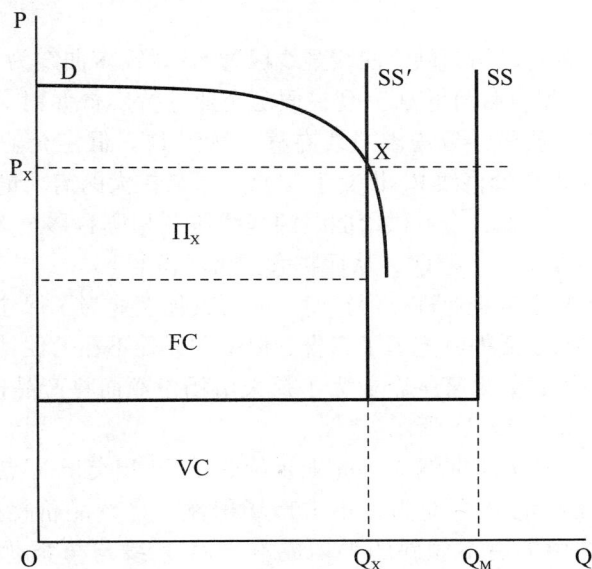

图 10.16　垄断竞争企业的供需分析（二）

在图 10.16 中，企业实际供给产量为 Q_X，低于最大供给产量 Q_M，表明企业存在着产能过剩。这是垄断竞争企业的常态。实际供给曲线 SS′ 与需求曲线交于 X 点，其市场价格为 P_X，市场份额为 Q_X，利润为 $\prod_X$，但不一定是一般利润率下的利润。

垄断竞争企业之所以表现为过剩的常态，固然是因为在市场经济条件下，行业过剩是一种常态，但还有另一个原因，那就是行业内各企业对市场份额的争夺。在行业需求既定的前提下，如果某一个企业扩大了市场份额，必然意味着其他企业减少了市场份额，从而导致企业产能过剩。

垄断竞争企业扩大市场份额的一般方法就是通过广告和其他各种营销手段促销。促销的结果，企业改变了自己的需求曲线，从而扩大了市场份额，如图 10.17 所示。

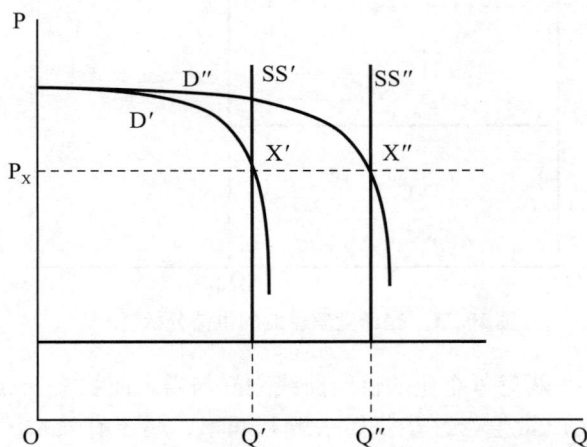

图 10.17　广告与促销

在图 10.17 中，企业最初的供给曲线竖线段为 SS′，需求曲线为 D′，两者相交于 X′点，形成均衡价格 P_X 和均衡销量 Q′。现在假定企业进行广告促销，导致更多的消费者对该企业产品有需求，从而导致需求曲线右移，达到 D″。假定企业产品的市场价格不变，因而 D″线与企业市场价格线 P_X 相交于 X″点，形成扩大的需求量 Q″。与之相应，企业就要扩大产量，也就是说，企业供给曲线的竖线段要相应右移至 X″处，形成 SS″。也就是说，企业会提供相应的产量 Q″，从而扩大了市场份额。

当然，当一个垄断竞争企业进行促销时，同行其他企业为了保住市场份额，也会进行促销。因此，我们的生活中就充满了广告、促销和无处不在的促销员。

在垄断竞争条件下，如果某一企业为了扩大市场份额而将产品价格降至成本之下，这种行为叫作倾销，如图 10.18 所示。

在图 10.18 中，企业需求曲线 D 与企业供给曲线 SS′ 相交于 X′点，形成均衡价格 P_1 和均衡产量 Q′。现在假定 R 企业为了抢占市场份额，将产品价格降到低于平均成本（AC）的 P_2。注意图中向右下倾斜的平均成本（AC）线与与企业需求曲线相交于 A 点。A 点为需求曲线实线段终点，其对应价格 P_A 就是对应产量的平均成本，因此 A 点

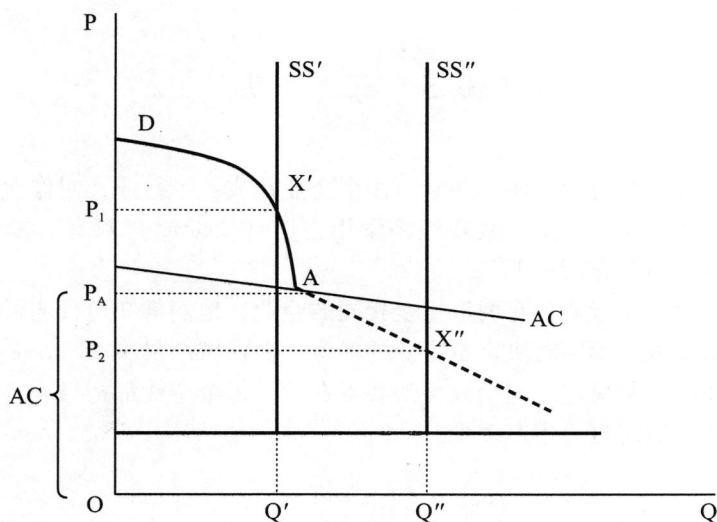

图 10.18　倾销

为企业盈亏点。现在 R 企业把其产品价格降至 P_2，$P_2 < P_A$。此时企业处于亏损状态，导致其他企业难以跟随降价，其市场份额被 R 企业夺走，也就是说，R 企业的市场份额增加。

注意图中需求曲线的形状变化。当产品价格降到平均成本 P_A 以下时，因其他企业难以跟随，降价的 R 企业的需求曲线就形成向右下倾斜的线段（用虚线表示）。此时 R 企业的供给曲线的竖线段右移至 SS″，即 P_2 价格线与向右下倾斜的需求曲线的交点 X″ 处，得到 P_2 价格下的销量 Q″。Q″ > Q′，表明 R 企业扩大了自己的市场份额。这就叫作倾销。

倾销是一种不正当竞争，是《反不正当竞争法》禁止的行为。在 WTO 框架下，一国的企业对另一国进行倾销同样是不允许的。近十几年来，中国企业遭遇众多反倾销调查。但在许多案例中，中国企业其实并没有倾销，而是效率太高，把成本大大降低了。

新概念

垄断竞争　　　　　　　　　垄断竞争企业的需求曲线　　　　市场份额
垄断竞争企业的供需图　　　促销　　　　　　　　　　　　　倾销
反倾销

拓展思维：企业的促销手段。
拓展思维：中国的轿车市场。
拓展思维：中国家电行业的发展历程。
拓展思维：《中华人民共和国反不正当竞争法》。

10.5 寡 头

一个企业构成一个行业，叫作垄断。多个企业构成一个行业，叫作垄断竞争。几个企业构成一个行业，叫作寡头。微观经济学用古诺（Cournot）双寡头模型对寡头进行了逻辑分析，这里简单介绍一下[①]。

古诺模型假设一个行业只有两家完全相同的企业，他们都知道行业需求曲线。假设的情形是：两家企业必须同时决定本企业的产量，但在做产量决策时，必须考虑其竞争者即另一家企业的产量决定。这个模型的要点在于：每个企业都把另一家企业的产量水平当作既定，然后决定自己生产多少。

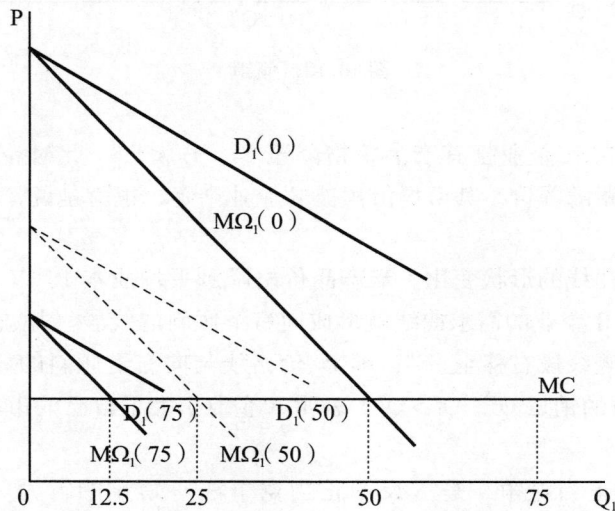

图 10.19 古诺模型（一）

图 10.19 是古诺模型的推证，考虑的是企业 1 的产量决定。横轴为企业 1 的产量决定，竖轴为价格。假设企业的平均流动成本（AVC）或边际成本（MC）不变，在图中由横线 MC 代表。现在假设你是企业 1 的老板，根据企业 2 的产量决定自己的产量。

先假设企业 2 不生产。这样一来，企业 1 的需求曲线就是行业需求曲线，在图中用 $D_1(0)$ 表示，下标 1 表示是企业 1 的需求曲线，括号中的 0 表示这是企业 2 的产量为 0 时企业 1 的需求曲线。对这条需求曲线求导，就得到企业 1 的边际收益曲线 $M\Omega_1(0)$。边际收益曲线与 MC 线的交点就是企业 1 的利润最大点，因而也就是企业 1 的产量决定点。

——————————

① 本节根据平狄克、鲁宾费尔德的《微观经济学（第 4 版）》（张军等译，中国人民大学出版社 2000 年版）的相关章节改写，相关图形也引自该书。特此感谢二位教授。

如图 10.19 所示，假设此点的产量为 50，也就是说，若假设企业 2 不生产，则企业 1 应该生产 50，这是其利润最大点。

明白了这个道理，现在就可以假设企业 2 的各种产量，并相应推导出企业 1 的产量决定。比如，假设企业 2 的产量为 50，那么就相当于要从行业需求曲线中先扣除 50，剩下的才是企业 1 需要考虑的需求。这相当于行业需求曲线向左移动 50 单位，得到 D_1（50）。从 D_1（50）推导出边际收益曲线 $M\Omega_1$（50），边际收益曲线与 MC 线相交，获得产量决定点为 25，也就是说，如果企业 2 的产量为 50，则企业 1 的产量决定应该为 25。

以此类推，于是可以得到图 10.20。

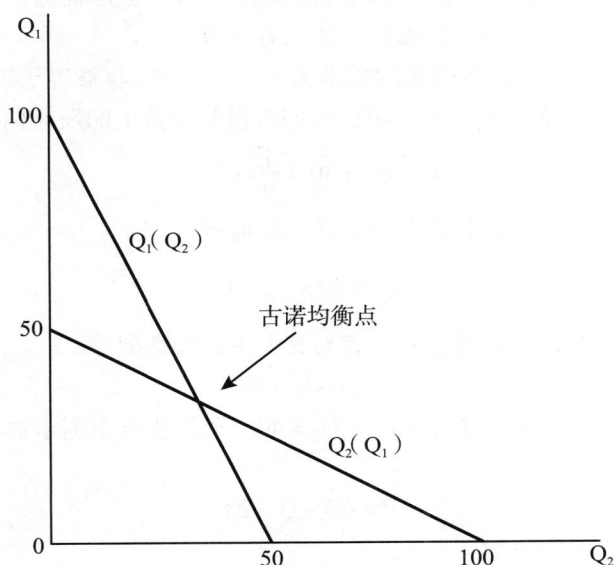

图 10.20　古诺模型（二）

在图 10.20 中，横轴为企业 2 的产量，竖轴为企业 1 的产量。图中曲线 Q_1（Q_2）为对于企业 2 的每一个产量，企业 1 做出的相应产量决定，因此这条曲线称为企业 1 对企业 2 的反应曲线。根据完全同样的推证过程，我们也可以得出企业 2 对企业 1 的反应曲线 Q_2（Q_1）。两条曲线的交点就是古诺均衡点。在这一点，两个企业不再改变自己的产量决定，同时实现利润最大化。

古诺模型只是给出了古诺均衡，但并没有给出调整的动态过程。它是进一步探讨其他模型的基础，比如先行者有利的斯塔克博格（Stackelberg）模型，或价格竞争的伯特兰德（Bertrangd）模型等等。

不过，这些模型所研究的都是寡头的非合作均衡。在现实的经济生活中，寡头往往勾结起来控制市场，瓜分市场份额，从而获得最大利益。我们用一个例子来说明。

假设一个行业为双寡头。行业需求曲线为线性需求曲线

$$P = 60 - Q$$

其中：P 为市场价格；

Q 为两企业的总产量，即 $Q = Q_1 + Q_2$。

假设两企业的生产成本为 0。企业 1 为了达到利润最大化，就要使其边际收益等于边际成本。企业 1 的总收益 Ω_1 为

$$\Omega_1 = P \times Q_1$$

代入行业需求曲线方程式，为

$$\begin{aligned}\Omega_1 &= (60 - Q)Q_1 \\ &= [60 - (Q_1 + Q_2)]Q_1 \\ &= 60Q_1 - Q_1^2 - Q_2Q_1\end{aligned}$$

对总收益 Ω_1 求导，就得到企业 1 的边际收益 $M\Omega_1$，于是就有

$$M\Omega_1 = 60 - 2Q_1 - Q_2$$

由于假设生产成本为 0，因而边际成本为 0，而在边际收益等于边际成本时，企业 1 的利润最大化。因此，令 $M\Omega_1 = MC = 0$，我们就得到企业 1 的反应曲线

$$Q_1 = 30 - \frac{1}{2}Q_2$$

以此类推，我们同样可以得出企业 2 的反应曲线

$$Q_2 = 30 - \frac{1}{2}Q_1$$

上述两个反应曲线构成联解方程，容易算出古诺均衡解

$$Q_1 = Q_2 = 20$$

由此可知，两企业的总产量 $Q = Q_1 + Q_2 = 40$，而根据行业需求曲线方程式，可得出均衡市场价格

$$P = 60 - Q = 20$$

此时，两企业各自收益为

$$\Omega_1 = \Omega_2 = P \times Q_1(或\ Q_2) = 20 \times 20 = 400$$

现在假设两个企业勾结起来瓜分市场，相当于一个垄断企业。两企业的总收益为

$$\Omega = P \times Q = (60 - Q)Q = 60Q - Q^2$$

其边际收益为

$$M\Omega = \frac{d\Omega}{dQ} = 60 - 2Q$$

令 $M\Omega = MC = 0$，就得到

$$Q = 30$$

根据行业需求曲线方程式，我们就得出均衡市场价格

$$P = 60 - Q = 30$$

假设两企业平分产量，于是就有

$$Q_1 = Q_2 = 15$$

此时，两企业各自收益为

$$\Omega_1 = \Omega_2 = P \times Q_1(或\ Q_2) = 30 \times 15 = 450$$

由此可见，与古诺均衡相比，在勾结条件下，两企业的产量更少，但由于价格更高，收益反而更大。当然，这是以效率损失和损害消费者利益为前提的。

为了对比起见，我们也可以得出完全竞争状态下的解。假设一般利润率为 0。由于生产成本为 0，价格就为 0。根据行业需求曲线方程式 $P = 60 - Q$，可知行业最大需求量为 60。这也就是两企业的最大产量和。这个产量就是有效率的产量。

上述结果可以用图 10.21 展示。

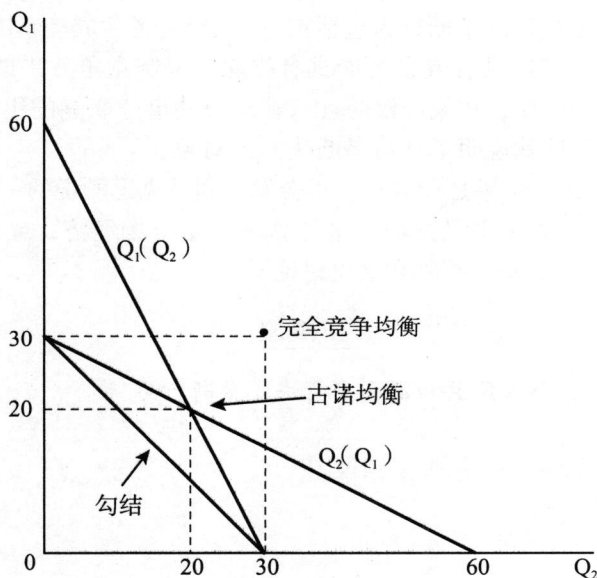

图 10.21　寡头与勾结

新概念

寡头	古诺模型	反应曲线
非合作均衡	勾结	

拓展思维：OPEC。

10.6　垄断与反垄断

我们已经知道，市场经济的宿命——竞争的结果必然导致生产集中，必然导致垄断，成熟行业多为垄断行业，但垄断又可能减少竞争，降低市场经济的创新动力。从企业的角度看，企业越大，越具有规模效益，效率越高，从而出现强者愈强的马太效应，但"大"就会形成垄断，而客大欺店店大欺客，垄断又可能对消费者和社会公共利益造成损害。因此，如何看待垄断，如何反垄断，就存在各种争议①。

因此，2008 年开始实施的《中华人民共和国反垄断法》（以下简称《反垄断法》）的宗旨并不是反垄断，而是反垄断行为。在我看来，这其间的区别就在于：企业总要做大做强，而做大做强就必然导致垄断。但若具有市场支配地位的垄断者滥用自己的垄断权力追求垄断利润，就属于垄断行为。这才是《反垄断法》要反的对象。

所以，《反垄断法》的要点在于反对垄断权力的滥用。这既包括垄断企业滥用具有市场支配地位的垄断权力，也包括政府行政机关滥用行政垄断权力。比如，《反垄断法》第三条为："本法规定的垄断行为包括：（一）经营者达成垄断协议；（二）经营者滥用市场支配地位；（三）具有或者可能具有排除、限制竞争效果的经营者集中。"第八条为："行政机关和法律、法规授权的具有管理公共事务职能的组织不得滥用行政权力排除、限制竞争。"这就说明了《反垄断法》的对象。

行业垄断发展的最后结果是什么？会不会发展到马克思所说的一家独大，全国就一家巨无霸企业的结果？如果真是这样，这还算不算是市场经济，或者就是列宁所说的"国家工厂"？这些问题，就不打算在这里讨论了。

新概念

反垄断　　　《中华人民共和国反垄断法》垄断行为

拓展思维： 中国反垄断开出最大罚单。

拓展思维： 买方垄断。

附录

博　弈　论

从古诺模型及其推论可知，如果寡头想要控制市场，就需要合作。但人心难测，合作往往难以维持。20 世纪 50 年代发展起来的博弈论，对理解寡头之间的合作很有帮助。在这里，我们通过叙述博弈论的经典案例——囚徒困境，来了解一下这个理论。

假设两个犯罪分子张三、李四被警察抓住。根据已经确证的罪行，两人都要判坐一年监牢。现在法官还怀疑他们合伙抢过银行，在隔离的房间分别向两人提出同样的如下交易：

"如果你保持沉默，现在我已经可以关你 1 年监牢。但如果你承认抢劫了银行，并供出你的同伙，我就可以免除你的监牢，让你立刻重获自由，而你的同伙将被判 10 年监牢。但如果你们两人都承认抢了银行，你的证词就没有太大价值，我就判你们各自 6 年的监牢。"

---

① 垄断的这种矛盾性，在产业经济学中叫做"马歇尔冲突"（Marshall's Dilemma）。参见臧旭恒等主编：《产业经济学（第 5 版）》，经济科学出版社 2015 年版。

说起来啰唆，用博弈图表示就清楚了，如图 10.22 所示。

		李四的策略	
		坦白	沉默
张三的策略	坦白	-6, -6	0, -10
	沉默	-10, 0	-1, -1

图 10.22 囚徒困境

在图 10.22 中，张三或李四各自作出是坦白交代还是沉默抗拒的决策。图中值域的数值是张三、李四坐牢的刑期，第一个值是张三的刑期，第二个值是李四的刑期。前面加负号，表示是负效用。

如果你是张三，你会做出什么选择？

张三的推理是这样的："我并不知道李四会作出怎样的决策。①如果他保持沉默，我选择坦白就可以获得自由，而我若选择沉默，则要获得 1 年刑期。因此，我就应该坦白。②如果他坦白，我选择坦白则获得 6 年刑期，而我若选择沉默，则要获得 10 年刑期。因此，我还是应该坦白。"也就是说，无论李四的决策如何，张三基于自己的利益最大化，会选择坦白。

但是，李四也会按照同样的逻辑选择坦白。其结果，两人都选择坦白，各自获得 6 年刑期。若以两人的总刑期算，这是两人选择的最坏结果。

这个结果叫作囚徒困境。本来，如果两人都保持沉默，他们各自只获得 1 年刑期，这是两人最好的结果。但出于利己的逻辑，两人得到了最坏的结果。

这个案例之所以被称为"困境"，是因为所获得结果与那个著名的"看不见的手"相违背。按"看不见的手"的说法，在市场经济中，每个人只追求自己的最大利益。但通过市场引导，他不自觉地为社会做出了最大贡献，个人利益与社会利益相一致。这也正是市场经济被推崇的根据。但是，囚徒困境告诉我们，个人追求最大利益并不一定导致集体利益最大化，而反而可能导致集体利益最小化。

当然，张三、李四在作案时可以相互承诺，在被警察抓住时绝不坦白。但一旦真正被抓，承诺是否管用，就难说了。利己的逻辑可能更容易发生作用。

囚徒困境的例子可以用来解释寡头的合作。尽管合作对双方有利，可以获得共同的最大利益，但若一方追求自己的利益最大化，就有可能破坏合作，从而使得共同利益遭到破坏，最终导致双方都受损失。当然，博弈论还可以解释其他许多经济现象，不过在这里，我们就不多谈了。

新概念

博弈 　　　　　　囚徒困境 　　　　　　集体理性

集体无理性

第 11 章　社会总资本生产

11.1　孤岛生产的故事

我们已经研究了个别资本的价值生产、价值增殖和资本运行，研究了行业内竞争与行业间竞争。在这些研究的基础上，现在开始研究一国范围内的经济整体运行，这就是马克思所说的社会总资本生产。

研究社会总资本生产与研究个别资本生产有什么不同？一个最大的不同就是，在研究个别资本时，我们假设社会需要是外生变量而不予考虑，也就是说，产品能够销售，能够实现其价值。但当我们从社会总资本生产的角度，从一国范围内研究资本生产时，这个假设就不成立了。

为了明白这一点，我先讲一个孤岛生产的故事。

假设张三和他的工人生活在一个孤岛上，也就是说，把他的个别资本生产当作整个社会的资本生产。仍然是先前的例子：张三投资 100 万元办企业，其中，80 万元购买机器设备、原材料等生产资料，20 万元购买劳动力。在机器设备、原材料和劳动者配置到位后，他就开始组织生产。

为了简化起见，假设机器是一次性使用机器，假设利润率为 20%。因此，最后的产值为 120 万元。用产值公式表示就是

$$80A + 20W + 20 \prod = 120\Omega$$

现在的问题是：谁来买这些产品？

假设张三的产品是多样化的，能够满足各种需要。现在来分析一下。

（一）80A 的产品价值

80A 是生产资料转移到产品中的价值。当张三开始下一个周期的再生产时，他仍然需要这些生产资料。也就是说，他自己买回来。这听起来有点别扭，但在逻辑上成立。也就是说，这一部分产品的价值可以在再生产循环中实现。

（二）20W 的产品价值

20W 产品是必要产品，与支付给工人的 20W 工资对应，用于工人的生活需要。假设工人不进行储蓄，所得工资收入全部用于购买消费资料。那么，这一部分产品的价值实现也没有问题。

（三）20 $\prod$ 的产品价值

这 20 $\prod$ 产品是剩余产品，凝结于其中的价值就是利润。第 6 章假设这个相当于利润

的产品可以销售掉，随后资本家可以把货币利润留存，或用于资本积累进行扩大再生产。但现在是在孤岛上，问题就来了：谁来买这些产品？由谁来支付这个货币？

注意，你不能假设这相当于 20 万元利润的产品用不着实现其价值，张三自己把它消费掉就行了。这是剩余产品。在资本生产方式下，剩余产品必须实现其价值，资本必须获得利润。如果张三真把剩余产品当作消费资料花费掉，那他就是地主或土豪，而不是资本家了。

如果没有人买剩余产品，张三的产品就形成积压，只好减产或停产。这就形成劳动者一方的失业和资本一方的产能闲置，我们称之为经济危机。

这种经济危机是生产过剩的危机。生产之所以过剩，是因为构成利润（∏）部分的剩余产品卖不出去，无法实现其价值。所以说，这个生产过剩的危机不是别的，就是剩余产品过剩的危机。

这就与过去一切时代不同。在传统的自然经济中，只有因生产不足而导致的必要产品匮乏的危机，而不会有剩余产品过剩的危机。五谷丰登、米粮成仓是盛世来临的标志。即便是商品生产，在简单商品生产中，也不会出现剩余产品过剩危机。农民提一只鸡到集市去卖，卖不出去也不要紧，再提回去自己炖了吃，就解决了剩余产品过剩问题。工匠生产的镰刀锄头卖不掉，也只是因为农民没有足够的粮食与之交换。只有到了资本主义生产阶段，剩余产品过剩才可能形成危机。它是资本生产的一个本质特征。1825 年的英国经济危机，就是现代意义上的第一次资本主义经济危机。

由此可见，微观经济学的错误就在于，它通过经济利润这个概念，抽象掉一般利润率，其实质就是抽象掉了剩余产品的价值实现这一资本生产的核心问题。微观经济学的世界是零利润的一般均衡世界，但这种一般均衡只能是一种乌托邦。

在第 3 章中，我们给出了一个市场经济的环流图。现在把这个图复制在这里，如图 11.1 所示。

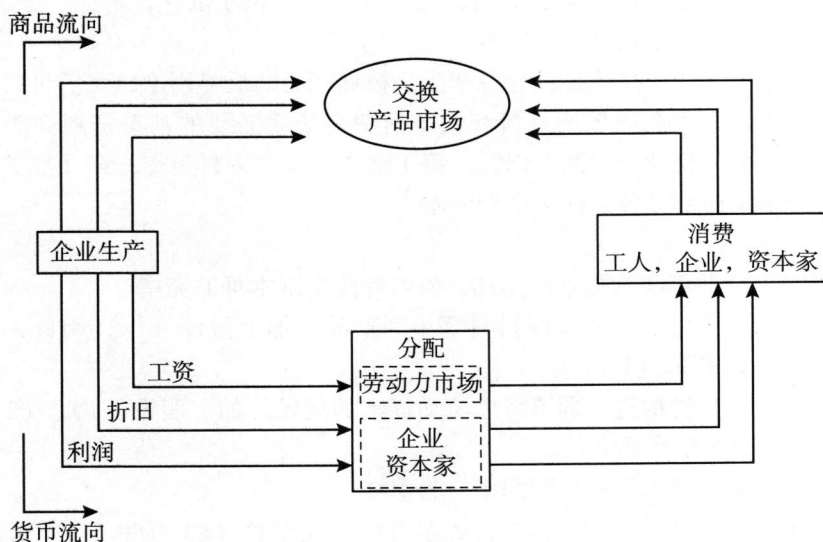

图 11.1　市场经济环流图

现在来看一看图 11.1 有什么问题？注意图中三个循环：①工资循环；②折旧循环；③利润循环。以张三的孤岛生产为例，在工资循环中，商品流为 20W 的必要产品，对应的货币流为张三支付给工人的 20 万元的工资；在折旧循环中，商品流为生产资料的消耗与补偿，对应的货币流为张三预付的 80 万元不变资本。这些商品的流通都没有问题。但在利润循环中，商品流为价值 20∏ 的剩余产品，但没有货币流，因此利润循环不成立。

这就说明，市场经济不是一个自洽的体系。如果没有外部货币的注入，如果没有外部变量的参与，市场经济不成立。

新概念

剩余产品价值实现问题　　　　　经济危机　　　　　生产过剩危机

剩余产品过剩危机　　　　　市场经济的自洽性

拓展思维：马尔萨斯的孤岛生产故事。

11.2　两部类生产模型

孤岛生产的故事就是一个国家的资本生产的缩影。现在我们就用马克思的两部类生产模型，来进一步分析这个故事所揭示的问题。

一国的资本生产就是社会总资本生产。所谓社会总资本，就是一个国家的个别资本的总和。这里所说的总和，并不是简单的算术相加。在资本生产方式下，各个个别资本都是互相分离、互相独立的主体，独立发挥职能，独立循环与周转。但资本生产是社会化的商品生产，各个个别资本通过交换，又相互联系、相互依存，构成一个有机整体。这个资本的有机整体，就是社会总资本。

社会总资本生产的产品就是社会总产品。根据产品的最终用途，我们可以把社会总产品分为再一次投入生产的生产资料和满足消费者最终需要的消费资料两类。与之对应，社会总资本生产也就分为两个部类，第Ⅰ部类为生产资料生产，第Ⅱ部类为消费资料生产。各个部类内部又包含众多个别资本。

假设：

（1）以一个会计年度为再生产周期，机器等固定资本折旧完毕。

（2）为了简化起见，不考虑原材料等中间产品。加上假设（1），因此，不变资本（A）就为固定资本折旧（D）。

（3）劳动力一次性购进，即不考虑流动资本的周转。加上假设（1）、（2），因此，预付资本就是预付的生产成本。

（4）两部类的利润率为一般利润率，为 10%。

（5）第Ⅰ部类预付资本为 10 000，资本有机构成系数（ξ）为 0.8。第Ⅱ部类预付资本为 3 000，资本有机构成系数为 0.66。两部类加在一起，社会总预付资本为 13 000。

于是，我们就得到两部类的生产结果，如表 11.1 所示。注意：所有数值的下标注明了该数值属于哪个部类。

表 11.1	两部类生产模型
第 I 部类（生产资料）	$8\ 000D_I + 2\ 000W_I + 1\ 000\prod_I = 11\ 000_I$
第 II 部类（消费资料）	$2\ 000D_{II} + 1\ 000W_{II} + 300\prod_{II} = 3\ 300_{II}$

现在需要研究这两个部类生产的价值补偿和实物补偿问题，即如何实现其产品价值？如何获得再生产所需要的实物生产要素？

（一）第 I 部类的内部交换

在第 I 部类的产品价值构成中，$8\ 000D_I$ 代表本部类所消耗掉的生产资料的价值。为了进行下一个周期生产，这部分生产资料必须用新的生产资料来补偿。不过这部分产品的实物形态本身就是生产资料，可以用于实物补偿。因此在正常情形下，只要通过第 I 部类内部各企业之间的交换，就可以实现 $8\ 000D_I$ 的生产资料的价值补偿与实物补偿。

（二）第 II 部类的内部交换

在第 II 部类的产品价值构成中，$1\ 000W_{II}$ 代表本部类劳动者用于生活的消费资料的价值，而其实物形态就是消费资料。假设劳动者的工资全部用于消费，而没有储蓄。因此，只要通过第 II 部类内部的劳动者的消费，就可以使得 $1\ 000W_{II}$ 的消费资料价值得以实现，并使 $1\ 000W_{II}$ 的货币回到企业那里，用于购买下一个周期生产所需要的劳动力。

（三）两部类之间的交换

第 I 部类的 $2\ 000W_I$ 在实物形态上是生产资料。由于第 I 部类的劳动者需要的是消费资料，因此它必须通过与第 II 部类交换，用消费资料来补偿。与之对应，第 II 部类的 $2\ 000D_{II}$ 在实物形态上是消费资料。它必须与第 I 部类相交换，这样才能使第 II 部类消耗掉的生产资料得到补偿，从而可以进行下一个周期生产。这个交换过程是这样的：第 I 部类的劳动者用 $2\ 000W_I$ 的工资向第 II 部类购买相当于 $2\ 000D_{II}$ 的消费资料，第 II 部类的企业用 $2\ 000D_{II}$ 的不变资本向第 I 部类购买相当于 $2\ 000W_I$ 的生产资料，从而实现两部类之间的交换。

于是，我们就得到如表 11.2 的结果。

表 11.2	两部类的交换
第 I 部类（生产资料）	$\boxed{8\ 000D_I} + 2\ 000W_I + 1\ 000\Pi_I = 11\ 000_I$
第 II 部类（消费资料）	$2\ 000D_{II} + \boxed{1\ 000W_{II}} + 300\Pi_{II} = 3\ 300_{II}$

现在的问题是：作为利润的第 I 部类的 $1\ 000\prod_I$ 与第 II 部类的 $300\prod_{II}$ 的产品价值如何实现？

在孤岛生产的故事中,我们已经知道,剩余产品价值的实现存在着问题。现在,在社会总资本生产中,这个问题更明确地表现出来:两部类的剩余产品都无法实现其价值,不能销售掉。在现实经济生活中,两部类剩余产品过剩所反映的就是各行业的产能全面过剩。

剩余产品为什么会过剩?这是因为在两部类生产模型中,没有人需要这些剩余产品。这里所说的需要,并不是人们的自然需要,而是有支付能力的需要。也就是说,问题不仅在于谁需要这些剩余产品,更重要的是,谁有钱并愿意掏钱来购买这些产品?

新概念

两部类生产模型 个别资本   社会总资本

社会总产品   第Ⅰ部类(生产资料) 第Ⅱ部类(消费资料)

价值补偿   实物补偿   两部类内部交换

两部类之间交换

拓展思维: 19 世纪欧洲的经济危机。

11.3 剩余产品的价值实现

两部类生产模型凸显出剩余产品的价值实现对于资本生产的根本意义。它表明资本生产本身不能解决这个问题,必须要有外部力量的介入。在资本主义发展的不同阶段,这个问题是以不同方式解决的。

(一)对外贸易

既然剩余产品在国内销售不了,就把它卖到国外去。对外贸易是实现剩余产品价值的第一种方式。

在资本主义的早期发展史上,对外贸易具有绝对重要的地位。在资本主义发展初期,国内市场狭隘,不能满足资本规模化生产的需要。不仅如此,那个时期的货币是贵金属货币,是真金白银,只能通过对外贸易的渠道流入本国的经济中。因此,早期资本主义就是以对外贸易为核心的重商主义,并在此基础上产生了第一个经济学说,即重商主义学说。尽管这个学说是错误的,比如它认为财富产生于流通领域,货币或金银才是真正的财富,而对外贸易是财富的唯一来源等等,但它却本能地反映出对外贸易,尤其是贵金属货币时代的对外贸易对资本主义发展的至关重要的意义。

因此,在资本主义的早期发展中,殖民地具有至关重要的作用。它既是本国生产所需的原材料的供给地,又是本国生产的剩余产品的倾销场所。英国在 19 世纪成为超级强权,固然是因为它是工业革命的发源地,但它遍及全球的殖民地为本国资本主义的发展提供了良好的条件,则是另一个重要原因。因此,我们也就不难理解中国的鸦片战争与五口通商对帝国主义列强的意义。

劳动价值论的兴起,纠正了重商主义错误的财富观点。亚当·斯密和李嘉图以劳动价值论的比较优势原理为根据，倡导国际分工与自由贸易学说。由于各个国家的自然环境、自然资源和生产条件不同，国与国之间进行贸易、互通有无，确实能促进合作共赢。不过，在工业化生产条件下，在资本生产的时代，落后国家由于无力与工业化国家展开竞争，就有可能在国际分工体系中处于不利地位，处于低级的初级产品产业。亚当·斯密和李嘉图之所以倡导自由贸易，其背景就是英国是当时最先进的资本主义国家，在自由贸易的竞争中能够占有优势地位。

正因为如此，李斯特代表后发工业化国家德国，提出了与自由贸易针锋相对的贸易保护主义学说。在他看来，在英法两国已经处于领先的情形下，实行高关税政策以保护德国工商业的发展是必要的。不仅如此，为了促进生产力的发展，国家对经济进行强力干预同样是必要的。只有在各国生产力发展到相近的水平，且建立世界联盟以保障世界和平时，国际自由贸易对所有国家才是平等与有利的。

在现代市场经济条件下，由于国家实行宏观调控，已经没有必要通过对外贸易来实现剩余产品的价值。尽管如此，对外贸易仍然是非常重要的。在当今世界经济一体化条件下，一个国家的社会总资本生产的价值循环与实物循环早已经超出了国界。它需要从其他国家进口原材料、半成品、机器设备和各种消费品，同时又向其他国家出口相应产品。

中国自改革开放以来，特别是自 1992 年以来，对外贸易获得迅速发展。2015 年，中国继续保持世界第一贸易大国的位置。我们从世界各国进口我们所需要的各种物品。我们从中东进口石油，从南美进口大豆，从泰国进口大米，从美国、日本、德国进口机电设备和高科技产品。作为世界第一工业大国，我们又向全球出口我们生产的各类产品，包括高科技产品、机电设备、汽车、家用电器、纺织产品和农产品。中国已经成为一个全方位开放的大国，在世界经济一体化中发挥着重要的作用。世界影响着中国，中国影响着世界。

（二）政府购买

前面说过，剩余产品就是用于维持社会运行与促进社会进一步发展的产品。剩余产品越多，本来是好事。但在资本生产方式下，剩余产品却出现了过剩，成为资本赚钱的障碍。这正是这种生产方式的荒诞性。因此，由政府购买剩余产品，既可以实现剩余产品的社会功能，又能解决剩余产品的价值实现问题，是一个可行办法。

但政府要购买，先得要有钱。一般情形下，政府的钱来自税收。但税收来自企业和劳动者，属于内生变量，相当于政府代替了企业和劳动者用钱。这显然不行。政府只有通过实行赤字财政，才能给经济体注入货币与需求，才能使剩余产品的价值得以实现。

19 世纪的资本主义是自由放任资本主义，鼓吹的是不管事的政府是最好的政府。政府是小政府，财政实行平衡预算，与经济运行不相关。1929～1933 年世界经济危机宣告了自由放任资本主义的终结。"二战"之后，资本主义发生了局部质变，进入了国家垄断资本主义阶段，国家全面干预经济。通过实行凯恩斯主义的赤字财政，资本主义不仅起死回生，而且因为整体经济提升了效率，成为资本主义的又一个黄金发展期。但另一方面，政府也因此背上了沉重的债务。这会导致什么样的后果，还很难说。

中国社会主义市场经济的一个基本特点，就是政府在整体经济运行中起着巨大的乃至决定性的作用。以公有制为支撑的强政府体制是我们的巨大优势。最近十几年来，政府的所作所为应该是可圈可点的。看一看十几年的大规模基本设施建设使中国的面貌发生的根本改观，国防实力的迅速发展，科技、教育、体育、卫生、公共服务等等事业的迅速发展，社会保障与福利制度的不断改进，老少边穷地区的脱贫走向小康，等等，中国政府真做了不少事情。

那么，中国政府的钱又是从哪里来的？

我的观点是：实行合理的赤字财政。中国政府的一大优势，就是中国人民银行真正是人民的银行，可以开着印钞机印钱，而不必举债（自然，这不是说不能借债）。这不是滥发纸币，而是有国家的强大经济实力做支撑。只要不导致严重的通货膨胀，只要合理使用剩余产品，政府是可以实行赤字财政的。

（三）消费主义

在前面的研究中，我们假设劳动者在获得自己的工资后，会全部花出去。但这个假设自然与现实不相符合。一般情形下，劳动者都有一定的储蓄。

有各种理论来描述劳动者的储蓄动机。在西方经济学中，消费与收入的比例叫作消费倾向，而与之对应的储蓄与收入的比例叫作储蓄倾向或储蓄率。不过更好的指标是边际消费倾向，即消费倾向的微分形式，与之对应的储蓄率则为边际储蓄率。

经济学家发现，个人收入越高，则边际消费倾向越低，或者说边际储蓄率越高。这是为什么呢？经济学家说，这是因为富人有节俭美德喜欢存钱，穷人喜欢吃喝喜欢穷操，而这也正是富人之所以成为富人，穷人之所以是穷人的原因。这个理论叫做豆芽理论，节欲可以致富！

我只能用"纯粹扯淡"来评价节欲论。我们已经知道，在一定时间内，个人或家庭的消费数量是一定的，必需品购买篮子是一定的。穷人收入低，但为了维持基本生活，必须支出必需品购买篮子的费用，因而储蓄率就可能较低，乃至是负储蓄率，比如借债度日。富人收入高，必需品购买篮子（尽管这个篮子的构成与穷人的不一样）的支出只占其收入的一小部分，因而储蓄率就高。

就一般而论，由于必需品购买篮子在一定时期是一定的，也就是说，由于消费是相对稳定的，如果收入增长了，储蓄可能会增长，储蓄率就可能提高。在一个迅速发展的经济体中，人民的一般收入水平可能增长较快。尽管如此，消费偏好作为一种生活习惯可能难以改变，消费升级可能是代际变化，因而就可能出现储蓄率较高的现象。

如果劳动者进行储蓄，那就意味着不仅是剩余产品，连部分必要产品也存在着价值实现问题，也可能卖不掉。因此，西方经济学在鼓吹节欲美德、节欲致富论的同时，还要自相矛盾地鼓吹节约悖论。节约妨碍了资本赚钱，又变成了一种"罪恶"。

我们通常把生产与消费比作做蛋糕与分蛋糕。对于公有制生产方式来说，这是正确的。但对于资本主义生产方式来说，则完全不是这样。在资本主义生产方式下，资本家巴不得全部蛋糕都归工人，都归劳动者。资本生产的目的只是赚钱，资本家只要钱。因此，劳动者不仅应该消费掉必要产品，还要消费剩余产品。可是，劳动者的工资收入是

第 11 章 | 社会总资本生产

与必要产品对等的。要劳动者消费剩余产品,先不说有没有这种需求,现实的问题是:购买剩余产品的钱从哪里来?

于是就有了消费至上主义,有了超前消费,有了消费信贷。工人得到了全部蛋糕,生活水平越来越高,资本家则高高兴兴地数钱,各取所需。于是资本主义世界莺歌燕舞,和谐之极。

在这里,我们要把节约与经济发展带来的人民消费水平不断提高区别开来。我们建立社会主义市场经济来发展经济,但发展经济的目的是为了增强国家综合实力,提高人民生活水平,全面建成小康社会,实现共同富裕。经济发展了,人民的生活水平自然就提高。但是,我们不能浪费,该节约还是要节约。人类的公德、中华民族的传统美德还是要保持。中国是全世界储蓄率最高的国家之一,而这正是中国经济能够持续发展的一个基本原因。

或许有人会问:若劳动者进行储蓄,不仅是剩余产品,就连必要产品也可能卖不掉。那企业开不了工怎么办?产能过剩怎么办?其实,除去正常的产业结构调整与淘汰落后产能外,这恰恰说明政府财力宽裕,可以做更多有益的事情。

当一个国家实现了工业化之后,大规模投资、大规模建设就告一段落。如果不妥善地解决强大的工业化生产能力的出路,就可能导致经济危机。"二战"之后,各发达资本主义国家纷纷实行各种全民福利制度,西欧各国更是发展为福利国家。这不啻是解决工业化生产能力和剩余产品出路的一种有效方式。近年来,一些幅员较小的发达国家或地区开始实施全民发钱。这种方式更好,能够在相当程度上克服全民福利制度可能存在的浪费与效率低下的问题。

中国现在尚未完成工业化升级,还需要把相当部分的剩余产品用于建设。不过,我们已经有了实现共同富裕和小康社会的基础。因此,建立和逐步完善全民福利制度,应该是今后的一个发展方向。

新概念

剩余产品的价值实现	对外贸易	重商主义
殖民地	五口通商	国际分工
自由贸易	贸易保护主义	政府购买
自由放任资本主义	小政府	凯恩斯主义
资本主义局部质变	国家垄断资本主义	政府债务
赤字财政	消费主义	消费倾向
储蓄倾向	消费升级	超前消费
消费信贷	福利国家	全民发钱

拓展思维: 美洲的金银输入与西欧早期资本主义发展。
拓展思维: 美国政府的债务问题。
拓展思维: 国际贸易的价值体系扭曲。
拓展思维: 中国高铁海外第一单。

拓展思维： 中国的消费比重真的很低吗？

拓展思维： 财富的含义：个人财富与国家财富。

11.4　社会总资本扩大再生产

解决剩余产品价值实现问题的第四种方式，就是投资与扩大再生产。

把剩余产品用于投资，就是由企业自己购买剩余产品。但企业要购买剩余产品进行投资，首先也得有钱。这笔钱从哪里来？

在纸币时代，这笔钱可以来自于银行贷款。第 12 章将研究银行贷款。在这里，我们只是假设资本家借到了这笔钱，从而可以进行投资与扩大再生产。

继续引用前面的模型与数值。假设第一个再生产周期结束时，两部类的生产结果如表 11.3 （a） 所示。

表 11.3 （a）　　　　　　　　　　**社会总资本扩大再生产 （一）**

第 I 部类（生产资料）	$8\,000D_I + 2\,000W_I + 1\,000\prod_I = 11\,000_I$
第 II 部类（消费资料）	$2\,000D_{II} + 1\,000W_{II} + 300\prod_{II} = 3\,300_{II}$

根据前面的假设与分析，两部类的不变资本与可变资本的价值实现没有问题。现在假设两部类的剩余产品用于投资，由资本家通过银行借贷实现其价值。两部类的总剩余产品为 $1\,300\prod$，这也是对应的银行贷款数额（假设货币只周转一次）。也就是说，由于整个社会增加了这一笔来自于贷款的货币供应，社会总资本的生产就可以实现。

因此，在第一个再生产周期结束后，两部类的所有产品都实现了价值，也就是说，都销售出去了。在第二个再生产周期开始时，社会总资本生产就是在扩大的规模上进行，即总预付的货币资本就是在先前的 13 000 的基础上，再增加与总利润对应的 1 300 的银行贷款，共计 14 300。

假设两部类的资本有机构成不变。新增预付资本按各自部类和各自部类的资本有机构成分为追加不变资本和追加可变资本，合并到先在的资本中。于是第二个再生产周期的预付社会总资本就如表 11.3 （b） 所示。

表 11.3 （b）　　　　　　　　　　**社会总资本扩大再生产 （二）**

第 I 部类（生产资料）	$(8\,000_I + 800\prod_I)D_I + (2\,000_I + 200\prod_I)W_I$
第 II 部类（消费资料）	$(2\,000_{II} + 200\prod_{II})D_{II} + (1\,000_{II} + 100\prod_{II})W_{II}$

注意这里的实物补偿问题。第 I 部类的 $1\,000\prod_I$ 为第 I 部类的追加预付资本。其中，$800\prod_I$ 为追加不变资本，需要购买追加生产资料，但由于第 I 部类产品的实物形态本身就是生产资料，因而可以通过内部交换实现实物补偿。$1\,000\prod_I$ 中的另外 $200\prod_I$

为追加可变资本，需要购买追加劳动力，而追加的劳动力需要相应的消费资料维持生活，因而其实物形态为生产资料的这 $200\prod_{\mathrm{I}}$ 需要与第Ⅱ部类的产品相交换。

第Ⅱ部类的 $300\prod_{\mathrm{II}}$ 为第Ⅱ部类的追加预付资本。其中，$100\prod_{\mathrm{II}}$ 为追加可变资本，需要购买追加劳动力，而追加的劳动力需要相应的消费资料维持生活，但 $100\prod_{\mathrm{II}}$ 的实物形态本身就是消费资料，通过第Ⅱ部类的内部交换可以实现其实物补偿。$300\prod_{\mathrm{II}}$ 中的另外 $200\prod_{\mathrm{II}}$ 为追加不变资本，需要购买追加生产资料，因而这部分产品需要与第Ⅰ部类的产品相交换。如前所述，第Ⅰ部类本身就有 $200\prod_{\mathrm{I}}$ 的产品需要与第Ⅱ部类的产品相交换，从而不存在问题。

因此，两部类在进行扩大再生产时，社会总产品的价值补偿和实物补偿都可以实现。唯一的问题是追加劳动力的来源，第 13 章将进行研究，这里假设追加劳动力的来源不成问题。因此，假设利润率仍为 10% 。在第二个再生产周期结束后，社会两部类的生产结果如表 11.3（c）所示。

表 11.3（c）　　　　　　　　社会总资本扩大再生产（三）

第Ⅰ部类（生产资料）	$8\ 800\mathrm{D_I}+2\ 200\mathrm{W_I}+1\ 100\prod_{\mathrm{I}}=12\ 100_{\mathrm{I}}$
第Ⅱ部类（消费资料）	$2\ 200\mathrm{D_{II}}+1\ 100\mathrm{W_{II}}+330\prod_{\mathrm{II}}=3\ 630_{\mathrm{II}}$

现在来算一算。在第一个再生产周期结束后，社会总产品为 $11\ 000+3\ 300=14\ 300$（见表 11.3（a））。第二个再生产周期结束后，社会总产品为 $12\ 100+3\ 630=15\ 730$，比前一周期增加 1 430，增长率为 10% 。

上述结论以资本有机构成不变为前提。不过，由于存在技术进步，扩大再生产可能是集约式扩大再生产，资本有机构成可能会提高。这就意味着企业在进行扩大再生产时，将会相对更多地使用机器设备，而相对更少地使用劳动力，第Ⅰ部类即生产资料行业就会优先增长。

还是以上述模型为例。

假设第二个再生产周期开始时，第Ⅰ部类由于技术进步，资本有机构成系数（ξ）由原来的 0.8 提高为 $\dfrac{9}{11}=0.82$ 。换言之，第Ⅰ部类获得的 $1\ 000\prod_{\mathrm{I}}$ 利润要全部转为追加不变资本，而可变资本总额不变。第Ⅱ部类的资本有机构成不变，仍为 0.66，因而第Ⅱ部类的 $300\prod_{\mathrm{II}}$ 利润要按 2:1 的比例，分为追加不变资本和追加可变资本投入扩大再生产。于是，第二个再生产周期的预付社会总资本就如表 11.4（a）所示。

表 11.4（a）　　　　　社会总资本之集约式扩大再生产（一）

第Ⅰ部类（生产资料）	$(8\ 000_{\mathrm{I}}+1\ 000\prod_{\mathrm{I}})\mathrm{D_I}+2\ 000\mathrm{W_I}$
第Ⅱ部类（消费资料）	$(2\ 000_{\mathrm{II}}+200\prod_{\mathrm{II}})\mathrm{D_{II}}+(1\ 000_{\mathrm{II}}+100\prod_{\mathrm{II}})\ \mathrm{W_{II}}$

假设利润率仍为 10% 。在第二个再生产周期结束后，两部类的生产结果如表 11.4（b）所示。

表 11.4（b） 　　　　　　　　社会总资本之集约式扩大再生产（二）

第 I 部类（生产资料）	$9\,000D_I + 2\,000W_I + 1\,100\prod_I = 12\,100_I$
第 II 部类（消费资料）	$2\,200D_{II} + 1\,100W_{II} + 330\prod_{II} = 3\,630_{II}$

看出这里的问题没有？两部类之间相交换的产品价值不对等，生产资料的价值（$2\,000W_I$）小于消费资料的价值（$2\,200D_{II}$），表明生产资料供给不足，而消费资料供给过剩。在其他条件不变时，这会导致第 I 部类利润率提高，第 II 部类利润率降低。这不符合一般利润率相等的原则。

因此，第 II 部类的 $300\prod_{II}$ 利润不能全部用于本部类的扩大再生产，而必须把部分利润转投于第一部类，以保证两部类之间相交换的产品价值相等。用简单的一元方程式可以算出，需要把第 II 部类的 $300\prod_{II}$ 利润中的约 $235.7\prod_{II}$ 转投第 I 部类，而只留下约 $64.3\prod_{II}$ 用于本部类扩大再生产。在此前提下，各自按本部类资本有机构成比例再细分，从而得出第二个再生产周期的预付社会总资本结构，如表 11.4（c）所示。

表 11.4（c） 　　　　　　　　社会总资本之集约式扩大再生产（三）

第 I 部类（生产资料）	$(8\,000_I + 1\,000\prod_I + 192.84\prod_{II})D_I + (2\,000_I + 42.86\prod_{II})W_I$
第 II 部类（消费资料）	$(2\,000_{II} + 42.86\prod_{II})D_{II} + (1\,000_{II} + 21.43\prod_{II})W_{II}$

假设利润率仍为 10%。在第二个再生产周期结束后，两部类的生产结果如表 11.4（d）所示。

表 11.4（d） 　　　　　　　　社会总资本之集约式扩大再生产（四）

第 I 部类（生产资料）	$9\,192.84D_I + 2\,042.86W_I + 1\,123.57\prod_I = 12\,359.27_I$
第 II 部类（消费资料）	$2\,042.86D_{II} + 1\,021.44W_{II} + 306.43\prod_{II} = 3\,370.73_{II}$

现在注意这个结果，其中两部类之间相交换的产品价值相等（$2\,042.86$），从而可以实现集约式扩大再生产。有兴趣的读者还可以设想其他情形，比如第 I 部类资本有机构成不变，而第 II 部类资本有机构成提高等等，其结果是一样的。

显然，由于第 II 部类的利润转投第 I 部类，第 I 部类的扩张规模将会更大。于是，我们就得到了一个很重要的结论：在技术进步和资本有机构成提高的条件下，第 I 部类的生产资料行业将会优先增长。进一步的推证还可以表明，为生产资料行业提供生产资料的行业（这句话像个绕口令），即机械装备、电信设备、能源等行业的增长速度会更快，不过在这里，我们就不做这样的推证了。

从本章的一系列推证中，我们可以得出如下一般性结论：

（1）由于存在剩余产品价值实现问题，市场经济不能自洽，需要外部力量的介入。

（2）货币注入经济体是社会生产正常进行的基本条件。这可以通过对外贸易、政府购买、消费信贷和投资信贷来实现。

（3）通过银行信贷向经济体注入货币，是现代市场经济的一种基本运行方式。但这意味着现代市场经济是信用经济、欠债经济。

（4）没有投资就没有增长，投资是经济增长的枢纽。

（5）现代市场经济要求各生产行业按比例增长，但市场经济能否自动做到这一点，值得怀疑。市场竞争可能导致过度投资、过度竞争，从而导致经济波动剧烈和产能过剩，产生巨大的浪费。

（6）经济增长分为外延式增长和集约式增长。外延式增长要求追加劳动力，从而扩大了就业。但若为集约式增长，则可能不需要追加劳动力（因而可能无助于解决失业问题）。

新概念

社会总资本扩大再生产	投资信贷	信用经济
生产资料行业优先增长	按比例增长	

拓展思维： 优先发展重工业战略。

第 12 章 银行与货币

12.1　生息资本与利息

到目前为止，我们考察的资本是产业资本。在资本生产方式下，除了产业资本外，资本还以商业资本和生息资本的形态存在着。为了节省篇幅，我不打算叙述《资本论》对商业资本的研究，而直接来考察生息资本。

马克思在《资本论》中写道："货币——在这里它被看作一个价值额的独立表现，不管这个价值额实际上以货币形式还是以商品形式存在——在资本主义生产的基础上能转化为资本，并通过这种转化，由一个一定的价值变为一个自行增殖、自行增加的价值。它会产生利润，也就是说，使资本家能够从工人那里榨出一定量的无酬劳动、剩余产品和剩余价值，并把它据为己有。这样，货币除了作为货币具有的使用价值以外，又取得了一种追加的使用价值，即作为资本来执行职能的使用价值。在这里，它的使用价值正在于它转化为资本而生产的利润。就它作为可能的资本，作为生产利润的手段的这种属性来说，它变成了商品，不过是一种特别的商品。或者换一种说法，资本作为资本，变成了商品。"① 我把这种货币资本的商品化称为货币的生息资本化，成为商品的货币资本就是生息资本。

举例以明之。

假设一般利润率为 20%/年。张三投资 100 万元办厂，假设其利润率为一般利润率。因此一年后，张三就获得了 20 万元利润。用资本流通公式表示就是：

$$G——W——G',\ G' = G + \Delta G$$

但是，如果撇开生产过程不谈，资本流通就表现为货币作为资本的自我增殖，即：

$$G——G',\ G' = G + \Delta G$$

从这个角度看，货币就具有了一种新的使用价值、一种新的职能，即作为资本、作为生产利润的手段来使用的使用价值，我称为货币的第六项职能。正是因为货币具有了新的第六项职能，货币本身也就成了一种特别的商品，成为资本商品，或者说，资本本身变成了商品。

现在，假设张三投资办厂的 100 万元是从李四那里借的。这对生产结果并没有影

---

① 马克思：《资本论》第 3 卷，人民出版社 1975 年版，第 378 页。

响，张三同样获得 20 万元利润。但显而易见的是，他不能独占这 20 万元利润，必须分割一部分给李四。这分割的部分，就叫作利息，而李四借给张三的那 100 万元，就叫作生息资本。用资本流通公式表示就是：

$$G——G\cdots W\cdots G'——G'', \quad G'' = G + x\Delta G$$

这个公式，我称之为生息资本流通公式。它包括三个过程：

（1）G——G。这个过程表示李四把 100 万元借给张三。也就是说，生息资本作为货币资本，从货币资本家手里转到职能资本家手里。

（2）$G\cdots W\cdots G'$。这个过程就是张三投资办厂赚取利润的过程。也就是说，职能资本家进行生产，获得利润。

（3）$G'——G''$。这个过程表示张三归还李四的钱，并附上利息。也就是说，职能资本家完成赚钱职能后，向货币资本家归还生息资本，并附以相应利息。

注意 $G'' = G + x\Delta G$，ΔG 代表利润，而 $x\Delta G$ 代表一部分利润或利润的分割，即利息，因而一般情形下，$x < 1$。

在现代市场经济中，生息资本的典型形式就是表现为货币资本形式的借贷资本。这是由银行系统操作的。不过在谈银行之前，我们需要先分析一下利息这个概念。

与资本一样，利息是一个古老的概念。也与资本一样，这个古老的概念在资本生产与市场经济条件下具有了新的内涵，旧瓶装上了新酒。

作为一个古老的概念，利息的另几个为人们熟知的名称叫作高利贷、印子钱或驴打滚。为什么会有高利贷？传统农业社会靠天吃饭，在灾荒年间或在青黄不接季节，农民要活命，就只能借贷度日。于是就有好心人拯急救困，借钱借粮给农民，使农民度过灾荒。只是嘛，好人有好报，好事不能白做，利息收得高一些而已。农民呢，先活命要紧，明知是一碗毒药，也要喝下去。这是救人于难还是趁火打劫？

所以在古代，利息或高利贷并不是一个好名词。在欧洲与西亚，基督教与伊斯兰教都反对利息。正教徒不能放贷，结果便宜了犹太人。

庞巴维克要为利息正名，提出了时差利息论。他认为，人们的一般心态是现在物品的价值高，未来物品的价值低。现在与未来的这种时间上的价值差异就是利息的来源。举例来说，1 年后同样的 100 元钱没有现在的 100 元钱值钱，比如只相当于现在的 90 元钱。这 1 年之间的 10 元价值差别就叫作"贴水"或"贴现"。基于这个逻辑，如果我现在借 90 元钱给你，1 年后我就应该收回 100 元钱。这对我来说才是公平的，我才愿意借给你，而多得的 10 元钱就叫作利息。

这样一个理论居然被奉为西方经济学正宗，真是让我无语。比如，我也可以认为，人们的一般心态是现在物品的价值低，未来物品的价值高。人们视节约或储蓄为美德，原因就在此。如果按照庞巴维克的逻辑，节约或储蓄岂不是在毁灭价值？退一步说，即便庞巴维克假设的人性与我们的心态相符合，但谁又知道这不是倒因为果？难道不正是因为现实社会中存在着利息，我们才形成这样的心态？所以说，抽象的人性论真是害人不浅。

当我们分析利息的时候，问题的关键并不在于债权人为什么可以获得利息，而在于债务人为什么愿意借贷并支付利息。这是分析利息的唯一正确的思维。比如，在传统农业社会，农民之所以要借高利贷，是为了续命。不借是早死，借了是等死，但也可能有想象中的一线生机，如此而已。想象一下月息二分乃至更高，而且是复利式的驴打滚！杨白劳要喝卤水自杀，今天的年轻人能理解吗？

在改革开放前，国家要把最大量的资金投入到工业化的建设中，因而鼓励人民节约，鼓励储蓄。利息，就是对人民储蓄的激励或奖励。那时候的储蓄利率是比较高的，其目的就是要筹集最多资金用于建设。

在资本生产方式下，由于货币或其他各种商品具有潜在的转为资本的可能，它们就能够作为资本转让或出售，转化成表现为自我增殖的生息资本。职能资本家在获得这些价值后，可以通过生产获得利润，而作为生产的结果，利润的一部分就作为利润的分割，作为利息，支付给生息资本的所有者。因此，利息就表现为生息资本的价格，而利息与生息资本本金之比，就叫作利率，或者说，利率就是生息资本的平均价格。

从生息资本的角度看，只要有正常利息，生息资本就可以出让，而不管借贷人用于什么目的，不管借贷人用于生产还是用于消费。比如，在消费信贷中，利息自然不是来自利润的分割，而是来自消费者未来的收入。

由此可见，利息本身并不具有独立的经济属性，而是入乡随俗，依附于具体的社会经济形态，在具体的经济环境中获得自己的规定性。明白这一点，是我们正确认识利息的第一步。

新概念

生息资本	资本商品	货币第六项职能
利润分割	利息	利率

拓展思维： 莎士比亚戏剧：《威尼斯商人》。

拓展思维： 租赁业的发展。

拓展思维： 负利率时代。

12.2 银 行

生息资本的一种典型形式，就是银行的借贷资本。银行，就是把货币转化为生息资本的机构。

随着中国人民的钱包逐渐鼓起来，民众与银行打交道的时候越来越多，对银行也越来越熟悉。民众到银行或其营业网点存款、取款，领取工资、退休金、养老金，办理汇兑、转账等，都是很常见的事情。

普通民众与之打交道的银行是商业银行。大家熟知的中国工商银行、中国农业银行、中国建设银行、中国银行、中国交通银行，以及招商银行、城市商业银行等，都是商业银行。每一家商业银行都是一家金融企业。与其他企业一样，商业银行以赚钱为经营目标。但与其他企业不同的是，商业银行经营的是特殊的金融产品，通过从事商业银行法规定的各种金融业务而获利。

商业银行从事的业务有很多种。前面所说的为民众提供存款取款等服务，就是商业银行业务的一部分。不过，商业银行最主要的业务是吸收存款和提供贷款，并通过获取存贷利差而获利。

假设一家银行吸收存款 100 万元。为了盈利，它需要将这 100 万元存款借给需要资金的企业或个人，以获取存贷利差。但是，存款并不是银行的，而是储户存入银行的，相当于储户借钱给银行。如果把存款贷出去，而储户又来提款，该怎么办？

很早以前，从事银行业的人们就发现，当民众把钱存入银行后，并不会立刻提款。如果给予一定的存款利息，储户为获得利息，就更愿意把钱存放在银行里。即便有些储户要提款，因为有新的储户把钱存入银行，银行可以用储户新存入的钱进行支付。也就是说，银行始终有一笔稳定的存款余额，可以用于发放贷款以获利。这正是银行经营的原理。

在通常情形下，银行会从存款余额中留存一部分钱，以应付储户的日常提款，而把其余的存款贷出去获利。留存的这部分钱，就叫作准备金，而准备金与存款余额之比，就叫作准备率。那么，银行需要留多少准备金呢？

显然，如果准备金留得太少，也就是说，如果准备率太低，银行可能应付不了储户的提款。那自然不行，有可能发生挤兑。但如果准备率太高，银行就只能贷出较少数量的款子，获利就较少，就不划算。在现代社会，银行的这个准备率并不是银行自己决定的，而是由中央银行决定的，叫作法定准备率。银行留存的准备金不能低于法定准备率所确定的准备金数量，但可以超过这个数量，叫作超额准备金。我们以后会看到，通过实行法定准备率制度以及其他货币政策，中央银行就可以控制货币供给总量。这对于现代市场经济来说，是至关重要的。

这就说到了中央银行。

中国的中央银行就是中国人民银行，简称央行。央行是银行的银行，民众与之打交道的机会甚少，许多人所知道的恐怕也只是人民币上的"中国人民银行"几个大字。其实，发行人民币只是央行的职能之一。它还有很多极为重要的职能，比如监督银行间的同业拆借市场，管理外汇，管理黄金市场，管理和经营国家的外汇储备和黄金储备，经理国库，维护支付系统和清算系统的正常运行等等。其中，央行最重要的职能就是实施货币政策，以稳定币值，促进经济增长，防范和化解金融风险，维护金融稳定。这个职能实有万钧之重。

除了商业银行与中央银行之外，中国还有三家政策性银行，分别是国家开发银行、中国进出口银行和中国农业发展银行。商业银行以赚钱为目的，按市场规律办事。但市场机制不是万能的。有些项目对于社会经济发展来说很重要，但又无利可图或风险很大，商业银行不愿意融资，这个时候就需要政策性银行来提供资金。因此，政策性银行一般由政府出资成立。它不吸收存款，不以营利为目的，而是专门为贯彻、配合政府的社会经济政策或意图，在特定的业务领域内，直接或间接地从事政策性融资活动，充当政府发展经济、促进社会进步的工具。

新概念

银行	商业银行	存款
贷款	存贷利差	准备金
准备率	法定准备率	超额准备金
中央银行	中国人民银行	货币政策
政策性银行		

拓展思维： 中国银行业的改革与发展。

12.3　银行创造货币（一）

根据第 11 章的研究，我们已经知道，由于市场经济不具有自洽性，只有从外部向一个经济体注入货币，才能使经济正常运行。向经济体注入货币，叫作货币供给。

资本主义发展的一个里程碑，就是通过建立现代银行制度，解决了货币供给问题。可以说，如果没有现代银行制度，资本主义早已不复存在了。但治一经又损一经，以后我们会看到，现代银行制度又带来了新问题。这里，我们先来看一看这个制度是如何解决货币供给问题的。

在中国，所有的流通货币最初都是从银行流出来的。随便拿一张人民币看一看，无论是百元大钞，还是一元硬币，上面都印着"中国人民银行"几个大字，这是说人民币是中国人民银行发行的。

不过，经济运行中的货币与我们熟悉的人民币有些不同。经济学家通常将货币分为 M_0、M_1 和 M_2。M_0 是单位库存现金和居民手持现金之和，其中"单位"是指银行体系以外的企业、机关、团体、部队、学校等单位。M_1 是指公众手里持有的现金，加上银行支票类型的活期存款，即

$$M_1 = M_0 + 银行支票类存款$$

也就是说，M_1 就是随时可以用的现钱，经济学上叫作具有完全的流动性。

在 M_1 的基础上，加上定期存款和储蓄存款，就形成 M_2，叫作广义货币，即

$$M_2 = M_1 + 银行定期存款和储蓄存款$$

定期存款和储蓄存款都有一定的利息，这也是人们把钱存入银行而不压在箱底的重要原因。尽管如此，如果人们急需用钱，也可以到银行去提款。要费点事，也可能要损失点利息。所以，定期存款和储蓄存款虽然不是现钱，但因为可以随时变现，也相当于现钱，只是有些不方便，流动性差一些。

M_2 是一个很重要的指标，通常被认为是一个经济体的货币供给量。除了 M_1、M_2 之外，还有 M_3、M_4 等等，不过在这里，我们只要知道 M_1、M_2 就够了。

我们已经知道，商业银行为了盈利，实行的是部分准备金制度。这一制度所带来的一个革命性的后果，就是使商业银行形成了创造货币的机制，从而对市场经济的运行产

生了决定性影响。我们来看一看。

假设法定准备率为 10%。现在，银行 1 接受了张三的一笔 1 000 元的存款，称为初始存款。这一笔存款反映在银行的资产负债表上，就如表 12.1（a）所示。

表 12.1（a） 银行 1 的初始存款

资产		负债	
准备金	1 000 元	存款	1 000 元

在表 12.1（a）的资产负债表中，"负债"一栏增加了 1 000 元存款，表明这是银行对张三的欠债，银行是债务人。与之对应，在"资产"一栏就增加了 1 000 元准备金，两边增加的总量是相等的。

银行吸收存款的目的是要把它转为贷款，以获取存贷利差。因此，银行 1 会根据 10% 的法定准备率要求，留存 100 元作为准备金，而把其余的 90% 即 900 元贷出去。

假设银行 1 把款子贷给企业甲，于是，我们就得到表 12.1（b）。

表 12.1（b） 银行 1 的贷款

资产		负债	
准备金	100 元	存款	1 000 元
贷款	900 元		

在表 12.1（b）中，"资产"一栏变为准备金 100 元与贷款 900 元。这 900 元贷款贷给了企业甲。但贷款就是企业向银行借款，款子仍然是银行的。企业是债务人，以后要偿还这笔贷款。因此，在资产负债表上，这 900 元贷款仍然是银行的资产。贷款与准备金加总，银行资产仍然是 1 000 元，与负债相等。

再来看经济中的货币供给。假设在最初，整个经济体的货币数量只有张三存入银行 1 的 1 000 元，也就是说，经济体的货币供给量为 1 000 元。但在银行 1 发放贷款之后，企业甲就获得了 900 元现金。注意，张三的存款仍是 1 000 元，没有变化，而企业甲作为债务人，现在则持有了 900 元货币。

还记得前面对货币的定义吗？货币（M_1 或 M_2）等于现金加存款。因此，整个经济体的货币供给量就为张三的 1 000 元存款再加企业甲持有的 900 元现金，共计 1 900 元，也就是说，与以前相比增加了 900 元。因此，我们就可以得出一个结论：当银行发放贷款时，银行就创造了货币。

但这个故事还没有完。

假设企业甲把 900 元贷款用于向企业乙购买原材料，这笔钱就转给了企业乙。企业乙把这笔钱存入银行 2。于是，银行 2 的资产负债表相应发生了变化，如表 12.1（c）所示。

表 12.1（c）   **银行 2 的资产负债变化**

资产		负债	
准备金	900 元	存款	900 元

与银行 1 一样，银行 2 在按 10% 法定准备率留存准备金后，又会把其余 90% 的款子贷出去赚取利差，于是就有了表 12.1（d）。

表 12.1（d）   **银行 2 的资产负债变化**

资产		负债	
准备金	90 元	存款	900 元
贷款	810 元		

这样一来，银行 2 又创造了第二笔 810 元的货币。借得第二笔贷款的人比如企业丙，又用这笔贷款购物，支付给企业丁，企业丁又存入银行 3，而银行 3 又因此可以发放贷款。以此类推，如果没有时间限制，货币每一次存入银行，银行就发放一次贷款，更多的货币就被创造出来。这个过程可以一直持续下去。

那么，这个过程最终创造了多少货币呢？我们来相加，或者说对一个等比数列求和，如表 12.2 所示。

表 12.2   **银行创造货币**

初始存款（银行 1 存款）	= 1 000 元
银行 1 的贷款（银行 2 存款）	= 900 元（90% × 1 000 元）
银行 2 的贷款（银行 3 存款）	= 810 元（90% × 900 元）
银行 3 的贷款（银行 4 存款）	= 729 元（90% × 810 元）
⋮	⋮
货币供给总量 = 10 000 元	

在表 12.2 中，我们可以看到，尽管这个货币创造过程可以无限持续下去，但却没有创造出无限的货币量。这是一个收敛的等比数列，可以算出，最终的货币供给总量为 10 000 元。

还记得张三最初存入银行的 1 000 元现金吗？这个结果，就是由这 1 000 元带来的。

张三的 1 000 元现金之所以能形成高于其 10 倍的货币供应量，是由法定准备率的高低决定的。根据收敛等比数列求和公式，我们可以得到如下货币供给量公式：

$$货币供给量 = 初始存款 \times \frac{1}{法定准备率}$$

我们把法定准备率的倒数 $\dfrac{1}{法定准备率}$ 称为货币乘数，它是指初始存款所能创造的货币供应量的倍数。由此可知，法定准备率越低，货币乘数就越大，初始存款所创造的货币供应量就越大。反之亦然。

新概念

现代银行制度	货币供给	M_1
M_2	银行创造货币	货币供给量公式
货币乘数		

拓展思维： 现代银行制度的发展历程。

12.4 银行创造货币（二）

我们已经知道了银行创造货币的机制。货币是一般等价物，是钱，是财富或财富的标志。难道银行无中生有地创造了价值、创造了财富？

银行没有创造价值或财富，它只是价值流通或财富流通的中介人。比如，银行 1 把 900 元现金贷款企业甲，从而使得企业甲具有了购买商品与劳务的能力，但同时它也把企业甲变成了负债 900 元的债务人，也就是说，企业甲的财富并没有因为贷款而变化。整个经济体的价值总量或财富总量并没有因为贷款而变化[1]。但是，由于银行发放贷款，整个经济体的货币供应量增多了。

根据货币供给量公式，货币供应量首先是由货币乘数决定的。由于货币乘数是法定准备率的倒数，假设法定准备率是 10%，那么货币乘数就是 10 倍，即银行系统按初始存款的 10 倍创造出货币。假设法定准备率是 20%，货币乘数就是 5 倍，银行系统就按初始存款的 5 倍创造出货币。不过，在实际经济运行中，货币乘数通常低于法定准备率的倒数。这是由于存在着现金漏出和超额准备金的因素。

再看一下表 12.2。注意，银行 1 的贷款就是银行 2 的存款，银行 2 的贷款就是银行 3 的存款，银行 3 的贷款就是银行 4 的存款，以此类推。因此，银行系统创造货币的机制就是"存款——贷款"的反复转换。如果这种转换是全封闭式的，也就是说，第一，企业获得贷款后全部用于购买，而销售方把全部销售收入存入银行；第二，银行只留下按法定准备率要求的最低准备金，而把其余全部存款贷出去，那么，货币乘数就与法定准备率的倒数相等。

但在实际经济运行中，这两个条件都不具备。首先，企业获得贷款后，可能不会全部用于购买，而可能会留下部分现金备用。销售方在获得销售收入后，也可能会留下部分现金，而不会把全部销售收入存入银行。这样一来，就有部分现金流出了银行系统，

---

[1] 参见曼昆：《经济学原理（原书第 3 版）》下册，梁小民译，机械工业出版社 2006 年版，第 210 页。

从而影响了货币乘数的大小。

其二，银行在获得储户存款后，出于营利的目的，当然希望把最多的存款贷出去。但由于种种原因，银行也可能留存超过法定准备率要求的超额准备金。比如，在经济萧条时，可能没有更多的人愿意贷款，银行就只能留存超额准备金。这同样会影响到货币乘数的大小。

除了货币乘数之外，影响货币供应量的另一个因素就是初始存款。

初始存款就是基础货币。一般说来，基础货币是指企业、团体与公众持有的现金和银行系统的准备金之和，即可以投入"存款——贷款"循环的货币。如果公众持有的现金存入银行，或银行准备金转为贷款，那么银行创造货币的机制就发生作用。显然，基础货币数量越大，基于货币乘数的作用，通过银行系统创造的货币就越多。反之亦然。

基础货币是怎样产生的？我们已经说过，所有货币最初都是来自银行。不过，除了贷款之外，货币有多种方式流出银行，或留存在银行里。前面说的"存款——贷款"循环中的现金漏出就是一例。现金漏出减少了本期的货币供给，但漏出的现金又可以作为基础货币，在下一期转为存款或贷款。除此之外，中央银行的货币投放，政府的赤字财政，商业银行坏账呆账的冲减，外汇占款等等，都可以产生基础货币。

不过，银行创造货币的机制只是货币供给机制的一部分。货币供给机制的另一部分，或者说银行创造货币机制的最大妙处，就是央行可以通过这个机制，调控货币供给总量。

我们把前一节中的货币供给量公式重写一遍，把"初始存款"换为"基础货币"，就得到如下公式：

$$货币供给量 = 基础货币 \times \frac{1}{法定准备率}$$

这个公式就是央行调控货币供给总量的基本公式。根据这个公式，比如，如果央行想增加货币的供给，它就可以增加基础货币的投放，或降低法定准备率，简称降准。反之，如果央行想减少货币的供给，它就可以减少基础货币的投放，或提高法定准备率。这样一来，货币供给量就可以被央行人为地、有意识地、有目标地调控。这是资本生产和市场经济的革命性变化。

当然，央行对货币供给量的调控还涉及到另一个因素，这就是时间。货币政策要在多长时间才能发生作用，是个很重要的问题。这就与货币政策的运行机制与运行环境相关了。

新概念

基础货币　　　　　　　　央行调控货币供给

拓展思维： 数字货币：没有纸币的社会。

12.5 货币的需求

通过商业银行创造货币机制，中央银行可以调控货币供给总量，从而可以定量地向经济体注入货币，为经济运行提供流通手段。那么，一个经济体要正常运行，到底需要多少货币呢？

《资本论》给出了这个货币需求公式：

$$流通所需货币数量 = \frac{待售商品价格总额}{货币平均流通次数}$$

或者，

$$流通所需货币数量 = \frac{商品价格总额 - 赊销商品价格总额 + 到期支付总额 - 抵销支付总额}{货币平均流通次数}$$

用费雪方程式表示，就是：

$$P \times Q = M \times V \tag{12.1}$$

$$M = \frac{P \times Q}{V} \tag{12.2}$$

其中：M 为流通中的货币数量；

P 为商品的一般价格水平；

Q 为商品数量；

$P \times Q$ 为待售商品价格总额，$P \times Q = \sum (P \times Q)$；

V 为货币平均流通次数。

这里，待售商品价格总额（$P \times Q$）或 $\sum (P \times Q)$ 可以理解为社会总产品的价值量。如果假设货币平均流通次数 V 不变，那么流通中所需要的货币数量就由社会总产品的价值量决定。社会总产品的价值量越大，流通中所需要的货币数量就越大。社会总产品的价值量越小，流通中所需要的货币数量就越小。

但是，我们不能颠倒过来说，流通中的货币数量越大或越小，社会总产品的价值量就越大或越小。我们知道，价值是在生产领域中产生和增殖的。社会总产品一旦生产出来，其价值量就是一定的。但这个价值量不能自我表现，而必须通过一般等价形式相对地表现出来，也就是说，要通过货币表现出来，而价格就是商品价值的货币表现形式。因此，当我们说（$P \times Q$）可以理解为社会总产品的价值量时，我们是以商品一定的价格水平为前提的。也就是说，在一个特定的价格水平 P 上，社会总产品的价值就为（$P \times Q$）。

显然，这个特定的价格水平 P 在一方面取决于社会总产品的价值量的大小，在另一方面取决于表现社会总产品价值的货币数量的多少。如果社会总产品价值既定，那么商品的一般价格水平就取决于货币数量的多少。如果货币供给量较大，单位货币所代表的价值量就较小，一般价格水平就较高。如果货币供给量较小，单位货币所代表的价值量就较大，一般价格水平就较低。

　　猛然一看，似乎货币数量的多少是个无关紧要的问题，反正可以通过商品一般价格水平的变化使得货币数量与它要表现的社会总产品的价值相协调嘛。但其实不然，因为这个商品一般价格水平的变化——仅仅是变化，而不是商品一般价格水平（因为没有"商品一般价格水平"这个指标）——恰恰是资本生产方式和市场经济最核心的内容之一。比如，我们把商品一般价格水平的上涨称为通货膨胀，把商品一般价格水平的下跌称为通货紧缩。相信你知道这两个词，因为这是市场经济最重要的概念之一。

　　为什么商品一般价格水平的变化如此重要？这是因为它与一国的经济运行和经济增长本质相关，与一国经济的繁荣、危机和萧条本质相关。第 15～17 章将给予具体解释。这里，我只联系货币本身的价值变化简述一二。

　　前面说过，在社会总产品价值既定的前提下，商品一般价格水平与货币供给量成正比，与单位货币所代表的商品价值成反比。因此，如果商品一般价格水平上涨，就意味着单位货币所代表的价值就减少，我们称为货币贬值。如果商品一般价格水平下跌，就意味着单位货币所代表的价值就增加，我们称为货币升值。因此，商品一般价格水平的变化实际上反映了货币本身的价值或货币所代表的价值的变化，反映了币值变化。本书第 2 章已经提到了这一点。

　　货币币值的变化当然非常重要。在资本生产方式下，生产是价值生产与价值增殖，交换是等价交换，而货币就是衡量价值的尺度。货币的币值变化，就意味着价值尺度发生变化，这自然会对生产与交换带来重大影响。不仅如此，货币的其他职能，比如流通手段、财富代表等，都与货币币值本质地联系在一起，因而货币币值的变化必然也会对货币的各项职能产生重大影响，并因此对社会经济产生重大影响。所以，货币币值的稳定与否，就是一个事关重大的问题。央行把币值稳定当作货币政策的目标，当作它最重要的职能，原因就在这里。

　　但反过来说，币值稳定，或者说商品一般价格水平的稳定，并不意味着币值不变，并不意味着商品一般价格水平不变。这取决于多种因素，比如，币值不变或币值变化与政府确定什么样的经济目标、实施什么样的经济政策以及采取什么样的货币政策直接相关。我们不能单纯认为币值不变就好，币值变化就不好。这在很大程度上是一个政策选择的问题。

新概念

货币需求　　　　　　　　费雪方程式　　　　　　　　币值稳定

拓展思维： 津巴布韦的货币。

12.6　物价指数

　　我们已经初步了解了商品一般价格水平变化的重要意义。在现代市场经济中，这种一般价格水平的变化可以通过物价指数这个指标反映出来。也就是说，这个指标，或更确切地说，这个系列指标（因为测度价格水平变化的指标不止一个）是可以测度的。

测度物价指数是国家统计局的工作，这是个具有相当专业性并且相当繁琐的工作。我们以居民消费价格指数为例。

居民消费价格指数（CPI）与民众生活直接相关，是大家最熟悉的一种物价指数。它反映的是一定时期内，城乡居民所购买的生活用品价格和服务项目价格的变动情况。通过这个指数，可以观察消费品价格的变动水平及对消费者货币支出的影响。除了居民消费价格指数外，其他比较重要的物价指数包括商品零售价格指数、工业品出厂价格指数（PPI）、固定资产投资价格指数等等，反映了不同经济领域的价格变化情况。

居民消费价格指数的测度由国家统计局城调总队负责，大致分为五个步骤：

（1）确定固定篮子，即确定哪些物品和服务对城乡居民最重要，并按重要程度（物品支出占生活费用的比重）进行加权。城调总队根据全国城乡近 10 万户居民家庭消费支出结构的资料，确定了包括衣食住行、医疗、教育、娱乐等八大类，251 个基本分类，约 700 个代表品种。

（2）对于选中的物品与服务，找出在某一时间点的每种物品和服务的价格。城调总队在全国 550 个样本市县设置了近 3 万个采价点，进行价格调查。

（3）根据各个价格与价格加权，计算这个固定篮子的物品与服务的总费用。

（4）选择基期并计算指数。从 2001 年起，中国实行国际通行方法，把 2000 年确定为基期年。

（5）计算 CPI 上涨率或下降率。

经过这五个步骤后，我们就得到了 CPI，并由国家统计局公布。比如，2015 年 12 月 CPI 同比增长 1.6%，意思是与 2014 年 12 月相比，CPI 上涨了 1.6%，应该属于比较温和的上涨。

居民消费价格指数自然是一个很重要的指标，我们通常也用这个指标来反映通货膨胀的程度。但这个指数并不是一个完美的指标。它有较大的缺陷，有以下三个因素是统计难以反映出来的。

（一）新产品

随着经济发展与时代进步，新产品不断涌现，人们消费的产品品种相应地发生着变化。这就给物价指数的测定带来了困难。比如，越来越多的家庭购买了家用轿车，但固定篮子里没有这种产品，怎么办？统计局只好修改固定篮子的选择项目。这样，在以后的统计中就包含了家用轿车的价格变化情况。但在这之前的 CPI 就没有反映出这一点。

这会对价格指数造成什么影响？它意味着现有价格指数的权重被夸大了。如果现有价格指数的统计不准确，则其偏离程度也被夸大了。这在下面两个因素中就反映出来。

（二）产品质量

在价格指数统计中，一个令人头痛的问题是产品质量发生了变化。比如，电视机从黑白电视变为彩电，又从彩电变为液晶电视，不仅价格发生了变化，产品质量也在变化。这如何进行统计？

从价值的角度看，以今视昔，黑白电视机纯粹是废品，以昔视今，液晶电视不啻是富豪级享受。在工业化时代，工业产品的质量在不断更新，产品价值其实在成倍、成十倍地增长。但这在价格指数上反映不出来，估计统计局也无能为力。因此，价格指数高估一般物价水平，就是理所当然的。

对这一点认识不清，有时候就会闹笑话。比如，经济史学家根据物价指数，推证出美国在 1820 年的人均 GDP 就达到 1 600 美元（1995 年不变价格），而 1995 年中国人均 GDP 才 600 美元左右。我们总不可能认为 1820 年的美国人比 1995 年的中国人还过得好得多吧[①]。

（三）产品价值的相对变化

由于存在价值拉动效应，在劳动技术生产率提高较快的行业，其单位产品的价值趋于下降，并反映为价格与价值相一致的下降。在劳动技术生产率停滞或提高速度较慢的行业，比如农业和服务业，其单位产品的价值趋于上升，并反映为价格与价值相一致的上升。这种产品价值或价格的相对变化会导致消费者更多地购买价格下降的产品，而较少地购买价格上升的产品。由于 CPI 固定篮子里的物品的权重没有变化，这就会导致对 CPI 高估。但估计统计局对此同样没有办法。

基于上述三个因素，CPI 指数其实高估了一般物价上涨水平。这倒不是说统计局无能，也不是说要另搞一个价格指数的统计与计算方法，而是说，我们要认识到这一点，从而对通货膨胀、经济形势和货币供给量有更清醒的判断与认识。比如，按照现有物价指数衡量的适度的通货膨胀可能反而是币值稳定的表现，而认识到这一点，就可能会导致不同的政策选择。

新概念

物价指数   CPI   物价指数高估

拓展思维：派氏指数、拉氏指数和连锁权重指数。
拓展思维：物价水平与生活水平的变化。

---

① 参见柳欣（2006）的观点。有些经济史学家更扯淡，居然研究起人类在刀耕火种时代的 GDP，而且还煞有介事地得出了结论。GDP 是一个价值指标，只适用于工业革命之后的现代商业社会。拿这个指标去衡量古代自然经济社会的财富，无异于侯宝林先生表演的那个著名相声，叫做"关公战秦琼"。

第 13 章　就业与收入

13.1　劳动力的需求

企业进行生产与扩张，需要劳动力和追加劳动力，从而形成对劳动力的需求。

微观经济学用劳动的边际生产力论求得劳动力（劳动）的需求曲线，这当然是错误的。我们已经知道，企业生产的基本原则是内部分工，换言之，企业对劳动力的需求不是边际需求，而是由内部分工原则决定的结构性需求与总量需求。因此，我们需要重新建立劳动力需求理论。

第 1 章已经说过，劳动者可以分为从事简单劳动的一般劳动者与从事复杂劳动的专业人员两类。在工业化与资本生产方式下，一方面，劳动技能被大大简化，普通劳动者经过简单培训，就可以成为机器大生产的局部工人，成为企业生产性消费的"原材料"或"生产部件"；另一方面，由于企业生产与经营的专业性与复杂性，又需要相关的专业人员。为了简化起见，我们以从事简单劳动的一般劳动者为例，来考察企业对劳动力的需求。在必要时，我们再谈专业劳动力市场。

企业对劳动力的需求是引致需求，也就是说，由于存在对企业产品的需求，从而引致企业对劳动力的相应需求①。在企业产品需求一定的前提下，根据企业内部分工原则，企业的劳动力需求曲线可用图 13.1 表示。

在图 13.1 中，横轴表示劳动力的数量，竖轴表示劳动力的价格即工资水平。企业的劳动力需求曲线是一条先缓后陡，最后几乎垂直的凸形线。以 w_A 为界限，在工资水平低于 w_A 时，企业能够获得利润，维持生产，且根据企业内部分工原则，企业对劳动力的需求弹性很小，需求曲线接近垂直。但在工资水平高于 w_A 时，企业难以承受，不得不用机器替代人力，即提高资本有机构成，从而大幅度减少对劳动力的需求。如果工资水平实在太高，比如达到 w_M，企业只好停止生产，或将企业转移到工资水平较低的其他国家或地区。我把 w_A 称为企业的临界工资水平。

---

① 为了简化起见，本书不研究企业对中间产品的引致需求。

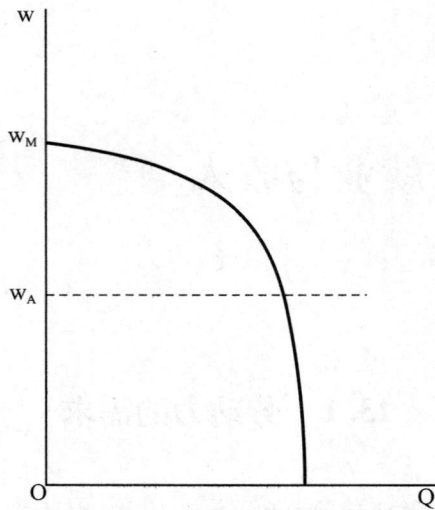

图 13.1　企业的劳动力需求曲线

据此，我们也可以区别劳动力密集型企业与资本密集型企业对劳动力的不同需求，如图 13.2 所示。

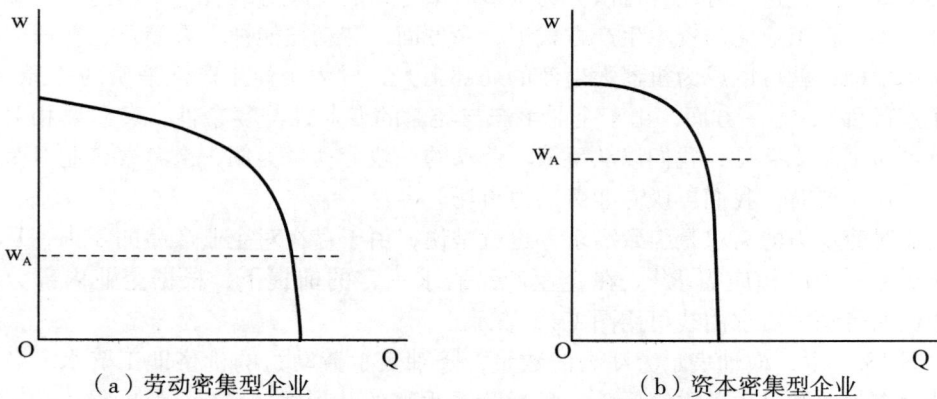

（a）劳动密集型企业　　　　　　　（b）资本密集型企业

图 13.2　不同企业的不同劳动力需求曲线

在图 13.2 中，（a）、（b）分别为劳动密集型企业与资本密集型企业的劳动力需求曲线。可以看到，劳动密集型企业的临界工资水平较低，而资本密集型企业的临界工资水平较高。这是由于在劳动密集型企业，工资成本在总成本中的比重较高，因而对工资水平比较敏感，而在资本密集型企业，工资成本在总成本中的比重较低，对工资水平的敏感程度也较低。

企业的劳动力需求曲线是否会移动？会的。由于企业对劳动力的需求是引致需求，如果对企业产品的需求旺盛，企业就可能满负荷生产，或进行扩大再生产，从而增加对劳动力的需求，导致劳动力需求曲线右移，如图 13.3 所示。

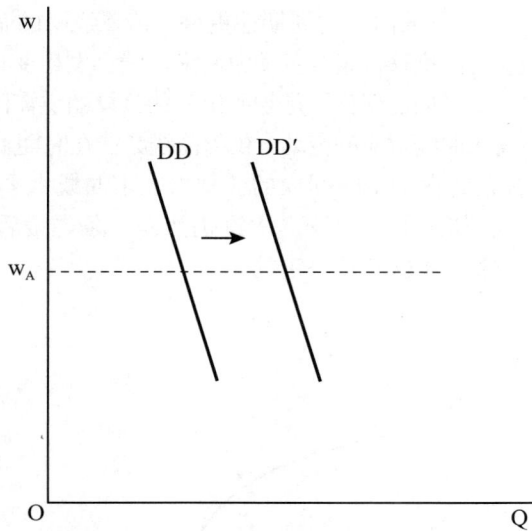

图 13.3 企业劳动力需求曲线的移动

在图 13.3 中，劳动力需求曲线从 DD 右移至 DD′，表明在同样工资水平下，企业愿意雇用更多的劳动者。当然，如果对企业产品的需求减少，企业就要减少生产（实行阶段性停产，或关停一些机组或几条生产流水线），减少对劳动力的需求，从而导致劳动力需求曲线左移。

不过，如果在扩大再生产过程中企业的资本有机构成提高，那么企业对劳动力的需求就会相对降低，乃至绝对降低。这就是机器排挤工人。由于资本有机构成不断提高是资本生产的趋势，因而从长期看，企业对劳动力的需求会相对地乃至绝对地减少。

与个人需求曲线一样，企业的劳动力需求曲线同样是在一定时间内的需求曲线，同样具有时效性。比如，我们可以以企业的一个再生产周期为时限，从而得到企业在这个再生产周期的劳动力需求曲线。

由于企业的劳动力需求曲线具有时效性，它自然也就具有周期性，与个人需求曲线的周期性类似，如图 13.4 所示。

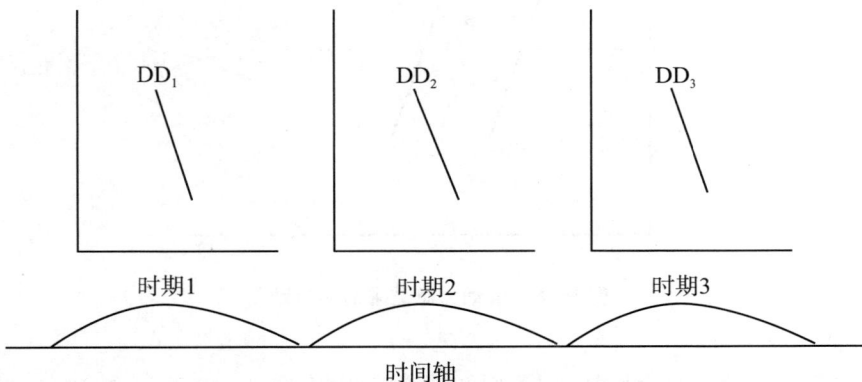

图 13.4 企业劳动力需求曲线的周期性更替

图 13.4 展示了企业劳动力需求曲线的周期性更替。需要说明的是：①由于各种客观因素与主观因素的变化，随着时间推移，企业劳动力需求曲线会发生变化，也就是说，不同时期的需求曲线是不一样的。②时期的划分，是与所研究的具体的供需问题直接相关的。需要特别说明的是，与劳动力需求曲线对应的劳动力供给曲线必然在时期上是一致的。

把一个经济体的所有企业在一定时间内的劳动力需求曲线水平加总，就得到一定时间内的劳动力总需求曲线，如图 13.5 所示①。这仍然是一条先缓后陡的曲线，表明在一定时间内，社会对劳动力的需求总量是一定的。

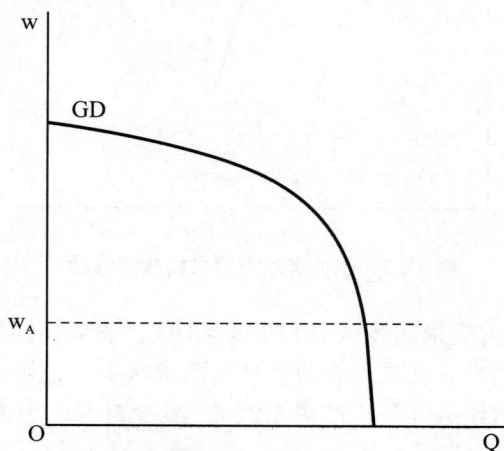

图 13.5 劳动力总需求曲线

劳动力总需求曲线会移动吗？会的。在经济高涨时期，企业、行业对劳动力的需求会普遍增加，从而导致劳动力总需求曲线右移，如图 13.6 所示。在经济衰退时期，企业、行业对劳动力的需求会普遍减少，从而导致劳动力总需求曲线左移。

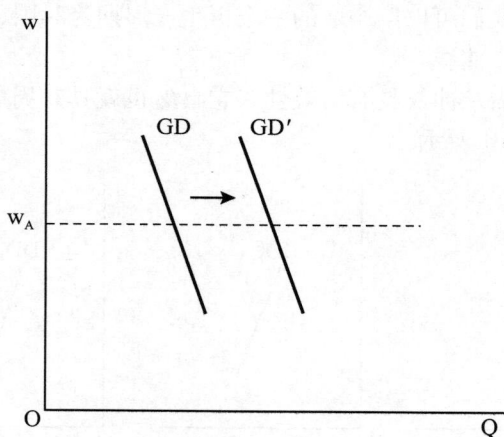

图 13.6 劳动力总需求曲线移动

① 为简化起见，此处不考虑企业对劳动力需求的中途进入与退出问题。随后的劳动力供给曲线加总时，同样不考虑中途进入与退出问题，不再另述。

与其他需求曲线一样，劳动力总需求曲线由于具有时效性，自然就具有周期性，如图 13.7 所示，在此就不再赘述。

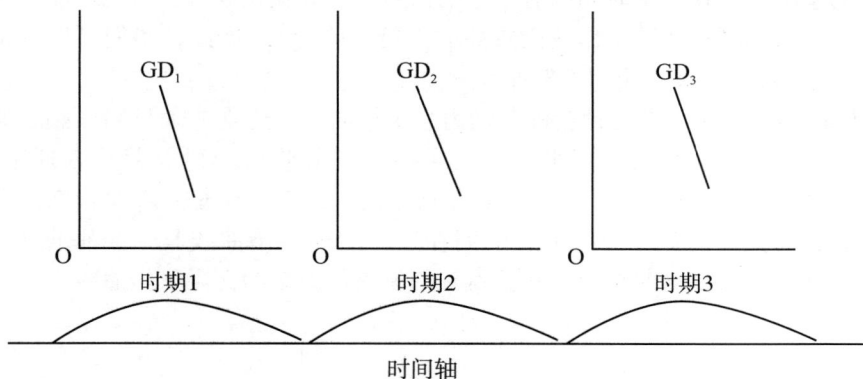

图 13.7　劳动力总需求曲线的周期性

新概念

劳动力需求　　　　　　　引致需求　　　　　　　劳动力需求曲线
临界工资水平　　　　　　劳动力总需求曲线

拓展思维： 富士康撤出中国？

13.2　劳动力的供给

现在来研究一般劳动力的供给。

劳动力的供给就是劳动者就业，就是劳动者把自己的劳动力当作商品出售。我们在第 4 章中，已经考察了劳动力商品的性质，现在从量的角度做进一步分析。

一般说来，在人口总规模一定的前提下，扣除未成年人、各类学校成年学生、退休者等等，剩下的人口就是适龄劳动人口。这是一般劳动力的来源。从适龄劳动人口中扣除无就业意愿人口，剩下的就是愿意就业人口，构成劳动力的供给方。不过，这里需要做出说明：

（一）尽管愿意就业人口一般来说来自适龄劳动人口，但在现实经济中，仍然有非适龄劳动人口就业的情形，比如童工、延迟退休、劳动者退休后再就业等等。

（二）现实经济中存在着移民或非法移民的非法就业（黑劳工）问题。

（三）无就业意愿人口比较复杂，包括家庭主妇、不愿意找工作者、找工作失败的消沉者、啃老族等等，需要具体分析。

根据第 4 章，劳动者之所以要就业，是因为劳动者一无所有。为了养活自己、养活家庭，劳动者必须把自己的劳动力当作商品出售。不过在现实经济中，情况有些不同。

一般说来，在一个贫穷社会，劳动者必须就业，或失业后必须尽快再就业，否则就无法正常获得生活资料，无法正常生存。但在一个实行了福利制度的富裕社会，由于一般劳动者的基本生活在一定时间内有一定的保障，在寻找就业机会时就可能有更多的选择性，比如要求比较舒适的工作或比较高的工资，等等①。据此，我们可以画出不同社会的劳动力总供给曲线，如图13.8所示。

图13.8（a）展示了贫穷社会的劳动力总供给曲线。这是一条我们很熟悉的反L形供给曲线，其含义是：只要工资水平达到生存工资水平 w_0，所有劳动者都愿意就业、愿意出卖劳动力，直至达到 Q_M，即劳动力充分就业状态。在充分就业状态，即便提高工资水平，也无更多的劳动力就业，因而在这之后的供给曲线是一条垂直于 Q_M 的线段。显然，从这一条供给曲线可以直接得到刘易斯的劳动力无限供给曲线。

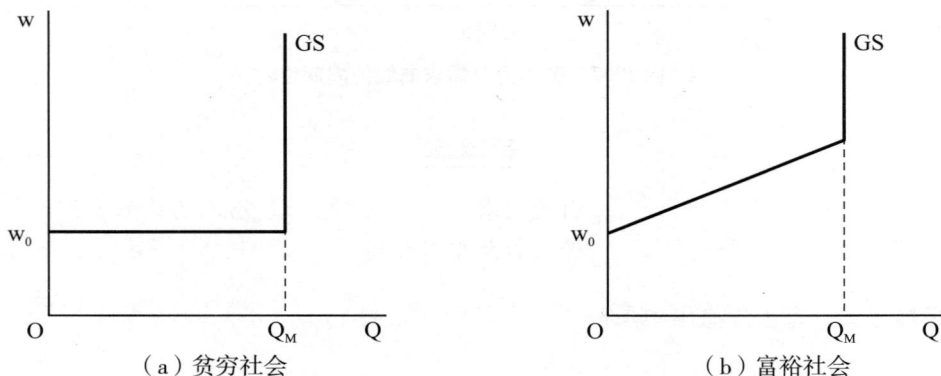

图13.8　劳动力总供给曲线

图13.8（b）是富裕社会的劳动力总供给曲线。由于生活不发愁，劳动者对工资水平就比较敏感，如果工资水平较高，更多的人愿意就业；如果工资水平较低，更多的人则不愿意就业。因此，劳动力总供给曲线的第一部分就是一条倾斜的线段。当然，达到充分就业时，供给曲线同样是一条垂直线段，表明已经没有更多的劳动力了。

当代中国社会是贫穷社会还是富裕社会？可能位于两者之间。一方面，以劳动谋生仍然是绝大多人的生存方式与生活方式，另一方面，由于城镇居民有失业保险和低保，农村居民有联产承包的土地、宅基地，以及政府减免农业税、试行土地流转、搞新农村建设等等，生存问题不太迫切。假设中国社会的劳动力总供给曲线的横线段是一条倾斜线段，但倾斜幅度低于富裕社会，可能是合理的，如图13.9所示。但这也只是假说，需要用数据证明。

---

① 西方经济学认为，人们在就业时，存在就业与休闲的两难选择。因此，如果工资不高，劳动者就宁愿赋闲，而不愿工作。西方经济学进一步推证，如果工资太高了，劳动者反而不愿意工作，要留着时间去花钱，否则挣钱又有什么意义呢？这叫作弯曲的劳动供给曲线。在我看来，这其实是一种"何不食肉糜？"的想法。

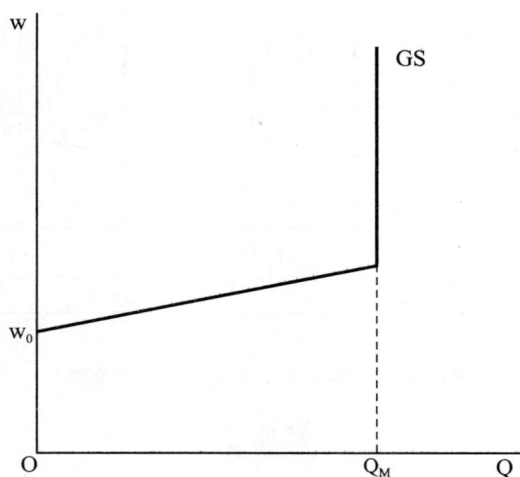

图 13.9　中国社会假设的劳动力总供给曲线

劳动力总供给曲线会移动吗？会的。

如果个人消费资料涨价，那么生存工资 w_0 与劳动力供给曲线横线段可能就要提高，反之亦然，如图 13.10 所示。观察数据似乎证明工资具有刚性，即只能涨不能跌。西方经济学认为可能存在工资的货币幻觉或工资粘性。但资本主义在早期发展时并不是这样。因此需要从其他角度寻求解释，比如从劳动者的必要产品的角度来解释，待考。

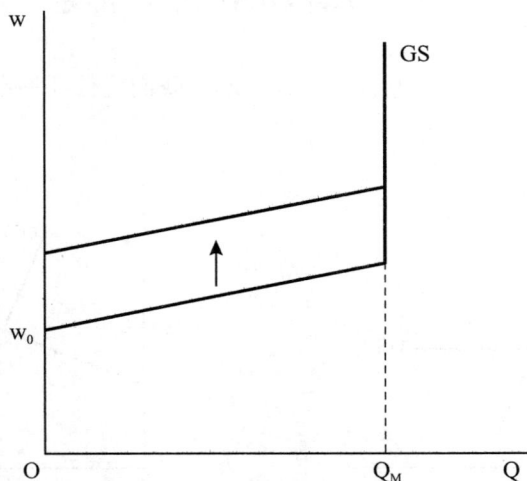

图 13.10　劳动力总供给曲线移动

与行业供给曲线一样，在一个周期内，劳动力总供给曲线的竖线段不能右移，也就是说，劳动力的供给总量是既定的。这并非说劳动力供给总量不会变化，而是说，劳动力供给总量的变化是体现在下一个周期的新的劳动力供给曲线上。

根据供给与需求的时效一致原则，劳动力总供给曲线同样有周期性，如图 13.11 所示，在此不再赘述。

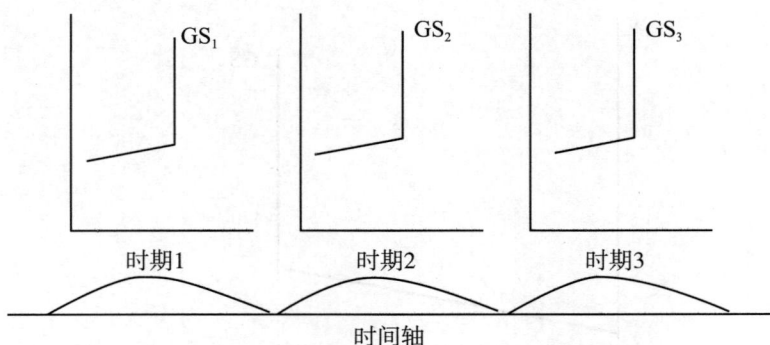

图 13.11　劳动力总供给曲线的周期性

新概念

适龄劳动人口　　　　　　　　愿意就业人口　　　　　　　劳动力总供给曲线
生存工资　　　　　　　　　　工资刚性

拓展思维：西方经济学：工资的货币幻觉与工资粘性。
拓展思维：最低工资法。
拓展思维：精英与大众。

13.3　劳动力的供给与需求

将劳动力总需求曲线与总供给曲线合在一起，我们就得到一定时间内的劳动力总供需图，如图 13.12 所示。

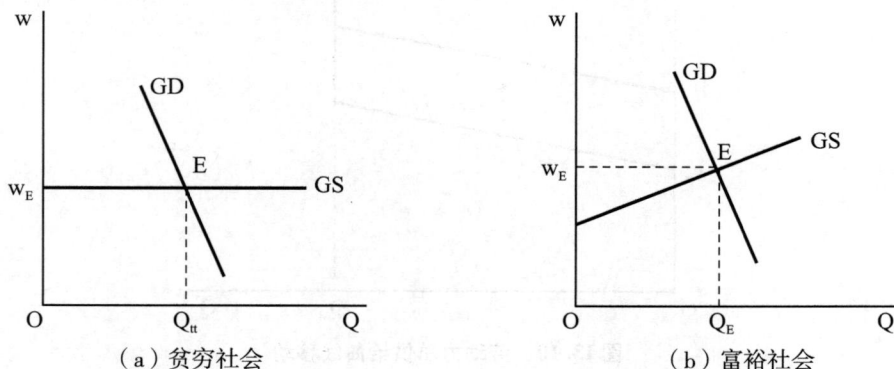

图 13.12　劳动力总供需图

图 13.12 是劳动力总供需图。其中，图（a）是贫穷社会的劳动力总供需图，其中的劳动力总供给曲线为其反 L 形线的水平线段。图（b）是富裕社会的劳动力总供需图，其中的劳动力总供给曲线为其反 L 形线的倾斜线段。劳动力总需求曲线比较陡峭，表明社会对劳动力的需求缺乏弹性。不管哪个图，需求曲线与供给曲线的交点就形成均

衡工资水平 w_e，即一般劳动者的工资水平。

上述模型以劳动力为一般劳动力、劳动力市场为全国统一市场为前提。但现实生活中存在着劳动力技术等级差别、行业差别和地区差别等等，因而需要具体谈一谈。

（一）劳动力技术等级差别

基于简单劳动与复杂劳动之分，劳动力分为一般的简单劳动力与专业劳动力。两种不同类型的劳动力的供需状况自然不同，如图 13.13 所示。

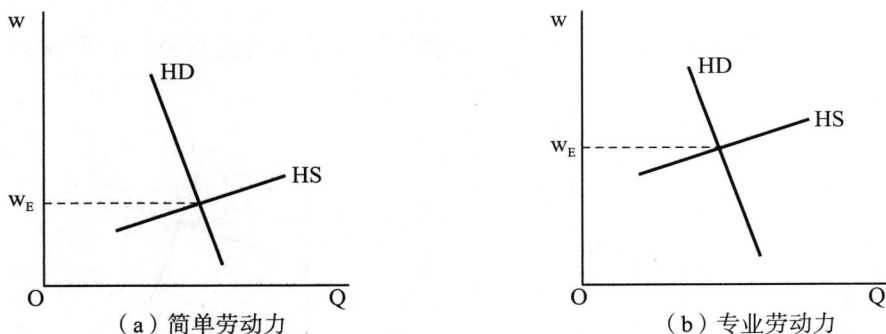

图 13.13　劳动力供需的技术等级差别

在图 13.13 中，专业劳动力的供给曲线斜线段的位置更高，与需求曲线相交，形成更高的均衡工资水平（为避免符号繁琐，各种情形的劳动力供给曲线、需求曲线都用 HS、HD 表示，下同）。这是因为专业劳动力是复杂劳动力，培养专业劳动力的费用更高，因而供给曲线的位置更高。

不过，简单劳动者在劳动过程中，可以通过"干中学"，转变为专业劳动者。西方经济学有一条学习曲线，有一定道理，如图 13.14 所示。

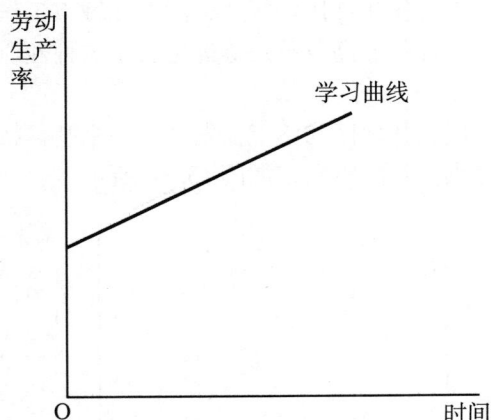

图 13.14　学习曲线

在图 13.14 中，随着时间的推移，简单劳动者通过"干中学"，劳动生产率逐渐提高，转为专业劳动者，比如熟练工。这也是企业实行工龄工资或定期涨工资的一个重要原因。

另一方面，如果专业劳动者并没有从事与本专业相关的劳动，那就是一般的普通劳动者，其工资水平与其他普通劳动者没有区别。这在专业人才过剩时常见，比如北大学子开肉铺、硕士毕业生当清洁工等等。

在中国工业化与社会转轨过程中，除了劳动力技术等级差别外，还存在着就业的身份差别。农民工身份问题就是一例。户籍制度造成的地区就业垄断与就业歧视，则是另一个例子。此外，就业的性别差别与性别歧视也是一个问题。这些问题，都需要在进一步的改革与发展中得到改进与纠正。

（二）行业差别

除了劳动力等级差别外，劳动力的需求与供给还存在着行业差别，如图 13.15 所示。

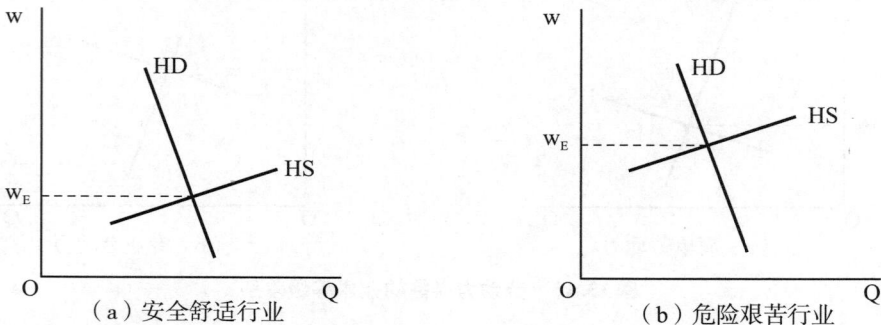

图 13.15　劳动力供需的行业差别

在图 13.15 中，不同行业的劳动力供给曲线斜线段的位置不同，从而形成不同的均衡工资水平。如果一个行业的工作条件比较安全或舒适，则劳动者更愿意就业，从而劳动力供给曲线斜线段的位置就较低，形成较低的均衡工资水平。如果一个行业的工作条件比较危险或艰苦，则劳动者更不愿意就业，从而劳动力供给曲线斜线段的位置就较高，形成较高的均衡工资水平。比如，野外工作条件比较艰苦，因而在野外工作的行业的工资水平一般较高。城市工作条件比较舒适，因而在城市工作的行业的工资水平一般较低。在工资构成中，野外补贴、高温补贴等等也属于这种性质。

（三）地区差别

中国是一个发展中大国，各地区的不平衡发展是一个基本特点。地区经济的发展水平不同，造成地区劳动力供需状况不同，如图 13.16 所示。

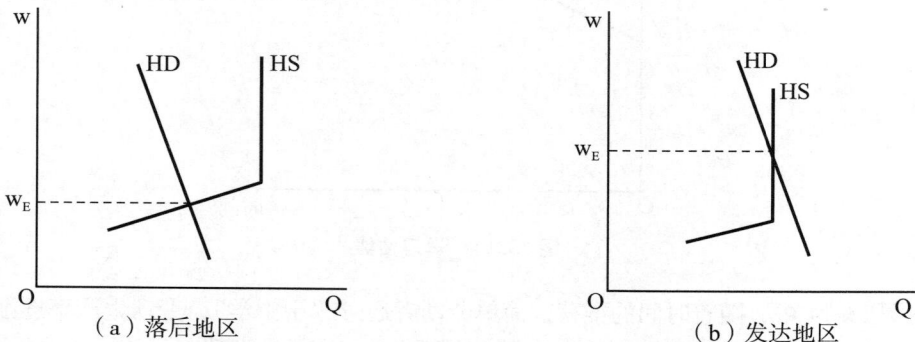

图 13.16　劳动力供需的地区差别

在图 13.16 中，落后地区由于经济发展水平低，对劳动力的需求较小，劳动力需求曲线与供给曲线的斜线段相交，形成较低的均衡工资水平。而发达地区的经济发展水平高，对劳动力需求旺盛，劳动力需求曲线与供给曲线的垂直线段相交，不仅形成较高的均衡工资水平，而且导致劳动力供给不足。

这样一种地区差别，导致中国内地落后地区的劳动者涌向沿海发达地区，农村或小城市劳动者涌向大城市，形成很有中国特色的农民工潮和春节回乡潮。当然，随着内地经济加速发展，劳动者更愿意回乡就业或创业，农民工潮已经得到了相当程度的缓解。

新概念

劳动力总供需图 　　　　　　均衡工资水平 　　　　　　学习曲线
工龄工资

拓展思维： 企业的用工荒：廉价劳动力时代一去不复返？
拓展思维： 回乡创业。

13.4 工 资

工资水平简称工资，是劳动力商品的价格。就其形式而言，工资与其他物品的价格没有区别。但劳动者终究是活生生的人，而不是冷冰冰的物。劳动力终究是一种特殊商品。这就有些不同，需要专门说明。

工资分为名义工资和实际工资。名义工资就是工人领到手的货币工资。名义工资扣除物价指数后，就为实际工资。实际工资也是货币工资，而不是实物工资[①]。

名义工资与实际工资存在一定差异。有时候名义工资涨了，但由于物价上升，实际工资并没有增长。有时候名义工资没涨，但由于物价下跌，实际工资则增长了。更一般的情形是，名义工资涨了，物价也在涨，但低于名义工资的上涨幅度，从而实际工资也增长了。劳动者工资的国际比较也是如此。不同国家按汇率折算的名义工资水平相差很大，但按购买力平价折算的实际工资水平则不会相差这么大。

作为一种特殊商品，劳动力的出卖以工作日为单位。因而就其本义而言，工资是计时工资，分为日薪制、月薪制、年薪制等等。不过在现实中，企业为了激励劳动者或出于其他原因，可能实行其他工资形式。

（一）计件工资

这是以劳动者生产的产品数量为根据的工资形式。猛看之下，倒有点按劳取酬、多劳多得少劳少得的意思。但事实上，计件工资不过是计时工资的变形。

以制衣厂的缝纫工工资为例。假设缝纫工工资为计件工资，即按缝制的上衣数量获得工资。假设普通工人的日工资为 100 元，而一个普通缝纫工在一个工作日可以缝制 10

---

① 《资本论》说的实际工资，应该是实物工资。

件上衣。如果你是老板，你应该如何确定计件工资？

显然，你支付给缝纫工的计件工资就为 10 元/件，而不会更高。而如果你给的计件工资比 10 元/件还少，工人就吃亏了，就不会来应聘。

与计时工资相比，对老板来说，计件工资的最大好处就是会自动地对工人产生激励。老板用不着担心工人出工不出力，用不着监督工人劳动。因此只要有可能，老板都愿意实行计件工资。

（二）效率工资

这是美国福特公司老板福特一世的发明。他支付给工人的工资比一般工资水平高一倍还有余。福特一世是慈善家还是共产主义者？

图 13.17 是对效率工资的说明。图中，劳动力供给曲线（S）是一条一般工资水平为 w_E 的水平线，表明个别企业是劳动者一般工资水平的接受者。企业的需求曲线（DD）是一条垂直线，表明企业对劳动力的需求量为 Q_E，且没有弹性。需求曲线与供给曲线的交点达到均衡，也就是说，企业只要支付相当于一般工资水平的均衡工资，就可以获得所需要的劳动力。但是，福特一世支付给工人的工资为 w_A，大大高于 w_E。他为什么这样做？

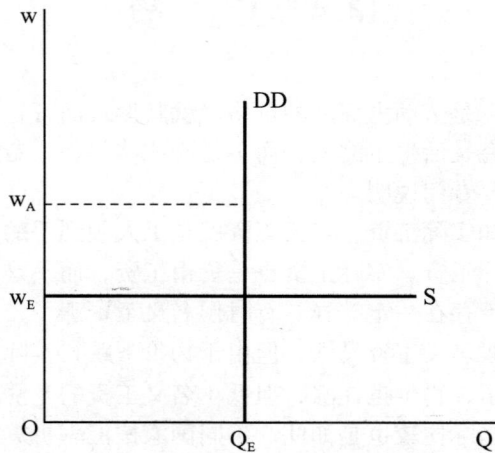

图 13.17　效率工资

事实上，由于福特一世支付了高于一般工资水平的工资，他的工人的生产效率极高，用不着敦促与监督，就会拼命干活。谁都愿意保住这个好差事。这也是"效率工资"这个名目的由来。

效率工资的实质是一种奖励或激励。这是基于特定目的、特定原因的一种再分配，因而并不构成一种政治经济学意义上的（初次）分配方式。除了效率工资外，其他一些工资形式，比如绩效工资、奖金与罚金等等，以及前面说过的在艰苦的或危险的环境中工作的劳动者的补偿工资，都具有奖励或激励的特征，都是属于再分配。高级经理人员由于责任重大，且由于信息不对称，其工资收入也可能包括股权激励这一类激励工资形式等。我们就不一一分析了。不过，从工资的多样化支付形式就可以知道，劳动力确实是一种特殊商品。资本家买到工人的劳动力之后,如何监督与防止工人偷懒,如何激励工人,调动工人的劳动积极性,就是一个问题。

除了工资的支付形式外,工资的支付时间也是一个问题。根据商品交易原则,资本家与劳动者在签订用工合约后,就要给劳动者支付工资。但在现实中,往往出现劳动者干完活才拿得到工资的现象,甚至因此出现拖欠工资的问题。按马克思的说法,这相当于工人被强制性地给资本家提供信贷。

新概念

名义工资	实际工资	计时工资
计件工资	激励工资	效率工资
绩效工资	补偿工资	股权激励

拓展思维:农民工工资拖欠问题。

拓展思维:国有企业的工资制度。

拓展思维:初次分配与再分配。

拓展思维:"5 元奖金":改革开放初期的故事。

13.5 失 业

如果我们将劳动力总供需图中的劳动力总供给曲线画完整,就得到了如图 13.18 的失业图。

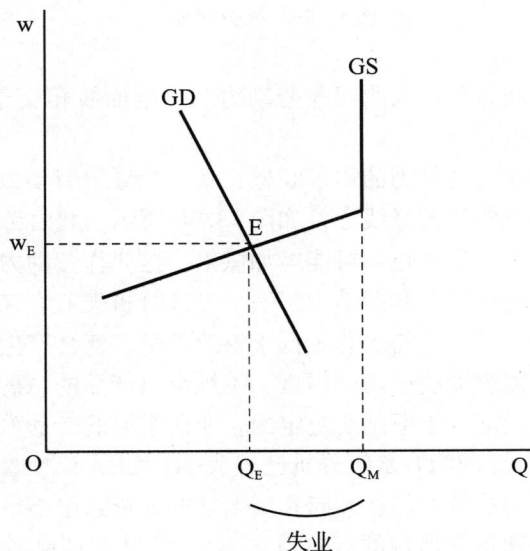

图 13.18 失业

在图 13.18 中，劳动力总需求曲线与总供给曲线相交于 E 点，确定均衡的就业量 Q_E。但劳动力的总供给量是 Q_M，因而 Q_EQ_M 线段的劳动力出现过剩，从而形成失业。

可以看到，失业的供需图与行业的产能过剩供需图很相似，这也是理所当然。产能过剩就是生产设施失业。反过来说，劳动者失业就是劳动者过剩，就是马克思所说的相对过剩人口。

如果企业对劳动力的需求总量与劳动力的供给总量相等，我们称为充分就业，如图 13.19 所示。

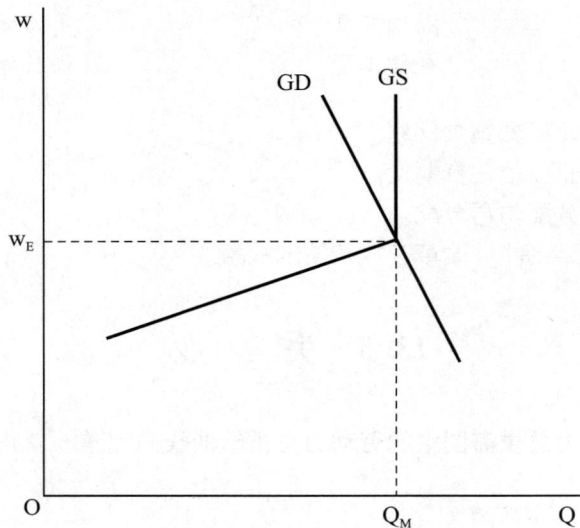

图 13.19 充分就业

在图 13.19 中，劳动力总需求曲线与劳动力总供给曲线相交于总供给曲线的拐点，表明劳动力实现了充分就业。

不仅如此，如果企业对劳动力的需求旺盛，就可能导致劳动力总需求曲线与劳动力总供给曲线相交于总供给曲线的竖线段，如图 13.20 所示。此时劳动力的供给已经达到极限，即便一般工资水平上涨，也不可能增加供给。这叫作劳动力短缺。

不过，我们先不谈充分就业和劳动力短缺，先来分析失业。在劳动力供给总量一定的前提下，如果企业对劳动力的需求总量低于供给总量，就会产生失业。

企业对劳动力的总需求取决于两个因素：①社会对产品的总需求。②企业的资本有机构成，也就是说，由内部分工原则所决定的企业所需要的劳动力数量。

从社会产品总需求看，第 11 章的分析已经表明，如果不考虑对外贸易和政府购买等外部需要，仅仅由于消费者有储蓄倾向和资本家的投资意愿不足，就会导致社会产品总需求不足（这也就是凯恩斯所说的有效需求不足）。社会产品总需求不足会导致企业对劳动力的需求不足，从而导致失业。

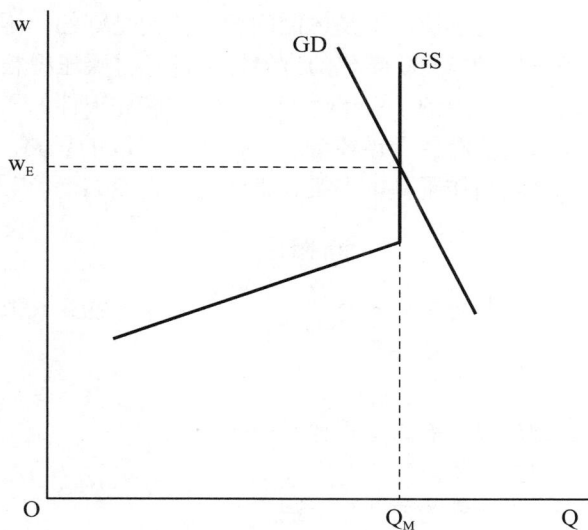

图 13. 20　劳动力短缺

从资本的有机构成看，由于内在的追逐利润的动机和外在的竞争压力，企业需要不断提高劳动生产率，因而企业的资本有机构成就有不断提高的趋势。这就意味着同样数量的资本所吸纳的劳动力更少。在社会产品总需求既定的前提下，这意味着企业对劳动力的需求会绝对减少，从而导致失业。

需要指出的是，马克思正是从资本有机构成提高的角度得出了资本主义失业的相对过剩人口理论。这与 19 世纪英国资本主义的发展是相吻合的，与 19 世纪的机器排挤工人尤其是排挤手工业工人，从而导致工人失业的历史是相吻合的。

总之，出现失业或相对过剩人口是资本主义生产方式尤其是 19 世纪自由放任资本主义的必然现象。反过来说，由于市场经济本身存在着扩张、繁荣、危机、萧条的交替，在危机阶段和萧条阶段的失业或相对过剩人口又是在扩张与繁荣阶段的资本生产所必需的追加劳动力。马克思把失业或相对过剩人口称为产业后备军，这个术语真是太贴切了。

西方微观经济学秉承萨伊的供给自动创造需求的理念，拒不承认资本主义生产方式与失业的本质联系。按其解释，只有自愿失业、结构失业或摩擦失业，而没有与资本主义生产方式相联系的体制性失业。所谓自愿失业，就是劳动者嫌工资太低，宁愿去休闲度假也不愿工作，从而导致失业[1]。结构性失业是指由于行业调整，一个行业的劳动力过剩，另一个行业的劳动力则短缺，失业者还没有回过神来到另一个行业去找工作，从而造成失业[2]。而失业者重新找工作要费时间，这段时间的失业就叫做摩擦性失业。总

---

① 柳欣按照微观经济学的逻辑，对自愿性失业论进行了批驳。参见柳欣（2006）的观点。

② 西方经济学还有另一种"结构性失业"理论，意思是由于最低工资法、工会阻挠、效率工资等等原因，某些行业的工资水平高于均衡工资水平，从而导致该行业不能吸纳更多的劳动者。但这种说法是一种臆想。如果劳动力需求曲线弹性不足，即便工资水平上升，对行业的劳动力需求也不会有太大影响。读者可以自己画出劳动力供需图进行分析。

之，这些失业都是鸡毛蒜皮的事情，不是体制问题。体制是好的，不会产生失业。

这样一种理论已经被 20 世纪 30 年代的世界性经济危机碾压得粉碎，这才有了凯恩斯理论的出世。凯恩斯算是认识到了资本生产主义方式有先天性的需求不足症，失业就是体制性问题，因此提出了政府要干预经济、实行赤字财政的思路。"二战"之后，各资本主义国家都把充分就业当作了基本国策，直到现在仍然如此。

新概念

失业	相对过剩人口	充分就业
劳动力短缺	产业后备军	

拓展思维：马克思的相对过剩人口理论。
拓展思维：城镇登记失业率。
拓展思维：20 世纪 90 年代的国企下岗潮。
拓展思维：城市化与农村居民进城。

13.6　人　　口

一个国家的劳动力数量从供给一面决定着劳动力的就业，而劳动力数量取决于适龄劳动人口数量，适龄劳动人口数量则取决于一个国家的人口规模。因此，我们就需要研究人口。

说到人口，自然就要从马尔萨斯的人口理论说起。在 1798 年初版而以后又不断修订的《人口原理》一书中，马尔萨斯认为，由于土地有限和土地的边际收益递减规律发生作用，人们赖以生存的生活资料数量按算术级数增长，而人口则按几何级数增长。也就是说，人口增长速度超过了生活资料数量的增长速度。在这一假设前提下，随着时间的推移，人均生活资料数量将越来越少，从而使人类社会日趋贫困，最终归于瓦解。为了避免这种状况，就需要抑制人口的增长，而抑制人口增长的方法无非是降低生育率的消极抑制（比如晚婚、独身、节育等等）和消灭人口的积极抑制（比如恶习、贫困、战争、疾病、瘟疫等等）两种。

二百多年过去了，现在再来评价这个理论，是比较容易的。显然，马尔萨斯没有预见到工业革命所带来的劳动生产率的迅速提高，使得工业社会的财富增长速度大大超过了人口增长速度。因此，尽管二百多年来工业社会的人口迅速增长，但人们的生活却越来越富裕，与他的预测完全相反。

就其理论性质而言，马尔萨斯的人口论脱不了"庸俗"二字。正如马克思所说，马尔萨斯把人口增长简单地归结为自然生育规律，而根本没有看到人口问题特殊的社会性质。他把当时英国工人阶级的大量失业和普遍贫困归因于工人阶级生育能力太强，乃至归因于英国政府的官方济贫措施，而没有看到，造成工人阶级大量失业和普遍贫穷的根本原因是自由竞争的资本主义生产方式本身。这样一来，他实际上就充当了资本主义制度的辩护士，从而遭到马克思的尖锐批判。

但尽管如此，对于尚未实现工业化，还处于农业社会的发展中国家来说，马尔萨斯人口论却也有它的正确的一面。在以传统农业生产方式为主的发展中国家中，劳动生产率水平低下，经济发展缓慢。与此同时，由于医疗、卫生条件的改善，在传统的高生育率背景下，婴儿成活率大大提高，导致人口迅速增长，叫作人口爆炸。这样一来，人口与财富或资源的矛盾就凸显出来，这叫作马尔萨斯陷阱。发展中国家难以摆脱贫困状态，这是一个重要原因。

自 20 世纪 70 年代以来，中国实行了一对夫妻只生一个的计划生育基本国策，主动控制人口增长。在当时的历史条件下，在中国还处于农业社会的时代，这一决策当然是正确的，彰显了中国共产党与中国人民追求富强与民族复兴的无比坚定的决心与意志。四十多年过去了，中国正在实现工业化，正在走向富强。在 2016 年，中国政府果断终止只生一个的政策，全面放开"二孩"。这同样是正确的。

从发达国家的人口发展趋势看，在经过与工业化过程相适应的人口迅速增长后，出现了出生率与死亡率双低的态势，近几十年来，更是出现了人口数量绝对下降的现象。对此应做如何判断，尚有待于进一步的研究。但不管怎样，人口问题是社会经济发展的一个基本问题，是一个国家乃至整个人类社会的基本问题。如果任由其自然发展，恐怕不是一个好的选择。

新概念

人口	马尔萨斯陷阱	计划生育
人口爆炸	"二孩"政策	

拓展思维：老龄化社会真的很可怕？
拓展思维：全面放开"二孩"政策。

13.7　第三产业

马克思从资本有机构成不断提高的角度分析了 19 世纪欧洲资本主义的失业问题，提出了相对过剩人口理论和无产阶级贫困化理论，得出了资本主义积累的一般规律，并由此得出资本主义必然灭亡的结论。一百多年过去了，历史似乎没有按照这个轨迹发展。不少人兴高采烈地宣布，马克思的预言失败了。

现在看来，资本主义得以续命，除了因为资本主义发生了局部质变，实行了凯恩斯主义之外，另一个重要原因就是第三产业的大发展。这在很大程度上解决了失业问题。

何谓第三产业？简单地说，就是除了物质生产行业即第一、第二产业之外的所有非物质生产行业，即通常所说的服务业。我们现在就来研究一下第三产业。

（一）生产性劳动与非生产性劳动

说到第三产业，首先要弄清楚生产性劳动与非生产性劳动这两个概念。生产性劳动就是创造财富的劳动，非生产性劳动就是不创造财富的劳动。

你或许感到疑惑：劳动不创造财富创造什么？事实上，这里的问题不是劳动创造什么，而是财富是什么？

在不同的时代，人们的财富观点是不同的。在农耕文明时代，只有农牧产品与土地才算是真正的财富。重农学派就认为，只有农业生产劳动才是创造财富的生产性劳动。随着资本主义工商业的发展和劳动价值论的兴起，从事一般制造业的劳动属于生产性劳动，逐渐得到了公认。

那么服务性劳动呢？18、19 世纪的欧洲社会仍然是贫穷的物质匮乏的社会，因而物质资料的生产具有绝对重要的地位。只有生产物质产品的劳动才称得上是创造财富的生产性劳动，而谁也不会把服务性劳动当作生产性劳动。亚当·斯密就认为，伺候贵族阶级的仆人们的劳动就是浪费，应予革除。

但亚当·斯密已经开始认识到，生产性劳动与非生产性劳动的区别不应该从生产的自然性质来判断，而要从生产的社会性质来判断。他认为，被资本雇用、为资本创造利润的劳动就是生产性劳动，而不被资本雇用的劳动就不是生产性劳动。换言之，创造价值的劳动才是生产性劳动，不创造价值的劳动就是非生产性劳动。比如，钢琴家被资本家雇用来开音乐会，为资本家赚钱，弹钢琴的劳动就是生产性劳动。但若钢琴家在大庭广众弹钢琴让公众欣赏，则同样的劳动就不是生产性劳动。又比如，家务劳动不是生产性劳动，但若家务劳动社会化，变成了家政服务，那就是生产性劳动了。这个观点很了不起，得到了马克思的充分肯定。

不过，对 19 世纪的欧洲普通民众来说，填饱肚皮才是至关重要的事情。也就是说，普通民众的需要还停留在物质产品的层面，还没有上升到更高的层次，没有上升到对服务的需求。在那个世纪，资产阶级同样异常节省，赚得的每一个铜板都要投入再生产。这也是节欲论的由来。在这样一种情形下，服务性劳动自然不被视为生产性劳动，服务业也没有发展机会。

这样一种现实自然要反映在《资本论》中。当马克思得出资本主义积累的一般规律时，他是从物质生产领域得出这个结论的。这个结论错了吗？在我看来，要不是 20 世纪以来服务业的大发展提供了大量的就业机会，仅仅因为物质生产领域的产品过剩和由此造成的大量失业，资本主义早就完蛋了。

因此，我们在理解马克思的思想时，一定要在 19 世纪的欧洲社会这个大背景下去理解，一定要在历史中理解。只有这样，才能把握马克思理论的实质。如果只是从字面上去理解，并以此为根据，说什么马克思主义失败了之类，除了证明自己的浅薄与无知之外，不能说明更多的东西。

（二）物质产品的劳动生产率与第三产业发展

正如第一产业的发展是第二产业的基础一样，第一、第二产业的发展是第三产业的基础。只有在第一、第二产业的劳动生产率不断提高的前提下，第三产业才可能有较大的发展。这包含两层意思：

第一，工业革命和工业化的结果，使得物质产品的劳动生产率极大提高。劳动者只需要付出较小代价就可以获得很大收获。这使得工业化国家终于摆脱了物资匮乏的状态，进入了富裕社会。当物质资料生产发展到这样一个阶段，即一线劳动者只需用部分工资收入就可以获得足够满足个人和家庭需要的物质产品时，那么劳动者就会产生更高层次的服务需求。

西方经济学有个恩格尔系数，说的是食品支出占个人消费支出的比重。恩格尔系数越小，民众的平均支出中用来购买食物的费用所占比例就越小，就表明这个国家越富裕，反之亦然。

以此类推，民众的平均支出中用来购买物质产品的费用所占比例越小，表明这个国家就越富裕，而对服务性产品的需求就越大。也就是说，物质资料生产领域的劳动生产率的提高与普通民众的收入增加是第三产业发展的前提。

第二，随着第一、第二产业的劳动生产率不断提高，物质产品生产领域所需要的劳动力数量会越来越少。大量劳动力从物质资料生产一线解脱出来，或者说被机器排挤出来。这些劳动者会转入第三产业，从而增加第三产业的供给。从就业的角度看，第三产业会成为就业的主要渠道，这在发达国家已经成为现实。

在前面的研究中，我们将物品分为必需品与奢侈品两类。从这个角度看，服务性产品具有奢侈品属性。物质生活是人类生活的基础。只有在物质生活有保障后，人们才会产生或考虑非物质的服务性需要。只有在经济发展与收入提高之后，人们才会更多地享受各种服务项目，比如休闲娱乐、旅游、体育健身、医疗卫生等等。而从生产的角度看，服务行业的发展，使得昔日高大上的享受成为普通民众也可以获得的东西。这是社会发展与进步的象征。

（三）价值拉动效应

与现代化的工厂相比，第三产业属于典型的劳动密集型产业。但这并不意味着第三产业的劳动生产率较低。

前面研究行业间竞争时，我们已经提到了劳动生产率增长迅速的行业对劳动生产率增长缓慢或停滞增长的行业有价值拉动效应。这在第三产业特别显著，也就是说，尽管第三产业的劳动技术生产率增长缓慢乃至停滞增长，但劳动价值生产率却在提高，表现为第三产业的服务价格的不断提高。

可以认为，第三产业的劳动价值生产率的高低反映了一个国家的经济发展水平。同样一个服务项目，比如理发，发达国家与发展中国家的价格可能相差几十倍，所以我喜欢说中国与美国的差距就是理发费的差距。不过这也说明，发达国家与发展中国家的实际差距（比如按购买力平价理论衡量的差距）并不像人均 GDP 的差距那么大，尤其是第三产业占 GDP 比重越来越大的时候。

（四）城市化与第三产业发展

工业化带动城市化，而城市，特别是充满活力的大城市，则是第三产业发展的基础。道理很简单：第三产业既然服务于人，就要有人群、人气的聚集。尽管由于通讯、交通与物流日趋发达，远程服务发展起来，但人群、人气在城市的聚集，仍然是第三产业发展的前提。

在这里，我要提一下凯恩斯的消费乘数理论。这是凯恩斯为了鼓励消费以克服资本主义生产方式的需求不足，提出的消费拉动更多消费，从而加倍扩张需求的假说。

假设个人的平均储蓄率为20%，也就是说，其收入的20%为储蓄，80%用于消费。现在某人花费100元进行消费，从而产生了100元的需求。但这100元带来的需求还不止这些。卖方在获得这100元后，根据20%的储蓄假设，又会把收入的80%即80元用于消费，从而带来二次需求。获得这80元的卖方，又会将其中的80%即64元用于消费，从而带来三次需求等等，以此类推。这是一个收敛的等比数列，因此，最终实现的消费总额可由如下公式求得：

$$最终消费 = 初始消费 \times \frac{1}{储蓄率}$$

其中，$\frac{1}{储蓄率}$就称为消费乘数。

由上述公式可知，如果个人的平均储蓄率为20%，那么消费乘数就是5倍，100元的最初消费最终可以带来500元的消费，也就是说，需求被加倍扩张了。

如何评价这个理论？简单地说，这个理论的错误有两点：

（1）没有时效性限制。我们不知道这个最终消费在什么时候才能实现。顺便说一句，西方经济学的经济变量都没有时效性，而没有时效性的经济变量是没有实质意义的。

（2）混淆了消费与投资。资本生产不是简单商品生产，卖方不是个人，而是资本家。资本家获得收入后，要么把收入留存，要么把收入当作追加资本，用于投资或投机，而不是用于个人消费。这就要用资本生产理论或资本扩大再生产理论分析，而不是用这个消费乘数理论来解释。

不过，若用消费乘数理论来分析城市第三产业的发展，则庶几近之。一方面，服务项目的主要成本就是工资，因而对服务的消费支出在较大份额上又转为劳动者的个人收入，从而产生二级需求。另一方面，城市工薪阶层号称月光族，生活压力大，只好拼命工作、拼命挣钱。但这恰恰符合了消费乘数理论的要旨：快节奏的消费，快节奏的货币流通，快节奏的挣钱，然后又是快节奏的消费，如此循环往复。由此可见，仅仅因为城市尤其是大城市自身的这种服务性生产与生活的快速循环，就会产生巨大的财富。

新概念

资本主义积累的一般规律	第三产业	生产性劳动
非生产性劳动	恩格尔系数	消费乘数

拓展思维：数字信息产业。

拓展思维：技术与知识产权交易。

拓展思维：服务贸易。

拓展思维：第三产业的产业升级。

13.8 收入分配

资本主义生产的一个重要后果，就是导致收入分配悬殊，贫富差距拉大。道理很简单：以资本生产为前提的市场经济的基本分配关系就是必要产品、必要价值与剩余产品、剩余价值的分配关系。必要价值以工资形式归劳动者，剩余价值则分为利润、利息和地租，分别被资本所有者和土地所有者占有。我们姑且不论工资与利润（包括利息与地租）的量的比例关系，仅仅因为工资要用于消费而被花掉，而利润则会再转化为资本而积累起来，那么劳动者与资本所有者在收入和财产上的差距必然越来越大。

这个简单的道理，《资本论》已经讲过了，这就是资本主义积累的一般规律：财富在一端积累，而贫困在另一端积累。资本主义发展的结果是无产阶级贫困化。需要指出的是，尽管马克思是根据 19 世纪英国资本主义的现实得出的这个结论，尽管在 21 世纪的今天，资本主义已经发生了很大变化，但这个结论在一般意义上仍然是正确的。

在西方经济学中，这一反映资本与劳动者对立关系的基本分配关系被笼统地用"收入"概念给掩饰了。比如，西方经济学反映收入分配比例关系的洛伦茨曲线（Lorenz curve）和基尼系数就是如此，如图 13.21 所示。

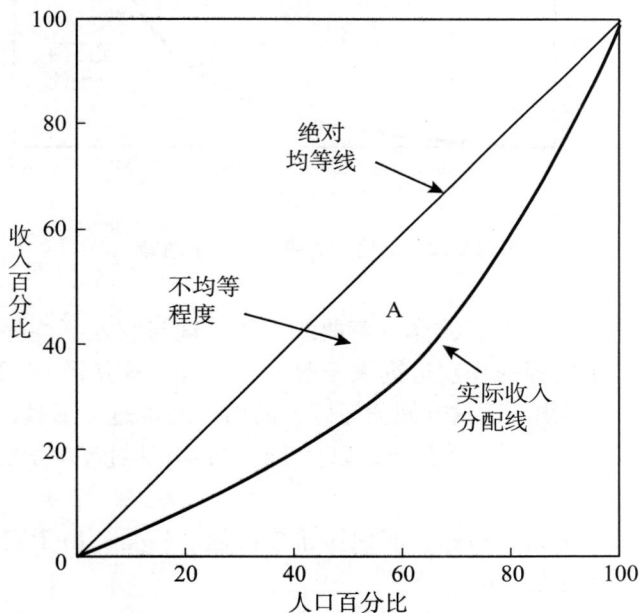

图 13.21　洛伦茨曲线之收入不均等

图 13.21 为反映收入不均等的洛伦茨曲线。这是一个闭合正方形坐标图，横轴为人口百分比，按收入水平从低到高顺序排列，竖轴为收入百分比。坐标图的对角线为收入分配的绝对均等曲线，即收入百分比与人口百分比绝对同步增加，因而每个人的收入是相等的。坐标图中的实线为实际收入分配线。可以看到，实际收入分配线低于绝对均等曲线，表明收入不均等。比如，收入最低的 20% 的人口所获得的收入比例就远远低于20%。因此，实际收入分配线与绝对均等曲线形成的闭合面积 A 就代表着不均等程度；而 A 面积与对角线三角形面积之比，就是表示不均等程度的基尼系数。由于反映的是收

入分配不均等，它又叫做收入基尼系数。

除了收入基尼系数外，还有财产基尼系数，如图 13.22 所示。

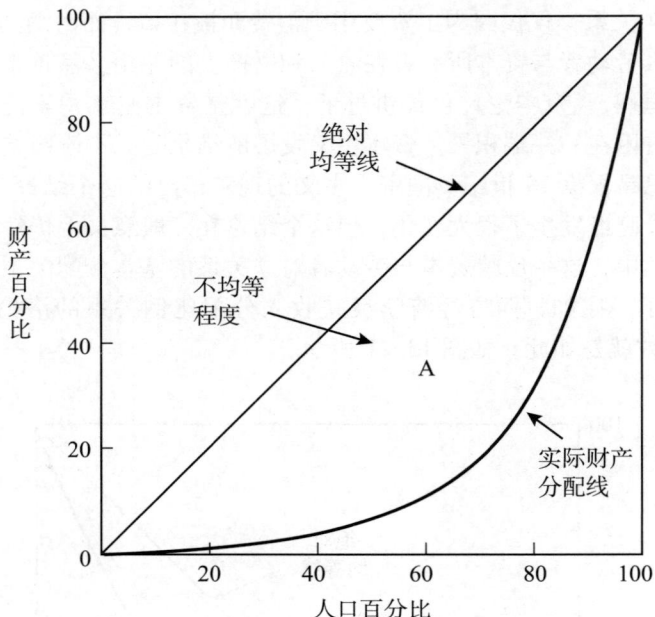

图 13.22　洛伦茨曲线之财产不均等

图 13.22 为反映财产不均等的洛伦茨曲线，其原理与收入不均等的洛伦茨曲线相同。一般来说，财产不均等的程度远远大于收入不均等，这从图 13.22 的 A 面积与图 13.21 相比较，就可以看出来。这其间的原因，前面已经讲过。不过，一般公布的是收入基尼系数，财产基尼系数可不敢公布，以至于许多没有学过经济学的读者居然不知道还有个财产基尼系数。

基尼系数当然是个不错的指标，能说明很多问题。但是，由于它不区别收入的来源，存在的问题也是显而易见的。

比如，通常认为收入基尼系数的国际警戒线为 0.4，超过 0.4 就属于收入不平等，而超过 0.5 就属于严重不平等。如果要问理由，那无非是因为发达国家的收入基尼系数一般低于 0.4，而发展中国家的收入基尼系数一般高于 0.5。一句话，发达国家的收入分配关系是和谐的、是好的，而发展中国家的收入分配关系是要不得的、是坏的。但如果反问一句财产基尼系数的警戒线在哪里，估计经济学家只好顾左右而言他了。

当我们谈到基尼系数时，首先要把数学意义上的均等与具有强烈意识形态特征的平等或公平区别开来。平等或公平并不意味着均等，曾经吃过平均主义大锅饭苦头的中国人最清楚这一点。如果平等或公平就是均等，那么绝对均等曲线、绝对平均主义就是最好的分配关系了。

对于发达国家的收入基尼系数较低，我们需要去寻找原因。找到原因之后，才能从特定的立场出发，去评价是好是坏。比如，对于发达国家收入基尼系数较低的情况，萨缪尔森就说①，马克思的"资本主义制度下富者愈富穷者愈穷"的预言破产了，但紧接着他又不得不承认，财产基尼系数则进一步增大了。这不是自相矛盾又是什么呢？

事实上，如果我是一个资本主义制度的坚定捍卫者，而我又恰恰看过《资本论》的话，那我就不仅不能为发达国家的收入基尼系数较低而沾沾自喜，反而会忧心忡忡。因为，如果收入基尼系数较低是由于资本的利润降低而劳动者的工资提高引起的话，那么就意味着利润率在不断降低，资本在逐渐失去赚钱的能力。而如果资本不能再赚钱了，那么它也就没有必要在世上"生存"，资本主义也就不存在了。

其次，对于发展中国家收入基尼系数较高，也应具体分析。以中国为例。中国尚未完成工业化，还需要把相当部分的剩余产品用于搞建设。既然我们建立了资本生产方式，那么，通过利润转化为资本积累，转化为投资，就是全面实现工业化的一个重要途径。因此在这一阶段，剩余价值率就可能较高，利润对工资之比就可能较大。反映在收入基尼系数上，系数就可能较高。不仅如此，这种利润与工资的差距也会反映在财产基尼系数上，使财产基尼系数提高。正因为如此，政府在通过税收、转移支付等手段进行收入分配调控时，就要注意政策的把握，既要防范人们的收入与财产差距悬殊，又要防止回到平均主义大锅饭的老路上去。

那么，资本主义能否解决贫富悬殊问题呢？

我看难。《21 世纪资本论》的作者主张征收全球资本财产税②，打土豪分田地。这恐怕是空想。西方发达国家实行福利国家制度，这当然是好事，能够让广大人民分享经济发展的好处，同时又解决了市场经济的需求不足问题。但对福利国家的争议同样很大，而且这也只是治标不治本的办法。

社会主义市场经济的建立，为解决这个问题提供了新的选择。如果资本为公有资本，土地为国有，那么工资与利润、利息、地租等等的分配关系，就是个人与集体的关系，就是人民的当前利益与长远利益的关系。关于这个问题，第 19 章将予以讨论。

新概念

收入分配	无产阶级贫困化	洛伦茨曲线
收入基尼系数	财产基尼系数	贫富差距

拓展思维：马克思的无产阶级贫困化理论。
拓展思维：福布斯富豪排行榜。
拓展思维：端起碗吃肉，放下筷子骂娘。

---

① 保罗·萨缪尔森、威廉·诺德豪斯：《经济学（第 16 版）》，萧琛等译，华夏出版社 1999 年版，第 279～280 页。
② 托马斯·皮凯蒂：《21 世纪资本论》，巴曙松等译，中信出版社 2014 年版。

第 14 章 国内生产总值

14.1 GDP 的含义

在资本生产方式下，社会总资本的生产就是一国的总生产。从一国的角度看，我们想知道，一个国家在一定时间内，比如在一年内，能够生产多少财富。生产的财富越多，这个国家就越富饶，人均财富就越多，人民的生活水平就越高。

在现行的国民经济统计体系中，衡量一国在一定时间内生产的财富总和的指标叫做国内生产总值，简称 GDP。我们现在来研究这个指标。

有人或许说，既然社会总资本的生产就是一国的总生产，第 11 章中所说的社会总产品不就是这个国家在一定时间内生产的财富数量吗？不不，这不行。所谓社会总产品，就其本来含义而言，是指一个国家在一定时间内的两部类生产的产值加总，或者是指一个国家在一定时间内所有企业生产的产值加总。如果用社会总产品概念来计量一个国家所生产的财富，就会出现两个问题：①会把不变资本计入当期生产的财富中；②会重复计算不变资本。

为了说清楚这个问题，我们仍然请出老朋友张三来做例证。

张三的企业去年的销售收入为 200 万元。在去年一年中，企业固定资产折旧额为 20 万元，购买原材料等中间产品花费 100 万元，发给工人的年工资总额为 50 万元，销售产品后获得的年利润为 30 万元。

以万元为单位，我们用产品价值表达式写出来就是

$$20D + 100M + 50W + 30\prod = 200\Omega$$

其中：D 为固定资产折旧；

        M 为中间产品；

        W 为年工资总额；

        $\prod$ 为年利润额；

        Ω 为年销售收入。

在这个表达式中，（20D + 100M）是机器与原材料等不变资本的转移价值。其中，20D 是折旧，是这个企业现有固定资产价值的分次转移；100M 是其他企业生产的价值，由张三购买并使用后，转移到产品价值中。也就是说，（20D + 100M）并不是张三的企业在当期生产的价值。

那么，张三的企业在当期生产的价值究竟是多少？是（50W＋30∏）。我们知道，这就是劳动者的活劳动新创造的价值，包括补偿 50 万元年工资总额的必要价值和作为利润的 30 万元剩余价值。我们称为新增价值。

由此可见，如果我们通过把所有企业产值加总的方法来计算一个国家在一定时间内生产的财富，就会把折旧与中间产品的转移价值计算在内。折旧是先前价值的折旧，而中间产品的价值是其他企业创造的，这就会导致重复计算，从而使计算失真。正确的做法是把一国所有企业的新生产的价值加总，也就是说，一国新生产的财富就是这个国家所有劳动者的活劳动新创造的价值的总和，是新增价值。

不过，这个故事还没有完。假设张三的企业在实现上述生产与销售活动的同时，他的库存产品增加了 10 万元，这又该怎么算？

企业在生产经营活动中，为了应付生产与销售的波动，通常要保持一定数量的库存。如果库存减少，可能表明企业的销售旺盛。如果库存增加，可能表明企业的销售出现了问题。我们用 Z 代表存货，用 NZ 代表存货变化。

假设企业在当期生产开始时，存货为 Z。在当期生产结束时，存货为 Z＋NZ，也就是说，存货增加了 NZ。新增存货 NZ 自然是企业劳动者在当期创造的新价值，只是还没有销售出去，还没有实现其价值。因此，在计算企业劳动者新创造的价值时，就要把存货变化加入。也就是说，张三的企业所创造的价值就不止是（50W＋30∏），而是 50W＋30∏＋10NZ。

反过来说，如果企业的存货减少，就意味着企业的销售收入中包含有往期创造的价值。因此，就要从销售收入中减去这一块，才能计算出劳动者新创造的价值。也就是说，如果存货增加，NZ 为正数；如果存货减少，NZ 为负数。

除了存货变化外，在计算张三的企业新生产的价值时，还要考虑企业支付的利息与地租。

我们已经说过，现代市场经济是信用经济，企业负债经营是企业经营的一般形态。假设张三从银行借贷了 100 万元用于生产，贷款年利率为 10%，那么每年应付贷款利息就为 10 万元。这 10 万元利息是张三的生产成本，是生产成本中的固定成本，从而要加入产值中。那么，这 10 万元利息是新增价值吗？

是，但这并不是说新增价值又多了 10 万元。张三从银行获得的贷款在张三手里转化为资本，叫作借贷资本，与他的自有资本合在一起，构成他的总资本。他所获得的利润就是这个总资本的利润。因此，他需要从利润中分割出一部分，作为利息支付给银行。也就是说，利息不过是剩余价值的一部分，不过是借贷资本参与剩余价值分配的形式。利息是新增价值，但却是从利润中分出来的新增价值，因而并不会导致新增总价值的增大。

这个道理同样适用于张三为租用土地所支付的地租。第 9 章已经谈过地租。与利息一样，地租同样是剩余价值的一部分，是土地所有者凭借土地所有权参与剩余价值分配的形式。因此，地租是新增价值，但也不会导致新增总价值的增大。

我们用 Λ 代表张三所要支付的利息，用 R 代表张三所要支付的地租。因此，张三的企业在去年新创造的价值就可以用（Λ＋R＋W＋∏＋NZ）表达。

如果把一定时期内一国所有企业新生产的价值加总，就是一国新生产的总价值。这

个指标，我们称为国内净产值（NDP），即①

$$NDP = \Lambda + R + W + \prod + NZ$$

注意：这个公式中的每一项都是所有企业对应项目的加总。

不过，在国民经济统计中，我们是用 GDP 而不是 NDP 来代表一国在一定时间内生产的财富总和。GDP 与 NDP 是什么关系？

如果我们把 NDP 再加上所有企业的固定资产折旧（D），就构成 GDP。也就是说，GDP 就是一定时期内（通常为一年），一国所有劳动者新创造的价值再加上折旧的总和。用公式表示就是

$$GDP = NDP + D$$
$$= D + \Lambda + R + W + \prod + NZ$$

其中：D 为固定资产折旧总额；

Λ 为年利息总额；

R 为年地租总额；

W 为年工资总额；

∏ 为年利润额；

NZ 为年终存货变化。

咦，明明 NDP 说清楚了一个国家生产的财富总和，为何还要将折旧加入，要用 GDP 指标？这难道不是重复计算吗？

在国民经济统计中，之所以要用 GDP 指标，固定资产折旧之所以要被统计在内，有几个好处：

（1）统计固定资产投资时很方便，即只需要统计固定资产投资总额就够了，而不需要区别重置投资和新增投资。

（2）在技术进步加速的前提下，补偿折旧的固定资产重置投资具有新投资的含义。

（3）固定资产重置投资可以不投向原生产领域，而投向新生产领域，从而实现产业结构调整。

（4）从宏观调控角度看，固定资产重置投资是一个很重要的指标，应纳入进来。

因此，把固定资产折旧纳入统计，从而用 GDP 指标进行核算，是一个很好的办法。但这样一来，GDP 就包含着重复计算的因素，被"注水"了。若不小心，就可能犯错误。比如，我们常听经济学家说，洪水、地震等的灾后重建会带动 GDP 增长几个点，好像洪水、地震还是好事。实则呢，灾后重建相当于固定资产重置投资，是补偿被洪水或地震毁坏的财富。GDP 确实增加了，但一国的实际总财富并没有增加。

新概念

新增价值   NDP   GDP

GDP 公式

---

① 参见柳欣（2006）的观点。

拓展思维： 国民经济核算体系。

14.2 GDP 基本方程式

GDP 生产出来之后，就要实现其价值，或者说，就要用于满足社会需要。那么，谁来购买这些产品？

在第 11 章中，我们研究了社会总资本生产的剩余产品价值实现问题，指出了实现剩余产品价值的四个途径，即对外贸易、政府购买、消费和投资。这也是实现 GDP 价值的途径。根据 GDP 口径略作调整后，就得到实现 GDP 价值的四个途径，即消费（B）、投资（I）、政府购买（H）和净出口（NX）。注意，我们用符号 B 代表消费，用符号 H 代表政府购买，以免与成本符号 C 和货币符号 G 重合。

于是，我们得到如下等式：

$$D + \Lambda + R + W + \prod + NZ = B + I + H + NX$$

这个等式非常重要，我称为 GDP 基本方程式。因此，有必要做一些说明：

（1）方程式左侧是通过企业供给一侧统计的 GDP，是 GDP 的价值构成，我称为总供给，其中的每一个子项在前一节已经做过说明。这样一种 GDP 统计法叫作生产统计法。

（2）方程式右侧是通过需求一侧统计的 GDP，我称为总需求。这样一种 GDP 统计法叫作需求统计法。这里解释一下其中的子项。

A. 消费（B）

消费是指个人、家庭和非营利性社会团体对物品和劳务的支出，即最终需求。

B. 投资（I）

投资的情形比较复杂，可以分为四部分：

第一，重置投资。由于 GDP 包括着折旧（D），重置投资用于补偿已经消耗的固定资产。

第二，新增生产性投资。这是形成新的生产能力，包括企业的机器设备投资和厂房、仓库等工厂设施的投资。

第三，新增非生产性投资。这包括居民住宅投资、政府和其他机构的建筑投资、公共设施投资等。因此在统计口径上，个人或家庭购买住宅的支出不属于消费，而属于投资。

第四，存货投资。这是指把企业存货变化（NZ）算作企业的存货投资，有强迫投资的含义。这样处理，是为了保证方程式的左侧与右侧相等，算做一个余项。根据企业存货变化，存货投资可以为正数，也可以为负数。

C. 政府购买（H）

政府购买是指中央政府与地方政府用于物品与劳务的支出。

这里要注意的是，政府购买可能与前两项重复计算，需要剔除。比如，政府的军费开支可以算做政府购买的子项，但政府的其他非生产性固定资产投资就要算在投资（I）

子项中。

D. 净出口（NX）

净出口就是出口—进口。出口是将本国生产的物品与劳务卖到国外，相当于 GDP 基本方程的左侧增加了，但右侧没有变化。进口是本国从国外购买物品与劳务。相当于 GDP 基本方式的右侧增加了，但左侧没有变化。因此，净出口就相当于来自国外的需求，成为总需求的一个子项。

（3）两侧的统计结果在除掉统计误差之后相等，即总供给＝总需求，从而形成 GDP 基本方程式。

问题来了：为什么总供给与总需求相等？

新概念

GDP 基本方程式	消费	政府购买
投资	出口	进口
净进口	总供给	生产统计法
总需求	需求统计法	

拓展思维： 土地市场的交易为何不计入 GDP？

14.3　GDP 环流图

用最简单的话说，总供给之所以与总需求相等，是因为有卖必有买，有买必有卖。供给一方卖掉 1 元钱的物品就是需求一方买到 1 元钱的物品。

但如果卖不掉或买不到，又怎么办？

第一，如果卖不掉，就按存货变化处理。我们已经看到，在 GDP 基本方程式的左侧，存货变化单列，视为总供给的一个子项。在 GDP 基本方程式右侧，存货变化视为存货投资，是投资（I）的一个子项，因而又是总需求的一个部分。因此，基本方程式的恒等不受存货变化影响。

第二，买不到不是问题，市场经济是出价高者得，多花钱就能买到。反映在总供给一侧，就是利润增加或存货减少，从而使得总供给与总需求相等。

由此可知，总供给或总需求具有特定含义，并因此而恒等。

你可能还要问：那么"总供给"或"总需求"与之前所说的"供给"或"需求"是什么关系？

答案是：毫无关系，两者风马牛不相及。哪个经济学家说的，我们之所以使用"总供给"、"总需求"这样的术语，唯一的原因是因为人类语言太贫乏，不能找到更贴切的词来概括。但这样一来，就容易导致思维混乱，对初学者来说尤其如此。因此，初学者就要小心。

我们可以用 GDP 环流图来表示总供给与总需求的关系，如图 14.1 所示。

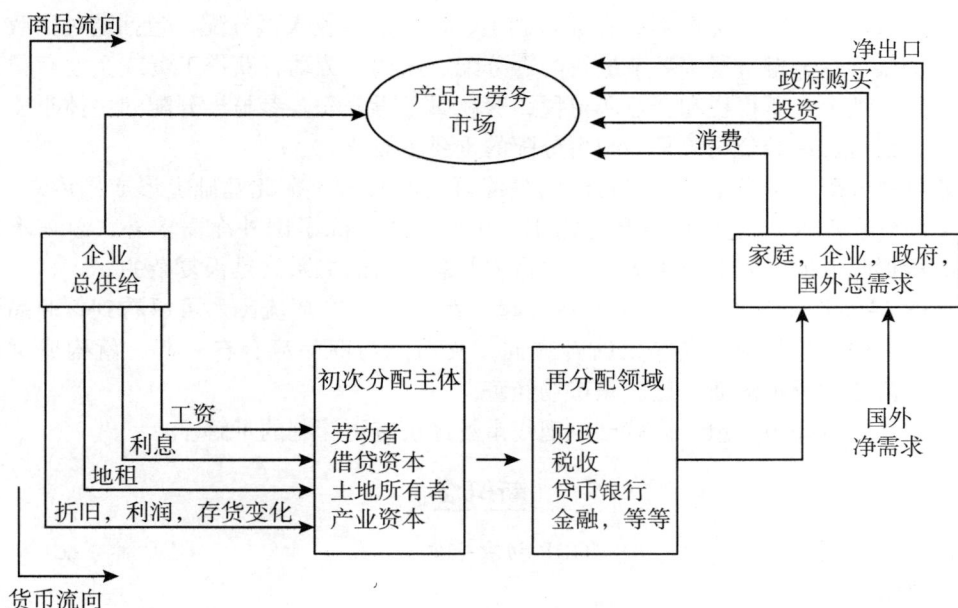

图 14.1 GDP 环流图

图 14.1 为 GDP 环流图。这个图与第 3 章图 3.1 的市场经济环流图有些相似，但也有区别，值得好好看一看。

先看图 14.1 的上半部，左侧为企业的 GDP 总供给，右侧为 GDP 总需求，这是 GDP 基本方程式的直观图。注意，企业同时出现在总供给与总需求的栏目中，这是因为企业作为产业资本，既是生产主体和分配主体，同时也是需求主体，有投资需求，包括重置投资、新增生产性投资和存货投资三方面需求。

图 14.1 的下半部就是总供给与总需求的关系。GDP 总供给的价值构成就是在企业层次的分配结构，也就是说，在 GDP 实现其价值后，其收入要按分配结构归属不同分配主体。

在企业层次的分配叫做初次分配。根据其价值构成或分配结构可知，参与分配的主体包括劳动者、借贷资本、土地所有者和产业资本（含商业资本）。其中，劳动者获得工资（W），借贷资本获得利息（A），土地所有者获得地租（R），产业资本即企业自己获得折旧（D）、利润（∏）和存货变化（NZ）。

这里要注意：

（1）工资、利息和地租是在生产之前就已经由预付资本支付，而折旧也是在生产之前就已经确定。GDP 的价值实现后，企业所得收入减去工资、利息、地租和折旧后，剩余收入方为利润和存货变化。

从这里也就知道，利润（∏）作为剩余收入，是使总供给与总需求相等的自动调节项，因而总供给与总需求恒等。

（2）工资、利息和地租作为初次分配环节，是通过交换，通过劳动力市场、借贷资本市场和土地租赁市场实现的。

GDP 收入实现初次分配后，在此基础上，还要进行收入再分配，包括通过财政、税收、货币银行、金融市场等环节进行的再分配。比如，劳动者获得工资或企业获得利润后，还要缴纳个人所得税和企业所得税，这就属于再分配。参与再分配的主体很多，其中政府、银行、证券公司等是参与再分配的重要主体。

通过再分配，各类主体获得自己的最终可支配收入，在此基础上形成国内总需求，再加上国外净需求，就构成 GDP 总需求。由此可见，除了国外净需求外，总需求是在总供给所得收入的基础上产生的，但总需求与总供给的关系又是很复杂的。

把图 14.1 的上半部和下半部合在一起，就构成 GDP 环流图。可以看到，商品流向是顺时针方向，而货币流向是反时针方向。货币流与商品流合在一起，就构成货币流通、商品流通和资本流通。这就是市场经济。

仔细看一看并想一想，你就会对现代市场经济有更深刻的了解。

新概念

GDP 环流图   GDP 初次分配   GDP 再分配

总供给 = 总需求

拓展思维： 政府提供的公共产品是否计入 GDP？

14.4　名义 GDP 与实际 GDP

看国家统计局公报，2015 年中国 GDP 总额为 68 万亿元，扣除物价上涨因素后，比 2014 年增长 6.9%。这是什么意思？

我们已经知道，GDP 是一国所有劳动者新生产的价值加上折旧，因此 GDP 是一个价值指标。作为价值指标，GDP 不能自我测定，而要通过货币这个一般等价物相对地表现出来，通过销售收入——实现的价值来衡量。对于尚未销售掉的企业存货变化，在做特殊会计处理（视为企业存货投资）后，也按价值或货币计量，从而可以纳入 GDP 统计中。

因此，GDP 就是一个货币值。国家统计局说"2015 年中国 GDP 总额为 68 万亿元"，就是这个意思。

但是，正因为 GDP 是一个货币值，如果币值发生变化，那么对 GDP 的衡量就成问题。衡量价值的尺度都在变，怎么能够衡量价值？

幸好，人们已经找到方法，基本上解决了这个问题。这就是用物价指数来进行校正，以消除币值变化的因素。第 12 章已经研究了物价指数。在扣除物价变化的因素后，币值就是不变的，从而就可以用货币这个价值尺度来衡量 GDP 价值和进行 GDP 比较。国家统计局说"扣除物价上涨因素"，就是这个意思。

但反过来说，正因为存在"物价上涨因素"，在统计 GDP 时，就会得到两个指标。第一个指标叫做名义 GDP，是根据统计年度的当期商品价格统计的 GDP，包含了"物价上涨因素"。上面所说的"2015 年中国 GDP 总额为 68 万亿元"就是名义 GDP。

第二个指标叫做实际 GDP，是在扣除物价变化因素后得到的 GDP。也就是说，它是以币值不变的货币衡量的 GDP。我们通常说，实际 GDP 就是按照不变价格统计的 GDP，这个"不变价格"，指的就是币值不变。因此，我们可以把币值不变的货币称为不变货币，实际 GDP 就是按照不变货币统计的 GDP。

每个统计年度的名义 GDP 在扣除物价变化因素后，都得到一个实际 GDP。由于各年的实际 GDP 都是以不变货币作为价值尺度，也就是说，价值尺度是相同的，因而就可以进行相互比较。

那么，怎样扣除物价变化因素，或者说，怎样确定不变货币呢？

当我们进行 GDP 统计时，要选择一个基年作为统计起点。进入 21 世纪后，按照国际通行方法，这个基年是 2000 年。我们把 2000 年的名义 GDP 作为统计起点。在这一年，名义 GDP 就是实际 GDP，两者合二为一。因此，2000 年的币值就是不变的，或者说，2000 年的货币就是不变货币。由此可见，不变货币是人为规定的。

在随后各年，由于存在物价变化因素，币值在变化，因而随后各年的名义 GDP 与其实际 GDP 不相同。通过 GDP 平减指数扣除各年名义 GDP 的物价上涨因素后，就得到各年的实际 GDP，即用 2000 年的不变货币衡量的 GDP，从而可以进行相互比较。国家统计局数据显示 2015 年中国 GDP "比 2014 年增长 6.9%"，就是这个意思。

说到这里，有人可能会问：实际 GDP 就是 GDP 的真实价值吗？

不。我们可以说，名义 GDP 和实际 GDP 都是 GDP 的真实价值，只是衡量价值的货币尺度不同，前者用当期货币衡量，而后者用 2000 年的不变货币衡量。但是，我们也可以说，名义 GDP 和实际 GDP 都不是 GDP 的真实价值。价值，作为社会必要劳动的凝结，永远只能相对表现出来，永远只能通过它的等价物表现出来。不论是名义 GDP 还是实际 GDP，都只是 GDP 价值的相对表现，都只是它的货币等价形式。一句话，无论是名义 GDP 还是实际 GDP，都只是一种货币 GDP。

理解 GDP 的价值本质，把握名义 GDP 与实际 GDP 的关系，是正确认识经济整体运行与经济增长的第一步。西方宏观经济学的一个基本错误，就是把实际 GDP 当作实物 GDP。第 15 章将评价宏观经济学的错误，在这里就不多说了。

新概念

名义 GDP	实际 GDP	不变价格
不变货币	GDP 平减指数	统计基年

拓展思维： 购买力平价理论。

14.5 没有计入 GDP 的东西

GDP 是现有国民经济统计中衡量一个国家经济总量的基本指标，是一个最重要的宏观经济指标。因此，科学地、准确地统计 GDP，就是一件极为重要的事情。

但尽管如此，由于以下几方面原因，GDP 统计存在着一些疑点和难点，它并没有把一个国家所有的生产活动和经济活动纳入统计。

第一，在统计 GDP 时，一个重要的前提就是要区别生产性劳动和非生产性劳动。第 13 章说过，生产性劳动创造价值，而非生产性劳动不创造价值。根据 GDP 的定义，只有创造价值的生产性劳动的成果才计入 GDP，而非生产性劳动的成果则不计入 GDP。典型的例子就是家务劳动没有被计入 GDP。但我们都知道，家务劳动是很辛苦的。

经济学家喜欢举这样一个例子：李太太和张太太平常都是自己做家务。因为没有创造价值，家务劳动是非生产性劳动。现在，张太太雇用李太太做家务，并支付李太太 50 元，因此，李太太的劳动就创造了 50 元的 GDP，就是生产性劳动。反过来，李太太又雇用张太太做家务，支付张太太 50 元（甚至直接就是张太太的那张 50 元钞票），张太太也创造了 50 元的 GDP。结果什么也没有变化，但 GDP 却增加了 100 元！①

第二，只有合法生产的成果才会计入 GDP，非法生产是不计入的。但由于各国对合法生产与非法生产的规定不同，统计结果自然有差别。比如，赌博在澳门是合法的，赌场收入占澳门 GDP 的很大一部分；但在内地，赌博非法，自然也就不会计入 GDP。

除了非法生产外，地下经济也是 GDP 统计要面临的一个问题。所谓地下经济，就是未向政府部门登记，未缴纳相关税收的生产经营活动，比如小摊小贩、个体装修、家庭保姆、网络经济等，非法生产也算是地下经济的一部分。据研究，地下经济的总量还不小，但目前还未纳入 GDP 统计中。

第三，二手货交易不计入 GDP，因为这不是当年生产的新价值。比如，你准备换一辆新车，而把旧轿车卖掉，卖掉旧轿车的交易额度不会计入 GDP。

第四，GDP 最为人诟病的一点，就是没有把外部性（公害与公益）统计在内，特别是没有考虑生产过程对环境的污染与破坏。所以激进的环保主义者说，国内总产值就等于国内总污染。

由此可见，GDP 指标并不完美。但尽管如此，在没有更好的指标取代它之前，GDP 仍然是一国经济中最重要的经济指标。

新概念

GDP 统计口径   地下经济

拓展思维：中国采用新的 GDP 统计方法。
拓展思维：国民经济的其他统计指标。

---

① 学术界前些年流行一个词，叫做"经济货币化"，其实质就是非生产性劳动向生产性劳动的转化，就是经济商品化、经济价值化。

第 15 章　经济增长（一）

15.1　宏观经济学的错误

要对宏观经济学做一个简要评价，首先要知道宏观经济学是干什么的。

在凯恩斯之前，西方经济学就是微观经济学。这个微观经济学告诉我们，市场机制是有效的，市场经济是完美的。那个最终导致第二次世界大战的 1929～1933 年世界经济危机宣告了微观经济学的破产，于是就有了凯恩斯的《就业、利息与货币通论》。这本书讲的是市场的有效需求不足，需要政府实行经济刺激。正如本书第 11 章所表明的，这也正是政治经济学推证出来的结论，有效需求不足不过是生产过剩的背面。但从西方微观经济学的角度看，这可称得上石破天惊，叫作凯恩斯革命。因此"二战"之后，就有了从凯恩斯理论发展起来的宏观经济学，西方经济学家都成了凯恩斯主义者。

就凯恩斯的本意而言，他要用他的理论终结微观经济学。可如果没有微观经济学，又怎么能证明资本主义生产方式的合理性与永恒性呢？于是，以萨缪尔森为首的新古典学派就把微观经济学与宏观经济学拼接在一起，形成了现在的西方经济学。一个思维正常的人自然应该问：明明是两个对立的理论，怎么能共存于同一个理论体系里？这个，有两种解释：①微观经济学是宏观经济学的基础；②微观经济学是充分就业状态的宏观经济学。你认为哪种解释是正确的？

与微观经济学研究经济个量不同，宏观经济学研究的是经济总量。什么是经济总量？经济总量就是一个经济体的各个总量指标。总量指标是价值指标，因此，宏观经济学研究的就是一个经济体表现为各个总量价值指标的在总体上的价值实现、价值分配和价值运行，以及总价值运动与经济增长和就业的关系。

问题来了，西方经济学不承认劳动价值论，更没有价值这个范畴。怎么办？

不承认劳动价值论不行，不然就没有宏观经济学。承认更不行，这关系到屁股坐在哪一边，叫作立场问题。我也不知道怎么办，但经济学家总有办法。

举例来说。

我们已经知道，宏观经济分析的最重要的概念 GDP 是一个价值指标。看一看萨缪尔森是怎样解释 GDP 的："一国在 1 年内所生产的所有最终产品和服务（燕麦、啤酒、轿车、摇滚音乐会、飞机航班、医疗保健等）的市场价值之和"①。曼昆教授的《经济学原理》对 GDP 的解释是："在某一既定时期一个国家内生产的所有最终物品与劳务的市场价值。"② 看见了吧，"价值"这个词偷偷溜进去了。这里顺便考考大家：这两个解释与我们对 GDP 的解释有什么不同？它们错在哪里？

不过，仅仅由于立场问题，宏观经济学就要拒绝劳动价值论，而且还真弄出来了一个理论。可以想见，这个理论必然很高深，与经济学家这个职业倒也很相配。还是举个例子。

实际 GDP 是一个重要概念，经济增长就是实际 GDP 的增长。宏观经济学既然不承认劳动价值论，就把本为价值概念的实际 GDP 视为实物 GDP。这就引起了关于异质产品加总问题的两个剑桥之争③。英国剑桥学派认为，异质产品当然不能加总。3 台电视机、1 次理发、5 公斤面粉等，小学生都知道不能相加，因而根本就没有什么实物 GDP。新古典的剑桥学派回答不了，只好要横，我就认为这是实物 GDP，你能怎的？

在我们看来，宏观经济运行就是总价值运行，是总价值的现实运动。因此，宏观经济研究的基点就是名义 GDP。实际 GDP 则是现实总价值运动的结果，是名义 GDP 运行的结果。其次，在对经济个量乃至行业的研究中，为了便于研究，我们一直把社会需要视为既定的，视为外生变量。但宏观经济研究的前提就是把社会需要视为内生变量，视为总价值运动的一部分，就像 GDP 环流图所显示的那样。如果不是这样，宏观经济分析就不可能成立。

但西方宏观经济学何曾知道这个，仍然是老一套。它把实际 GDP 视为实物 GDP，从而当作总供给，把一般价格水平的变化视为价格，把社会需要即总需求当作外生的独立于总供给的变量，从而又可以靠供给与需求的一把"×"混吃混喝。

这种宏观分析框架的乾坤大挪移，自然要引起极大的混乱。比如，总供给（实际 GDP）与价格水平的变化到底是什么关系，总供给曲线到底是水平线、斜线还是垂直线，就说不清了。至于总需求曲线，就更勉强了。宏观经济学根据 IS—LM 模型推导总需求曲线。看看它的推导前提：①利率与投资成反比，利率越高，投资越低，反之亦然。②在名义货币供给 M 不变的前提下，真实货币需求 $\frac{M}{P}$ 与价格水平的变化成反比。这就完全是倒因为果。不是利率上升使投资减少，而是通过借贷资金进行投资的增加导致借贷资金紧张，利率上升，反之亦然。不是什么真实货币需求与价格水平的变化成反比，而是价格水平的变化与货币供给——即所谓"名义货币供给"成正比。如果"名义货币供给"不变，在总供给既定的前提下，价格水平就不会变动，或者说变动为 0。

总之，宏观经济学要将所有变量"还原"为"实际"变量，再以价格水平的变化为基准来进行分析。这不仅是多此一举，在逻辑上就不通，因为现实经济的总价值运动根本就不是这样的。至于宏观经济学不顾一切抛开价值范畴，赤裸裸地谈起实物经济，比如生产函数，那简直就是个发昏章第十二，没法看了④。

① 保罗·萨缪尔森、威廉·诺德豪斯：《经济学（第 16 版）》，萧琛等译，华夏出版社 1999 年版，第 301 页。
② 曼昆：《经济学原理（原书第 3 版）》下册，梁小民译，机械工业出版社 2006 年版，第 98 页。
③④ 参见柳欣（2006）的观点。

可以想见，如果用这样一套宏观经济学来指导政府的经济决策和宏观经济调控政策，结果如何不问可知。幸好政府官员不是糊涂虫，是从实际工作中干出来的，不会被经济学家忽悠。但意识形态就难说了，什么中国崩溃论啊，人民币升值出口企业要遭殃因而要完蛋啊，人民币贬值外资热钱要逃跑因而也要完蛋啊，各种妙论多了去。我倒要问一句：究竟要怎样做，中国才不会完蛋？

拓展思维：萨缪尔森和他的《经济学》。
拓展思维：哈耶克与新自由主义。

15.2　关于长期增长

按照现在通行的定义，实际 GDP 的增长，就是经济增长。

经济增长既包括由投入的劳动总量的增长而带来的增长，叫做外延式增长；也包括投入的劳动总量不变，而由社会一般劳动生产率提高而带来的增长，叫做集约式增长。由于存在规模效益，在投入的劳动总量增长时，即便没有技术进步，往往也会导致社会一般劳动生产率提高，因而经济增长往往是由这两个因素同时促成的。

从经济增长的阶段性看，经济增长又分为恢复性增长与扩张性增长。恢复性增长是指在经过危机与萧条后，经济开始复苏，原来停工或关闭的工厂又开始生产了，失业工人又可以上班了。扩张性增长是指由扩张性投资所带来的增长，是新工厂的开业，新增劳动力的就业。当然，经济增长往往也同时包含这两种因素。

一个国家，特别是一个发展中国家的经济增长当然是无比重要的事情，事关国家民族的兴衰成败。那么从长期看，为什么有的国家的经济增长速度很快，有的很慢，有的则几乎没有增长？经济学家希望能找到其中的原因，找到共同的规律，以帮助发展中国家摆脱贫穷，实现人类大同。但这可有点难。

以中国为例。中国几十年来的高速增长使人民摆脱了贫困，使国家富强，让世界艳羡。为什么会有这么高的增长速度？有没有一个中国模式？

对于中国的超常发展，我们可以找到很多原因：

（1）自新中国成立以来，中国人民在中国共产党的领导下，忍受各种艰难困苦，坚定不移地推进工业化。

（2）坚定不移地实行改革开放，从传统计划体制转向社会主义市场经济。

（3）实行以公有制为主体，多种所有制并存的经济制度，坚定不移地走有中国特色的社会主义道路。

（4）中国人民聪明、勤奋、节约、吃苦、耐劳，中华文明有五千年的底蕴。

（5）中国共产党的坚强领导。

（6）中央政府和各级地方政府很有能力，等等。

这种说法，似乎不太像是讲经济学理论，倒像是在讲思想政治课，但事实就是如此啊。所以说，当说到一个国家的长期经济增长时，经济本身的因素反而倒在其次，倒是要在经济之外找原因。

那么，有没有经济本身的原因呢？

也有。比如，新古典增长模型认为东亚（日本、韩国）出现增长奇迹的一个重要原因是储蓄率高。说得有理，但这也是常识。在工业化条件下，只有通过节约，通过投资把更多的财富转化为生产能力，才能更快地增长。中国也是这样做的。但显而易见，高储蓄率绝不是经济增长的唯一原因。

政治经济学的常识告诉我们，生产关系要与生产力的发展水平相适应。这就是说，一个国家的长期经济增长的根本原因在于制度。这是体制问题。宏观经济学的生产函数把一国的长期经济增长归结到什么资本的贡献率、劳动的贡献率、技术的贡献率等，真是无稽之谈。不过也难怪，不是谁都愿意接受政治经济学理论的。

新概念

经济增长　　　　　　外延式增长　　　　　　集约式增长

恢复性增长　　　　　　扩张性增长　　　　　　长期增长

生产力决定生产关系

拓展思维：陈经："中国的官办经济"。

15.3　简单增长模型

第 11 章的两部类生产模型回答了市场经济的增长机制的基本问题，包括剩余产品价值实现、产业结构与变化、货币供给、追加劳动力与就业等问题。在此基础上，我们可以发展出一般的经济增长模型。

假设两部类的比例关系和两部类内部的比例关系能够通过市场自动协调，社会总资本就可以不再分为两部类，而是合二为一，成为一个总资本。现在假设工人的工资（W）不全部用于消费（B），而有部分储蓄。假设资本家不消费，利润（∏）要么投资，要么留存或投机。引入借贷投资，从而引入利息（Λ）。引入了投资（I）、政府购买（H）和净出口（NX）变量。根据 GDP 基本方程式，我们得到如下 GDP 简化方程式：

$$D + \Lambda + W + \prod = B + I + H + NX$$

这个 GDP 简化方程式与 GDP 基本方程式的区别在于：①为了简化起见，总供给一侧省略了地租（R）。②总供给一侧排除了存货变化（NZ），与之对应，总需求一侧的投资也排除了存货投资子项。这样，就把存货变化直接表现为利润变化。当然在特定时候，我们也会使用存货变化指标。

现在用 45°线图建立一个简单增长模型①。

---

①　此模型的图形受了西方经济学"简单国民收入决定论"模型的启发，但不用说，两者的内容完全不同（参见保罗·萨缪尔森、威廉·诺德豪斯：《经济学（第 16 版）》第 24 章，萧琛等译，华夏出版社 1999 年版）。

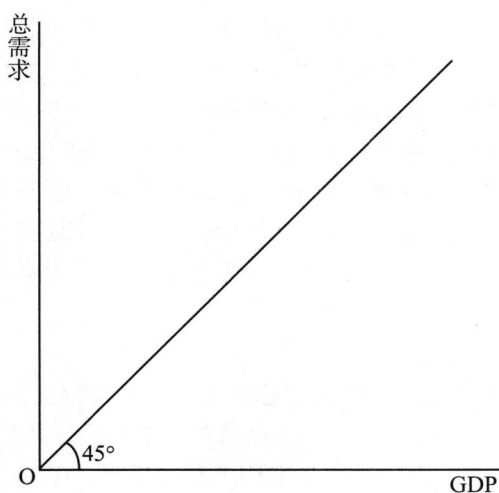

图 15.1　45°线图

图 15.1 为 45°线图。图中，横轴为总供给，用 GDP 表示。竖轴为总需求。从原点出发引出 45°线。显然，在 45°线上，总需求与总供给相等；在 45°线以上的区域，总需求大于总供给；在 45°线以下的区域，总需求小于总供给。

我们已经知道，社会总资本生产的基本问题就是剩余产品的价值实现问题。由于现在假设工人工资的一部分转为储蓄，因此，社会总资本生产还要考虑部分必要产品的价值实现问题。两个问题合在一起，我们所要研究的就是一般性的 GDP 价值实现问题。

现在来看总需求的四个变量。在我们要建立的简单增长模型中，假设投资、政府购买和净出口为独立的外生变量。消费取决于 GDP 中的工资，也就是说，消费属于内生变量。我们先考察消费与 GDP 的关系。

假设工资的一部分被用于消费，另一部分被储蓄，且边际消费倾向不变。由于工资只是 GDP 的一部分，因此我们就得到图 15.2 的结果。

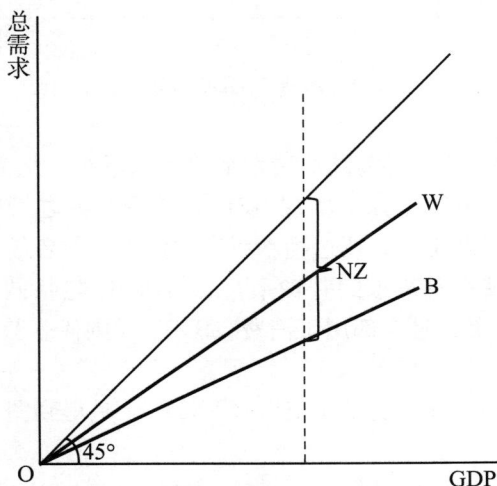

图 15.2　消费与 GDP 决定（一）

在图 15.2 中，工资曲线（W）低于 45°线，表明工资只是 GDP 的一部分。消费曲线（B）又低于工资曲线，表明消费额只是工资的一部分，工资的剩余部分转为储蓄。

根据我们的假设，总需求曲线就为消费曲线（B）。消费曲线低于 45°线，在任一GDP 水平上与 45°线的距离就是该 GDP 的存货变动 NZ。NZ 为正数，这意味着企业的非意愿存货增加，也就是说，企业的产品滞销。这样一来，企业就会减少生产，降低工资，解雇工人，或关门停业，也就是说，GDP 将会降低。而这又会导致工资降低，从而导致消费进一步降低，即 NZ 始终为正数。显然，如果没有其他外生变量加入，GDP 将一直下降，这就是经济危机。

那么 GDP 会归零吗？

在图 15.2 中，这是有可能的。但人们总要生活，总要消费。即便出现经济衰退或经济危机，人们会减少奢侈品的消费，但必需品消费的变动不会很大[①]。在 GDP 下降的某一点，仅仅由于必需品的消费支出，就可以使 GDP 稳定下来。图 15.3 表明了这种情形。

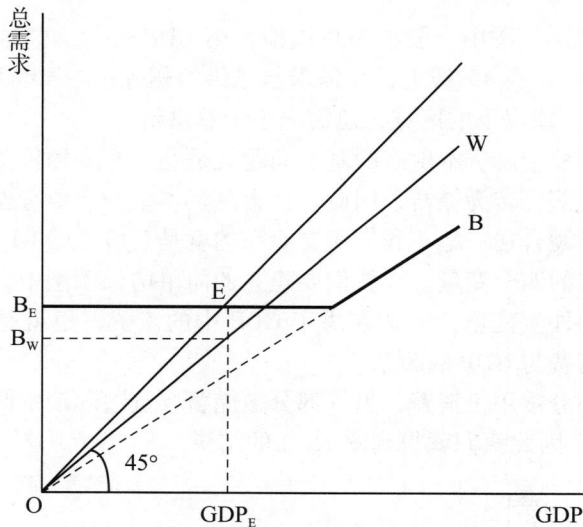

图 15.3　消费与 GDP 决定（二）

在图 15.3 中，消费曲线在必需品消费水平变为水平线，从而与 45°线相交于 E 点，在 E 点处总需求与总供给相等，从而实现 GDP_E。消费曲线之所以变为水平线，是因为消费支出的来源不止是当期工资，还包括动用往期储蓄，或者借贷度日，相当于消费本身加入了外生变量。反映在总需求的竖轴上，总需求 B_E 包括两部分，其中 B_W 代表在GDP_E 水平上劳动者的工资，且全部用于消费；$B_E B_W$ 段则代表劳动者动用往期储蓄或者借贷消费的额度。

现在，在总需求中加入外生变量净出口（NX），于是得到图 15.4。

_____

① 当然，经济衰退或经济危机会导致人们的收入减少，以前视为必需品的一些商品，现在可能成为奢侈品，从而使得必需品购买篮子发生一定的变化。

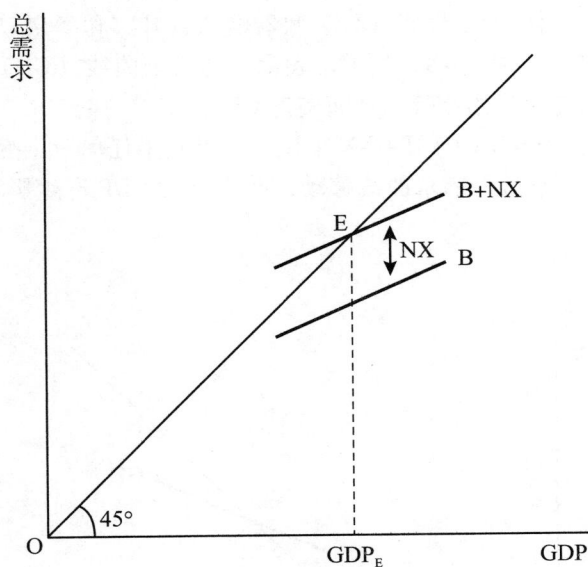

图 15.4　消费、净出口与 GDP 决定

在图 15.4 中，由于加入净出口，总需求曲线上移，从而与 45°线相交于 E 点，在 E 点处总需求与总供给相等，从而实现 GDP$_E$。由此，我们就知道外生需求对于市场经济与资本生产的决定性意义。

根据图 15.4 的道理，我们把总需求的其余两个变量即投资与政府购买加入，从而就得到图 15.5。

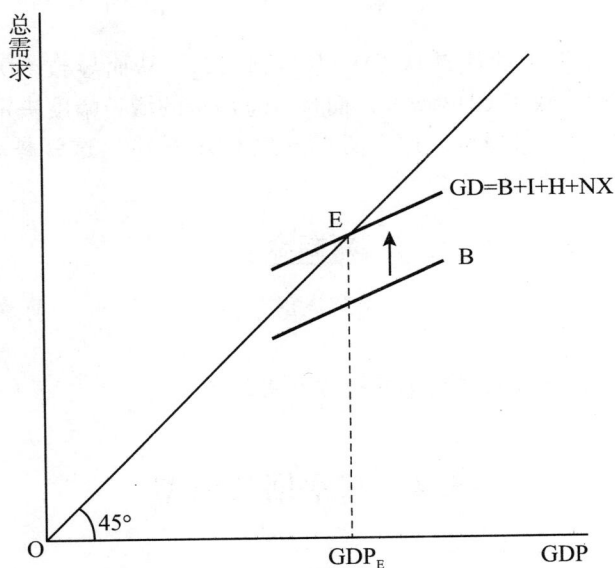

图 15.5　总需求曲线与 GDP 决定

在图 15.5 中，我们加入了投资（I）、政府购买（H）和净出口（NX），从而得到完整的总需求曲线 B + I + H + NX，用 GD 表示。总需求曲线（GD）与 45°线相交于 E 点，在 E 点处总需求与总供给相等，从而实现 GDP$_E$。

对于总需求曲线 GD = B + I + H + NX 来说，如果其中任何一个变量发生变动，都会导致总需求变化，从而导致总需求曲线移动，并因此对 GDP 产生影响。图 15.6 反映了这一点。

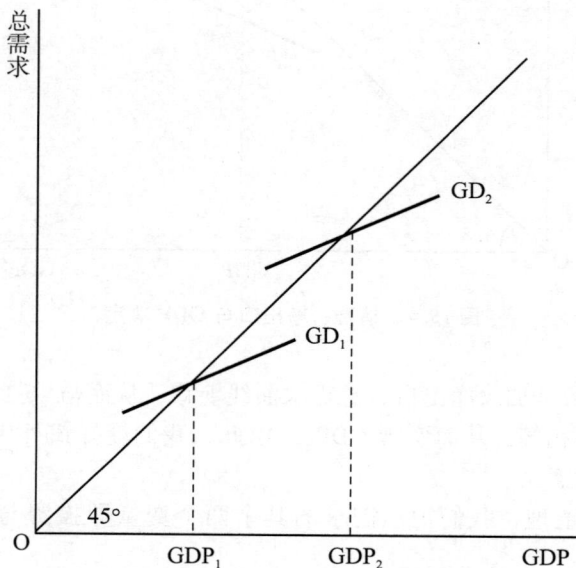

图 15.6　简单增长模型

在图 15.6 中，总需求曲线动从 GD$_1$ 上移到 GD$_2$，从而导致 GDP 从 GDP$_1$ 移动到 GDP$_2$。总需求的增加导致了 GDP 增长，而且，总需求的增长幅度决定了 GDP 的增长幅度。反过来说，如果总需求减少，那么必然导致 GDP 减少。这就是需求拉动经济增长的基本原理。

新概念

GDP 简化方程式　　　　　　　　　45°线图　　　　　　　　　简单增长模型

拓展思维： 西方经济学的"简单国民收入决定论"。

15.4　基本增长模型

对于图 15.6，必然有人发问：这是否意味着只要总需求不断增加，只要不断地印钱，GDP 总会增长？

是的。但是，这里恰恰要说明的是，在简单增长模型中，GDP 是名义 GDP，GDP 增长是名义 GDP 增长。如果不断印钱以扩大总需求，名义 GDP 确实增长了，但却有可能导致物价飞涨。因此，我们需要给总需求或名义 GDP 划一个界限，这个界限就是实际 GDP，如图 15.7 所示。

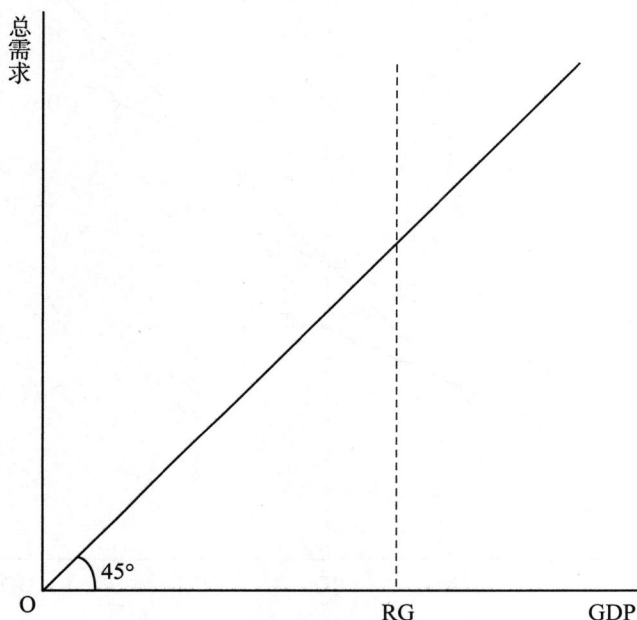

图 15.7 实际 GDP

在图 15.7 中，我们标出了实际 GDP，用 RG 代表。那么，这个实际 GDP 是怎么得来的？

还记得名义 GDP 和实际 GDP 的关系吗？名义 GDP 除以 GDP 平减指数就是实际 GDP。也就是说，名义 GDP 扣除物价指数之后，就是实际 GDP。反过来说，如果物价指数为 1，即物价水平不变，那么名义 GDP 就是实际 GDP。因此，我们只需要把物价指数为 1 时的名义 GDP 标出来，或从名义 GDP 中扣除物价变化因素，这个 GDP 就是实际 GDP。

因此，物价指数与实际 GDP 就作为另外两个变量，进入了我们的模型。

这个关系是这样的，物价指数代表名义 GDP 与实际 GDP 的关系，但名义 GDP 与总需求相等，因此物价指数就代表总需求与实际 GDP 的关系。如果总需求小于实际 GDP，物价水平会下跌。如果总需求大于实际 GDP，物价水平会上涨。

假设实际 GDP 位于图 15.7 的位置。如果总需求曲线与 45°线相交于实际 GDP 线的左侧，那么总需求小于实际 GDP，即名义 GDP 低于实际 GDP，物价在下跌。如果总需求曲线与 45°线相交于实际 GDP 线的右侧，那么总需求大于实际 GDP，也就是说，名义 GDP 高于实际 GDP，物价在上涨。如果总需求曲线与 45°线相交于实际 GDP 线与 45°线的交点，那么总需求等于实际 GDP，也就是说，名义 GDP 与实际 GDP 相等，物价水平不变。图 15.8 表达了这种结果。

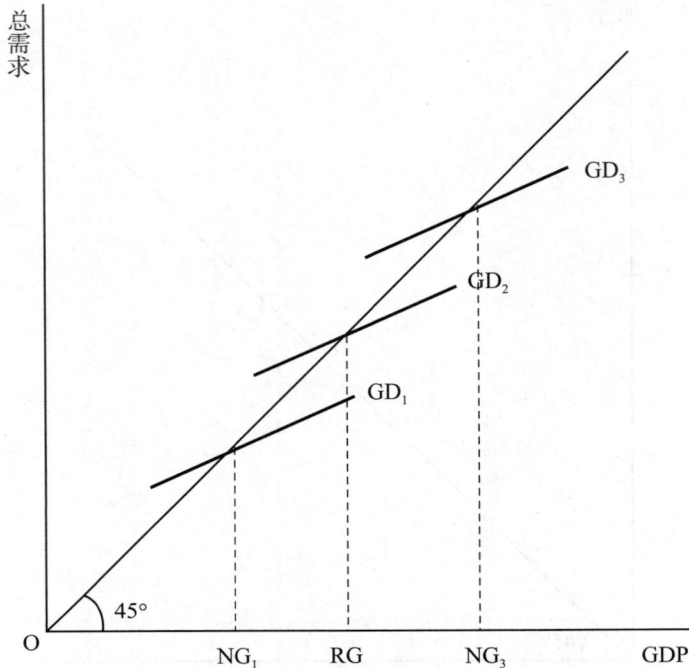

图 15.8　总需求、名义 GDP、实际 GDP 与物价指数

在图 15.8 中，我们用 NG 代表名义 GDP。总需求曲线 GD_1 与 45°线相交，从而获得 NG_1。NG_1 低于 RG（实际 GDP），说明物价下跌，而 $\frac{NG}{RG}$ 就为物价指数。总需求曲线 GD_2 与 45°线相交于 RG 与 45°线的交点，三线交于同一点，即 NG_2 就是 RG，说明物价水平稳定。总需求曲线 GD_3 与 45°线相交获得 NG_3，NG_3 高于 RG，说明物价水平上涨。这个图很简单，一看就懂，但却非常重要。它把总需求、名义 GDP、实际 GDP 和物价指数这四个最重要的宏观经济变量的内在逻辑关系表现出来，从而构成宏观经济分析的基本框架。

现在，我们选择某一年为基期，比如选择去年为基期（考考大家：为什么在经济学研究中可以根据需要，选择任一年或任一期为基期？）。今年与去年相比，名义 GDP 增加，但物价水平也在上涨，根据名义 GDP 与物价水平的变化，就可以得到今年的实际 GDP，如图 15.9 所示。

在图 15.9 中，GD_0 为基期总需求曲线，与 45°线的交点确定 RG_0，即基期 GDP。GD_1 为当期总需求曲线，与 45°线的交点确定 NG_1，即当期名义 GDP。NG_1 除以物价指数，就得到 RG_1，即当期实际 GDP。RG_1 除以 RG_0，就得到经济增长率。注意，因为当期实际 GDP 由当期名义 GDP 和物价指数来推算，如果物价水平不变，当期实际 GDP 就与当期名义 GDP 重合。如果物价水平下跌，当期实际 GDP 反而要高于当期名义 GDP。

我称图 15.9 为基本增长模型。

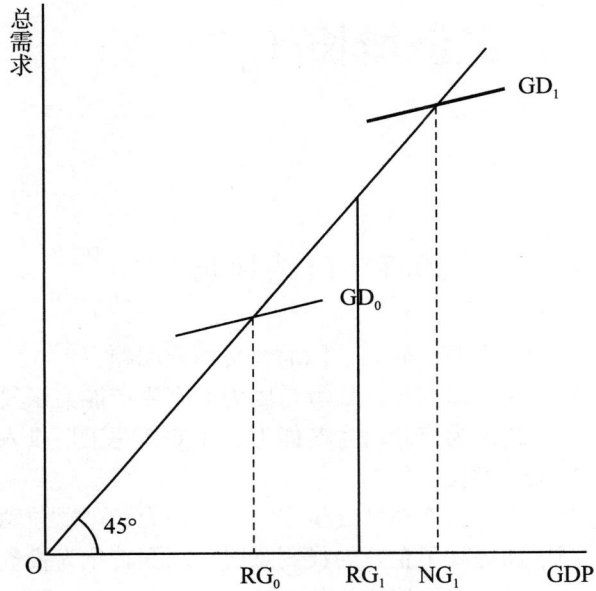

图 15.9　基本增长模型

新概念

基本增长模型

第 16 章 经济增长（二）

16.1 自然利润率

现在，我们用基本增长模型来研究一国的经济增长问题。

前面说过，一国经济之所以增长，或者是因为原有生产能力恢复，比如，减产或关停的企业恢复生产；或者是因为有新增生产能力，比如新建工厂投入生产。前者称为恢复性增长，后者称为扩张性增长。

原有减产或关停企业为什么能够恢复生产？这是因为又可以盈利了。为什么会有新建企业？这是因为利润增加提高了企业的投资意愿，利润转化为投资，从而扩大了生产能力。因此，利润率的高低就是经济增长的关键。

根据 GDP 简化方程式

$$D + \Lambda + W + \prod = B + I + H + NX$$

其中，方程式右侧为总需求 GD。方程式左侧的（$D + \Lambda + W$）部分可称为 GDP 总生产的总成本，是在生产之前的预付支出，设为 GC。$\prod$ 为总利润。于是就有

$$GC + \prod = GD \tag{16.1}$$

将（16.1）移一下项，就有

$$\prod = GD - GC \tag{16.2}$$

现在引入一国总资本，即第 11 章所说的社会总资本，为 GK。引入一般利润率，即第 9 章所说各行业趋于相等的利润率，设为 π。于是就有

$$总利润 = 总资本 \times 一般利润率 \tag{16.3}$$

$$\prod = GK \times \pi$$

将（16.3）代入（16.2）并变项，我们就得到如下公式：

$$一般利润率 = \frac{1}{总资本}（总需求 - 总成本）$$

$$\pi = \frac{1}{GK}（GD - GC）$$

这个公式，我称为一般利润率方程式。

假设总资本量既定。根据一般利润率方程式可知，一般利润率的高低取决于总需求与总成本的关系，取决于两者之差。由于利润率的高低决定企业的生产与投资意愿，从而决定了实际 GDP 的增长，因此，通过对总需求与总成本的关系进行分析，就可以对

实际 GDP 的增长机制进行研究。

不过在这里，我们需要假设存在一个自然利润率。这个自然利润率是个什么东西？

前面多次说过，资本生产的目的是赚钱，是获取利润。如果没有利润，资本就不会投入生产。比如，如果一般利润率为零，那么从整个社会角度看，资本就不会投入生产。已经投入生产的资本在折旧完毕之后，也不会进行重置投资，于是社会生产就停止了。

因此在正常情形下，一般利润率要高于零。但是，即便一般利润率高于零，如果一般利润率太低，企业也可能没有足够的投资意愿，只愿意维持现有生产，即只愿意进行重置投资；或甚至不愿意进行重置投资，而把利润或折旧基金存入银行吃利息，或用于投机。因此，我们可以合理假设一个自然利润率，在一般利润率低于自然利润率时，企业没有投资意愿，而在一般利润率高于自然利润率时，企业就产生扩张投资意愿。也就是说，自然利润率就是一个企业产生投资意愿的临界利润率。

根据上述推断，若假设自然利润率与市场利率（银行或资本市场的利率）相等，或者说，自然利润率就是市场利率，就是合理的。如果一般利润率高于市场利率，则企业有投资意愿，或者把利润转为投资，或向银行借贷进行投资。如果一般利润率等于市场利率，则企业无投资意愿，只愿意维持重置投资。如果一般利润率低于市场利率，则企业甚至不愿意进行重置投资，而把折旧基金存入银行吃利息。

根据自然利润率概念，我们就可以进一步解释第 9 章所谈到的行业间一般均衡。在行业间达到一般均衡时，如果一般利润率低于自然利润率，那么一般均衡就不能持久，企业会在一个再生产周期结束后不进行重置投资，而把折旧基金存入银行，从而导致生产萎缩。如果一般利润率与自然利润率相等，那么一般均衡可以持久，但由于企业没有投资意愿，所获利润要存入银行，不会进行投资与扩大再生产，因而一般均衡属于静态均衡，生产维持在原来规模，经济处于零增长状态。如果一般利润率高于自然利润率，则企业有投资意愿，利润或存款会转为投资，或借贷投资，此时一般均衡就为此起彼伏的动态均衡，各行业生产规模扩大，经济处于正增长。

根据同样的道理，我们也可以进一步解释第 11 章所讲的社会总资本生产。也就是说，如果一般利润率低于自然利润率，则社会总资本生产处于萎缩状态。如果一般利润率等于自然利润率，则社会总资本生产维持原有规模，为简单再生产，经济处于零增长。如果一般利润率高于自然利润率，则社会总资本生产会在扩大的规模上进行，为扩大再生产，经济处于正增长。

好了，分析工具全了，我们可以开始工作了。

新概念

总成本   总资本   总利润
一般利润率方程式   自然利润率

16.2   需求拉动增长

我们从第 15 章图 15.9 的基本增长模型出发。为了便于观看，我把该图复制在这里，见图 16.1。

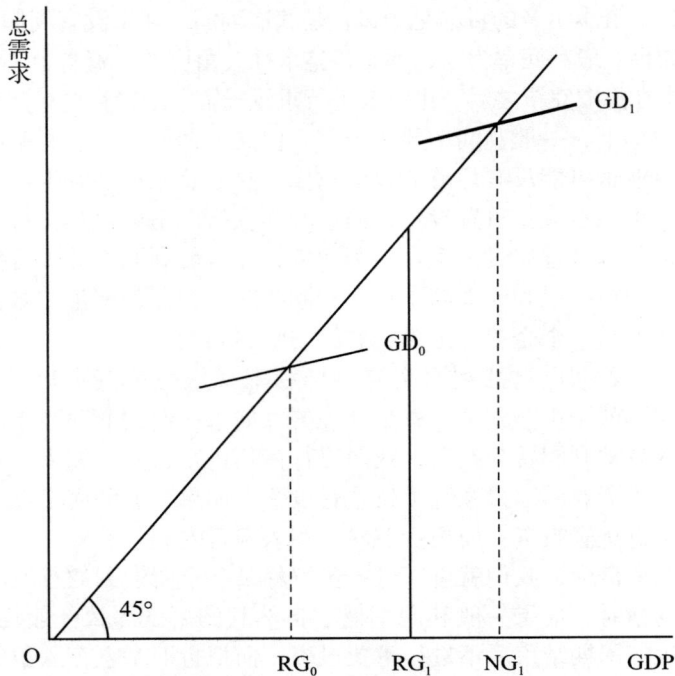

图 16.1　基本增长模型

假设在基期，一般利润率为自然利润率。此时，企业只愿意维持原有生产规模，而把利润存入银行或用于投机，不愿意进行扩大再生产，即实际 GDP 零增长。

现在假设总需求增加，会发生什么情形？

为了简化起见，先假设总成本不受总需求变动影响，并假设生产规模的扩大不产生规模效益。于是就有：

（1）总需求增加意味着总需求曲线上移，名义 GDP 大于实际 GDP，物价水平上涨。

（2）物价水平上涨意味着企业销售收入增加，在总成本不受影响的前提下，销售收入的增加就意味着总利润的增加。

（3）在总资本既定的前提下，总利润增加意味着一般利润率的增加，从而促使企业或者恢复原有生产能力，或者增加投资，建立新厂。

（4）企业恢复生产或投资建厂起到两方面作用：第一，恢复生产能力，或投资转化为新的生产能力，使得实际 GDP 增长。第二，恢复生产能力意味召回先前的失业工人。失业工人获得工资后，将增加消费，从而增加总需求中的消费子项。形成新增生产能力的投资活动本身增加了总需求的投资子项，而新工厂投入生产后，追加劳动力所获得的工资也增加了总需求的消费子项。这些效应加在一起，从而推动总需求曲线进一步上移。

我们用图 16.2 来表示上述一系列结果。

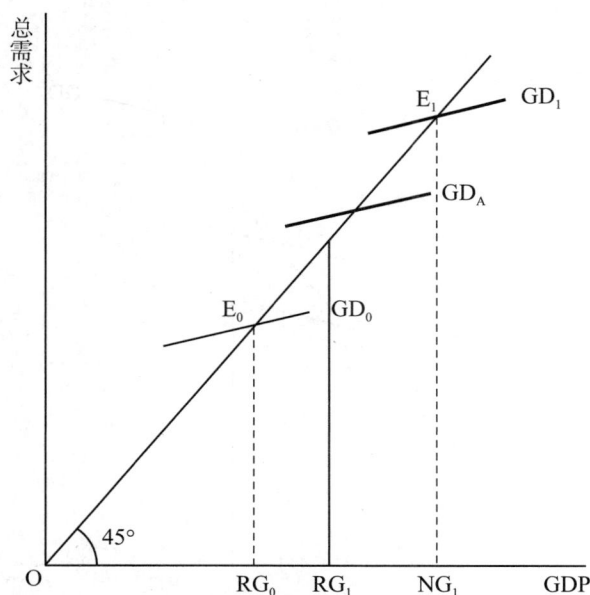

图 16.2　总需求增加与实际 GDP 增长

在图 16.2 中，E_0 点为基期，总需求曲线为 GD_0，实际 GDP 为 RG_0。假设当期总需求增加，总需求曲线上移，达到 GD_A。总需求增加导致企业利润增加，从而产生两方面作用：第一，使得企业恢复生产，以及增加投资，形成新的生产能力，从而使得实际 GDP 增长，达到 RG_1。第二，企业恢复生产与增加投资会增加总需求，导致总需求曲线进一步上移，从而在当期末达到 GD_1，形成名义 GDP 即 NG_1。

现在，我们来看当期总体经济运行的结果：

（1）名义 GDP 与总需求相等，即等于 NG_1。

（2）实际 GDP 为 RG_1。注意，RG_1 虽然直接标示在图中，但它的具体数值（具体位置）是 NG_1 扣除物价指数后得出的。

（3）RG_1 与 RG_0 之比，就是当期实际 GDP 的增长率。

（4）实际 GDP 的增长来自生产规模的扩大或生产能力的恢复，意味着就业增加，也就是说，减少了失业。

（5）NG_1 高于 RG_1，即当期名义 GDP 高于实际 GDP。这就是说，在以需求拉动经济的前提下，若要获得实际 GDP 增长，就可能导致通货膨胀。

上面所述是需求增加拉动经济增长的情形。反之，如果需求减少，就会导致相反结果。我们以净出口需求减少为例，来说明需求不足对经济的影响，如图 16.3 所示。

在图 16.3 中，E_0 点为基期，总需求曲线为 GD_0，实际 GDP 为 RG_0。假设由于净出口减少，当期总需求减少，总需求曲线下移，达到 GD_A。总需求减少导致企业利润减少，从而产生两方面作用：第一，使得企业减少生产，从而使得实际 GDP 减少，达到 RG_1。第二，企业减少生产会减少总需求，导致总需求曲线进一步下移，从而在当期末达到 GD_1，形成名义 GDP 即 NG_1。

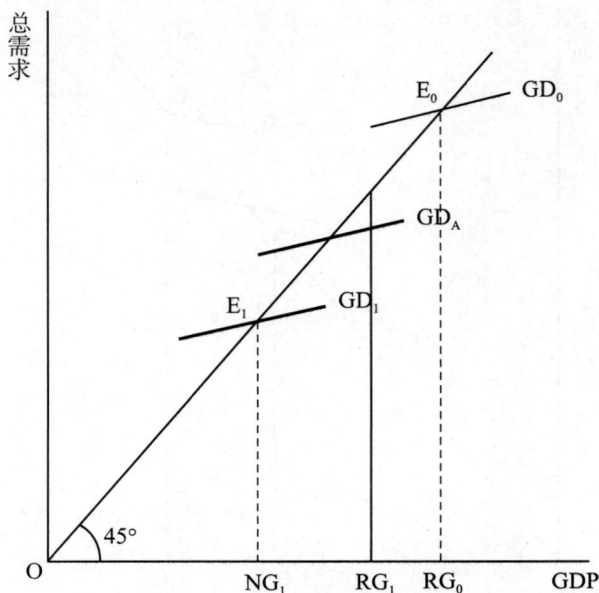

图 16.3　总需求减少与实际 GDP 减少

现在，我们来看当期总体经济运行的结果：

（1）名义 GDP 与总需求相等，即等于 NG_1。

（2）实际 GDP 为 RG_1。RG_1 虽然直接标示在图中，但它的具体数值（具体位置）是 NG_1 扣除物价指数后得出的。

（3）由于 RG_1 低于 RG_0，当期实际 GDP 增长为负增长。

（4）实际 GDP 的减少意味着生产规模的缩小，意味着就业减少，也就是说，增加了失业。

（5）NG_1 低于 RG_1，即当期名义 GDP 低于实际 GDP。这就是说，如果需求不足，就可能导致通货紧缩。

新概念

需求拉动增长　　　　　　　通货膨胀　　　　　　　通货紧缩

拓展思维：2008 年十大措施所涉及的 4 万亿元投资。

16.3　工资的变化

现在来考察总需求变动对总成本的影响，并因此对利润率与实际 GDP 增长产生的影响。

我们已经看到，总需求增加所带来的一个结果，就是物价指数上升，货币贬值。这就会对总成本的各个子项产生影响，从而导致总成本发生变化。

根据 GDP 简化方程式，总成本构成为（D + Λ + W）。在这里，我们只考察工资总额（W）子项的变化，其他子项假设不变。

如果名义工资不变，货币贬值意味着工人的实际工资减少。也就是说，同样数量的工资只能购得较少数量的消费资料。那么，在物价上涨货币贬值时，名义工资会发生什么变化呢？

这就要根据各个国家的具体情形来分析。我们试举几例。

（一）刘易斯的劳动力无限供给曲线

在发展中国家实现工业化的进程中，由于大量农民转为工人或农民工，使得劳动力的供给量非常大。刘易斯假设在工资水平不变的前提下，劳动力可以无限供给，如图 16.4 所示。

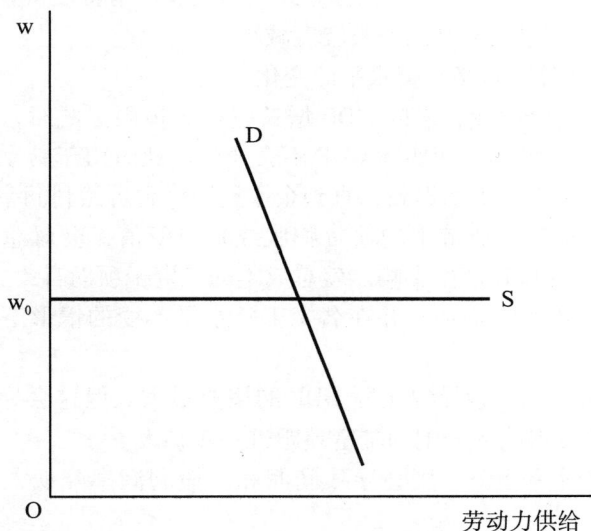

图 16.4　劳动力的无限供给

在图 16.4 中，在 w_0 的既定工资水平，劳动力供给曲线是一条水平线，表明在这个工资水平，劳动力可以无限供给。这个工资水平可以视为名义工资水平，也就是说，即便货币贬值，这个工资水平也不会发生变动。

为什么会这样？这固然是因为农民转为农民工之初，其权益无从得以保护，但从经济上看，农民工工资收入的主要部分要寄回乡下养家糊口，自己尽量节省，只花费一小部分，因而物价上涨对他们的影响相对较小。也就是说，物价上涨使得寄回乡下的工资部分相对少一些，但还是有利可图，与在家种地相比，还是划算的。因此，即便货币贬值，实际工资水平下降，劳动力供给并不会减少，从而使得名义工资水平可以在较长时间内不变。

（二）名义工资水平的增长滞后于货币贬值

名义工资水平，即名义人均工资，是在生产之前通过签订劳动合同确定的，是预付资本的支出。货币贬值则是在生产后的销售环节发生的，因而名义工资水平的变化滞后于币值的变化。即便在签订下一期劳动合同时名义工资水平得以提升，但当期的名义工资水平却是不变的，从而导致当期实际工资水平的降低。

其次，若名义工资水平不变，货币贬值使得企业利润增加的同时，导致工人实际工资水平的降低，这不利于工人发挥劳动积极性。因此，资本家可能会让出部分利润，提高名义工资水平，使实际工资水平不至于降低或不至于降低太快，以稳定劳动者队伍。

（三）理性预期与工资指数化

西方经济学理性预期学派认为工人可以理性预期物价上涨，从而把名义工资水平与通货膨胀关联起来。这听起来有点像天方夜谭。即便实行与通货膨胀相关联的指数化工资，最多也只是按物价指数变化调整下一期名义工资水平，但仍然滞后于通货膨胀。

不过，（二）和（三）的情形总会导致名义工资总额上涨。这就会导致总成本的上涨。在企业销售收入既定的前提下，就会导致利润减少。这就使得企业增加生产与投资的意愿降低，从而导致实际 GDP 的增长幅度减小。

（四）充分就业条件下名义工资水平的变化

如果劳动力已经充分就业，实际 GDP 增长就达到极限。此时，若总需求进一步增加，只能导致名义 GDP 增加，而实际 GDP 不会变化。此时由于劳动力紧缺，企业对劳动力的争夺会导致名义工资水平提高，直到企业利润降到自然利润率为止。

综上所述，总需求的增加带来的通货膨胀或货币贬值，会对总成本产生相应的影响，从而对实际 GDP 的增长产生影响。就总成本的工资子项而言：

（1）货币贬值导致利润增加，并在名义工资水平不变的情形下导致实际工资水平降低。

（2）若名义工资不变，会导致实际 GDP 的增幅最大。但这会导致利润与工资的差距进一步扩大，从而使得收入分配的贫富差距进一步扩大。

（3）若名义工资水平上升，则会导致利润和一般利润率降低，从而导致实际 GDP 的增长幅度减小。

（4）若名义工资上升太快，导致一般利润率降至自然利润率水平，则企业将无扩张投资意愿，实际 GDP 将停止增长。

新概念

劳动力无限供给曲线　　　　　　　　工资指数化

拓展思维： 中国劳动者的工资水平变化。

16.4　总成本的变化

在前面的研究中，我们假设总需求变化，总成本受其影响，从而决定实际 GDP 的增长。现在假设总成本下降，总需求受其影响，来看一看会发生什么情形？

总成本下降分为两种类型：①社会一般劳动生产率不变，但总成本的子项变量变化，导致总成本下降。②社会一般劳动生产率提高，导致单位产品成本下降，从而对总成本产生影响。我们先分析第一种情形。

假设总成本下降，先不考虑总成本的子项变化。于是就有：

（1）在总需求不变时，总成本下降，意味着利润总额增加。在总资本不变的前提下，意味着一般利润率上升。

（2）一般利润率的上升促使企业或者恢复原有生产能力，或者增加投资，建立新厂。如前一节所述，这既增加了实际 GDP，又增加了需求，从而推动总需求曲线上移。

（3）总需求曲线上移增加了企业利润，从而进一步推动了企业生产与投资，实际 GDP 继续增长。

我们用图 16.5 来表示上述一系列结果。

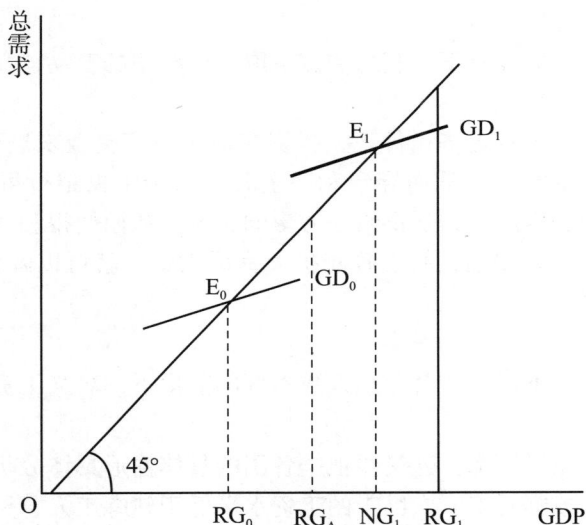

图 16.5　总成本下降与实际 GDP 增长

在图 16.5 中，E_0 点为基期，总需求曲线为 GD_0，实际 GDP 为 RG_0。假设当期总成本下降，导致企业利润增加，从而产生两方面作用：第一，使得企业恢复生产，以及增加投资，形成新的生产能力，从而使得实际 GDP 增长，达到 RG_A。第二，企业恢复生产与增加投资会增加总需求，导致总需求曲线上移，达到 GD_1，从而形成名义 GDP 即 NG_1。总需求曲线上移进一步增加了企业利润，推动了企业的生产与投资，从而使得实际 GDP 进一步增加至 RG_1。

现在，我们来看当期总体经济运行的结果：

（1）名义 GDP 与总需求相等，即等于 NG_1。

（2）实际 GDP 为 RG_1。注意，RG_1 虽然直接标示在图中，但它的具体数值（具体位置）是 NG_1 扣除物价指数后得出的。

（3）RG_1 与 RG_0 之比，就是当期实际 GDP 的增长率。

（4）实际 GDP 的增长相应增加了就业。

（5）NG_1 低于 RG_1，即当期名义 GDP 低于实际 GDP。也就是说，在通过总成本下降带动经济增长的前提下，可以获得实际 GDP 的增长，而同时还可以保持物价稳定。

在明白总成本下降与宏观经济各项指标的关系后，我们来看一看总成本构成（D + Λ + W）的各个子项的变化。

（一）折旧（D）

在总资本量既定的前提下，折旧的多少取决于折旧率的变动。但折旧率是人为规定的，从而可以成为政府调控宏观经济的一个工具。

应注意的是，如果政府提高折旧率，会导致总成本的提高，从而降低企业利润总额。但利润总额的降低会减少企业缴纳的所得税。因此，提高折旧率的实质是政府减税，是增加了企业收入，从而可以刺激实际 GDP 的增长。这就涉及到收入的再分配问题。

（二）利息（Λ）

在总借贷资本既定的前提下，利息的多少取决于利率的变动，而利率变动则取决于借贷资金市场的供求状况。

前面说过，在现代市场经济条件下，投资多通过借贷资金来进行。如果投资增长，就会增加对借贷资金的需求，从而导致利率上升。由于中央银行可以控制货币供给总量，即控制借贷资金的供给量，从供给一方影响利率，从而使得利率也可以成为政府调控宏观经济的一个工具。比如，假设政府扩大货币供给，就可以降低利率，减少利息，从而导致总成本下降。

（三）工资（W）

如果名义工资水平下降，在就业总人数不变的前提下，名义工资总额就下降，从而导致总成本下降。

名义工资水平会怎样下降？这又要根据各国的具体情形具体分析。比如，由于非熟练工人、童工、女工或临时工、农民工的工资水平低于熟练工人、男工或正式工人，用前者取代后者，就可以使名义工资水平下降。

（四）再分配领域

上述三子项分析都只涉及初次分配领域。如果扩大到再分配领域，比如政府减税，尽管不是减少总成本，但却是从供给方面增加了利润，起到了相同效果。

关于总成本下降的影响及其结果，就说这么多。反过来说，如果总成本上升，自然就会导致相反的结果。现以大宗进口原材料商品（石油、铁矿石等）价格上涨为例来给予说明，如图 16.6 所示。

在图 16.6 中，E_0 点为基期，总需求曲线为 GD_0，实际 GDP 为 RG_0。假设进口大宗原材料商品的价格上升，当期总成本就会上升。这就导致企业利润减少，从而产生两方面作用：第一，使得企业减少生产与减少投资，从而使得实际 GDP 减少，达到 RG_A。第二，企业减少生产和减少投资会减少总需求，导致总需求曲线下移，达到 GD_1，从而形成名义 GDP 即 NG_1。总需求曲线下移进一步减少了企业利润，从而导致企业进一步减少生产和减少投资，从而使得实际 GDP 进一步减少至 RG_1。

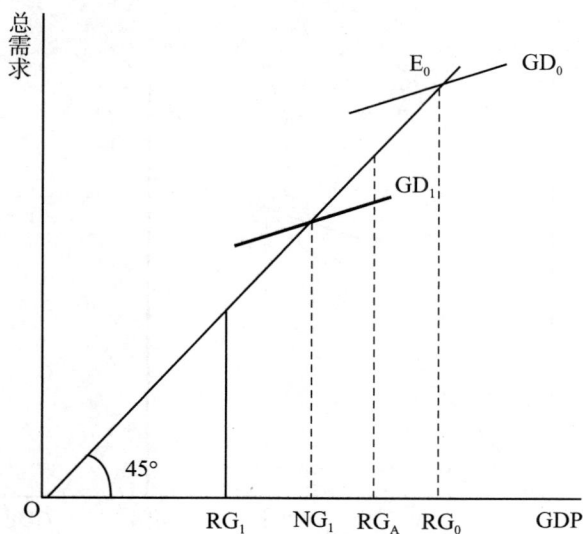

图 16.6 滞胀

现在，我们来看当期总体经济运行的结果：

（1）名义 GDP 与总需求相等，即等于 NG_1。

（2）实际 GDP 为 RG_1。

（3）由于 RG_1 低于 RG_0，当期实际 GDP 增长为负增长。

（4）实际 GDP 的减少意味着增加了失业。

（5）注意 NG_1 高于 RG_1，即当期名义 GDP 高于实际 GDP。也就是说，在经济负增长同时，还有可能出现通货膨胀。这就是通常所说的滞胀。

新概念

滞胀

拓展思维：国际原油价格的变化。

16.5　一般劳动生产率的提高

现在来考察社会一般劳动生产率提高导致的变化，如图 16.7 所示。

在图 16.7 中，E_0 点为基期，总需求曲线为 GD_0，实际 GDP 为 RG_0。假设总需求不变。

现在假设由于社会一般劳动生产率提高，实际 GDP 由基期的 RG_0 增长至 RG_1。由于总需求不变，RG_0 也就是当期名义 GDP，为 NG_1。NG_1 低于 RG_1，表明物价下跌。

总
需
求

E_0
GD_0

45°

O 　　　　　　　　　　RG_0　　　RG_1　　GDP
　　　　　　　　　　　　NG_1

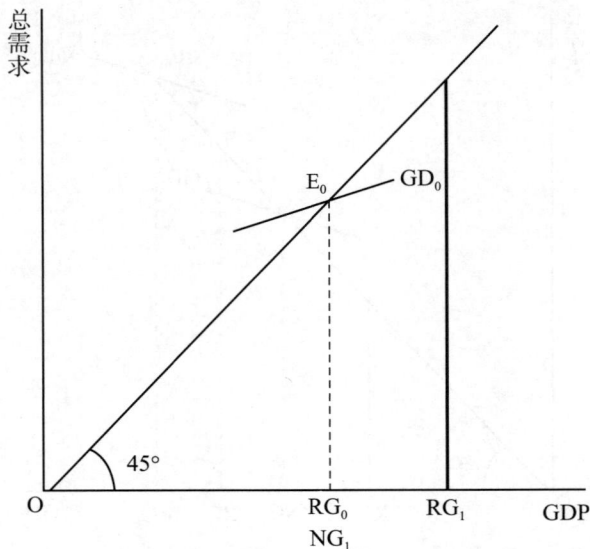

图 16.7　社会一般劳动生产率提高（一）

一般劳动生产率在提高，实际 GDP 在增长，而物价还在下跌，岂不是好事？其实不然。

不过，要把这个问题说清楚，我们需要先谈一谈宏观经济学的古典二分法和货币中性论。

古典二分法理论认为，在长期中物价水平或货币币值不起作用。如果物价上升或下跌，只意味着同样的货币代表更少或更多的价值，其他一切都不会变化。也就是说，货币是中性的，用货币衡量的名义变量没有意义，起作用的是实际变量。比如，一台电视机本来卖 1 000 元，现在降价一半，只卖 500 元。可如果所有物品的价格都降了一半，就什么也没有变化，仅仅相当于一次币制改革，1 000 元钞票改为 500 元钞票而已。这也正是西方经济学关于通货膨胀或通货紧缩的观点。因此，按照这个理论，图 16.7 的情形就没有什么特别的地方。

简单地说，这个理论的实质是我们已经说过的实物经济学，是错误的。现实的资本生产、现实的市场经济的运行当然都是按照名义变量运行的，市场经济就是价值经济、货币经济。物价涨了，表明产品供不应求，企业就要赚钱。物价跌了，表明产品供过于求，企业就要亏本，就要破产，就这么简单。企业与劳动者签订劳动合同，支付的工资是货币工资，企业不会因为物价下跌钱更值钱而少支付工资，也不会因为物价上涨钱不值钱而多支付工资。企业归还银行的贷款不会因为物价下跌钱更值钱而少还一分钱，而银行也不会因为物价上涨钱不值钱而要求企业按所谓的实际利率还钱。为什么？无他，现实经济是按照名义变量运行的，现实的合同是按照名义变量签订和执行的。

举例来说吧。张三投资 100 万元办企业，其中，80 万元购买机器设备、原材料等生产资料，20 万元购买劳动力。在机器设备、原材料和劳动者配置到位后，他就开始组织生产。为了简化起见，假设机器是一次性使用机器，假设利润率为 20%。因此，最后的产值为 120 万元。

现在假设物价下跌一半，张三的产值就由 120 万元缩水为 60 万元。此时张三该怎么办？他能否说，由于物价下跌一半，他的生产成本也就下跌一半，为 50 万元，因而他不但没有亏损 40 万元，反而还赚了 10 万元？假如张三投资的 100 万元是从李四那里借的，由于物价下跌一半，因而货币币值上升一倍，他是否只需归还李四 50 万元就足够了？天下有这个道理吗？

在图 16.7 的情形中，在总需求不变的前提下，社会一般劳动生产率的提高使得实际 GDP 增长。前面说过，社会一般劳动生产率的提高是由个别领头行业的劳动技术生产率的提高带来的结果。就领头行业而言，劳动技术生产率提高意味着单位产品的成本下降。因此在物价下降时，领头行业仍然可能获得超出自然利润率的利润。假设领头行业通过降价促销，或者通过行业内竞争降价，根据消费者均衡条件，就会导致社会对该行业产品的需求增加。但在总需求不变的前提下，这就意味着社会对其他行业产品的需求量减少，从而导致其他行业的产品价格下降，并因此导致其他行业的企业减产、关闭或破产，导致工人失业[1]。这又会导致总需求曲线左移，总需求降低，而这反过来又影响包括领头行业在内的所有行业，从而形成恶性循环。这样一种情形其实是 19 世纪欧洲自由放任资本主义的真实写照。

我们可以用图 16.8 展示上述推证结果。

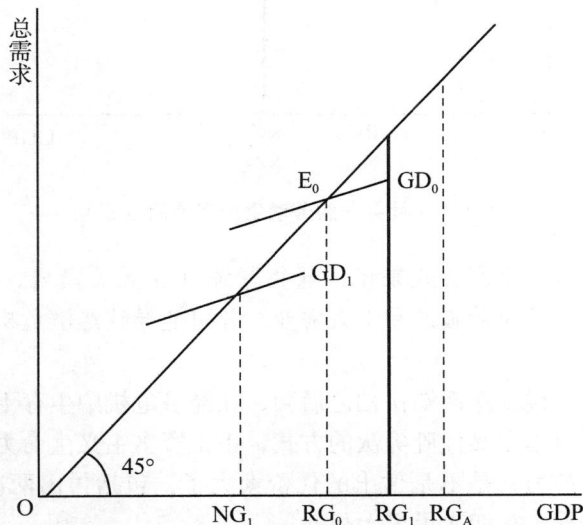

图 16.8　社会一般劳动生产率提高（二）

在图 16.8 中，由于社会一般劳动生产率提高，实际 GDP 从基期的 RG_0 增加到 RG_A。这会导致总需求下降，总需求曲线左移，达到 NG_1，这也就是说，图 16.7 其实不成立。

---

[1]　注意这个推证与第 9 章 9.3 节的相关结论的区别。

总需求曲线左移的结果，会导致实际 GDP 又从 RG_A 降至当期的 RG_1。这种实际 GDP 的先升后降，其实反映了社会经济的激烈震荡，而这种激烈震荡极有可能引发经济危机。

值得注意的是，在图 16.8 所展示的情形中，那些破产企业并非效率低下，那些失业工人并非好吃懒做，而仅仅是因为需求不足，企业不得不破产，工人不得不失业。如果总需求与实际 GDP 相适应，如果物价不下跌，那些企业本来是可以正常经营的，而工人也用不着失业。比如说，如果像图 16.9 那样，在社会一般劳动生产率提高导致实际 GDP 增长的同时，提高总需求（名义 GDP），使之与实际 GDP 相适应，即保证物价水平稳定，则那些正常经营的企业本来用不着破产（当然，要有相应的结构性调整）。

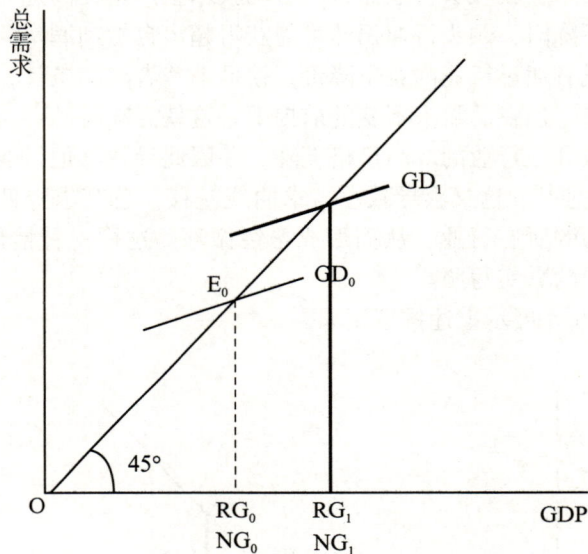

图 16.9　社会一般劳动生产率提高（三）

由此可见，对于资本生产方式来说，通货紧缩并非无关紧要，而是一个致命的东西。它会导致正常经营的企业破产和工人失业，并可能导致经济危机，而这自然是对社会生产力的破坏。

当然，我们也可以说岁寒而知松柏之后凋，在经济危机中生存下来的企业都是最优秀的企业。这也正是资本主义优胜劣汰的方式，正是资本主义生命力之所在。但是，以这样的方式来发展生产力，是不是付出的代价太大了，包括付出两次世界大战的代价。难道人类还要打第三次、第四次世界大战？

这里，值得注意的还有另一种观点，即企业破产只是资产重组，只是把资源用在更合理的地方。如果说是因为企业本身技术落后或经营不善而破产，这个说法没错。但如果是由于总需求不足导致物价一般水平的下跌，导致正常经营的企业破产，乃至导致经济危机，那就纯粹是体制问题了。

拓展思维：2012 年以来的通货紧缩。

16.6 充分就业与经济增长

图 16.7 和随后的图 16.8 反映了在总需求不变的前提下社会一般劳动生产率的增长所带来的结果。不过，图 16.7 也给我们展示了另一种情形的增长，这就是集约式增长。

前面说过，扩张性经济增长分为外延式增长和集约式增长。本章所说的需求拉动增长，指的就是外延式增长。外延式增长又称粗放式增长，是指通过单纯扩大生产规模而带来的增长。集约式增长又称效率式增长，是指通过提高劳动生产率而获得增长。

经济学家往往以鄙夷的眼光来看待外延式增长，讽刺为水泥加钢筋的堆积。其实不然。正如斯大林所说，速度与数量本身就是一种质量。具体来说：

（1）外延式增长是工业化的必经之路，是农业人口转为工业人口的必经之路。这个过程，本身就是劳动生产率迅速提高的过程。

（2）外延式增长是减少失业、扩大就业的基本方式。即便实现了工业化，只要未实现充分就业，这就是经济增长的一种基本方式。须知，失业本身就是最大的浪费。

（3）外延式增长本身就包含效率，也就是说，仅仅因为生产规模的扩大，就会带来规模效益。

（4）集约式增长以外延式增长为前提。这包含几层含义，第一，如上所述，由于存在规模效益，规模的扩大本身就包含着劳动生产率提高的因素。大就意味着强。这也是大企业、跨国公司发展的逻辑。第二，如第 3 章所述，在工业化条件下，由于资本的有机构成提高，集约式增长本身就是通过更大的生产规模实现的。第三，集约式增长的效率是通过庞大的经济规模实现的。比如，在中国工业化初期，发展重工业就是走集约式增长的道路。但由于没有相应的经济规模和市场规模支撑，重工业本身的产品没有销路，远远没有达到设计产量，反而显得重工业效率低下。

所以说，把外延式增长与集约式增长对立起来的观点是错误的。当然，这并非说外延式增长与集约式增长是同一个东西。在理论上，我们可以假设集约式增长是指在不增加投入的前提下，通过创新和技术进步提高劳动生产率，从而获得增长，就像图 16.7 所展示的那样。

根据上述假设，集约式增长就与需求拉动无关，因此可以在物价水平不上涨时实现增长。即便物价水平下跌，如果社会一般劳动生产率增长较快，也可以实现增长。图 16.10 展示了这一点。

在图 16.10 中，E_0 点为基期，总需求曲线为 GD_0，实际 GDP 为 RG_0。假设由于社会一般劳动生产率提高，实际 GDP 由基期的 RG_0 增长至 RG_1。如果总需求顺应增加至 GD_1，则名义 GDP 与实际 GDP 相等，$NG_1 = RG_1$，也就是说，在物价水平不变时实现了增长。如果总需求仅增加至 GD_A，则名义 GDP 低于实际 GDP，$NG_A < RG_1$，也就是说，在经济增长的同时物价还在下跌。不过如前一节所说，在这种情形下，可能导致正常经营的企业被"错杀"。

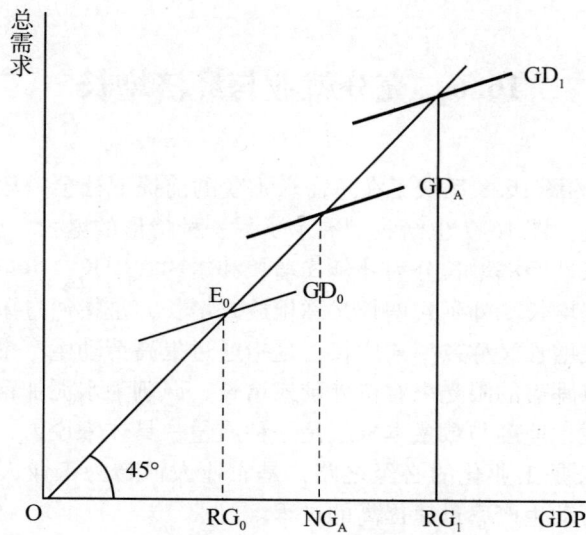

图 16.10　集约式增长

由此可见，在保持物价稳定的前提下，集约式增长当然是好事，是社会生产力的进步。在实现工业化并实现充分就业后，集约式增长就是一种理想增长。

但理想毕竟是理想，一旦创新和技术进步停滞，集约式增长就不复存在。在这种情形下，如果已经实现充分就业，没有追加劳动力，从而不可能实现外延式增长的话，一国经济就会处于停滞状态。不仅如此，如果劳动力规模减小，还有可能出现经济负增长。

上述情形值得重视。假设已经实现充分就业，而创新与技术进步又处于停滞，我们就得到图 16.11。

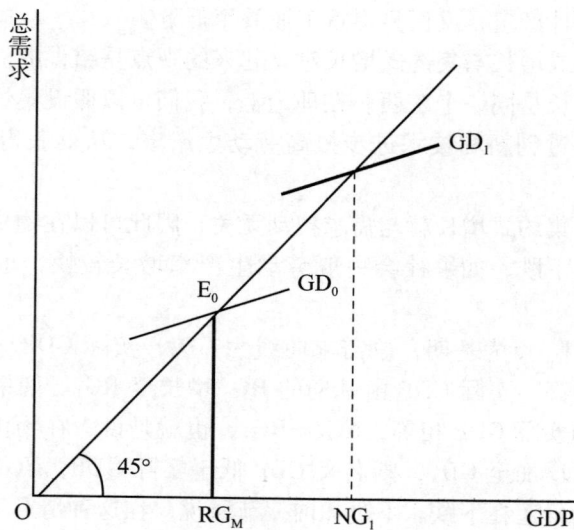

图 16.11　技术停滞

在图 16.11 中，E_0 点为基期，总需求曲线为 GD_0。注意，基期的实际 GDP 为 RG_M，表明在基期已经实现了充分就业，且由于技术停滞，不能实现集约式增长，因而实际 GDP 已经达到最大化。现在假设总需求增加，达到 GD_1，从而名义 GDP 达到 NG_1。由于实际 GDP 不能变化，因而经济不能增长，从而形成滞胀。

另一种情形是老龄化社会，如图 16.12 所示。

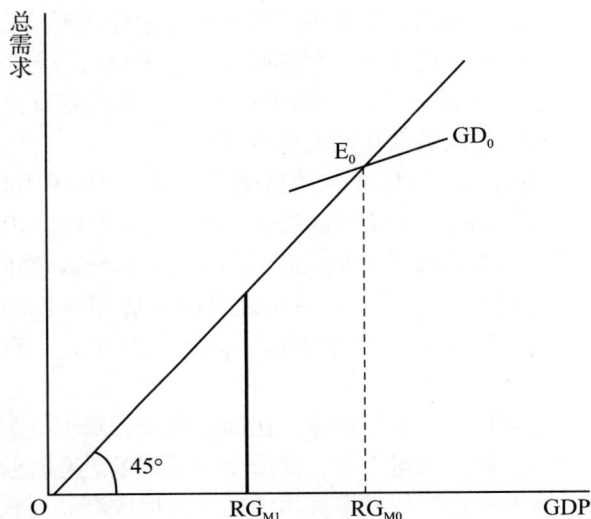

图 16.12 老龄化社会

在图 16.12 中，E_0 点为基期，总需求曲线为 GD_0，实际 GDP 为 RG_{M0}，表明在基期已经实现充分就业。现在假设由于生育率下降，人口老龄化，劳动力规模减少，从而导致实际 GDP 减小，在当期降至 RG_{M1}。但由于总需求并未减少，从而导致名义 GDP 高于实际 GDP，形成滞胀。

新概念

技术停滞　　　　　　　　　老龄化社会

拓展思维：没有速度就没有质量。数量就是质量。

拓展思维：延迟退休。

16.7 通货膨胀及其后果

我们已经从上述诸模型中看到通货膨胀或通货紧缩与经济增长的复杂关系，以及与其他经济变量的关系。鉴于通货膨胀或通货紧缩的重要性，我们需要专门谈一谈这个问题。

通货紧缩就是产品过剩，就是生产过剩。一般说来，这就有可能造成经济危机，或已经陷入经济危机或萧条。"二战"之后，资本主义发达国家由于建立了现代银行制度和实行凯恩斯主义政策，一般性地克服了通货紧缩问题，但由此又产生了通货膨胀的问题。因此，我们需要专门谈一谈通货膨胀。

（一）需求拉动型通货膨胀

弗里德曼说，之所以发生通货膨胀，就是因为政府发行的货币太多了。这等于没说。这里的问题并不是政府发行的货币太多，而是政府为什么要发行如此之多的货币。

经济学家谈到通货膨胀时，通常把通货膨胀分为需求拉动型与成本推进型两类。这是有道理的，而我们此前的分析也已经显示了这一点。这两类通货膨胀的形成机制不同，故需要分开说明。我们先谈需求拉动型通货膨胀。

就其直接原因而言，之所以产生需求拉动型通货膨胀，就是因为政府发行的货币太多了。假设在物价指数不变的前提下，社会商品流通所需要的货币量为 100 亿元，但政府却发行了 120 亿元货币。由于太多货币追逐太少商品，货币自然要贬值，物价自然就要上涨。

注意，这里所说的政府发行货币，并不是说政府开着印钞机印了 120 亿元，而是说，政府通过货币政策，导致货币供给量（M_2）达到 120 亿元。政府开着印钞机印的钱，叫作基础货币。

政府之所以要发行过多货币，原因很多。比如，蒋介石败退台湾时，为了最后捞一把，发行了天量的金圆券，物价涨得天高，法币变成了废纸。有时候，政府发行过多货币是出于无奈。政府并非不知道发行过多货币的危害，但政府需要钱维持正常运转，需要钱来维持和执行它的各项职能与责任。如果收不抵支，而且没有其他办法弄到钱，政府就有可能发行过多货币以应付各种开支。

政府通过发行货币弄钱，是一种极其恶劣的行为。它不仅导致货币贬值，相当于向所有持币人征收了一次或多次通货膨胀税，更重要的是，纸币是信用货币，这个信用就是政府信用。如果政府通过发行货币弄钱，就意味着政府丧失了信用，货币就不成为货币，而人们也就不愿意持有货币，从而加速货币流通速度，导致货币供给量的急剧扩张，最终可能形成恶性通货膨胀。这样一来，一个国家的货币与经济就算是毁了。

在现代金融制度和政府财政制度比较完善的国家，政府通过发行货币来弄钱的行为是不允许的。在一般情形下，政府发行过多货币，是出于两个原因：

第一，实行凯恩斯主义政策，刺激经济增长。不过，即便目的是"良好"的，但钱总是钱，有了钱就要用。这就有可能形成路径依赖，手段可能变成目的。

第二，外汇占款。若对外贸易旺盛，外贸企业获得外汇后，会兑换为人民币，从而增大货币供给量，导致国内出现通货膨胀。对这样的通货膨胀，政府可能也没有善策，总不能说控制外贸规模吧。

（二）需求拉动型通货膨胀的后果

当我们谈到通货膨胀时，可以根据通货膨胀的程度，分为温和通货膨胀、严重通货膨胀和恶性通货膨胀。当然，划分的界限有争论。比如，我们可以把年通胀率 5% 以下的视为温和通货膨胀，5% ~20% 的视为严重通货膨胀，20% 以上的视为恶性通货膨胀。一般说来，通货膨胀问题受到公众关注时，就可能已发展到严重通货膨胀阶段。

不同程度的通货膨胀所导致的结果是不同的，因此需要具体分析。

（1）物价指数的准确性。

通胀率通常由 CPI 衡量，但我们已经说过，现有统计方法高估了物价上涨水平。因此，温和型通货膨胀可能反而是币值稳定的标志。我称这种类型的温和通货膨胀为假通货膨胀。当然，币值稳定是否符合政策选择，则是另一个问题。

反过来说，如果 CPI 表明物价稳定，没有通货膨胀，则可能反而形成了通货紧缩。这一点需要引起重视。

（2）需求拉动增长。

这是我们已经论证过的，不过，这里还需要做一些相关解释。

需求拉动增长的基本特征是企业利润增加和劳动者在名义工资不变或滞后增长前提下的实际工资下降，从而改变了工资与利润的分配比例关系，其实质是降低了消费，使得更大一部分社会总产品作为剩余产品被用作投资，用作形成新的生产能力，从而使得实际 GDP 增长。

这与中国在传统计划体制时代的低工资与高积累模式有类似之处。事实上，这也是市场经济条件下，发展中国家快速实现工业化的一个基本模式。它有几个特点：第一，劳动者和普通民众要忍受较高通货膨胀的代价。由于实际工资降低，生活水平可能降低。当然，经济快速增长所导致的就业总量的增加可能导致工资总额增加，从而起到一定的缓解作用。第二，由于企业利润继续增加，从而拉大了收入分配的差距。第三，在正常情形下应该淘汰的企业还可以继续盈利。事实上，只要能囤积物资，不用生产就可以盈利或套利。

需求拉动型通货膨胀可能会导致物价上升太快，货币贬值太厉害，叫作经济过热。民众可能怨声载道。无奈之下，政府只好下狠手，宁愿忍受经济下行，忍受失业，也要降低通胀率。这叫作经济硬着陆，也叫做经济的大起大落。20 世纪 80 年代初期，美联储就用了这一招。物价是控制住了，但美国经济也萎了两年多。改革开放之后，中国也出现过几次这样的经济过热。

（3）充分就业与滞胀。

需求拉动增长的一个基本前提，是企业在进行扩大再生产时，能够获得追加劳动力。从另一个角度看，通过需求拉动增长来快速实现工业化的要点，就是把农村剩余劳动力快速转为工人，把农村居民快速转为城市居民。

不过，一旦农村剩余劳动力全部转为工人，也就是说，一旦实现了充分就业，由于存在路径依赖，这样一种模式如果不能继续维持下去，又可能造成就业后又失业，可能形成一波企业破产潮和失业潮。

因此，如果要维持充分就业水平，就可能要继续维持需求拉动经济的模式，保持较大幅度的通胀率，从而形成惯性通货膨胀。

（4）其他后果。

除了与经济增长相关之外，通货膨胀当然还会造成其他一些后果。西方经济学教科书开列了这些后果，比如皮鞋成本、菜单成本等。比较重要的后果包括税收扭曲和债权债务关系的变化等，在这里就不多谈了。

（三）成本推进型通货膨胀

这是指由于成本上升导致的通货膨胀。由于需求拉动型通货膨胀必然表现为物价上涨和利率上涨，从而表现为机器设备、原材料等中间产品的成本上涨，因而有时候难以区别这两种类型的通货膨胀，或者两种类型的通货膨胀夹杂在一起。不过，我们可以从理论上说清楚成本推进型通货膨胀，在实际经济运行中也可以判断。

根据我们的理论，社会一般劳动生产率有不断提高的趋势。与之对应，生产成本应该有不断下降的趋势。不过，这并不排除在一些特殊情形下，劳动生产率有下降可能，从而导致生产成本上升。

这些特殊情形，就是指初级产品行业的劳动生产率的变化。由于初级产品的劳动生产率在相当大程度上取决于自然界本身，因而自然条件的变化可能导致这些行业的劳动生产率降低，从而提高生产成本。比如，农产品由于干旱、洪涝等自然灾害而导致减产，自然资源行业的资源枯竭等，这些情形就可能导致成本推进型通货膨胀。此外，由原油、铁矿石等大宗进口初级商品涨价而形成的输入型通货膨胀，也是属于这一类。前面关于滞胀的分析阐释了这类通货膨胀的形成机制。

在企业的生产成本中，工资是成本的重要组成部分。如果工资水平上升，由此带来的结果与前一种情形是一样的，即形成滞胀。但另一方面，工资水平上升又会拉动需求，从而减轻滞胀的后果。

工资上涨的机制需要好好研究。在社会主义市场经济条件下，广大民众的个人基本收入就是工资。因此，工资增长是提高人民收入水平和生活水平的一个基本途径。但工资增长又会从生产成本一面增加企业的负担，降低企业的利润，从而减少了经济增长的动力。这是一个矛盾。

通过需求拉动经济，或许可以缓解这个矛盾，如图 16.13 所示。

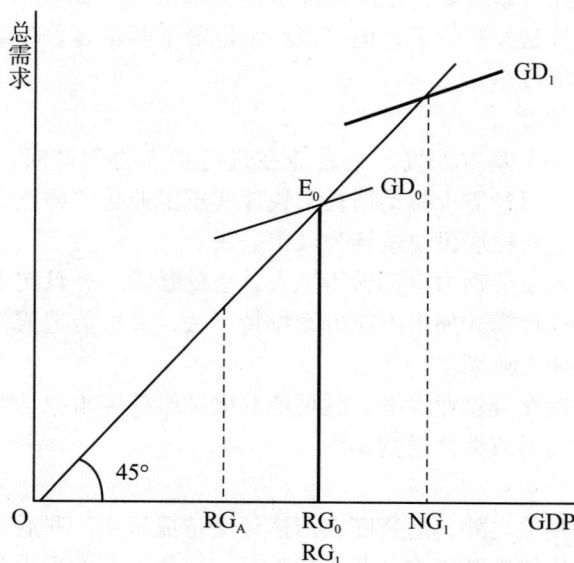

图 16.13　工资变化与经济增长

在图 16.13 中，E_0 点为基期，总需求曲线为 GD_0，实际 GDP 为 RG_0。假设由于工资水平上升，出现滞胀，实际 GDP 下降为 RG_A。由于需求拉动，总需求曲线上移至 GD_1。物价上涨导致企业利润增加，从而增加生产与投资，使实际 GDP 即 RG_1 回到 RG_0 的水平。其结果，实际 GDP 不变，但工资水平上升，工资与利润的比例关系发生变化，但同时可能出现通货膨胀。

新概念

需求拉动型通货膨胀　　　　　　假通货膨胀

温和通货膨胀　　　　　　　　　恶性通货膨胀

惯性通货膨胀　　　　　　　　　严重通货膨胀

成本推进型通货膨胀　　　　　　经济硬着陆

拓展思维：恶性通货膨胀。

拓展思维：中国工人的工资水平与经济增长。

第 17 章 宏观调控与经济增长

17.1 柳欣方程式 I

我们已经看到，经济增长——实际 GDP 的增长取决于企业的生产性投资，而企业的生产性投资则取决于企业利润。因此，实际 GDP 增长的关键是企业利润率的高低。也就是说，要想经济增长，就要让企业赚钱。要想提高经济增长速度，就要让企业赚更多的钱。

在需求拉动经济的模式下，利润率的高低取决于总需求。在总需求（B + I + H + NX）的四个子项中，政府购买（H）与净出口（NX）是外生变量，消费（B）与投资（I）是内生变量。在前面的研究中，我们假设投资是外生变量，以消费与总供给的内生关系为前提，得出总需求曲线。在研究过程中，又引入投资与总供给的内生关系，从而解释了需求拉动经济增长的机制。现在，我们把投资作为内生变量，来考察由投资带来的一系列宏观经济运行的变化和结果。

根据 GDP 简化方程式

$$D + \Lambda + W + \prod = B + I + H + NX$$

我们去掉政府购买（H）、净出口（NX）两个外生变量，即研究一个封闭且没有政府的市场经济体，于是得到如下等式：

$$D + \Lambda + W + \prod = B + I$$

这个等式，叫作宏观经济的"收入—支出"等式。

现在假设劳动者的工资全部用于消费，即 W = B。从"收入—支出"等式两侧同时减去这两项，于是我们就得到如下等式：

$$D + \Lambda + \prod = I \tag{17.1}$$

对（17.1）移项，于是得到

$$\prod = I - (D + \Lambda) \tag{17.2}$$

我把方程式（17.2）称为投资基本方程式。它表明，总利润的大小，取决于投资与折旧和利息的关系。假设折旧率与利率不变，则在总资本及其构成不变（有机构成不变，自有资本与借贷资本的比例不变）的前提下，折旧与利息不变。因此，总利润就等于投资减去折旧与利息，也就是说，总利润的多少取决于投资额度的多少。

另一方面，根据我们的假设，投资作为内生变量，取决于利润率的高低。如果利润率大于自然利润率，则企业有投资意愿。如果利润率小于自然利润率，则企业不愿意投资。

看到这里，大家是不是有点迷糊了？是不是有鸡生蛋蛋生鸡的感觉？是的，这里的"投资—利润"关系，正是相互决定的循环关系。这是理解宏观经济运行的关键。

第 11 章的研究表明，社会总资本扩大再生产要正常进行，必须要有外部资金作为投资资金注入。在不考虑政府购买与对外贸易的前提下，外部资金要么来自资本市场，要么来自银行贷款。在这里，我们不研究资本市场提供投资资金的方式，而只研究银行贷款提供投资资金的方式。这与中国的投资资金主要来自银行的实际情形相符合。

现在，我们把投资基本方程式与商业银行的运行联系起来。为了简化起见，假设所有投资都来自银行贷款，因而由投资转化而来的总资本就全部是借贷资本。其次，不考虑消费信贷，假设银行的所有贷款都用于企业投资。

假设自然利润率为 0（自然也就假设市场利率为 0），也就是说，只要有正利润，即只要 $\prod > 0$，企业就有投资意愿。根据投资基本方程式，有如下不等式：

$$I - (D + \Lambda) > 0$$

我称这个不等式为投资不等方程式。它的含义是：当投资超过折旧与利息之和时，企业就可以获得正利润，而正利润又导致进一步的投资，从而实现经济增长。

不过，这里的要点在于：当期投资在下一期转为总资本的一部分，转为总资本的增量。这个资本增量同样要折旧，同样要支付利息，因而增加了折旧与利息的总量。这样一来，下一期的投资必须大于当期投资，才能保证企业获得正利润，从而维持经济的持续增长。

假设第 t 期的总资本为 GK_t，其中，不变资本为 ξGK_t，可变资本为 $(1 - \xi)GK_t$（即为工资总额 W），ξ 为资本有机构成系数。假设不变资本与可变资本的比例不变，即 ξ 不变。由于总成本不考虑中间产品，因而不变资本 ξGK_t 就为固定资本，需要根据这个数额计算折旧。

假设折旧率为 d，利率为 λ，折旧率和利率不变。因此，$D_t = d\xi GK_t$，$\Lambda_t = \lambda GK_t$。

假设第 t 期的投资为 I_t，并假设从下一期开始支付贷款利息。根据投资不等方程式，实现经济增长的条件是

$$I_t - (D_t + \Lambda_t) > 0$$

假设在第 t 期获得总利润 $\prod_t$，即有投资基本方程式如下：

$$I_t - (D_t + \Lambda_t) = \prod_t \tag{17.3}$$

根据我们的假设，I_t 在 t+1 期转为资本，用 ΔGK_t 表示，即为第 t 期总资本 GK_t 的增量，$I_t = \Delta GK_t$。因此，第 t+1 期的总资本 $GK_{t+1} = GK_t + \Delta GK_t$。

总资本增加，意味着折旧和利息增加，增加额度为

$$d\xi \Delta GK_t + \lambda \Delta GK_t = (d\xi + \lambda) \Delta GK_t$$

现在，为了实现经济持续增长，第 t+1 期的投资 I_{t+1} 需要弥补第 t 期总资本的折旧与利息，以及第 t 期投资在第 t+1 期转为资本后新增的折旧和利息，即

$$I_{t+1} - (D_t + \Lambda_t) - (d\xi + \lambda) \Delta GK_t > 0$$

假设在第 $t+1$ 期获得总利润 $\prod_{t+1}$，于是有

$$I_{t+1} - (D_t + \Lambda_t) - (d\xi + \lambda)\Delta GK_t = \prod_{t+1} \qquad (17.4)$$

假设各期利润率不变，即 $\pi = \pi_t = \pi_{t+1}$，则

$$\prod_{t+1} = \prod_t + \Delta\prod_t = \prod_t + \pi\Delta GK_t \qquad (17.5)$$

将（17.5）代入（17.4），就有

$$I_{t+1} - (D_t + \Lambda_t) - (d\xi + \lambda)\Delta GK_t = \prod_t + \pi\Delta GK_t \qquad (17.6)$$

将（17.3）并入（17.6）并整理，就有

$$I_{t+1} - I_t = (d\xi + \lambda)\Delta GK_t + \pi\Delta GK_t \qquad (17.7)$$

由于 $I_t = \Delta GK_t$，将（17.7）两边同时除以 I_t 或 ΔGK_t，我们就得到如下结果：

$$\frac{I_{t+1} - I_t}{I_t} = (d\xi + \lambda) + \pi$$

这个结果，是柳欣得出的[①]，我稍微做了点修改。为了纪念柳欣，我称为柳欣方程式。为了与随后的货币供给方程式相区别，这个方程式称为柳欣方程式 I。

新概念

"收入—支出"等式　　　　　　　投资基本方程式

投资不等方程式　　　　　　　　"投资—利润"循环决定

柳欣方程式 I

拓展思维： 陈经："大投资"。

17.2　柳欣方程式 II

我解读一下柳欣方程式 I。

方程式左边的 $\frac{I_{t+1} - I_t}{I_t}$ 是投资增长率，方程式右边分别是折旧率 d、资本有机构成系数 ξ、利率 λ 和一般利润率 π。由于假设折旧率 d、资本有机构成系数 ξ、利率 λ 不变，因此，投资增长率就与一般利润率形成一元线性关系。

设投资增长率为 $\varepsilon = \frac{I_{t+1} - I_t}{I_t}$，就有 $\varepsilon = (d\xi + \lambda) + \pi$，于是得到图 17.1。

从图 17.1 可以看到，投资增长率 ε 与一般利润率 π 保持着一元线性关系。这意味着：

（1）假设一般利润率保持不变，比如为 π_E，则投资增长率保持不变，为 ε_E。也就是说，假设一般利润率不变是经济持续稳定增长的条件，那么，为了维持经济稳定增长，投资必须以稳定的比例累进性增加。

---

① 参见柳欣（2006）的观点。

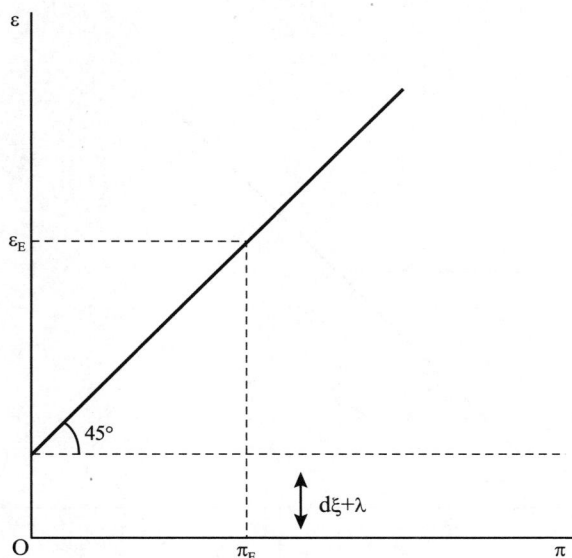

图 17.1 投资增长率与利润率

（2）如果投资超常增加，投资增长率会增加，从而导致一般利润率增加。反过来说，如果投资增幅减缓乃至投资总额下降，使得投资增长率降低乃至为负数，则会导致一般利润率下降，乃至导致负利润。

（3）由于投资与利润是相互决定的循环关系，如果一般利润率上升，则企业投资意愿上升，也就是说，投资增长率会提高。如果一般利润率下降，则企业投资意愿下降，也就是说，投资增长率会降低。

按照柳欣方程式 I 的假设，所有投资都来自银行贷款，因此，如果把投资换为货币供给，投资增长率换为货币供给增长率，则柳欣方程式 I 又反映了货币供给与利润的关系。

设银行货币供给增长率为 θ，$\theta = \dfrac{MS_{t+1} - MS_t}{MS_t}$，其中，$MS_t$、$MS_{t+1}$ 为当期与下一期的货币供给量。根据柳欣方程式 I 的假设，$MS = I$，$\theta = \varepsilon = \dfrac{I_{t+1} - I_t}{I_t}$，就有 $\theta = (d\xi + \lambda) + \pi$。我称这个方程式为柳欣方程式 II。于是就得到图 17.2。

从图 17.2 可以看到，货币供给增长率 θ 与一般利润率 π 保持着一元线性关系。但要注意，这里代表着与图 17.1 完全不同的含义。

在图 17.1 中，一方面，投资是实际投资，是生产能力的形成。因此，图 17.1 的结论与第 11 章 11.4 节的结论完全对应，或者说，与《资本论》的结论是对应的。另一方面，投资又是以货币形式进行的投资，表现为价值运行或货币运行。这两者的区别就是实际 GDP 与名义 GDP 的区别。换言之，图 17.1 并不考虑物价上涨的因素，而这也是柳欣的本意。

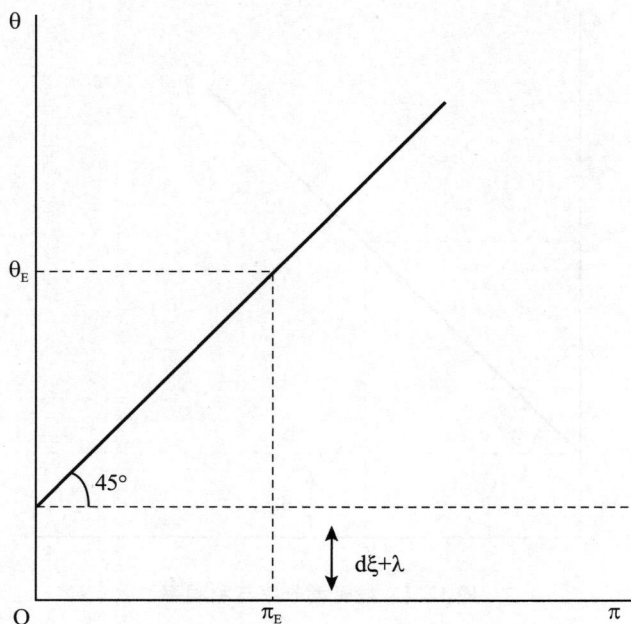

图 17.2 货币供给增长率与利润率

这样一来，就可能出现"投资—利润"的正循环，导致经济高涨，但同时也导致严重的通货膨胀。或者，也可能出现"投资—利润"的负循环，一方面导致经济衰退，另一方面导致严重的通货紧缩。

要避免出现这样的经济大起大落的情况，就要调控投资的源头，也就是说，通过调控银行贷款，调控货币供给量，保证经济持续稳定增长。这就是银行金融体系对于经济发展的根本意义。因此，图 17.2 所反映的其实是货币供给增长率与经济持续稳定增长的关系，而图 17.1 则其实是这种关系的中介。

图 17.2 的含义是这样的：

（1）假设一般利润率保持不变，比如为 π_E，则货币供给增长率保持不变，为 θ_E。也就是说，假设一般利润率不变是经济持续稳定增长的条件，那么，为了维持经济稳定增长，货币供给必须以稳定的比例累进性增加。

（2）如果货币供给超常增加，货币供给增长率会增加，从而导致一般利润率增加。反过来说，如果货币供给增幅减缓乃至货币供给总额下降，使得货币供给增长率降低乃至为负数，则会导致一般利润率下降，乃至导致负利润。

新概念

投资增长率   柳欣方程式 II   货币供给增长率

拓展思维：人民币的货币供给状况。

17.3　货币的需求与供给

根据前一节的结论，一个经济体的货币供给量是一个关键指标。那么，货币供给量是由什么决定的呢？

要有货币供给，先要有货币需求。若不考虑消费信贷，对货币的需求来自企业的贷款需求，如图 17.3 所示。

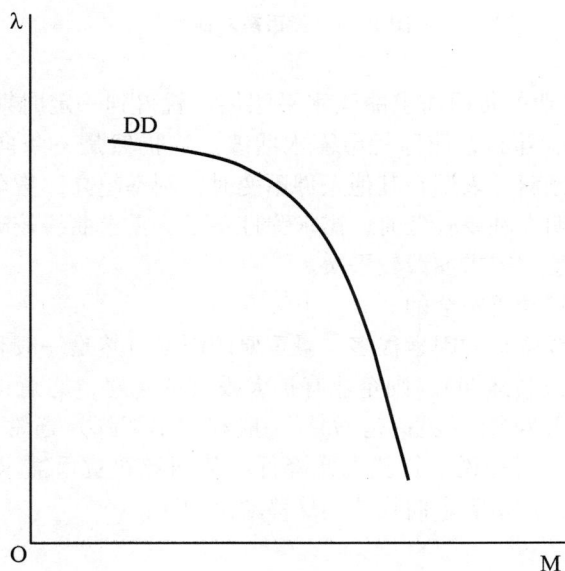

λ

DD

O　　　　　　　　　　　　M

图 17.3　企业的贷款需求

在图 17.3 中，横轴为货币量，竖轴为利率 λ，也就是说，利率就是货币的价格。企业的货币需求曲线 DD 与一般需求曲线一样，是一条向右下倾斜的先缓后陡的凸形线。向右下倾斜，表明在其他条件不变时，利率越高，企业的贷款需求越低，反之亦然。之所以是凸形线，是因为决定企业贷款需求的因素有多种，包括预期利润、重置投资需要、临时急用、利率等等。在利率较低时，由于贷款成本低，利率因素就处于次要地位，企业的贷款需求对利率的变化不敏感，即需求弹性不足，需求曲线陡峭；但若利率太高，由于贷款成本高，利率因素就处于主要地位，企业的贷款需求对利率的变化就非常敏感，即需求弹性太足，从而使需求曲线趋于平缓。

把一定时期所有企业的货币需求曲线水平相加，就得到了整个经济体的货币需求曲线，如图 17.4 所示。

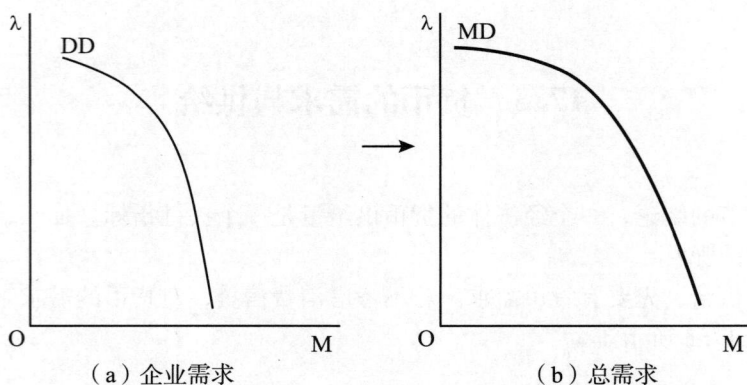

（a）企业需求　　　　　　　　（b）总需求

图 17.4　货币需求曲线

　　在图 17.4 中，企业的货币需求曲线水平相加，就得到一定时期的货币总需求曲线（横轴的货币单位自然不同），简称货币需求曲线。这仍然是一条向右下倾斜的先缓后陡的凸形线。向右下倾斜，表明在其他条件不变时，利率越高，货币总需求越低，反之亦然；是凸形线，表明在利率较低时，需求弹性不足，需求曲线较陡峭；而在利率太高时，需求弹性又很敏感，需求曲线较平缓。

　　货币需求曲线会移动吗？会的。

　　影响货币需求曲线移动的因素很多，最重要的因素自然是一般利润率。如果一般利润率上升（通常是经济高涨期），则企业有扩大投资的意愿，愿意得到更多的贷款以进行投资，从而导致货币需求曲线右移。如果一般利润率下降（通常是经济衰退期），则企业没有投资意愿，也就是说，贷款意愿降低，从而导致货币需求曲线左移。图 17.5 展示了在经济高涨时，货币需求曲线从 MD 移动至 MD_1。

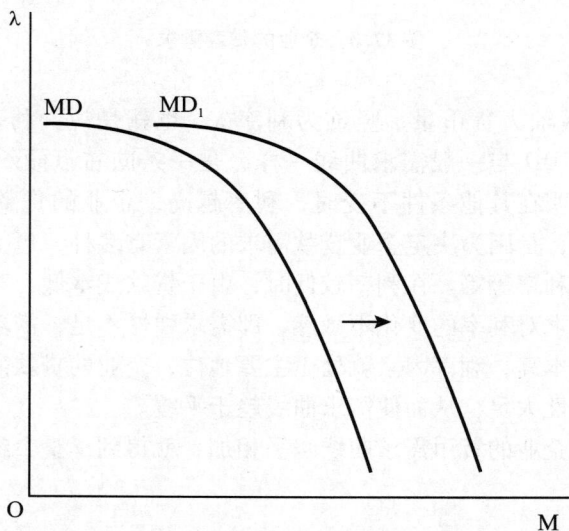

图 17.5　货币需求曲线的移动

与一般需求曲线一样，货币需求曲线具有时效性，因而就具有周期性，如图 17.6 所示。要注意的是，各个时期的货币需求曲线的具体形状是不同的。

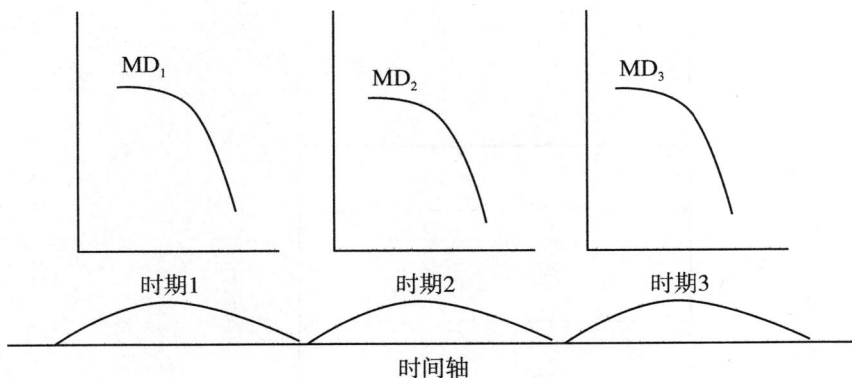

图 17.6　货币需求曲线的周期性

现在来看货币供给。还是按老规矩办，先求得个别商业银行的货币供给曲线，再推导出总供给曲线。

要得到个别商业银行的货币供给曲线，先要画出商业银行的成本结构图，如图 17.7 所示。

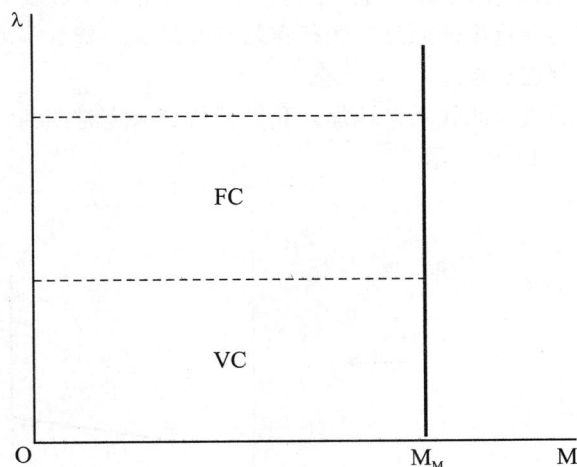

图 17.7　商业银行成本结构图

在图 17.7 中，横轴为商业银行的产品，即借贷货币数量，竖轴为利率。固定成本 FC 为商业银行在一定时期的运转成本，包括工资、管理费、固定资产折旧、坏账冲减、其他日常开销等等；流动成本 VC 为商业银行向储户支付的存款利息。M_M 线为商业银行根据存款余额、法定准备率、超额准备金等因素所确定的最大贷款额度线。

根据图 17.7，我们可以画出反 L 形的供给曲线。不过，反 L 形供给曲线横线段的位置其实难以确定。这是由商业银行所经营产品与产品价格的特殊性所决定的。为了简化起见，假设商业银行反 L 形供给曲线的横线段为自定贷款利率，如图 17.8 所示。

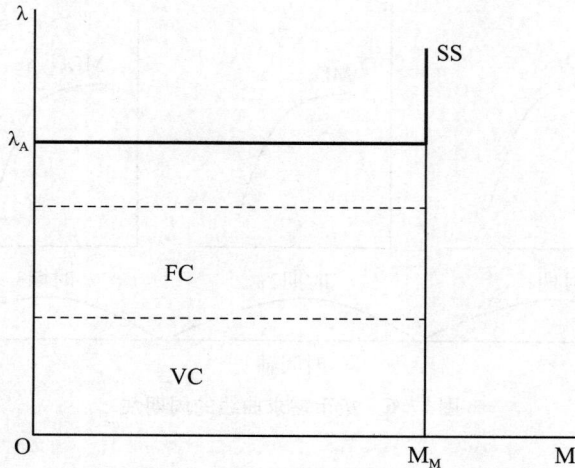

图 17.8　商业银行供给曲线

在图 17.8 中，假设商业银行根据其经营原则，按自定贷款利率，愿意贷出最大额度的贷款，其反 L 形供给线 SS 的横线段就为自定贷款利率线 λ_A，竖线段为最大贷款额度线 M_M。注意，与一般供给曲线不同，银行反 L 形供给曲线竖线段是可以移动的，这是因为：①根据银行创造货币的原理，银行存款额度越大，贷款额度就相应越大；②这正是央行货币政策的调控对象。

把所有商业银行的供给曲线水平相加，我们就得到一定时期的货币总供给曲线，简称货币供给曲线，如图 17.9 所示。

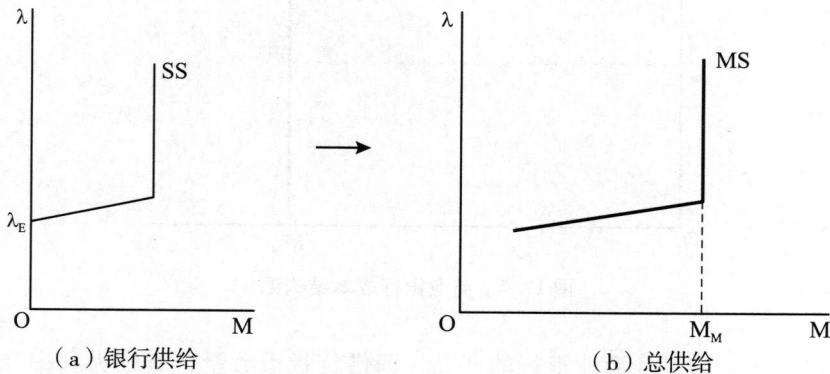

（a）银行供给　　　　　　　　（b）总供给

图 17.9　货币供给曲线

在图 17.9 中，图（b）就为货币供给曲线 MS，为一条反 L 形曲线，其竖线段为最大货币供给量 M_M。注意，央行可以通过实施货币政策，调控竖线段的移动。其横线段为较缓的倾斜线，表明各商业银行愿意贷款的自定利率不一。之所以较平缓，是因为各商业银行的自定利率不可能差别太大。

现在，我们把货币需求曲线与货币供给曲线放在一起，就形成货币市场的供需图，或者说信贷市场的供需图，如图 17.10 所示。

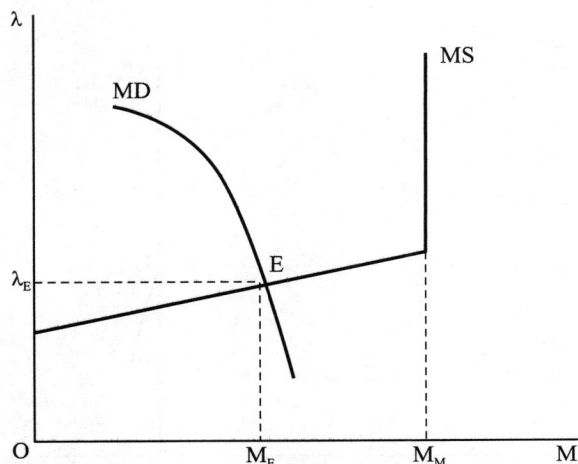

图 17.10 货币供需图（一）

在图 17.10 中，货币需求曲线与货币供给曲线相交于货币供给曲线横线段的 E 点，从而得到均衡利率 λ_E 和均衡货币供给量 M_E。

不过，如果我们把资本市场情形考虑在内，则图 17.10 要发生变化。在图 17.10 中，均衡货币供给量 M_E 低于最大货币供给量 M_M。这就意味着银行存在着超额准备金。银行为了避免资本闲置，会把超额准备金投入资本市场，比如购买债券。于是就得到图 17.11。

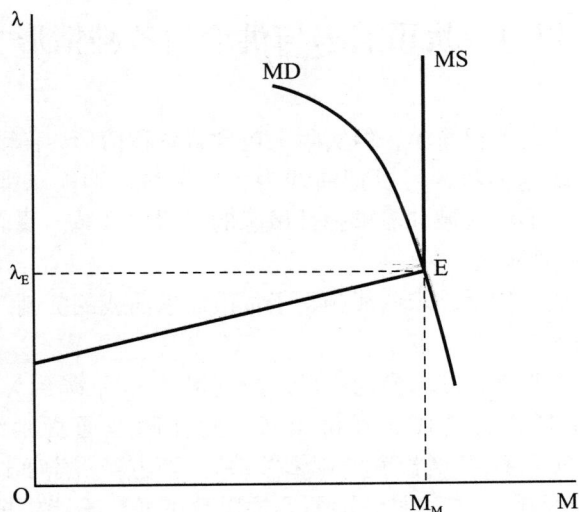

图 17.11 货币供需图（二）

在图 17.11 中，货币需求曲线与货币供给曲线相交于货币供给曲线的拐点，表明银行没有富余的超额准备金。这样一来，我们就可以省略掉货币供给曲线的横线段，直接用其竖线段进行分析就可以了，因此，货币供给就直接是由央行调控的变量，如图 17.12 所示。

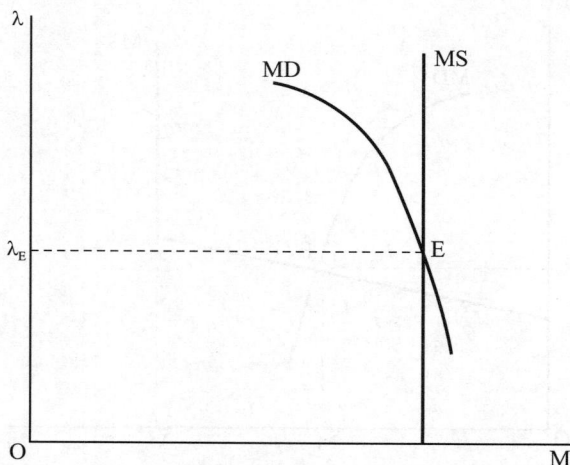

图 17.12　货币供需图（三）

新概念

货币需求曲线　　　　　　　　货币供给曲线　　　　　　　　货币供需图

拓展思维：商业银行的经营。

17.4　货币需求与供给的各种情形

图 17.12 虽然在直观上很简单，但实际上包含着各种情形，需要专门分析一下。

根据货币需求曲线的形状，可以把曲线为三个区域，即需求弹性不足的陡峭线区域、需求弹性适中的凸形线区域和需求弹性敏感的平缓线区域。我们需要分开讨论。

（一）货币需求弹性不足

如果货币供给曲线与货币需求曲线相交于货币需求曲线的陡峭线区域，就意味着货币需求弹性不足，如图 17.13 所示。

在图 17.13 中，由于货币需求弹性不足，当利率从 λ_0 下降到 λ_1 时，并不导致货币供给量大增。通常情形下，这代表经济萧条，并伴随着通货紧缩（注意"货币需求——投资需求——实际 GDP 增长"的逻辑关系）。西方经济学称这样一种情形为"凯恩斯区域"或"萧条区域"。在这种情形下，货币政策显然不能发挥作用，西方经济学称之为"流动性陷阱"。

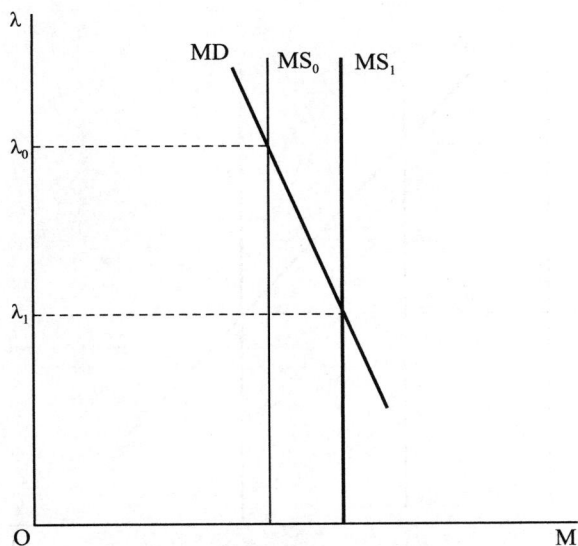

图 17.13　货币需求弹性不足（一）

不过，还有相反的情形，如图 17.14 所示。

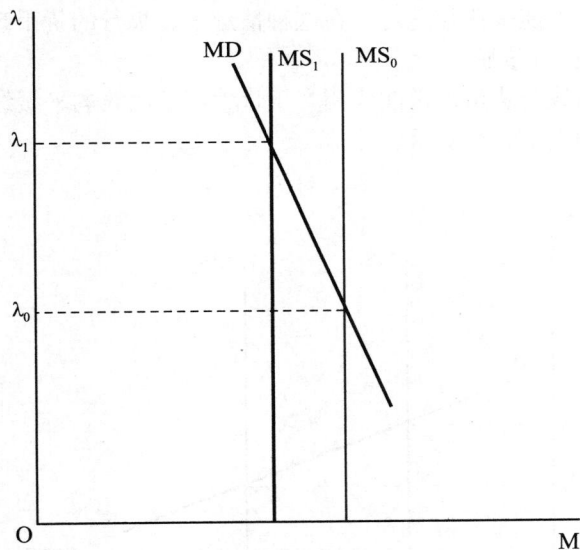

图 17.14　货币需求弹性不足（二）

在图 17.14 中，由于货币需求弹性不足，当利率从 λ_0 上升到 λ_1 时，并不导致货币供给量大减。通常情形下，这代表货币需求强劲，并伴随着通货膨胀。如果央行想通过货币政策控制通货膨胀，则不能如愿，也就是说，货币政策也不能发挥作用。

（二）货币需求弹性适中

如果货币供给曲线与货币需求曲线相交于货币需求曲线的凸形线区域，就意味着货币需求弹性适中，如图 17.15 所示。

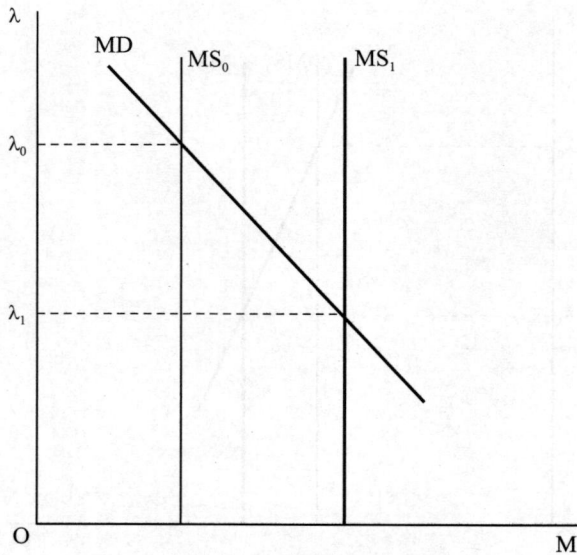

图 17.15　货币需求弹性适中

在图 17.15 中，利率的变化与货币供给量的变化比较协调，应该是经济运行比较稳定的情形，通货膨胀可能也比较适度。在这种情形下，央行的货币政策最有效。

（三）货币需求弹性敏感

如果货币供给曲线与货币需求曲线相交于货币需求曲线的平缓线区域，就意味着货币需求弹性敏感，如图 17.16 所示。

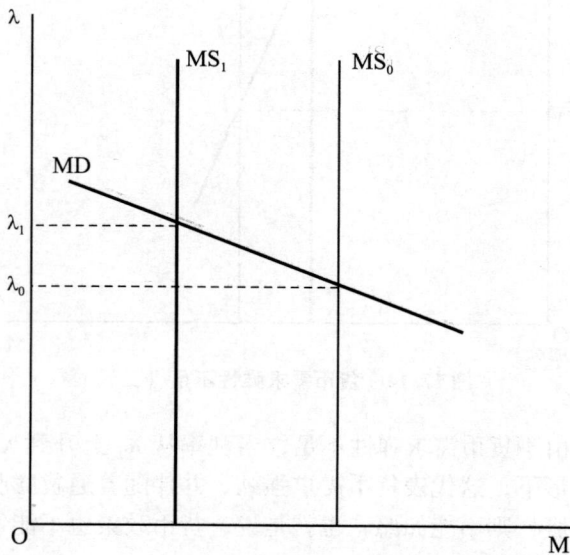

图 17.16　货币需求弹性敏感（一）

在图 17.16 中，由于货币需求弹性敏感，当利率从 λ_0 上升到 λ_1 时，会导致货币供给量大减。通常情形下，这代表经济过热，并伴随着着严重的通货膨胀。如果央行想通过货币政策控制通货膨胀，则会引起货币供给量大减，从而导致经济硬着陆，导致经济大起大落。这也是央行不愿意看到的，也就是说，货币政策杀伤力太大，不能算是正常发挥作用。

图 17.6 同样有相反情形，如图 17.17 所示。

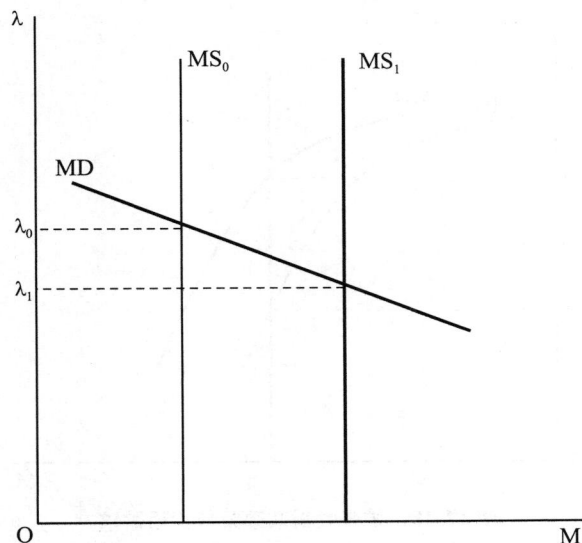

图 17.17 货币需求弹性敏感（二）

在图 17.17 中，由于货币需求弹性敏感，当利率从 λ_0 下降到 λ_1 时，会导致货币供给量大增。通常情形下，这意味着经济增长同时还伴随着通货紧缩，因而渴求货币。不过，这种情形显然不常见，只有在社会一般劳动生产率强劲增长时才可能出现。19 世纪工业革命时期的经济状况或许与这种情形接近。

新概念

货币需求弹性不足　　　　货币需求弹性适中　　　　货币需求弹性敏感

拓展思维：美联储的 QE 与加息。

17.5　财政政策与货币政策的联动

我们已经知道，经济稳定增长的一个关键指标就是货币供给增长率的稳定。但上述几种情形的分析结果表明，如果通过央行政策调控货币供给，则在若干情形下并不如意。根据中国的实践，现在我们知道，只有通过财政政策与货币政策的联动，方能取得预期效果。

财政政策的要点，就是第16章所研究的需求拉动。反映在货币供需图上，就是影响货币需求曲线的移动。以实行扩张性财政政策为例，这个机制是这样的：

实行扩张性财政政策→总需求曲线上升→物价上涨→企业利润增加→企业增加投资意愿→企业增加贷款意愿→货币需求曲线向右移动。

图17.18反映了这种情形。

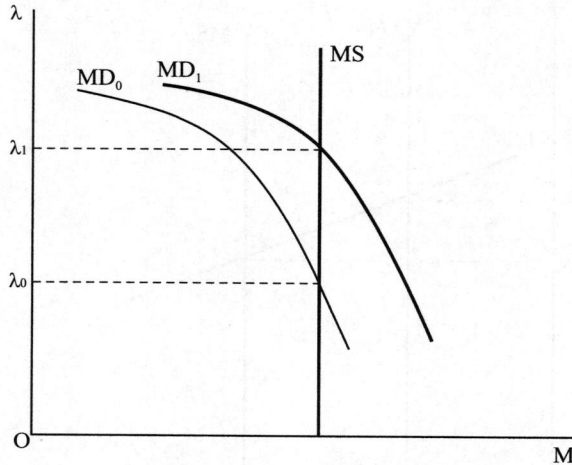

图17.18　扩张性财政政策与货币需求

在图17.18中，由于实行扩张性财政政策，导致货币需求曲线从MD_0右移到MD_1，均衡利率从λ_0上升到λ_1。值得注意的是，此时MD_1与货币供给曲线相交于MD的需求弹性适度的凸形线区域，表明央行货币政策可以更好地发挥作用了。

我们也可以画出相反情形的图形，如图17.19所示。

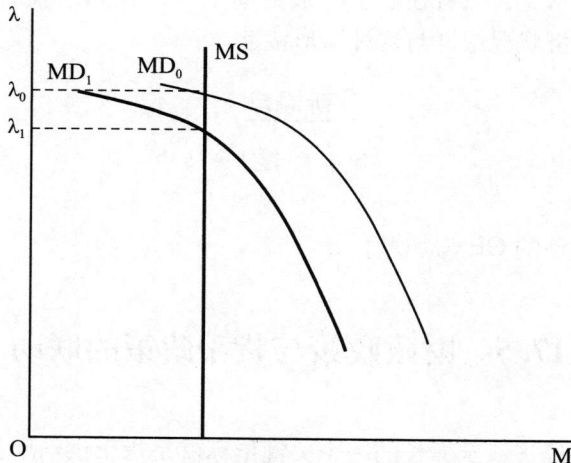

图17.19　紧缩性财政政策与货币需求

在图 17.19 中，由于实行紧缩性财政政策，导致货币需求曲线从 MD_0 左移到 MD_1，均衡利率从 λ_0 下降到 λ_1。值得注意的是，此时 MD_1 与货币供给曲线相交于 MD 的需求弹性适中的凸形线区域，表明央行货币政策可以更好地发挥作用了。

当然，实际经济增长的情形远非如此简单，第 16 章的研究已经表明了这一点。因此，这就需要财政政策与货币政策联动，从而取得最佳效果。陈经画了一个财政政策与货币政策的九宫格[①]，很能说明问题，如图 17.20 所示。

		货币政策		
		扩	中	紧
财政政策	扩	扩，扩	扩，中	扩，紧
	中	中，扩	中，中	中，紧
	紧	紧，扩	紧，中	紧，紧

图 17.20　宏观调控九宫格

在图 17.20 中，财政政策和货币政策各有三种政策选择，即扩张性（积极性）政策、中性（稳健性）政策和紧缩性政策。两两联动，就形成 9 种政策组合选择，因而叫作九宫格。这就是有中国特色的宏观调控体系，叫作跳格子。在实际操作中，需要根据经济运行情况、通货膨胀情况和政策目标，选择合适的政策组合。

在这里，我们还要简单谈一谈所谓财政挤出效应[②]。

按照宏观经济学 IS—LM 模型，如果实行扩张性财政，会导致 IS 线右移，从而与 LM 线相交于较高点，形成较高的均衡利率，而由于利率提高，又会导致 IS 左移，即投资减少。这就是所谓财政挤出效应。

简单地说，这个解释是错误的。之所以是错误的，是因为 IS—LM 模型本身就是错误的。在这里，我不打算评价 IS—LM 模型的错误，只是用我们所获得的知识来分析一下所谓财政挤出效应。

如果实行扩张性财政政策，如图 17.18 所示，货币需求曲线会右移。如果货币供给不变，则右移后的货币需求曲线与货币供给曲线相交于较高点，从而形成较高的均衡利率。这都没有问题。问题在于：利率的提高不是由扩张性财政导致的，而是由于扩张性财政导致企业利润增加，从而激发企业投资意愿与贷款意愿。在货币总供给不变的前提下，借钱的人多，利率自然就上涨。这是一个简单的市场调节，出价高者得，何曾有什么挤出？如果真有挤出的话，那就叫做投资挤出投资（这是什么话？），与扩张性财政政策有什么相关？

由此可见，并不存在一个财政挤出效应。

---

① 参见陈经（2006）的观点。

② 参见曼昆：《经济学原理（原书第 3 版）》下册，梁小民译，机械工业出版社 2006 年版，第 313 页。

新概念

宏观调控　　　　　　　　宏观调控九宫格　　　　　　　　财政政策
财政政策与货币政策联动

拓展思维：政府的财政与财政政策。

拓展思维：2013 年以来的中国财政政策与货币政策。

17.6　柳欣悖论

这里，我们还必须谈一谈现代银行制度存在的一个基本问题。

我们已经知道，资本生产与市场经济的命根子是钱，而钱又只能从银行流出来。那么，钱又是怎样从银行流出来的呢？

如果不考虑外汇占款和政府财政赤字冲减等因素，在正常情形下，钱从银行流出来的基本渠道就是贷款。这就产生了两个重要后果：

（1）根据柳欣方程式 II，要保持经济稳定增长，货币供给增长率必须是稳定的，换言之，贷款规模必须越来越大。一旦贷款规模减少，企业就赚不到钱，就还不起银行贷款。这就会导致企业破产，并导致银行出现坏账。

（2）随着贷款规模的不断扩大，企业负债率必然越来越高。这就导致银行不敢向企业贷款，也就是说，必然要减少贷款规模，从而会导致（1）的结果。如果因此形成连锁反应，就会产生经济危机，而一旦因为危机造成的大量坏账导致商业银行破产，就会形成金融危机，破坏金融体制。这是很严重的事情。

显然，（1）与（2）是对立的。这个结果是柳欣得出的[①]，我称为柳欣悖论。

柳欣悖论是现代银行制度的阿喀琉斯之踵，是现代市场经济摆脱不了的死循环，并且可能是导致现代市场经济的商业周期的根源。这就意味着经济危机是现代市场经济的宿命。

如何应对这样的死循环？我们大致有以下对策：

（1）任其自然。反正在现有市场经济体制下解决不了这个问题，还不如任由经济危机发生。通过企业破产与商业银行破产，通过资产重组，划掉账面资产，又从头开始。这个，恐怕代价太大了，没有哪个政府愿意这样做。

（2）商业银行的贷款实行债转股，从而降低企业负债率。这个办法很好，但需要建立一套长效的运行与调控机制，而不是当作临时抱佛脚的应急措施。此外，还要防止该淘汰的企业被保留，导致降低效率。

（3）任由企业破产，但剥离商业银行的呆账、烂账、死账，保证商业银行正常运行。这个办法也不错，但只有公有制银行才做得到。顺便说一句，中国商业银行的呆

---

① 参见柳欣（2006）的观点。

账、烂账、死账其实很大程度上与银行经营好坏无关，而是商业银行体制的宿命。

（4）改变货币注入市场的方式，也就是说，不是由商业银行的贷款，而是由政府的赤字财政把货币注入市场。这个办法的好处是不至于陷入柳欣悖论，其坏处是政府将承担巨额赤字，并因此承担巨额债务，比如美国政府就是如此。不过，由于中国人民银行是公有银行，中国政府若这样干，则无碍。当然，也可以选择全民发钱，以此方式把货币注入市场。

（5）发展资本市场。企业的固定资产投资通过在资本市场筹资来解决，银行只负责企业的流动资本贷款，这样就可以降低企业负债率。但资本市场的发展是以资本过剩为前提，而以公有制为主体的中国社会主义市场经济是否会出现大规模资本过剩，则是一个疑问。

新概念

柳欣悖论　　　　　　　企业负债率　　　　　　　债转股
商业周期

拓展思维：中国企业的债转股问题。
拓展思维：中国商业银行的烂账问题。
拓展思维：经济危机与商业周期。

附录

中央银行的货币政策

央行的货币政策是通过"货币政策工具"来实现的。这些政策工具包括法定准备率、公开市场业务、再贴现、央行基准利率、向商业银行贷款、窗口指导等。一般的金融学教科书对这些工具的运行机制都有介绍，这里只简单谈一谈传统的三大工具。

（一）法定准备率

如果央行提高法定准备率，商业银行的一定比例的超额准备金就会转化为法定准备金，放款能力降低，货币乘数变小，货币供给量就会减少。反之，若央行降低法定准备率，则出现相反的效果，从而增加货币供给量。

法定准备率改变的是货币乘数，因而是一个比较猛烈的工具，一般不轻易动用。

（二）公开市场业务

这是指央行在金融市场出售或购入财政部或政府机构的证券，特别是短期国债，用以影响基础货币数量。当央行购入证券时，就相当于向市场注入货币，从而导致基础货币增加，并通过货币乘数，扩大货币供给量。反之，若央行出售证券，就相当于从市场回收货币，从而导致基础货币减少，并通过货币乘数，减少货币供给量。

与法定准备率相比，公开市场业务比较温和，适合于微调，属于央行的日常操作工具。

（三）再贴现

这是指央行通过变动自己对商业银行所持票据再贴现的再贴现率来影响货币供给。若央行提高再贴现率，则商业银行借款的成本提高，从而会相应减少从央行的贷款数量，因而放款能力降低，货币供给量就会减少。反之，若央行降低再贴现率，货币供给量就会增加。

与前两个工具相比，这个工具比较消极。如果商业银行不向央行再贴现票据，则不起作用。

按照《中国人民银行法》的规定，央行货币政策的目标是保持货币币值的稳定，并以此促进经济增长。但我们已经知道，这是两个目标，而这两个目标可能并不一致。换言之，如果要保持币值稳定，则可能抑制经济增长；而若要促进经济增长，则可能要付出通货膨胀的代价。

本书的研究表明：第一，通货紧缩是不利乃至有害的，即便在集约式增长的前提下，通货紧缩也会导致社会生产力受到伤害。第二，如果增长为集约式增长，那么就可能在物价稳定的前提下实现经济增长。第三，通货膨胀与经济增长的关系比较复杂，需要根据不同的情形做出不同的决策。

这样说来，央行的货币政策目标其实是在物价稳定与一定的通胀率之间做出选择。可以认为，温和型通胀应该是比较理想的目标。这不仅是因为物价指数存在高估，温和型通胀反而是币值稳定的表现。同样重要的是，温和型通货膨胀不至于引起社会的强烈反应。不过，若想实现经济较大幅度增长，实现充分就业，则温和型通胀的力度可能不够，可能需要较高的通胀率。但这又可能引起较强烈的社会反应。因此，这是一个政策选择的问题。

但是，即便央行确定了一定时期的货币政策目标，能否实现其目标，也是一个问题。我们的分析表明，央行的货币调控能力可能有限。所以，央行的货币政策就要与财政政策联动，跳九宫格。

新概念

货币政策工具　　　　　　　　法定准备率　　　　　　　　公开市场业务
再贴现

第 18 章　资本过剩

18.1　资本过剩的含义

现在，我们再来回顾一下孤岛生产的故事。

假设张三和他的工人生活在一个孤岛上，也就是说，把他的个别资本生产当作整个社会的资本生产。张三用 100 万元投资办企业，其中，80 万元购买机器设备、原材料等生产资料，20 万元购买劳动力。在机器设备、原材料和劳动者配置到位后，他就开始组织生产。

为了简化起见，假设机器是一次性使用机器，假设利润率为 20%，因此，最后的产值为 120 万元。用产值公式表示就是

$$80D + 20W + 20\prod = 120\Omega$$

我们已经知道，这 120Ω 产值中的（$80D + 20W$）可以实现其价值，但形成利润的 $20\prod$ 剩余产品无法实现其价值。

现在假设：①通过对外贸易或政府购买，$20\prod$ 的利润得以实现；②孤岛已经实现充分就业。因此，张三在获得了 $20\prod$ 的利润后，由于没有追加劳动力的来源，这 $20\prod$ 的利润就不能再转为扩张性投资，而不得不沉淀下来。这就叫作资本过剩。

资本过剩是货币过剩，钱没处花，没有用处。这自然超出了我们普通人的意识。但这个钱不是普通人用来消费的钱，而是资本，是用来赚钱的钱。资本过剩，就是资本没有投资的机会与场所。比如，马云已经有了上百亿元的身家，现在又赚了数十亿元。对于他来说，个人消费支出早已经不成问题。这数十亿元是要投入再生产，让钱再去赚钱。如果这数十亿元找不到投资场所，就属于资本过剩。

资本过剩表现为两种基本形式：

（1）企业或个人的资本过剩。企业获得利润之后，如果没有扩大再生产的机会，利润就沉淀下来，形成过剩。个人呢，如果在消费支出之外，还有较大数额的剩余资金，又不甘心存在银行吃定息，但又没有投资机会，也可以视为资本过剩。

（2）银行或其他金融机构的资本过剩。在现实经济生活中，银行将居民、企业、单位和政府的各种存款转为借贷资本。但如果存款在银行沉淀下来，没有被贷出去，形成超额准备金，也属于资本过剩的一种情形。

新概念

资本过剩

拓展思维：土豪：有钱就是任性。

18.2 过剩资本的出路

资本过剩就是资本闲置、资本失业。这自然与资本的赚钱本性相违背。因此，过剩资本就要为自己寻找出路。这就有以下各种选择。

（一）国债

过剩资本的第一条出路是现成的，那就是像古代高利贷资本那样，转为借贷资本。这是资本主义早期发展中的典型情形。

那么谁想借钱，而资本家又愿意把钱借给谁？自然是君王或政府了。

君王或政府要消费、要维持运转，自然要花钱。钱可以来自税收，或来自君王自己的领地收入。但若钱不够花而又非花不可，比如战争费用，那么就只好借债。资本家也愿意借，原因有三：①君王或政府有信用，不用担心赖账不还；②君王或政府有自己的财源，还得起；③钱压在箱底，闲着也是闲着，拿出去赚利息，何乐而不为？不过，这里需要稍微解释一下这三点。

首先，如果君王或政府真要赖账，怎么办？还真没有办法。不过君王或政府的信用就算是毁了，以后要再借债就不可能。所以，在商业社会中，如果不到最后关头，君王或政府一般在借债还钱方面还是有信用的。

其二，如果君王或政府的自有财源枯竭，借了债又还不起，又当如何？这倒无碍。只要君王或政府有信用，就可以借新债以还旧债。只是最后债台高筑，就麻烦了。所以，20世纪以前的政府都要强调财政平衡，以防借债借上了瘾。

其三，资本家把钱借出去了，如果自己需要用钱怎么办？一个可行办法就是让债权债务可以转让，于是就有了债权债务转让市场。

这就是国债的起源。

现代国债、国债市场当然与早期国债有极大的不同。政府借债也可能不是因为缺钱，而是为了实行凯恩斯主义的赤字财政，或为了培育一个国债市场，作为宏观经济调控的一个工具。

（二）投机

过剩资本的第二个出路，就是投机。

在日常用语中，"投机"、"投机分子"自然是贬义词。传统计划体制时代还有个罪名，叫作"投机倒把"，判得还很重。当然，我们现在不对这个概念进行伦理判断。

在实体经济中，"投机"与"投资"有时候难以区别，而在经济统计中，自然都算作投资或固定资产投资。但投机毕竟与投资有不同，两者大致有以下几点区别：

（1）由当期利润率上升所引导的投资或可称为"投资"，而由预期利润率引导的投资或可称为"投机"。这区别就在于：当期利润率是一个明确信号，而预期利润率只是一种假设、一种猜测。

（2）投资追求的是长期稳定利润，叫作"事业"，而投机追求的是短期溢价，一旦获利就可能撤资，转入新的投机场所。

（3）投资与投机的风险不同，也就是说，"投资"风险小，而"投机"风险大。投机就是冒险。

投机或冒险对于资本主义具有极为重要的意义，资本主义的发展史其实就是一部投机史或冒险史。我们常说创新是市场经济的精髓，但更正确的说法是冒险是市场经济的精髓。因为创新就是冒险，冒险成功了才叫作创新，失败了就叫作完蛋。工业革命的历史就是一部创新史或冒险史。比如，瓦特改良蒸汽机启动了工业革命，但谁又知道，瓦特蒸汽机在英国推广之初，一年要发生多次锅炉爆炸事件，这是创新还是冒险？至于其他大项目，比如开采矿山、铺设铁路、挖掘运河等，因为成功与否不可知，预期利润不可知，无一不是投机或冒险。

在当今世界，这类投机或冒险也不少，比如海外投资，或者高新技术、新兴产业的风险投资等等。或许，这就是凯恩斯所说的资本主义的动物精神吧。

（三）资本品

过剩资本的另一条出路，就是购置资本品以保值增值。第 2 章已经提到了这个问题，现在来谈一谈。

古董文物是一种典型的资本品。它有三个基本特征：①物以稀为贵。古董为不可再生之物，而且每一件古董都是独一无二的，自然更"贵"，适合于资本去附体。②在实行文物法之前，古董本为上流社会或有钱人的玩物，适合于流通。③古董几乎不存在自然磨损或折旧，适合于长期保存。

古董通常的交易形式是拍卖，如图 18.1 所示。

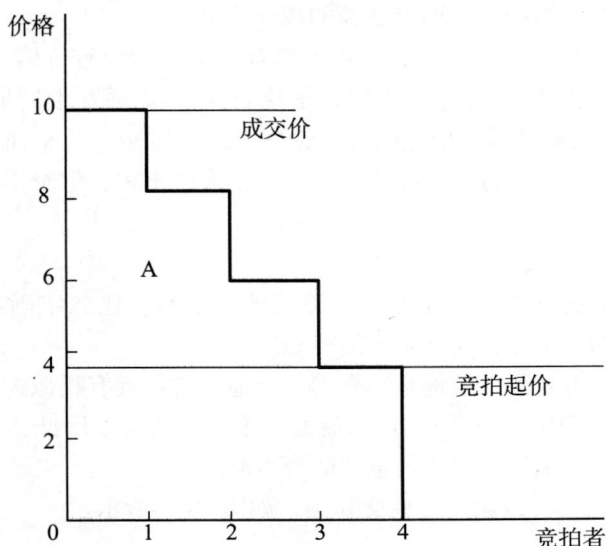

图 18.1 竞拍

在图 18.1 中，竖轴为价格，横轴为参与竞拍人数。参与竞拍者为 4 人，竞拍起价 4 万元，最后，出价最高者竞拍成功，成交价就为 10 万元。

如果用平滑直线将竞拍者的支付意愿连接起来，我们就得到图 18.2。

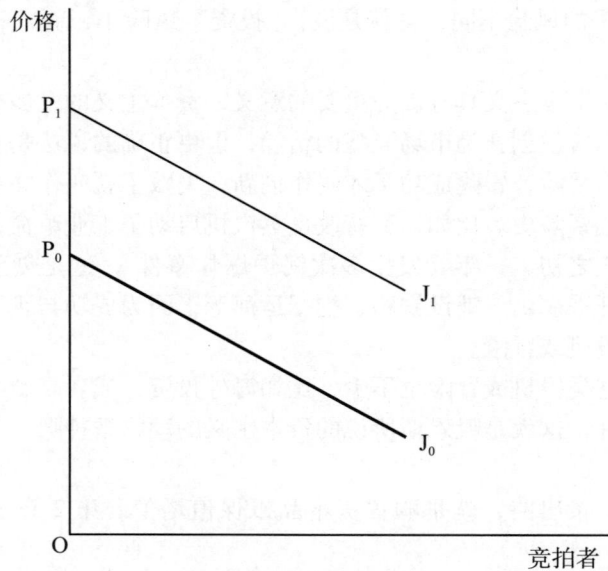

图 18.2　古董交易

在图 18.2 中，竖轴为价格，横轴为竞拍者人数。J_0 为基期竞拍曲线，P_0 为基期成交价。J_1 为当期竞拍曲线。这个当期，是指藏家又将古董投入市场流通的时间跨度，可能为几年，也可能为几十年上百年（也许永远没有当期）。由于过剩资本数量的增长，当期竞拍线高于基期竞拍线，从而形成新的成交价 P_1。

这里要注意，古董不是劳动产品。它虽然有价格，却没有价值，因而在 GDP 统计中，古董交易的价格是不计入的（当然，围绕古董交易所发生的服务费用是要计入 GDP 的）。庞巴维克责难劳动价值论的一个论据，就是古董有价格而无价值。但这是庞巴维克无知。第 2 章已经说过，商品价值通过价格表现出来，但绝不意味着凡有价格的东西就必然有价值。

（四）房地产

前一小节对古董的分析，同样可以用于其他资本品，比如字画或其他拍卖品。不过，还有一种重要的资本品，这就是土地或地产。

在资本主义生产方式下，土地是私有的。土地与古董具有相似的特性，比如不可再生、独一无二（就地理位置而言）、可以流通、不会磨损等。因此，土地同样可以成为资本品，而事实上，土地早就成为最重要的资本品。

比照图 18.2，我们可以画出土地交易图，如图 18.3 所示。

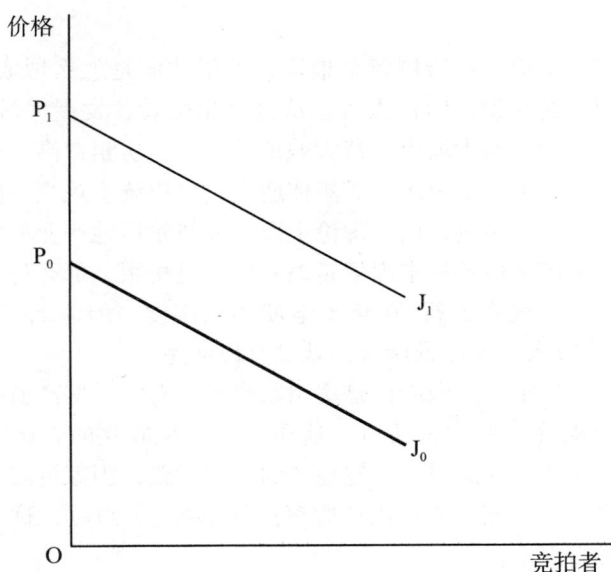

图 18.3　土地交易

可以看到，图 18.3 与图 18.2 完全一样，这并不奇怪。

不过，土地又与古董有一个根本的不同：土地可以出租以赚取地租（倒要问一句：为什么没有古董出租市场？）。因此，我们可以根据收入资本化的虚拟资本原理（见后）和资本的等利润率原则，在抽象意义上得出土地价格的计算公式，即

$$土地价格 = \frac{地租}{利率}$$

这个公式说明，在利率既定的前提下，土地价格是由地租决定的。不过，这并不是最终答案：如果土地价格由其地租决定，那么地租又是由什么决定的？

我们在第 9 章研究了农业用地，已经知道农业用地的地租分为级差地租Ⅰ、级差地租Ⅱ和绝对地租，并知晓了相关的地租形成机制。在这里，我们要谈一谈城市的房地产。

与农业一样，房地产业的核心问题也是地租。不仅如此，与农业一样，房地产业的地租也包括级差地租Ⅰ、级差地租Ⅱ和绝对地租。级差地租Ⅰ是指由房地产的地理位置所决定的地租。级差地租Ⅱ是指由土地之上的附加建筑物所产生的地租，换言之，级差地租Ⅱ就是房租。

这样说来，房地产业的总租金就包括地租（级差地租Ⅰ）与房租（级差地租Ⅱ）两部分（这里，我们略过绝对地租不谈）。据此，就可以得出房地产价格的计算公式：

$$房地产价格 = \frac{总租金}{利率} = \frac{地租 + 房租}{利率}$$

那么，房地产总租金又取决于什么因素呢？

显然，决定房地产总租金的关键因素不是房租，而是地租，是地理位置或地段。同样一幢房子，同样的造价，在大城市和小城市的价格有天壤之别，在繁华地段和偏僻地段的价格有天壤之别，原因就在于地租不同。所谓黄金地段，尺土寸金，就是这个

意思。

这个问题可以进一步追问：所谓黄金地段、繁华地面是怎么形成的？其答案就是：人群聚集效应。用通常的话说，叫作人气。从这个角度看，发展大城市乃至特大城市，对于房地产业是最有利的，而大城市、特大城市的房价、房租奇高，也就在情理之中。

在社会主义条件下，由于土地国有或集体所有，可以统一规划，因而对于与土地相关的行业的发展特别有利。不过，由于理论上没有弄清楚房地产业的性质，导致了一些混乱。比如，既然房地产涨价的根本因素是地租而不是房租，那么房地产涨价的溢价收益就应该归土地所有者。现在实行70年土地使用权制度，但说的仅仅是使用权而已。这70年间的土地溢价收入应该归谁所有，就没有说清楚。

在我看来，房地产改革的方向应该是房租归房产所有者，房产所有者对土地有使用权，但地租（或土地溢价）归国家所有。这在逻辑上是成立的。比如，为了促进房地产的健康发展，促进房地产的流通，实现地产的合理配置，国家可以征收地产税，而不是征收房产税（这倒不是说国家不可以征收房产调节税）。当然，这只是一愚之见，是否正确或可行，则另当别论。

（五）资本输出

前面说过，在资本主义发展早期，在贵金属货币本位的前提下，对外贸易具有绝对重要的意义。对外贸易也是一种资本输出，是商品资本的输出，目的是为了实现剩余产品的价值。在当今世界，由于实行纸币本位和国家宏观调控，已经没有必要通过对外贸易来实现剩余产品的价值。对外贸易的作用在于互通有无，发挥比较优势平等竞争，合作共赢。

与对外贸易相比，资本输出同样是一种合作共赢模式，分为借贷资本的输出和直接投资两种形式。对资本输出国来说，这解决了过剩资本的出路；对资本输入国来说，又解决了发展过程中的资本不足问题，一举两得。中国改革开放取得成功的一个重要原因，就是大力引进外资，弥补了国内资本之不足。现在中国发展了，也出现了资本过剩，因而也应该进行资本输出，特别是对发展中国家的输出，以帮助其他发展中国家，实现合作共赢。

（六）私人基金会

在西方发达国家，过剩资本转化为各类私人基金会，也是过剩资本的一个流向。所谓基金会，是指利用自然人、法人或者其他组织捐赠的财产，以从事公益事业为目的，按照相应法律规定成立的非营利性法人，比如，中国人很熟悉的美国福特基金会，比尔和梅琳达·盖茨基金会，等等。

新概念

国债	国债市场	投机
资本品	资本品交易	竞拍
土地价格	房地产	房地产业
房地产市场	房地产价格	70年土地使用权
土地溢价	资本输出	私人基金会

拓展思维：中国的风投基金。

拓展思维：中国的文物市场。

拓展思维：马克思：《哲学的贫困》、《论蒲鲁东》。

拓展思维：经济学与法学。

拓展思维：中美房地产市场之比较分析。

拓展思维：中国的资本输出。

拓展思维：中国的基金会。

18.3　虚拟资本（一）

在现代市场经济中，过剩资本的一个最重要的出路，就是流向资本市场。

资本市场就是有价证券市场。那么，有价证券是什么东西？

第 12 章讲到了生息资本。生息资本就是能带来利息的资本。从形式上看，生息资本就是自我增殖的资本，是纯粹的钱生钱。这种钱生钱的形式导致人们产生了这样一种观念：资本是一个能自行增殖的永动机，能够自动地、定期地产生利息或收入。一旦这个观念被牢固树立起来，人们反过来又自然地把每一个确定的和有规则的货币收入视为资本的利息，而不论这种收入是不是由资本生出。货币收入首先在观念上转化为利息，有了利息，然后得出产生这个货币收入的资本。

马克思称这种观念为收入的资本化，或更确切地说，是预期收入的资本化。这种预期收入的资本化所"化"出来的"资本"就叫作虚拟资本。之所以叫作虚拟资本，因为它并不是实在资本。所谓实在资本，就是在生产过程中发挥作用的职能资本，就是产业资本，以及从产业资本分立出来的商业资本和借贷资本。这些实在资本之所以发生增殖，是因为它们占有了剩余价值，或分割了剩余价值。但虚拟资本不是这样，它之所以成为"资本"，其唯一根据就是它能带来预期收入。

以国债为例。政府借钱不是为了做生意，不是为了钱赚钱，而是为了花钱。借来的钱花掉了，以后再通过未来的税收，或者变卖政府资产，或借新债还旧债等，来支付利息和归还本金。人们把钱借给政府，换得一张国债券，即在今后若干年内领取定息的收入凭证。既然这个收入凭证能带来预期收入，那么它就被观念地资本化，就成为虚拟资本。

由此可见，由预期收入的资本化所"化"出来的"资本"其实就是有权获得收入的收入凭证。也就是说，所谓虚拟资本，就是预期收入的凭证。

不过，收入凭证要转化为虚拟资本，还要经过最重要的一个环节。这就是收入凭证本身成为商品，本身可以流通。如果收入凭证不能流通，那就仅仅是一个纸质文件，仅仅是一个借款或领款凭证。只有通过流通，收入凭证才能蝶化，才能转化为虚拟资本。这种有一定价格、可以买卖、可以流通的收入凭证，就叫作有价证券。有价证券就是虚拟资本。

由此可见，虚拟资本的实质不仅是收入资本化，而且是收入证券化，或者说，收入资本化正是通过收入证券化的形式实现的。

那么，收入凭证为什么可以流通、可以买卖？

显然，持有收入凭证的人要卖掉它不足为奇，比如，如果持证人缺钱，或者有人高价收购，或者，就是简单地不想持有等等，就可能卖掉它。这个，我们可以暂不去管它。重要的是，为什么有人要买？为什么要用钱买钱，或者说，用现在的真正的确定的钱去买未来的可能的不确定的钱？

这原因就在于资本过剩。过剩的资本作为货币存在银行里吃定息，就沦为普通的储蓄。这当然不符合资本的增殖本性。如果有新的出路，过剩资本自然就趋之若鹜。这个新的出路，就是购买收入凭证以增殖。于是就有了有价证券这种虚拟资本。

有价证券的价格由如下公式决定：

$$\frac{有价证券预期收益}{有价证券价格} = 有价证券预期收益率 = 利率$$

$$有价证券的价格 = \frac{有价证券预期收益}{利率}$$

这个公式的逻辑与土地价格公式的逻辑是一样的：有价证券的收益率应该与利率相等。如果收益率大于利率，则人们将会提取储蓄来购买有价证券，从而导致有价证券价格上升，直到有价证券预期收益率与利率相等为止。反之亦然。因此，有价证券的价格就是由有价证券预期收益与利率之比决定的。

假设有价证券的预期收益不变。若投资者判断利率将下降，则他就愿意把钱从银行里取出来买入有价证券，随后等候利率下降与有价证券价格上升后再卖出或持有，从而赚取溢价。当然，你判断利率可能下跌、有价证券价格可能上涨，别人则可能判断利率上升、有价证券价格下跌，从而有买有卖，就形成了证券流通市场。

以国债证券为例。根据有价证券的价格公式，国债证券的价格可由以下公式推算：

$$国债证券的价格 = \frac{国债收益}{利率}$$

根据这个公式，假设市场利率为5%，同期一张国债证券的收益为10元，容易算出，这张国债证券的价格就为200元。如果市场利率下降1%，为4%，则该国债证券的价格就为250元，溢价为50元。

新概念

资本市场	预期收入资本化	有价证券
虚拟资本	实在资本	证券流通市场
国债价格	国债收益	

拓展思维：中国的国债市场。
拓展思维：美国的国债市场。

18.4　虚拟资本（二）

在明白了有价证券的含义后，现在来研究一下股票和股票市场。

股票是股份公司的股份凭证。你买了一个公司的股票，就成了这个公司的股东。从理论上讲，你就是一个有资本的资本家，可以参加股东大会，行使你作为资本家的权利。不过不用说，除非你是大股东，否则你的资本家身份对你毫无用处。

第 3 章说过，现代股份公司发展的一个基本特征就是由于股权分散导致的两权分离。公司的实际权力掌握在大股东、董事会和经理机构手里。占股份大多数的小股东既无力也无兴趣干预公司运营。普通人购买股票，不是为了参与公司经营，而是为了获取股息或股票溢价，因而股票也就仅仅具有收入凭证的含义，从而转化为虚拟资本，转化为有价证券。

那么，股票这种虚拟资本与公司运营的实际资本是什么关系？

要了解这一点，我们就需要看懂股份公司的财务报表。

股份公司的基本财务报表分为资产负债表和损益表两种。资产负债表是存量表，反映的是公司在某一时刻的资本与财务状况。损益表是流量表，反映的是公司在某一时期的运营与盈亏状况。我们先看资产负债表，如表 18.1 所示。

表 18.1 　　　　　　　　　　　　**张三股份有限公司的资产负债表**
（2014 年 12 月 31 日）

资产		负债和净值	
		负债	
流动资产：		流动负债：	
现金	10 000 元	应付账款	10 000 元
存货	20 000 元	应付票据	20 000 元
固定资产：		长期负债：	
设备	50 000 元	应付贷款	30 000 元
房屋	80 000 元	**净值**	
		股东权益：	
		普通股	
总计	160 000 元	总计	160 000 元

表 18.1 为股份公司的 T 型账户。T 型账户左侧是资产，包括流动资产和固定资产，总计价值为 160 000 元。这就是公司的总实际资本。T 型账户右侧为负债和净值。负债相当于借贷资本；净值为股东权益，相当于自有资本。注意，代表股东权益的净值为空白。这是因为 T 型账户两侧的总计价值恒等，净值是平衡项。换言之，净值 = 资产 − 负债，或者说，自有资本 = 总资本 − 借贷资本。根据表 18.1，容易算出，张三股份有限公司的股东权益或自有资本为 100 000 元。

现在来看张三股份有限公司的损益表，如表 18.2 所示。

表 18.2   **张三股份有限公司的损益表**

（2015 年 1 月 1 日至 2015 年 12 月 31 日）

（1）销售收入		220 000 元
（2）流动成本：		
原料	50 000 元	
工资	100 000 元	
固定成本：		
销售与管理成本	20 000 元	
折旧	10 000	
营业成本	180 000	180 000
（3）利润		40 000
减去：支付股东的股息		30 000 元
留存利润		10 000 元

表 18.2 是一个不包括税收的简化的损益表，反映的是张三股份有限公司在 2015 年的经营状况，包括三大项。第一大项为销售收入，共计 220 000 元。第二大项为营业成本，包括流动成本和固定成本，共计 180 000 元。第三大项为利润，利润 = 销售收入 − 营业成本，共计 40 000 元。利润又分为支付股东的股息和公司留存利润两部分。

根据表 18.1 的公司净值和表 18.2 的利润额度，容易算出，张三公司在 2015 年的

$$利润率 = \frac{利润}{公司净值} = \frac{40\ 000\ 元}{100\ 000\ 元} = 40\%。$$

那么，张三公司的上述资产状况和经营状况如何反映在股票市场上呢？

根据有价证券价格公式，我们容易算出张三公司的股票市值（假设利润率不变，即利润率为预期利润率）：

$$股票市值 = \frac{利润}{利率} = \frac{股息 + 留存利润}{利率}$$

比如，假设市场利率为 5%。那么，张三公司的股票市值 $= \dfrac{40\ 000\ 元}{5\%} = 800\ 000$ 元。

此时公司的净资本为 2014 年底的 100 000 元，再加 2015 年底的留存利润 10 000 元（流量转为存量），共计 110 000 元，两者相差近 8 倍。不过这个倍差并没有什么特别意义。从逻辑上讲，在利率一定的前提下，股票市值只与公司的盈利状况相关，而与公司的实际资本数量不相关。

在这里，我们还要特别谈一谈创业利润，这个概念是希法亭发现的。

假设张三投资 100 万元办企业，一不小心创业成功，年利润达到 200 万元，也就是说，年利润率为 200%。现在张三决定把他的企业上市，转为股份公司。假设利率为 5%。试问他的企业上市后，其股票的市值是多少？

是的，你都可以算出来，他的企业的股票市值 $= \dfrac{利润}{利率} = \dfrac{200\ 万元}{5\%} = 4\ 000$ 万元，是初期投入的 40 倍。

在公司上市时，公司股票的市值与公司实际资本之差，就叫作创业利润。张三的企

业上市后，他手中的股票市值为 4 000 万元，若扣除最初投入的 100 万元，他的账面收益就为 3 900 万元。这就是他所获得的创业利润。

在张三的公司上市的同时，他的企业所获得的利润也就转化为股息，这叫作利润股息化。对股票市值公式进行变形，就得：

$$股票收益率 = \frac{利润}{股票市值} = 利率$$

新概念

股票	股票市场	资产负债表
损益表	股票市值	创业利润
股息	利润股息化	股票收益率

拓展思维：公司上市。

拓展思维：华为公司为何不上市？

拓展思维：上市公司的私有化。

18.5 虚拟经济（一）

张三的公司上市，他的身家是初期投入的 40 倍，达到 4 000 万元。但我们要知道，这 4 000 万元只是账面资产，而并不是 4 000 万元的真金白银。

或许有人会问：这有区别吗？

事实上，这区别太大了。不过要理解这一点，我们就需要懂得股票市场的运行机制；而要理解股票市场的运行机制，就需要从虚拟经济与实体经济的关系谈起。

我们把资本市场——有价证券市场的运行与流通称为虚拟经济，而把现实的实在资本的运行与流通称为实体经济。我们可以用图 18.4 来表示这两者的关系[1]。

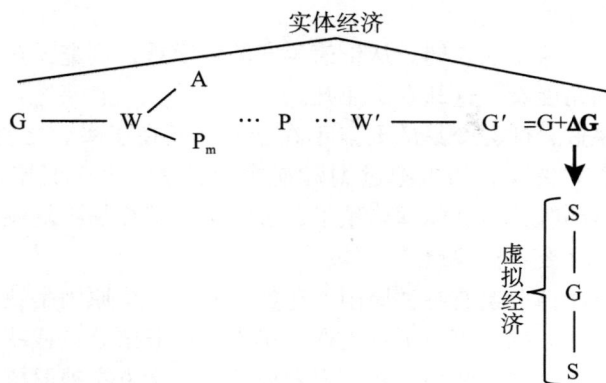

实体经济

$$G \text{——} W \begin{smallmatrix} A \\ \\ P_m \end{smallmatrix} \cdots P \cdots W' \text{——} G' = G + \Delta G$$

$$\begin{cases} S \\ | \\ G \\ | \\ S \end{cases} 虚拟经济$$

图 18.4 实体经济与虚拟经济（一）

[1] 参见鲁道夫·希法亭：《金融资本》，福民等译，商务印书馆 1994 年版，第 111 页。

在图 18.4 中，实体经济用产业资本的流通公式表示。可以看到，虚拟经济是从实体经济的 ΔG 即利润衍生出来的。预期利润收入 ΔG 证券化，衍生为虚拟资本 S，即股票市值，股票在证券流通市场进行交易，即 S—G—S，形成虚拟经济。

不过，图 18.4 只是反映了利润收入的证券化。事实上，只要条件具备，实体经济中的各种预期收入都可以或可能证券化，比如国债证券化。因此，我们可以用图 18.5 来进一步表示实体经济与虚拟经济的关系。

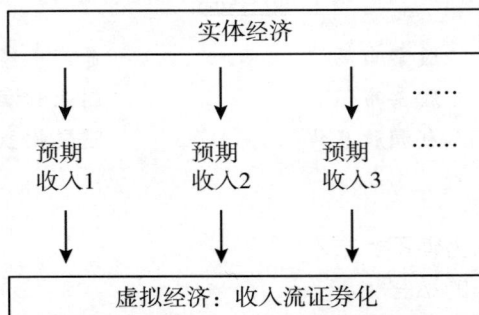

图 18.5　实体经济与虚拟经济（二）

根据图 18.4 和图 18.5，我们就知道，虚拟经济的源头在于实体经济的预期收入。为了简化起见，我们以图 18.4 即股票市场为例，来了解一下虚拟经济的运行。

从图 18.4 可以看出，虚拟经济交易的是股票。股票是什么？是有价证券，或者说，是一张有价格的凭据。这张凭据之所以有价格，是因为它能带来股息化的利润，能带来收入。

股票流通市场的运行可以简单地用如下证券流通公式来反映：

$$S\text{——}G\text{——}S\text{——}G\text{——}S$$

其中：S 代表证券；

　　　　G 代表货币。

一眼就可以看出，这是在空转。从价值生产的角度看，这毫无意义，因为不产生价值。但从虚拟经济的角度看，这却意义非凡。

我们在前一节说过，证券交易的要点不在于卖，而在于买。之所以有人要买股票，是因为资本过剩、资本失业。如果把过剩资本换为股票，由于股票本身能带来股息收入，那么资本就又能够赚钱、又能够增殖了，过剩资本就算是再就业了。

那么，卖方为什么要卖掉股票？

前面说过，卖方卖掉股票有各种原因。比如，其中一个原因是缺钱，卖方想消费一把，或者想向慈善基金会捐钱等。不管怎样，卖方卖掉股票后，钱就流出了股市。

不过，我们暂不考虑这种情形。我们要考虑的是：卖方卖掉股票后，所得收入对于卖方来说同样是没有用处的过剩资本。在这种情形下，卖方收入不会流出股市。而卖方之所以卖出股票，是因为他判断有升值潜力更大的股票，从而卖掉原来的股票，买入新的股票。

按照这个逻辑，一定数量的过剩资本就始终存在于股市中，进行多次交易、多次流通。因此，我们就可以用费雪方程式来分析：

$$P \times Q = M \times V$$

其中：P 为股价一般水平，即股票指数；

Q 为一个交易日内的流通股票，即一个交易日的成交量；

M 为股市中的过剩资本数量；

V 为一个交易日内的过剩资本的流通次数。

因此，我们就得到一般股价水平即股票指数的计算公式（注意：这里只是做理论上的说明，实际的股票指数是按照标准的加权平均统计方法得到的。）：

$$P = \frac{M \times V}{Q}$$

假设 V 一定，则一般股价水平与进入股市的过剩资本数量成正比，与成交量成反比。

设股票总量为 GQ，一个交易日内参与流通的股票量与股票总量之比 $\frac{Q}{GQ}$ 为股票流通系数，设为 δ，因此 Q = GQ × δ。于是就有

$$P \times (GQ \times \delta) = M \times V$$

$$P \times GQ = \frac{M \times V}{\delta}$$

P × GQ 就是股票总市值。换言之，股票总市值与股市中的过剩资本数量以及流通次数成正比，与股票流通系数成反比。

于是有股票总市值公式如下（"过剩资本"换为"股市资金"）：

$$股票总市值 = 股票指数 \times 总股份 = 股市资金 \times \frac{资金流通次数}{股票流通系数}$$

举例来说。假设股市资金为 1 万亿元，一个交易日内流通 1 次，而股票流通系数为 5%。则容易算出，股票总市值为 20 万亿元。

这说明什么？这说明，一定数量的过剩资本或股市资金可以产生出巨量的虚拟资本、虚拟财富。

显然，一定量的过剩资本或股市资金之所以能产生巨量的虚拟资本、虚拟财富，是因为存在股市资金流通次数和股票流通系数的因素。第一，股市资金流通次数与虚拟财富的生成数量成正比，流通次数越大，产生的虚拟财富就越多，反之亦然。第二，股票流通系数与虚拟财富的生成数量成反比，股票流通系数越小，产生的虚拟财富就越多，反之亦然。因此，我们可以把 $\frac{资金流通次数}{股票流通系数}$ 定义为虚拟财富乘数。比如，如果资金流通次数为 1 次/天，股票流通系数为 5%，则虚拟财富乘数为 20 倍。也就是说，一定数量的资金进入股市，就会产生 20 倍的虚拟财富。

新概念

实体经济	虚拟经济	股票总市值公式
股票流通系数	虚拟财富	虚拟财富乘数

拓展思维： 中国的股市。
拓展思维： 保证金交易。
拓展思维： 股指期货交易。

18.6 虚拟经济（二）

我们在前面得出了有价证券的价格公式：

$$有价证券的价格 = \frac{有价证券预期收益率}{利率}$$

现在，把这个公式扩大为股票总市值公式（"有价证券预期收益率"换为"经济预期"）：

$$股票总市值 = \frac{经济预期}{利率}$$

这样一来，我们就有两个股票总市值公式。将两个公式进行对接，我们就得到了股票市场的运行图，如图 18.6 所示。

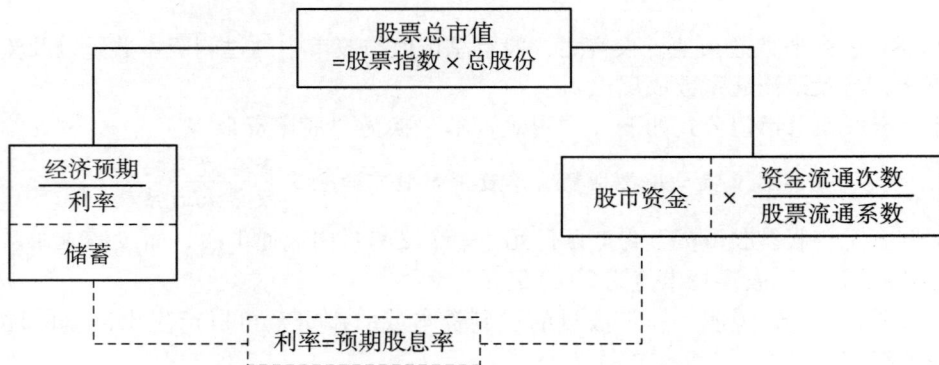

图 18.6　股市运行图

图 18.6 值得好好看一看。图左侧是经济预期和利率与股市的相互影响，从而影响股市资金的供给；右侧是股市资金及其运行对股市的影响，两侧又通过股市资金与储蓄的均衡关系——利率与预期股息率相等——连接起来，从而形成联动。

现在举例说明。

例一：股市提款

张三的公司上市后，张三有了 4 000 万元的身家。现在他要慰劳一下自己，准备卖掉价值 100 万元的股票，获得现金后买一辆保时捷跑车。这一行为意味着股市资金流出，股市资金会相应地减少 100 万元。假设股市资金流通次数为 1 次/天，股票流通系数为 5%，那么根据股票总市值公式，这将意味着股票总市值会减少 2 000 万元。在总股份不变的前提下，这又意味着股票指数将下跌。

从股市运行图左侧看，由于经济预期和利率都没有变化，股票指数下跌意味着储蓄进入股市有利可图，因而储蓄资金会流向股市。这会产生两个后果：①导致股票指数上升；②储蓄减少导致利率上升，从而使得股票指数不能升到先前的位置。这种相互作用的结果，最终达到预期股息率与利率相等的均衡。

由此可见，张三在股市提款带来三个结果：

（1）股票指数下跌；

（2）储蓄资金流向股市；

（3）利率上升。

例二：股市筹资

现在张三决定从股市筹资，以扩大生产规模。他打算通过增发股份，获得 100 万元资金。这一行为使得股市的总股份增加，同时使得股市资金减少，因而会导致股票指数下跌。从股市运行图左侧看，这意味着储蓄资金会流向股市，并因此导致股票指数上升和利率上升，但利率上升又会导致股票指数下降。相互作用的结果，最终达到预期股息率与利率相等的均衡。你自己都可以总结，由此也会带来与例一一样的三个结果。

例三：新公司上市

新公司上市一般伴随着股份认购和增加新股东，这相当于股市筹资。就公司原有资产的股份化而言，相当于总股份增加。在股市资金不变的前提下，这会导致股票指数下跌。从股市运行图左侧看，这意味着储蓄资金会流向股市，并因此导致股票指数上升和利率上升，但利率上升又会导致股票指数下降。相互作用的结果，最终达到预期股息率与利率相等的均衡。

例四：利率变化

如果央行实行宽松货币政策，放松银根，则利率下跌。这会导致储蓄资金流向股市。股市资金增加，从而导致股票指数上升，股票指数上升又会导致预期股息率下降，从而与利率达到均衡。反之，如果央行实行紧缩货币政策，则利率上升。这会导致股市资金流向储蓄。股市资金减少，从而导致股票指数下降。股票指数下降又会导致预期股息率上升，从而与利率达到均衡。

例五：经济预期

如果经济预期乐观，则预期股息率上升，储蓄资金会流向股市，从而一方面推动股票指数上涨，另一方面推动利率上升。股票指数上涨的结果导致预期股息率下降，从而与利率达到均衡。反之亦然。

例六：股票流通系数的变化

一般说来，在股市上升时，人们愿意持有股票等候升值，因而股票流通系数趋于减少，从而导致同样数量的股市资金能把股票指数推到更高水平。在股市下跌时，人们愿意抛出股票以避免损失，因而股票流通系数趋于上升，从而导致同样数量的股市资金的救市能力降低，股票指数会跌到更低水平。这就是说，股票流通系数是股市的自动振荡器，扩大了股票指数的波动。

新概念

股市运行图

拓展思维：俄罗斯私有化为何失败？
拓展思维：人民资本主义。
拓展思维：富豪们的身家。

18.7　虚拟经济与实体经济

我们考察了股票市场的运行机制。不过要对股票市场有更深刻的理解，我们就需要理解虚拟经济的本质。

一般认为，虚拟经济就是资本市场。这个说法其实不确切。我们已经说过，虚拟经济起因于资本过剩。也就是说，虚拟经济或资本市场不是别的，就是过剩资本的流通市场。

我们的研究进行到现在，大家应该很熟悉"过剩"这个词了。剩余产品过剩是资本生产的死穴。从资本流通的角度看，剩余产品就是产业资本中的商品资本。剩余产品过剩本身就意味着商品资本的过剩，意味着资本过剩。不过在这里，我们所说的资本过剩，指的是剩余产品在实现其价值后的过剩，是产业资本或其他实在资本中的货币资本的过剩。资本家卖掉了剩余产品，实现了剩余价值，得到了利润，但利润却不能再转化为实在资本，从而成为多余的钱，成为过剩。

这种利润过剩从一开始就存在于资本主义生产方式中。当资本家获得利润后，如果没有合适的投资与扩大再生产的机会，利润就会沉淀下来、积累起来，成为过剩资本。随着资本主义的发展，这种过剩资本积累得越来越多。当然，如果有了投资机会，过剩资本就会转化为实在资本。但总体来说，随着资本主义的发展，过剩资本越来越多是一种总体趋势。

过剩资本就是"失业资本"。失业资本要寻找出路，要争取就业，而证券交易市场就为失业资本提供了最佳的就业途径，提供了最佳的实现其本性和展现其灵魂的场所。

反过来说，证券交易市场要能够成立并正常运转，必须要有足够多的过剩资本。华尔街的证券交易之所以规模庞大，是以资本主义几百年发展所积累的过剩资本为前提的，是以全球过剩资本集中于华尔街为前提的。中国的股票市场之所以步履艰难，其根本原因就在于中国并没有太多的过剩资本（尤其是国有企业不存在过剩资本的问题），进入股市的资金的大部分是普通百姓的储蓄。这就注定了中国的股市只能是：①大起大落；②易跌不易涨，而且不可能涨很高；③导致作为居民储蓄的财富重新分配与集中，从而提高了基尼系数，降低了居民需求。因此，我们必须重新审视中国发展资本市场的道路。

就虚拟经济与实体经济的关系而言，我们大致可以从以下几个方面进行分析。

（一）财富效应

有一种观点说，股票市场存在财富效应。道理倒很简单：如果股市上涨，股东觉得自己有钱了，就敢花钱了。从企业角度看，如果股市上涨，企业筹资进行扩大再生产也容易了。反之，如果股市下跌，股东觉得自己没钱了，就不敢花钱了。从企业角度看，如果股市下跌，企业筹资也就不容易了。这样说来，确保股市上涨，就是非常重要的事情。

在我看来，这是一种简单化的观点，而且有些似是而非。

先说消费。如果股市的资金是过剩资本，由于过剩资本与消费无关，那么股市上涨或下跌对消费没有影响。如果股市的资金是居民储蓄，那就与消费相关：股市上涨可能刺激消费，包括居民卖了股票去消费，或因为所持股票赚得了账面上的钱，而敢于借钱消费等等；股市下跌则可能抑制消费，比如，居民的股票被套牢了，就只好在生活费用上克扣自己，要省着花。

从实体经济的运行看，这并不一定是好事。如果股市上涨是企业预期利润上升、经济向好带来的，那么股市上涨所刺激的消费就形成鲜花着锦，可能导致经济过热。如果股市下跌是企业预期利润下跌、经济向坏带来的，那么股市下跌所抑制的消费就形成雪上加霜，可能导致经济过冷。所以说，如果有股市的财富效应，那么从消费的角度看，它就加大了经济的振荡幅度。

再说企业筹资搞扩大再生产，道理也一样：如果在股市上涨时企业更易筹资进行扩大再生产，那同样形成锦上添花，可能导致经济过热。如果股市下跌时企业难以筹资，那也形成雪上加霜，可能导致经济过冷。因此从投资的角度看，财富效应同样加大了经济的振荡幅度。

（二）资源配置

股票市场对资源配置的制约主要体现在企业在股市的筹资。如果企业效益好，则股价上涨，容易筹资；如果企业效益不好，则股价下跌，不容易筹资。从这个角度看，资源确实实现了优化配置。不过，优化的程度如何，要与其他经济机制比如计划机制相比较才能得出结论，不能王婆卖瓜自卖自夸。

通过股票市场来配置资源，一个最大的问题就是可能导致过度投资，形成各种投资泡沫，从而造成极大的浪费和经济震荡。这样的例子数不胜数。当然，过度投资形成过度竞争，在激烈的竞争中生存下来的企业很可能就是优质企业，但只有过剩资本数量巨大、财大气粗、不怕浪费的那种证券市场才可能这样做。

（三）虚拟经济产业

为虚拟经济提供服务的产业，就叫作虚拟经济产业。虚拟经济不产生价值，但为虚拟经济服务的产业会产生价值，从而可以计入 GDP。比如，中美之间 GDP 差距的相当一部分，就是虚拟经济产业的差距。

（四）食利者阶层和食利国

随着过剩资本的积累和虚拟经济的发展，以"剪息票"为生，终日游手好闲的食利者阶层大大增长了。这个阶层凭借占有过剩资本及其利息寄生于社会中，对社会毫无用处，列宁称为垄断资本主义的寄生性与腐朽性。从国家范围来看，一个国家大量输出过剩资本，以利息形式攫取其他国家的利益，又使得这个国家发展成为食利国。

许多经济学家已经认识到，不断增大的食利者阶层如同已经灭亡的地主阶级一样，已经成为资本主义发展的累赘和障碍。消灭食利者阶层成为一时的呼声。比如，凯恩斯就赞成用所得税、超额所得税和遗产税消灭食利者阶层，并认为资本主义可以因此发展得更好，资本主义社会会更加和谐。但能否做到这一点，就难说了。

（五）虚拟经济对实体经济的冲击

上面所说各条，已经说明了虚拟经济对实体经济的各种影响或冲击，不过还要加上两条：

（1）虚拟经济的发展可能导致实体经济中的实在资本流向虚拟经济，转为虚拟资本。做实体经济是很苦的，赚钱是不容易的。虚拟经济多轻松啊，坐在电脑旁，敲几下键盘就可以赚钱。有此轻松赚钱之道，谁还愿意搞实业啊。

所以，虚拟经济发展的一个可能的重要后果，就是产业空心化，就是去工业化。但一个国家能够不要工业吗？中国能够不发展实体经济吗？所以，对于那些鼓吹大力发展虚拟经济和资本市场，鼓吹财产性收入，鼓吹金融自由化的人士，我真是无语。

（2）由于虚拟经济具有投机性、冒险性与掠夺性，波动极大，而虚拟经济又与金融体系有密切关系，一旦虚拟经济出现问题，就可能影响金融体系的稳定，并通过金融体系而对实体经济造成冲击。因此，在发展虚拟经济时，防范金融风险，防范金融风险对实体经济的冲击，就是非常重要的。

一百多年前，列宁写下了《帝国主义是资本主义的最高阶段》。从那时以来，资本主义又发生了巨大的变化。时至今日，由于过剩资本的泛滥和虚拟经济的大发展，资本主义已经发展到金融资本主义时代。那么，列宁关于垄断资本主义的寄生性、腐朽性和垂死性的论断还成立吗？金融资本主义的前景又是怎样的，是资本主义的终极模式还是最后的疯狂？这些问题，就有待另一部著作来研究了。

新概念

财富效应	虚拟经济产业	食利阶层
食利国	虚拟经济对实体经济的冲击	
产业空心化	去工业化	金融资本主义

拓展思维：列宁:《帝国主义是资本主义的最高阶段》。

拓展思维：华尔街的历史。

拓展思维：金融资本主义。

拓展思维：2008 年金融危机。

拓展思维：工业化与去工业化。

拓展思维：财富是什么？

第 19 章 公有资本

19.1 从产品经济到市场经济

马克思、恩格斯通过对以 19 世纪上半期英国资本主义为典型的自由放任资本主义的研究，得出了资本主义必然灭亡，必然为更高的社会经济形态所取代的结论。在此基础上，他们继承了空想社会主义的合理因素，对未来共产主义做了初步构想。

按照马恩的构想，在未来的共产主义社会，社会全体成员既是生产资料的所有者，又是直接的劳动者。他们用公有的生产资料进行劳动，并自觉地把他们的个人劳动力当作一个社会劳动力来使用。在这个社会里，"生产者并不交换自己的产品，耗费在产品生产上的劳动，在这里也不表现为这些产品的价值，不表现为它们所具有的某种物的属性，因为这时和资本主义社会相反，个人的劳动不再经过迂回曲折的道路，而是直接地作为总劳动的构成部分存在着。"① 也就是说，在共产主义社会，商品、商品生产和商品交换将不再存在，共产主义经济是产品经济。但是，各社会主义国家的实践表明，作为共产主义的初级阶段，社会主义社会依然存在着商品、商品生产和商品交换。因此，对社会主义商品生产的合理性做出解释，就成为政治经济学的一个基本任务。

在社会主义发展史上，列宁首先提出了社会主义也可以有商品生产的思想。列宁曾在较长时间里与马恩一致，认为社会主义将消除商品、商品生产与商品交换，并在俄国十月革命后的"战时共产主义"时期把这一思想付诸实践，实行了由限制商品货币关系到消灭商品货币关系的政策。这一政策给新生的苏维埃政权带来了严重困难。面对实际情形，列宁总结经验教训，否定了"战时共产主义"政策，提出了发展商品生产与商品交换的新经济政策。但由于列宁过早去世，新经济政策没有得到进一步贯彻。

继列宁之后，斯大林领导苏联人民进行了几十年的社会主义建设。在社会主义实践过程中，斯大林认识到商品交换和商品生产是苏联社会主义生产中的一个客观现象，并于 1952 年出版《苏联社会主义经济问题》一书，第一次从理论上对社会主义商品生产的合理性进行了解释。仅就这一点而言，他的理论贡献是毋庸置疑的。但是，斯大林的解释并不正确。

在中国经济理论界，以孙冶方为代表的老一辈经济学家从 20 世纪 50 年代起，就开

---

① 马克思：《哥达纲领批判》，《马克思恩格斯选集》第 3 卷，人民出版社 1972 年版，第 10 页。

始探索社会主义商品生产的合理性。改革开放以来，这方面的理论探索进一步深化，而实践领域则跑得更快。1984 年的《中共中央关于经济体制改革的决定》已经肯定社会主义经济是商品经济，1993 年的《中共中央关于建立社会主义市场经济体制若干问题的决定》则明确提出了建立社会主义市场经济体制。但尽管如此，对社会主义市场经济做出逻辑与历史相统一的理论解释，仍然是理论界尚未完成的任务。

社会主义市场经济理论之所以落后于实践，之所以难以建立起来，原因自然是多方面的。从理论思维方面看，理论界始终没有弄清楚公有制与市场、市场机制、市场经济的关系，没有发现公有制与市场机制的内在联系。这就导致了理论界始终是从兼容论的角度理解社会主义市场经济，认为社会主义市场经济就等于"社会主义 + 市场经济"。这就完全错了，道理很简单：市场经济本身并不是一种独立的存在，它必然要有它的"魂"，也就是说，有它的所有制基础。当我们把市场经济视为一种独立的存在，并试图把它与社会主义公有制相结合的时候，实际上已经赋予了市场经济一种"魂"，这就是私人资本或私有制。我们所说的市场经济实际上就是私有制市场经济，就是私人资本的生产方式。这样一来，当我们要把这样一种市场经济与社会主义公有制相结合时，必然表现为市场经济对公有制的排斥，必然表现为对公有制的否定。

因此，如果社会主义市场经济是一种客观的自然存在，它就必然是一个有机整体。社会主义公有制与市场经济的关系必然是一种内生关系，或者说，市场经济必然是社会主义公有制内生出来的关系或运行机制。我们需要的是一个理论解释。

新概念

产品经济　　　　　　　　市场经济　　　　　　　　公有制市场经济内生论

拓展思维：马克思：《哥达纲领批判》。
拓展思维：斯大林：《苏联社会主义经济问题》。

19.2　公有制市场经济模型

我们还是从孤岛生产的故事讲起。

假设张三和他的工人生活在一个孤岛上，也就是说，把他的个别资本生产当作整个社会的资本生产。仍然是先前的例子：张三用 100 万元投资办企业，其中，80 万元购买机器设备、原材料等生产资料，20 万元购买劳动力。在机器设备、原材料和劳动者配置到位后，他就开始组织生产。

为了简化起见，假设机器是一次性使用机器，假设利润率为 20%。因此，最后的产值为 120 万元。用产值公式表示就是

$$80D + 20W + 20\prod = 120\Omega$$

我们已经知道，在这个产值构成中，80D 属于折旧，与折旧基金对应；20W 为必要产品，与工资对应；但 20∏为剩余产品，无法实现其价值。现在假设存在一个政府，

政府花 20 万元购买了剩余产品。张三因此实现了剩余产品的价值，获得了利润。假设他把利润留存，在第二个再生产周期开始时，仍然投入 100 万元预付资本，那么与先前一样的循环又开始了，如此等等。

现在假设把张三的企业公有化，或者没收或者赎买，这会带来什么变化？

为了简化起见，假设公有化表现为国有化，政府则代表国家执行国有资产所有者的职能。因此，张三的企业就转化为国有企业。由此带来的变化可以由图 19.1 表示。

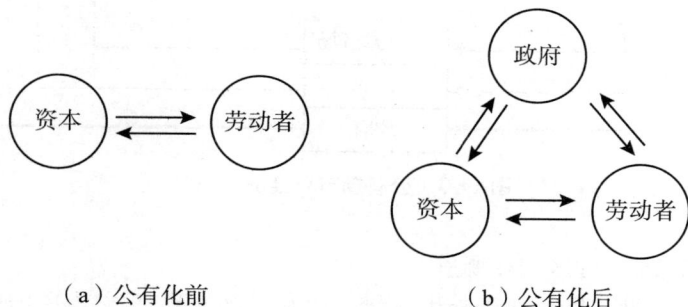

（a）公有化前 　　　　　　　（b）公有化后

图 19.1　公有化

在图 19.1 中，（a）图为公有化前的孤岛生产情形。（a）图中没有标出政府，因为政府只是一个买方，是实现剩余产品价值的外生变量。（b）图则为公有化后的孤岛生产情形，政府成为资本所有者，成为一个内生变量。

从形式上看，公有化前后的孤岛生产的变化就在于政府角色的转变，但这一转变却是历史性的。

在公有化前，孤岛生产的根本问题就是剩余产品的实现问题。在我们的假设中，剩余产品要通过政府购买来实现，而张三则获得利润。在公有化后，剩余产品也是通过政府购买来实现。但既然政府是企业所有者，那么利润也就归政府所有。这一变化，正是公有制市场经济与私有制市场经济的一个根本区别。

我们可以用图 19.2 和图 19.3 来说明两者的区别。

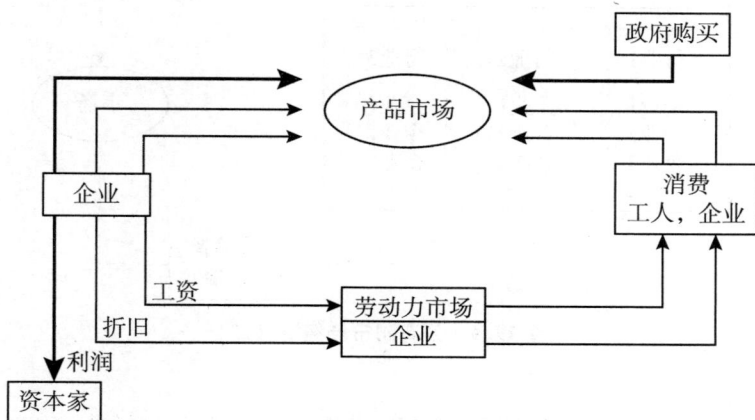

图 19.2　私有制市场经济

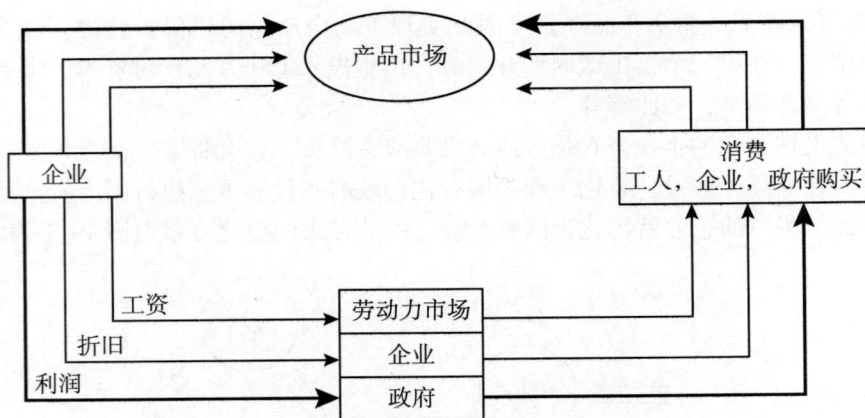

图 19.3　公有制市场经济（一）

图 19.2 与图 19.3 的区别在哪里？

在图 19.2 中，政府购买属于外生变量，而利润则流到资本家手里。这是一个不能自洽的市场经济，它包含两个基本问题：①政府用于购买的货币从哪里来的？②政府购买之后，利润在资本家手里不断积累，从而导致资本过剩，导致收入的两极分化。这就是马克思所说的资本主义积累的一般规律。这个问题怎么解决？

在图 19.3 中，由于企业公有，政府作为一个内生变量，参与了市场经济的循环，从而使得市场经济自洽：①政府可以自己印制钞票，为经济体注入货币，从而保证企业实现剩余产品的价值。也就是说，公有制市场经济不应该存在全面过剩的情形①。②利润归政府所有，因而既不存在资本过剩的问题，也不存在收入的两极分化问题。

在现实的市场经济中，企业当然不止一个。因此，我们可以用图 19.4 或图 19.5 来代替图 19.3。

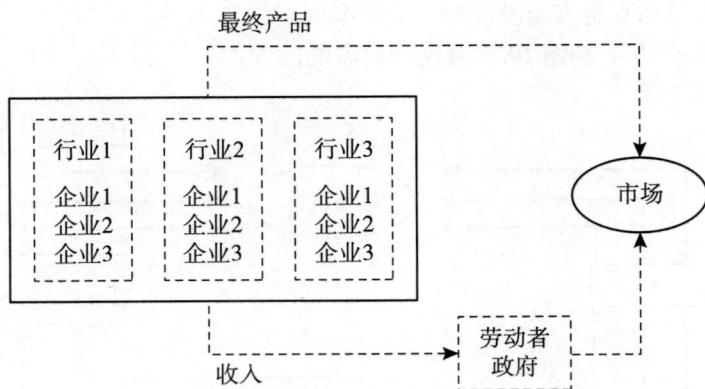

图 19.4　公有制市场经济（二）

---

①　在公有制市场经济条件下，撇开结构性过剩不谈，产能过剩的背面就是政府有钱，可以大把花钱。如果产能没有过剩，乃至产能不足出现短缺，政府要花钱的话，就必然导致通货膨胀。

最终产品

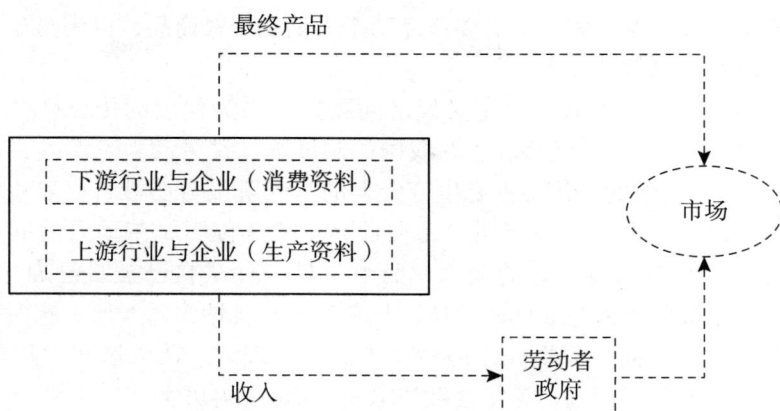

图 **19.5** 公有制市场经济（三）

上述模型就是研究公有制市场经济的出发点。

新概念

公有化 私有制市场经济 公有制市场经济
公有制市场经济模型

拓展思维： 1956 年资本主义工商业的社会主义改造。

19.3 公有资本（一）

如果资本的所有者是私人，我们称为私人资本或私有资本。如果资本的所有者是代表全体人民的国家或政府，我们称为公有资本①。在图 19.1（a）中，企业所有者是张三，在图 19.1（b）中，企业所有者是全体劳动者，或者说，是全体劳动者的代表——政府。那么，这种资本所有者的变化会导致资本与劳动者的关系发生什么变化？

从形式上看，公有资本与劳动者的关系仍然是"雇用"关系。但正因为是公有资本，正因为公有资本的剩余价值或利润是归公有、归政府所有，这种"雇用"关系——我们姑且使用"雇用"这个术语，正确的概念应该是"聘用"——就不是剥削关系，而是劳动者个人与集体的关系。这是理解社会主义公有制经济的关键。换句话说，社会主义公有制经济从一开始，就应该是我们现在所说的社会主义市场经济。

从图 19.1（a）到图 19.1（b）的变化可以看出，尽管资本与劳动者的关系发生了质变，即从"雇用"变为"聘用"，但在形式上并没有变。劳动者仍然把自己的劳动力当作商品，转让给公有资本，从而获得相当于劳动力价值的货币工资；而劳动者又用货

---

① 在这里，我们把公有资本与国有资本视为同一个东西，而不打算细细区别。

币工资从公有资本那里购得相应的必要产品即个人消费资料商品，以满足生活需要。这里应该没有什么难以理解的地方。

但是，以斯大林的《苏联社会主义经济问题》一书为代表的传统社会主义政治经济学则不理解这一点。斯大林就说："在我国的制度下，说劳动力是商品，说工人'被雇用'，这真是十分荒谬的：仿佛占有生产资料的工人阶级自己被自己雇用，把自己的劳动力出卖给自己。"[1] 他恰恰没有明白，在社会主义条件下，劳动力的商品形式所反映的是劳动者个人与劳动者集体的关系，而绝不是一种"自己被自己雇用"的关系。它表现的是社会主义的个人与集体的矛盾，是一种非对抗性矛盾。斯大林对社会主义经济中还存在着工资、利润、亏损、经济核算等概念不理解，认为这些"旧的东西"是资本主义经济范畴的残留形式，最终会被清除[2]。这就错得厉害。

不仅如此，传统社会主义政治经济学的一个基本错误就是对按劳分配的解释。它认为，社会主义的分配方式（原则）就是按劳分配，而按劳分配就是按劳动分配，多劳多得，少劳少得。但这其实是一个教条，是一个空想。原因很简单：《资本论》已经明确地区别了劳动与劳动力。劳动本身作为劳动力的使用价值，是没法直接测量的[3]，更不用说劳动本身还分为有效劳动和无效劳动。按劳动分配的方式（原则）其实是不存在的[4]。

根据图19.3可以知道，在公有制市场经济条件下，个人分配仍然是以劳动力价值为标准，以货币工资为形式的分配。按劳分配，就其正确的含义来说，就是以劳动力价值为根据的分配，而工资就是公有制市场经济的（劳动者个人）分配形式[5]。在这一点上，公有制市场经济与私有制市场经济并无不同。

与这样的按劳分配方式（原则）相对应，公有制的生产组织形式就是资本，或者说，是公有资本。

什么是资本？我们已经知道，资本，就其最一般意义而言，就是能赚钱的钱。这是一个洪水期前的概念，一个古老的概念。这个古老的概念在资本主义时代发生了质的飞跃，资本发展为产业资本，最后发展成为占统治地位的生产方式。

资本之所以发展成为产业资本，是因为资本找到了劳动力这个可以增殖的商品。所以马克思才说，货币转化为资本的前提条件就是劳动力成为商品。资本与劳动者形成雇佣关系，而劳动力的使用价值所创造的超过劳动力价值的那部分价值就叫做剩余价值，

① 斯大林：《苏联社会主义经济问题》，《斯大林选集》下卷，人民出版社1979年版，第551页。
② 斯大林：《苏联社会主义经济问题》，《斯大林选集》下卷，人民出版社1979年版，第579页。
③ 需要指出，与《资本论》相反，西方经济学恰恰认为劳动可以测量，因而可以按劳付酬。《哥达纲领批判》认为按劳付酬是资产阶级的法权。但事实上，这是资产阶级的意识形态，是一种麻痹工人阶级的虚幻的公平意识。参见拙著《公有制市场经济内生论》第2章，人民日报出版社2006年版。
④ 还别说，在中国社会主义发展历程上，确实出现过一种接近于按劳动分配的个人消费资料分配方式，这就是农村人民公社记录与考核公社社员劳动量的工分制。有兴趣的读者可以去研究一下。
⑤ 学术界还有个"按贡献分配"之说。要注意，"贡献"不是一个政治经济学范畴。即便有一些"按贡献分配"的例子，那也只相当于奖励或激励。第13章已经说过，奖励或激励是初次分配基础上的再分配，而并不是一种（初次）分配方式（原则）。至于所谓"要素分配论"，其实是西方经济学对抗政治经济学的"工资—利润（利息、地租）"分配关系的观点。

为资本无偿占有。它体现了资本对劳动者的剥削关系。

在社会主义时代，在资本主义私人资本的基础上，资本范畴又一次蝶化，又一次发生了质变。这就是资本的公有化，私人资本转化为公有资本。这是一次颠覆性的革命，是人类社会发展史的从公有制到私有制再到公有制的否定之否定，是人类进入新时代的起点。

从政治经济学的有机整体论角度看，以公有资本为基础的社会主义市场经济和以私人资本为基础的资本主义市场经济就是两个在形式上相似，但在本质上不同的市场经济。这种形式上的相似与本质上的不同，可以用晏子使楚时说的话来比喻："橘生淮南则为橘，生于淮北则为枳，叶徒相似，其实味不同。所以然者何？水土异也。"我们还可以用基因学说来比喻：人与猴子的基因差别不到1%，但正是这不到1%的差别，决定了人与猴子的根本差别。

就资本本身而言，公有资本与私人资本之不同，在抽象的意义上，就在于剩余产品、剩余价值的归属不同。私人资本生产的剩余价值归私人，而公有资本生产的剩余价值归公有，在公有制表现为国有制时，就是归国家所有，由国家支配。因此，与私人资本的剩余价值所体现的剥削关系完全不同，公有资本的剩余价值所体现的是劳动者个人与集体、个人利益与集体利益的关系，体现的是人民的当前利益与长远利益的关系，而这正是社会主义公有制经济的基本矛盾，是一种非对抗性的基本矛盾。传统社会主义政治经济学不愿意承认社会主义的劳动力是商品，不愿意承认社会主义剩余价值概念，而对于现实经济生活中的工资、利润、利息、地租等范畴则不予解释或给予肤浅的或错误的解释，其原因就在于它认识不到这些范畴有了全新的内涵，不知道这些范畴代表着完全不同的全新的经济关系。

新概念

私人资本　　　　　　　公有资本　　　　　　公有资本与劳动者的聘用关系
公有制经济的基本矛盾

拓展思维：国有企业的非资本化与资本化。
拓展思维：国有企业的劳动用工制度。
拓展思维：该给袁隆平奖多少钱？

19.4　公有资本（二）

对于公有制市场经济与私有制市场经济在形式上的相似和本质上的不同，对于从私有制市场经济到公有制市场经济的转化带来的变化，我们还可以从以下几个方面来分析。

（一）私与公

在过去十几年里，反对公有制的主要理论根据就是效率论。这可以归为两点：①从个体看，私有企业比公有企业效率高。②从整体看，私有制市场经济比公有制计划经济效率高。我们先说第一点。

认为私有企业或私人资本更有效率的根据就是理性经济人假设。根据这个假设，人总是自私且精于算计的，人不为己天诛地灭。以此推之，私人资本由于是私有，资本家就会全心全意经营，效率就高；而公有资本由于是公有，管理者就会不负责乃至贪赃枉法，因而效率必然低下。

老实说，我并不认可经济人假设。正如马克思所说，人是社会的动物。从来没有抽象的永恒的人性，而只有具体的现实的人性。但我不打算就此展开争论。

不过，即便姑且认可经济人假设，我们也得不出上述结论。从经济人假设出发，我们最多可以得出单人业主制（即个体户似的小私有制）的个体生产可能是有效率的结论。但是一旦单人业主制发展到雇佣制，问题就出现了。被雇用的"打工仔"也是经济人。他们也是自私的，也想使自己的利益最大化。这自然就与雇主产生了矛盾，而我们也就不能从经济人假设直接得出效率的结论。

更为根本的是，当我们进入工业化大生产领域时，与工业化大生产相适应的经济组织即股份公司和信用制度决定了私人资本必须社会化，决定了所有权与使用权或经营权相分离。这是作为私人财产的资本在资本主义生产方式范围内的扬弃①。这样一来，用经济人假设来说明私有资本有效率的逻辑就不成立了。

这里，我并非否定个人追求自己正当利益的合理性。恰恰相反，改革开放和以公有制为主体的多种所有制形式正是鼓励个人追求与社会利益相一致的个人利益，从而促进社会经济的发展。但另一方面，股份公司作为私有制的扬弃形式和资本社会化的形式，已经说明了公有制在个体形式上的合理性，也就是说，"大"就要"公"，"大"就是"公"。因此，这里的问题已经不是"私"与"公"的效率高低问题，而是管理学中的委托代理与激励问题。而在这个问题上，公有制应该比股份制更有效率，或至少不比股份制差，原因很简单，因为公有资本本身可以通过混合所有制形式转为股份制。

不过在这里，我也必须说，公有制企业的合理性并不意味着现实中的公有制企业必然有效率。撇开衡量企业效率的标准问题不谈②，至少在现阶段，由于公有制企业的改革还没有到位，公有资本的内在规定性还没有完全发挥出来，公有制企业的效率就没有完全释放出来。因此，如果有人说现阶段公有制企业效率较低，可能并非没有道理。

（二）市场与计划

在第9章9.5节中，我们指出了市场调节与计划调节的区别，肯定了自觉利用价值规律的计划调节的优越性。但这并不是说市场与计划是对立的。正如小平同志所说，社会主义有市场，资本主义也有计划。所谓计划，就其本质规定性而言，就是全社会范围

---

① 参见马克思：《资本论》第3卷，人民出版社1975年版，第493～497页。

② 比如说，如果不是以利润，而是以新创造价值为效率标准，则结果可能不同。不仅如此，国有企业还要承担国家的战略任务，还要承担各种社会责任，这就不是单单用经济效率指标可以衡量的。

内的统一意志，或更直接地说，就是政府的经济职能。市场与计划的关系就是市场与政府的关系，一样东西两个马甲。

"二战"之后，以凯恩斯主义的崛起为标志，资本主义进入政府全面干预经济的阶段，我们称为国家垄断主义。这个国家垄断资本主义究其实质，就是引入社会主义因素，就是私有制的局部质变。萨缪尔森显然也认识到了这一点。他认为："政府的限制改变了资本主义的性质，私人财产越来越不完全由私人控制。自由企业越来越不自由。历史的发展是不可逆转的。"①

所以，就有了个趋同论：欧美发达国家在私有制的范围内引入社会主义因素，以改造资本主义。实际上，这算是另一种兼容论②。而有中国特色的社会主义呢，通常的说法是引入市场机制，但在我看来，这不是引入，不是公有制与市场兼容，而是在完成公有制的工业化原始积累后，公有制市场经济的内在规定性从隐性发展为显性。这样一来，两者在形式上就显得有些趋同，但形式上的趋同并不意味着本质相同。

在公有制市场经济条件下，政府不仅可以向西方国家政府学习，借鉴他们的管理模式和成熟经验，更为根本的是，由于公有资本的所有者是政府，在此基础上政府可以建立全新的经济调控模式，做到更加迅速、更加直接、更加全面、更加有效，从而体现出公有制的效率本质。我们说市场要在资源配置中发挥基础作用，但绝非像主流经济学家所说的那样，把市场视为不可知之物，任由其自由发挥、自发调控，而是说，要研究市场经济的规律，研究价值规律，并通过计划、通过政府行为，自觉利用市场，自觉发挥价值规律的作用。

(三) 公有制与商品交换

按照马恩的设想，从资本主义过渡而来的未来共产主义社会是"产品经济＋计划经济"社会。但根据图19.4或图19.5，最终产品，或者说个人消费资料仍然具有商品形式，个人消费资料市场仍然存在。《哥达纲领批判》认为，在共产主义的初级阶段，个人消费资料尽管不是商品，但其分配仍然遵循等量劳动相交换的商品交换原则。但我们看到，个人消费资料的分配就是通过商品形式实现的，或者说，个人消费资料就是商品。

斯大林突破了马恩的设想，承认了社会主义个人消费资料是商品。但斯大林并不承认社会主义劳动力是商品。孙冶方认可了斯大林的观点，提出了半截子商品交换论。但正如前面所说，社会主义劳动力就是商品，半截子商品交换的说法其实是一种折中主义。

我们可以用图19.6来表示个人消费资料的商品属性。可以看到，与个人消费资料商品相对应的是劳动力商品。这才是一个自洽的市场经济体系。

---

① 保罗·萨缪尔森、威廉·诺德豪斯：《经济学（第16版）》，萧琛等译，华夏出版社1999年版，第230页。
② 这种兼容论的内在矛盾反映在理论上，就是以凯恩斯为代表的国家干预主义与以哈耶克、弗里德曼为代表的新自由主义之间的争论，就是宏观经济学与微观经济学的矛盾与"兼容"。

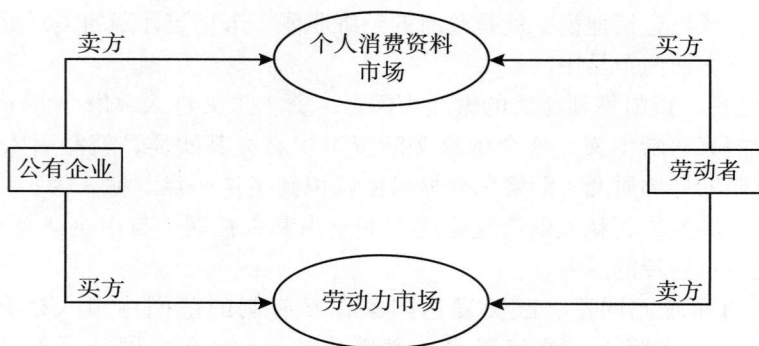

图 19.6　个人消费资料的商品属性

传统社会主义政治经济学的另一个理论难点是生产资料的商品属性问题。斯大林认为，社会主义公有制的标志就是生产资料公有制，因而生产资料自然不是商品。孙冶方也这么认为。改革开放以来，生产资料在现实中已经成为商品。这就难倒了我们的经济学家。

什么是生产资料？生产资料是要再投入生产的物质产品或物质性生产要素。换言之，生产资料公有制的实质是生产的公有制。因此，比如说，如果我们承认多种所有制的合理性，那么生产资料自然就是商品。这没有什么难解之处。经济学家感到迷惑的是：公有制生产内部的商品交换关系何以成立？或者说，国有企业之间的交换——相交换的产品自然是生产资料——何以是商品交换？按照传统政治经济学的观点，商品交换是所有权的交换，当然不可能发生在公有制企业之间。

看图 19.4 或图 19.5。假设这是私有制市场经济，那么两个图中左侧框目里的企业之间的交换自然是商品交换。现在假设实行公有化，而唯一的变化就是企业所有者由私人变为政府，私人资本转为公有资本。在这种情形下，公有资本之间的交换当然是商品交换。也就是说，生产资料是公有的，但生产资料同时也是商品。当然，各企业或工厂内部的生产资料的流通，比如从一车间流向二车间的半成品，自然不是商品。

由此可见，公有的生产资料是否是商品，取决于公有制生产的具体形式。在公有资本形式下，个体公有资本就是商品生产者主体，公有资本之间的交换就是商品交换，相交换的生产资料就是商品[①]。相较之下，比如说，传统计划体制是"国家工厂"体制。在这个体制下，企业就如同一个工厂内的车间，因而企业之间并不存在着交换，在企业之间流通的生产资料自然就不是商品。

（四）关于传统计划体制

讲社会主义经济，自然要讲传统计划体制，也就是通常所说的苏联模式。对这个体制进行再评价和再反思不是本书的任务，因而在这里，我只简单谈一谈。

按照马恩的推想，共产主义将首先在最发达的国家实现，比如 19 世纪的英国。但

---

① 所以，从这个角度看，我们反而应该问：公有的生产资料为什么会不是商品？

历史的发展超出了他们的推想，社会主义首先在俄罗斯、中国等落后的农业大国得以实现。这就产生了一个根本问题：应该怎样建设这样的社会主义？

答案只有一个：先要活下来。为了社会主义的生存，必须集中最大量的资源，在最短时间内完成工业化的原始积累。必须在最短时间内以最高效率实现工业化和建立工业化体系。在中国，只有以中国共产党为领导核心形成的国家意志所推行的"国家工厂"体制，才有可能实现这个不可能实现的目标。

认识到这一点，是正确评价传统计划体制的前提。而只有正确评价这个体制，我们才能够理解新中国成立后的 28 年艰难历程。现在有人把传统计划体制和这 28 年的历史说得一无是处，但我认为，如果不实行"国家工厂"体制，如果没有这个 28 年，我们根本不可能建立一个完整的工业化体系，更谈不上改革开放。就像莫里斯·迈斯纳所说，没有新中国成立后 28 年的建设，我们甚至没有改革的对象。

另一方面，改革开放则是从这样一种"国家工厂"体制向社会主义市场经济的转化与发展。这同样是一场革命。需要指出的是，这场革命是以小平同志的"摸着石头过河"论为指导的，也就是说，没有现成的理论，只有实干。陈经称为"问题驱动型"改革，我很赞同这个说法。

历史发展到今天，一个强盛中国的轮廓已经展现出来。这是一种偶然还是必然？在这背后是否隐藏着历史的逻辑？这个历史的逻辑是否已经从其合理性转化为现实性？这，就是我们需要研究与回答的问题。

新概念

经济人假设	私人资本社会化	市场与计划的关系
传统计划体制	国家工厂	苏联模式

拓展思维：阿玛蒂亚·森：《伦理学与经济学》。

拓展思维：道金斯：《自私的基因》。

拓展思维：央企的效率问题。

拓展思维：市场失灵。

拓展思维：大数据云计算时代的计划经济。

拓展思维：毛泽东：《论十大关系》。

19.5　政府的经济职能

前面说过，政府的经济职能就是与市场机制相对应的计划职能。从图 19.1 可以看到，在公有制市场经济中，政府作为一个内生变量，既与劳动者发生关系，也与公有资本发生关系。在这两方面关系中，政府所执行的职能可以称为政府的经济职能。

萨缪尔森认为①，政府的经济职能主要有四项：①提高经济效率；②改善收入分配；③通过宏观经济政策稳定经济；④执行国际经济政策。我认为总结得很好。不过，根本的问题不是这四项职能的界定，而是这四项职能所赖以实施的公有制或私有制的经济基础。经济基础不同，这四项职能的内容、实施机制和结果自然也不同。

（一）充分就业

在公有制市场经济下，劳动者通过劳动力市场实现就业，叫作自由择业，双向选择（企业选择劳动者，劳动者选择企业）。因此也就产生了一个基本问题：劳动力的供给与劳动力的需求不一致怎么办？

如果劳动力的供给小于劳动力的需求，那还好说，大不了缩小生产规模。但如果劳动力的供给大于劳动力的需求，就会造成失业。这又该怎么办？

我们已经知道，市场机制本身不能自动实现充分就业，所以欧美发达国家才以凯恩斯主义为指导，推行充分就业的政策。在西方国家那里，这还只是一个政策。但在公有制市场经济中，充分就业是由这个体制的公有制本质决定的，是它的内生因素、硬约束。

什么是公有制？就其抽象形式而言，公有制就是全体劳动者共同占有生产资料，并用公有的生产资料从事生产。换言之，就业既是劳动者的天然权利，又是劳动者的谋生手段，社会主义没有失业是社会主义的本质规定。但另一方面，根据资本的内部分工原则，在一定的资本量下，所需要的劳动力的数量是一定的。如果劳动力的供给超过企业需要，就会出现失业。

这是一个现实的矛盾。解决这个矛盾的大方向，无外乎是一方面发展经济，提高积累率，增加资本数量，大力发展第三产业，从而吸纳更多劳动力，另一方面则是对劳动力实行计划管理，包括计划生育、合理确定劳动者的工作日时间等等，从而做到人口和劳动力的增长与经济发展相协调。其他的方法也多，比如发展多种所有制，提前退休，保证每个家庭至少有一人就业等等。

（二）提供公共产品等等

除了实现充分就业外，政府与个人之间还有各种各样的关系，政府要做的事情还很多。试着列举一下：

（1）提供公共产品，比如国防、警察、秩序、教育、科学研究、基础设施、博物馆、图书馆、公园等等。这些物品与服务或者具有普惠性，或者相当于公共消费。个人需要但却不能由个人买单，因此需要政府来提供。

（2）给劳动者提供各种福利，比如义务制教育、公共医疗卫生、职业培训等等。这是降低了劳动力的价值，提高了共同福利，增加了公平程度，叫作共同富裕。

（3）保障劳动者的公平就业，实行劳动保护，提供失业救济等等。

（4）保护劳动者作为消费者的权利，比如制定和实施《消费者权益保护法》。

（5）通过税收、转移支付等手段，调整收入分配，降低收入分配的差距。

---

① 保罗·萨缪尔森、威廉·诺德豪斯：《经济学（第16版）》，萧琛等译，华夏出版社1999年版，第230～232页。

（三）政府对经济的管制与调控

这包括：①市场规范、市场准入、市场标准、市场管理等等；②货币政策和财政政策；③发展规划、产业政策等，以及与经济生活相关的其他方面。比如，发展中国家比如印度与中国的国民经济与社会发展的五年规划很具有"社会主义"的特征，而日本的产业政策也很有特色。

（四）政府对公有资本或国有企业的管控

政府与国有企业的基本关系自然是出资人与资本的关系。政府作为出资人或大股东，以公司法为根据，对公有资本实施管控。国资委代表政府行使出资人或大股东的权利。

（五）政府失灵

政府不是全知全能，自然也会犯错误。不仅如此，政府体制或政府的官僚主义可能导致政府运转效率较低；政府官员可能贪赃枉法或尸位素餐；政府可能被资本或利益集团绑架，也可能被民粹主义绑架，等等。这就使得政府可能做出错误的决策，或者难以从国民整体利益的角度做出决策。西方经济学称为政府失灵，与所谓市场失灵相对应。

新自由主义推崇市场原教旨主义，用政府失灵来否定政府的经济职能，希望回到亚当·斯密所提倡的小政府主义。不干事的政府自然也就没有政府失灵问题，但不干事的政府真的就是好政府？如果没有政府，现代市场经济还玩得转吗？

新概念

| 政府的经济职能 | 社会主义没有失业 | 政府失灵 |

拓展思维： 中央政府与地方政府。

拓展思维： 发改委是干什么的？

拓展思维： 国资委在干些什么工作？

拓展思维： 精准扶贫。

19.6　多种所有制

以工业化体系为基础的公有资本是立国之基、定国之本。我们说社会主义可以集中力量干大事，这就是基础。另一方面，公有资本、公有制经济并不是社会主义市场经济的全部。社会主义市场经济是以公有制为主体的多种所有制的经济。

为什么要实行多种所有制？从其发展历程上看，这似乎是被改革开放之初的就业压力给逼出来的。国家无力解决城市居民的就业问题，只能放开所有制限制，鼓励待业青年自谋出路。但究其实质，社会主义公有制固然适合于干"大事"，但现实经济生活中还有很多"小事"。俗话说，开门七件事，柴米油盐酱醋茶。现在看来，这些"小事"由"公有制"来干，恐怕不合适。根据经济人假设，由私人来干，比如由个体户（单人业主制）来干，反而能做得更好。

在逻辑上，这没有什么问题，公有制市场经济完全能容纳其他所有制。我们可以用图 19.7 表示。

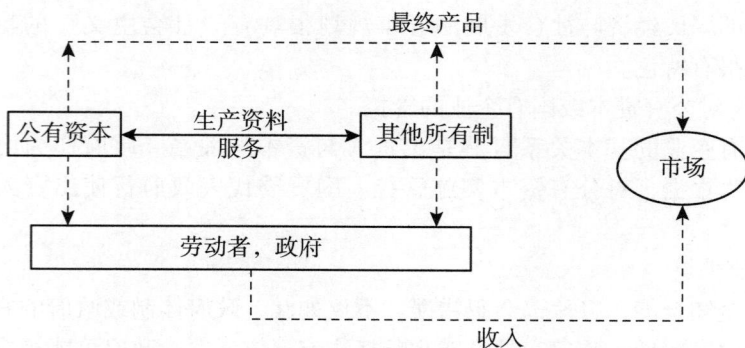

图 19.7　多种所有制

从图 19.7 可以看出，其他所有制与公有制可以保持协调关系。当然，免不了竞争。以改革开放前的"国家工厂"体制为起点，若干行业免不了要"国退民进"，由"民营"来干，效率更高。

由"民营"个体户的小私有制发展到私人资本的崛起，是一个质变。这在 20 世纪 80 年代引起了激烈的争论。不过历史发展到现在，我们可以理性地来分析这个问题了。

私人资本引发的第一个问题是意识形态问题，即出现了剥削。社会主义初级阶段确实允许"剥削"，这是由剩余产品、剩余价值的性质决定的。我们在第 5 章已经引述过恩格斯关于剩余产品的重要论述，现在再引述一遍："劳动产品超出维持劳动的费用而形成的剩余，以及社会生产基金和后备基金从这种剩余中的形成和积累，过去和现在都是一切社会的、政治的和智力的继续发展的基础。"剥削与否的问题，就是剩余产品或剩余价值归谁所有的问题，而剩余产品或剩余价值归谁所有，就是一个关系到一个国家、一个社会的存在和发展的根本问题。

在私有制下，剩余价值或剩余产品归私人所有，就意味着把国家或社会发展的权利与责任交给了私人。在封建社会的自然农业经济时代，这种权利和责任在地主阶级手里。地主获得地租形式的剩余产品，这是他作为土地所有者的权利。但同时，他要负责本乡本土的各种公共事务，要修桥补路、救困济穷、襄助办学、调解纠纷等等，从而形成一方名望，形成士绅阶级。在过去几千年里，朝廷的政权不下县，基层社会就是由士绅阶级维持。土豪劣绅之所以可恨，就是因为他不但不承担自己的责任，反而还要鱼肉乡间，欺压百姓。

在资本主义私有制下，剩余价值归资本所有，归资本家所有。国家或社会发展的权利和责任就交给了私人资本，交给了资本家，叫作资本控制国家。与封建士绅阶级不同，资本家从一开始就是以追求金钱为目的。他满脑子都是自己的利益，根本没有想到什么责任。他的唯一冲动就是不断地扩大生产规模。但当他这样做的时候，恰恰就与国家或社会的发展要求相一致。而如果他不这样做，或如果他做得不好，资本主义的竞争就会把他淘汰。这就是资本主义能够迅速发展的一个根本原因。

在以公有制为主体的社会主义市场经济中，政府允许并鼓励私人资本的发展，是因为一部分剩余产品由私人支配，有利于创新和生产力的发展，有利于就业，有利于国计民生。至于怎样看待它与公有资本的竞争与合作关系，混合所有制是否可行，私人资本是否纳入产业政策和国家社会发展规划等等问题，当然需要专门研究。

以公有制为主体的多种所有制并存的经济制度无疑是一个前无古人的创举。这样一个制度是否是一个稳定的系统，是否具有长期的可持续性？这需要专门研究。马克思说："在一切社会形式中都有一种一定的生产支配着其他一切生产的地位和影响，因而它的关系也支配着其他一切关系的地位和影响。这是一种普照的光，一切其他色彩都隐没其中，它使它们的特点变了样。这是一种特殊的以太，它决定着它里面显露出来的一切存在的比重。"[1] 在以公有制为主体的多种所有制并存的社会主义市场经济的不断发展中，我们将拭目以待：是公有制丧失了主体地位，最终被私有化，还是公有制作为普照之光，越来越多的光芒映射在私人资本上？

新概念

以公有制为主体的多种所有制　　　　　　个体户

国退民进　　　　　　　　　　　　　　　混合所有制

拓展思维：社会主义是什么？

拓展思维：集体所有制。

拓展思维："国退民进"与"国进民退"。

拓展思维：混合所有制。

拓展思维：中国的富豪们。

拓展思维：资本控制国家与国家控制资本。

拓展思维：我们为什么要搞公有制？为什么要坚持以公有制为主体？

---

[1]　马克思：《〈政治经济学批判〉导言》，《马克思恩格斯选集》第 2 卷，人民出版社 1972 年版，第 109 页。

参 考 文 献

[1] 马克思:《资本论》,人民出版社 1975 年版。

[2]《马克思恩格斯选集》1~4 卷,人民出版社 1972 年版。

[3]《列宁选集》1~4 卷,人民出版社 1972 年第 2 版。

[4] 斯大林:《苏联社会主义经济问题》,《斯大林选集》下卷,人民出版社 1979 年版。

[5]《邓小平文选》第 3 卷。

[6] 鲁道夫·希法亭:《金融资本》,福民等译,商务印书馆 1994 年版。

[7] 亚当·斯密:《国民财富的性质和原因的研究》,郭大力、王亚南译,商品印书馆 1999 年版。

[8] 大卫·李嘉图:《政治经济学及赋税原理》,郭大力、王亚南译,《大卫李嘉图全集》第 1 卷,商务印书馆 2013 年版。

[9] 马尔萨斯:《人口原理》,朱泱译,商务印书馆 1992 年版。

[10] 弗里德里希·李斯特:《政治经济学的国民体系》,陈万熙译,商务印书馆 1961 年版。

[11] 克拉克:《财富的分配》,陈福生、陈振骅译,商务印书馆 2014 年版。

[12] 庞巴维克:《资本与利息》,何崑曾、高德超译,商务印书馆 2010 年版。

[13] 马歇尔:《经济学原理》,朱志泰译,商务印书馆 1964 年版。

[14] 熊彼特:《经济发展理论》,郭武军、吕阳译,华夏出版社 2015 年版。

[15] 凯恩斯:《就业、利息与货币通论(重译本)》,高鸿业译,商务印书馆 1999 年版。

[16] 阿玛蒂亚·森:《伦理学与经济学》,王宇、王文玉译,商务印书馆 2000 年版。

[17] 保罗·萨缪尔森、威廉·诺德豪斯:《经济学(第 16 版)》,萧琛等译,华夏出版社 1999 年版。

[18] 曼昆:《经济学原理(原书第 3 版)》,梁小民译,机械工业出版社 2006 年版。

[19] 平狄克、鲁宾费尔德:《微观经济学(第 4 版)》,张军等译,中国人民大学出版社 2000 年版。

[20] 多恩布什、费希尔、斯塔兹:《宏观经济学(第 7 版)》,范家襄等译,中国人民大学出版社 2000 年版。

[21]《孙冶方选集》,山西人民出版社 1984 年版。

[22] 宋涛主编:《政治经济学教程》,中国人民大学出版社 1999 年第 5 版。

[23] 晏智杰:《劳动价值学说新探》,北京大学出版社 2001 年版。

[24] 郭京龙、李翠玲主编:《聚焦:劳动价值论在中国理论界》,中国经济出版社 2003 年版。

[25] 黄达编著:《金融学》,中国人民大学出版社 2012 年第 3 版。

[26] 陈共编著:《财政学》,中国人民大学出版社 2015 年第 8 版。

[27] 王国刚:《资本市场导论(第 2 版)》,社会科学文献出版社 2014 年版。

[28] 臧旭恒等主编:《产业经济学(第 5 版)》,经济科学出版社 2015 年版。

[29] 向松祚:《新资本论》,中信出版社 2015 年版。

[30] 柳欣:《经济学与中国经济——向主流经济学宣战》,人民出版社 2006 年版。

[31] 柳欣、王璐主编:《经济思想史》,人民出版社 2009 年版。

[32] 刘益:《劳动价值论的核心逻辑》,经济科学出版社 2004 年版。

[33] 刘益:《公有制市场经济内生论》,人民日报出版社 2006 年版。

后　记

　　这本书，是我几十年学术研究的结果。

　　去年年底，学院安排我讲授"社会主义经济理论与实践"和"《资本论》选读"两门研究生课程。这本是我教过的课程，但我觉得已经可以系统讲述自己的已经成熟的观点和理论了，于是就把两门课合为一门，边写边讲，边讲边写，时时还要修改先前的讲稿。课上完了，理论框架也就写出来了。随后几个月的工作就是修改与补充。今天，终于在键盘上敲入了最后一个句号，可以松一口气了。

　　简单地说，本书前13章以及第18、19章算是我长期思考和研究的结果。当然，研究过程中也看过、参考过其他学者的相关研究，不能说是我一个人独自搞出来的。第14～17章则完全是受了柳欣的启发。我大概是在2006年看到了柳欣发布在互联网上的电子稿著作。宏观分析是我欠缺的一块，因而当时的感觉真如同拨云见日一般。但也没有与柳欣联系。待到去年，觉得理论搞得差不多了，便准备联系他，却惊闻天妒英才，斯人已逝。呜呼！谨以此书表达我对柳欣的纪念。

　　需要感谢很多人。感谢我所在学院的领导对我的支持和宽容，因为我经常有些不守纪律。感谢我所在教研室的同事对我的支持，他们分担了许多我的分内工作。感谢我先前所在学院的所有同事，他们在不同的时期给予了我各种帮助。最后，要感谢我的妻子和女儿，她们为我的研究同样付出了很多。

刘　益

2016 年 8 月 24 日于绵阳